Jutta Ecarius · Carola Groppe · Hans Malmede (Hrsg.)

Familie und öffentliche Erziehung

Jutta Ecarius · Carola Groppe
Hans Malmede (Hrsg.)

Familie und öffentliche Erziehung

Theoretische Konzeptionen,
historische und aktuelle Analysen

VS VERLAG FÜR SOZIALWISSENSCHAFTEN

Bibliografische Information der Deutschen Nationalbibliothek
Die Deutsche Nationalbibliothek verzeichnet diese Publikation in der
Deutschen Nationalbibliografie; detaillierte bibliografische Daten sind im Internet über
<http://dnb.d-nb.de> abrufbar.

1. Auflage 2009

Lektorat: Stefanie Laux

VS Verlag für Sozialwissenschaften ist Teil der Fachverlagsgruppe
Springer Science+Business Media.
www.vs-verlag.de

Umschlaggestaltung: KünkelLopka Medienentwicklung, Heidelberg
Satz: Anke Vogel, Ober-Olm
Druck und buchbinderische Verarbeitung: Krips b.v., Meppel
Gedruckt auf säurefreiem und chlorfrei gebleichtem Papier
Printed in the Netherlands

ISBN 978-3-531-15564-7

Inhaltsverzeichnis

Einleitung der Herausgeber

Familie und öffentliche Erziehung

Seit den Ergebnissen von PISA sticht sicher eine Erkenntnis eklatant hervor: Das Verhältnis von Familie und öffentlicher Erziehung ist nur schlecht erforscht. Viele Mythen beherrschen nach wie vor das Diskursfeld, das von Politik, Medien, öffentlichen wie auch privaten Meinungen und Ansichten gespeist wird. Zwar sind mit Hilfe von empirischen Studien einige Mythen über die Familie (z. B. das harmonische Zusammenleben von drei Generationen im 19. Jahrhundert unter einem Dach) aufgeklärt, jedoch existieren immer noch viele Phantasmen über Aufgaben und Leistungen von Familie, die in konkrete familiale Interaktionsstrukturen hineinragen, zu verschiedenen politischen Äußerungen verleiten und auch die konkreten Auseinandersetzungen in Schule und Familie beeinflussen. Empirisch wie auch theoretisch sind solche Ansprüche und Hoffnungen zu dekonstruieren. Konkrete Forschungsfragen sind daher: Wer ist für welchen Erziehungsauftrag zuständig, was leisten bzw. sind Familie und Schule in der Lage zu leisten, welche Ansprüche werden gegenseitig erhoben und wie ist eine aufeinander bezogene Erziehung in Familie und öffentlichen Institutionen umzusetzen. Gerade das Verhältnis von Familie und öffentlicher Erziehung ist ein brisantes Thema, da die Vorstellungen und Hoffnungen emotional gefärbt sind und häufig im Kontext des Wohlergehens der eigenen Kinder und damit im Kontext familialer Generationsbeziehungen diskutiert werden.

Die erziehungswissenschaftliche Familienforschung setzt sich seit den späten 1990er Jahren differenziert mit theoretischen und empirischen Fragestellungen zur Familie auseinander. Hierbei wird der Blick – historisch wie aktuell – sowohl auf pädagogische als auch auf damit verbundene soziale, kulturelle und politische Themen gerichtet: familiale Erziehungsstile und -ziele, familiale Sozialisation, biographische Lern- und Bildungsprozesse in der Familie, geschlechtsspezifische Aspekte der Familienerziehung und -sozialisation, die Bedeutung der Familienstruktur für Prozesse des Aufwachsens, familiale Muster und Strukturen bezüglich sozialer Ungleichheit und sozialer Reproduktion, die Bedeutung von familialen Ritualen für Erziehung und Sozialisation, familiale Generationsbeziehungen und familiales Generationengefüge. Mit Blick auf Familie werden zudem Erziehungs- und Bildungsinstitutionen fokussiert wie der Elementarbereich, das Bildungssystem, Übergänge von Schule in den Beruf, sozialpädagogische Arbeitsfelder und das Verhältnis von familialer Identitätsentwicklung, Peergroups und Medien/Freizeit. Diese mehr empirischen Fragestellungen werden auf theoretische Ansätze bezogen, wobei sowohl mit mikrotheoretischen als auch mit übergreifenden modernisierungs-, zivilisations-, kultur- und reproduktionstheoretischen Ansätzen gearbeitet wird.

Dennoch ist das Feld der erziehungswissenschaftlichen Familienforschung – trotz der vielfältigen Ergebnisse – noch lange nicht ausreichend bestellt. Vor dem Hintergrund aktueller öffentlicher Debatten über familiale Erziehungskompetenz und Schülerleistungen sowie deren möglichen Zusammenhang bedarf es nicht zuletzt theoretischer und empirischer wissenschaftlicher Analysen des Verhältnisses von Familie und öffentlicher Erziehung, welche die rechtliche Verfasstheit, die inneren Strukturen und die pädagogischen Dimensionen dieser Institutionen in ein Verhältnis setzen sowie die gegenseitigen Erwartungshaltungen und Ansprüche und deren Konsequenzen in den Blick nehmen. In diesem Zusammenhang widmet sich das vorliegende Buch der historischen und gegenwärtigen Entwicklung des Verhältnisses von Familie und öffentlicher Erziehung. Historische Untersuchungen können dabei u.a. Kontinuitäten von Problemwahrnehmungen und Problemlösungen hinsichtlich des Verhältnisses von Familie und öffentlicher Erziehung herausarbeiten, die Ursachen für Konjunkturen in Problemwahrnehmung und Lösungsansätzen analysieren und auch auf eventuelle nationale Muster aufmerksam machen.

Die Frage nach den ‚richtigen‘, mithin kompetent und verantwortlich handelnden Erziehern der Kinder und Jugendlichen war eine Frage, die als Teil des komplexen Prozesses der Durchstaatlichung der europäischen Gesellschaften seit der Frühen Neuzeit (verstärkt seit dem 18. Jahrhundert) zunehmend Gewicht erhielt. Sind es die Eltern bzw. Familien oder die öffentlichen bzw. staatlichen Erziehungs- und Bildungseinrichtungen mit ihren professionellen SpezialistInnen? Die Analyse der historischen Entwicklung solcher Problemstellungen kann daher aufklären über das Selbstverständnis von Gesellschaften hinsichtlich der Herstellung von kultureller und sozialer Integration und Kontinuität. Historische Analysen können zugleich zeigen, wie im Verhältnis von Familie und öffentlicher Erziehung politische Entscheidungen, sozialstrukturelle Faktoren, wirtschaftliche Entwicklungen, Diskurse sowie Normen- und Wertsysteme aufeinander bezogen sind und Strukturen und Haltungen erzeugen, die für die Diskussion und die Ausgestaltung des Verhältnisses von Familie und öffentlicher Erziehung in der Gegenwart grundlegend sind. Dass historisch entwickelte Deutungsmuster und Strukturierungen des Verhältnisses von Familie und öffentlicher Erziehung in ihrer Bedeutung bis in die unmittelbare Gegenwart hineinreichen, machen die Beiträge in diesem Buch deutlich.

Das Buch widmet sich vor diesem Hintergrund folgenden Problemstellungen und Analyseperspektiven: Ein Anliegen ist zunächst, eine Diskussion über theoretische Konzeptionen von Familie anzustoßen. Während Theorien der Schule kontinuierlich debattiert und weiter entwickelt werden, ist dies bei der Institution Familie nicht der Fall. Hier fehlen theoretische Auseinandersetzungen, die empirische Forschungen anleiten und über diese wiederum reflektiert weiterentwickelt werden können. Im ersten Teil des Buches werden daher reproduktions-, zivilisations-, institutionen- und milieutheoretische Ansätze präsentiert und in ihrem Erkenntniswert für die Institution Familie und das Verhältnis von Familie und öffentlicher Erziehung in Geschichte und Gegenwart analysiert; schließlich wird ein Modell zur bildungshistorischen Familienbiographik vorgestellt. Daran schließt eine Diskussion über das Verhältnis von Staat-Familie-Schule sowie über Familie, Politik und Beratung an, wobei in den Beiträgen einerseits lange historische Entwicklungslinien verfolgt werden als auch besondere Epochen und die Gegenwart konzentriert analysiert werden. Ein Fokus liegt in der Analyse von Familienerziehung und Erziehungskonzepten im Elementarbereich und der Schule. Der historische Blick konkretisiert dabei die Beständigkeit von Themen sowie von Konkurrenzen zwischen privater und öffentlicher Erziehung und er zeigt, welche historischen Konstellationen besondere Problemwahrnehmungen des Verhältnisses von privater und öffentlicher Erziehung hervorbrachten. Eine weitere Spezifizierung auf Politik und Beratung offenbart die Einflussnahme auf private Erziehung und den Versuch, Erziehungsvorstellungen und -inhalte im privaten Lebensbereich zu lenken und mit einer Stärkung der öffentlichen Erziehung diese Konzepte der privaten Erziehung in der Familie zu oktroyieren.

Dieses Buch ist entstanden aus der Arbeit des Arbeitskreises Historische Familienforschung (AHFF) in der Sektion Historische Bildungsforschung der Deutschen Gesellschaft für Erziehungswissenschaft, dessen Sprechergremium die Herausgeber derzeit bilden. Präsentiert werden ausgewählte Arbeiten, die aus mehreren Tagungen und Arbeitstreffen hervorgegangen sind, die sich mit den komplexen Zusammenhängen von Familie und öffentlicher Erziehung themenspezifisch auseinandersetzten. Zu nennen sind die Tagung „Familie als historisches Modell – Gelingen und Scheitern", Heinrich-Heine-Universität Düsseldorf (27.-28.01.2006), und die Tagung „Familie und institutionelle Erziehung" vom 26.-28.01.2007, die an der Justus-Liebig-Universität Gießen stattfand. Thematisch waren die Tagungen davon inspiriert, eine theoretische Reflexion über Familie voranzutreiben und diese empirisch zu prüfen und weiter zu entwickeln. Historische und aktuelle Analysen beschrieben dabei die Familie als Generationsgemeinschaft mit differenzierten und auch diffizilen Beziehungsstrukturen, Identitätsentwicklungs- und Bildungsprozessen, die eingebunden sind in soziale, wirtschaftliche und politische Kontexte. Dieses Buch präsentiert eine thematische Auswahl der zentralen Ergebnisse.

Jutta Ecarius, Carola Groppe, Hans Malmede

Familie in historischer und gegenwärtiger Perspektive: Theoretische Konzeptionen und Diskussionen

Bildungsbedeutsamkeit von Familie und Schule. Familienhabitus, Bildungsstandards und soziale Reproduktion – Überlegungen im Anschluss an Pierre Bourdieu

Jutta Ecarius, Katrin Wahl

1 Einleitung

Familie und öffentliche Erziehung sind zwei Institutionen, in denen Kinder erzogen, gebildet und sozialisiert werden. Als primäre und sekundäre Sozialisationsinstanzen sind sie für Kinder und Jugendliche bedeutsame Orte des Aufwachens, der Orientierung und Identitätsfindung, wobei sich beide Institutionen nicht nur gegenseitig ergänzen, sondern auch schwierige Passungsverhältnisse bestehen aufgrund ganz unterschiedlicher sozialer Typisierungen. Die theoretischen Überlegungen von Bourdieu liefern vielfältige Anregungen, um theoretisch Fragen der sozialen Reproduktion in Familie und Schule zu erörtern, wobei in unserem Beitrag aus erziehungswissenschaftlicher Sicht auf die Bildungsbedeutsamkeit der Familie eingegangen und die Debatte über Bildungsstandards in der Schule fokussiert wird.

Der Versuch, eine theoretische Konzeption über die soziale Reproduktionsfunktion von Familie und Schule ansatzweise zu entwerfen, setzt an dem Habitusbegriff von Bourdieu an. Der Habitusbegriff (vgl. Bourdieu 1992b) erklärt als generatives Erkenntnisprinzip die Umsetzung von Struktur in Praxis und wiederum von Praxis in Struktur. Im Habitus einer Person sind objektive Strukturen genauso enthalten wie Denk-, Wahrnehmungs- und Handlungsmuster, Körperlichkeit, Geschmacksempfindungen und ästhetische Einstellungen. Hier vereint sich das, was Aristoteles mit dem Begriff des Körpers als dauerhafte und beständige Entität (Hexis) und Disposition persönlicher Merkmale fasst, Max Weber (1988) als Ethos in Bezug auf seine Studien über den Protestantismus als ein System von Aspiration, Erwartungen und Hoffnungen beschreibt, Marcel Mauss (1990) als Körpertechnik, als ein Ensemble von körperlichen Dispositionen, ausdifferenziert und Panofsky (1951) in Anlehnung an Thomas von Aquin als mentale Gewohnheit in allen Lebensäußerungen (z.B. in der Parallelität von gotischer Architektur und scholastischem Denken) begreift und letztendlich Alfred Schütz (1991) als Alltagswissen erklärt, das eine Matrix von Evidenzen und eine Struktur enthält, mit der alltägliche Erfahrungen und kulturelle Horizonte in Wahrnehmungen, Urteilen und Handlungen intersubjektiv und kulturell hergestellt werden. Der Habitusbegriff von Bourdieu (1992a/b; 1993) umfasst vier Dimensionen: Eine moralische (Ethos), eine körperliche (Hexis), eine kognitive (Eidos) und eine ästhetische (vgl. Kalthoff 2004; Ecarius 1996). Ein Familienhabitus verfügt über diese unterschiedlichen Dimensionen genauso wie ein schulischer Bildungshabitus diese Dimensionen in eigener Weise reproduziert und modifiziert. Die unterschiedlichen Dimensionen sozialer Reproduktion, die Muster familialer Transmission in einem privaten Möglichkeitsraum und die Reproduktionsstrategien des Bildungssystems werden in den folgenden Ausführungen aus der Perspektive der Familie in einen theoretischen Kontext gestellt.

2   Familie als Bildungsort

Bourdieu erkannte im Rahmen seiner Arbeiten die Familie zunehmend als einen Ort, von dem gesellschaftliche Positionierungchancen ihren Ausgang nehmen und an dem sie ihre ursprüngliche Prägung erfahren, suchte er doch mehr als 20 Jahre die spezifische Logik zu verstehen, mit der sich Gruppen konstituieren und reproduzieren, um so die nötige Konsistenz herzustellen, die die Voraussetzung für den Positionserhalt im sozialen Raum bildet (vgl. Bourdieu 1992b: 96). Dabei entwickelte er erkenntnisleitend das Konzept des Habitus. Dieser wird durch das alltägliche Miteinander innerhalb der Familie einerseits erzeugt, andererseits fungiert er als Basis, aufgrund derer die familienspezifische Praxis wiederum hervorgebracht wird, und zwar nicht autonom und frei, sondern den Grundmustern dieses (klassenspezifischen) Habitus gehorchend. Das bedeutet, dass zum einen die objektiven Rahmenbedingungen der Familie nicht unmittelbar wirken, sondern über den Habitus vermittelt werden, und zum anderen, dass die in der Familie eingeübten sozialen Praktiken als familiale Interaktionserfahrung die Entwicklung des individuellen Habitus beeinflussen. „Wer den Habitus einer Person kennt", so Bourdieu in einem Interview (1989: 26), „der spürt oder weiß intuitiv, welches Verhalten dieser Person versperrt ist."

So strukturiert der Habitus in seiner Funktion als „handlungsermöglichendes System von Grenzen" (Bauer 2002: 136) die in der Familie geteilten Selbstverständlichkeiten und Routinen im alltäglichen Denken und Handeln. Er filtert den Horizont des Vorstellbaren, die Legitimität der Wünsche, die Akzeptanz der Grundüberzeugungen und die Angemessenheit der Verhaltensweisen, die darüber entscheiden, inwieweit der Habitus sozial anschlussfähig ist. Die gesellschaftlichen Positionierungchancen werden jedoch nicht allein vom Habitus geprägt. Bourdieu verweist darüber hinaus auf eine weitere distinktionsschaffende theoretische Kategorie, nämlich den (kulturellen) Kapitalbesitz.[1] Neben weiteren Kapitalformen wie ökonomisches und soziales Kapital gehört das kulturelle Kapital bzw. Bildungskapital zu den individuellen Ressourcenausstattungen. Sie werden primär in der Familie intergenerationell weitergegeben und angeeignet, womit die Familie bei Bourdieu als Hauptträgerin der Reproduktionsstrategien erscheint.

Bei diesen Reproduktionsstrategien und deren Verortungen im sozialen Raum spielt die Akkumulation des kulturellen Kapitals nach Bourdieu eine Schlüsselrolle. Gemeint ist neben dem objektivierten kulturellen Kapital (Gemälde, Buchbestände usw.) hauptsächlich das durch die familiale Sozialisation ‚inkorporierte', also in Fleisch und Blut übergegangene kulturelle Kapital, was sowohl Stil und Auftreten beinhaltet als auch Umgangsformen, Geschmackspräferenzen oder einen bestimmten Sprachduktus. Diese werden in der Familie zu jener Selbstverständlichkeit und Vertrautheit eingeübt, herausgebildet und angeeignet, die „nur das umfassende und unmerklich vor sich gehende, bereits in frühester Kindheit im Schoß der Familie einsetzende Lernen" hervorbringen (Bourdieu 1992a: 120). Mit Bourdieu gehen viele Autoren davon aus, dass dieses inkorporierte Kulturkapital zunehmend an Bedeutung gewinnt (z. B. Hartmann 2001; Büchner/Wahl 2005). Trotz der zentralen Bedeutung der Familie für die habituserzeugende Weitergabe von kulturellem Kapital bzw. Bildung hat Bourdieu selbst nie eine habitustheoretisch ausgerichtete familiensoziologische Untersuchung in Angriff genommen. Wie der Habitus letztlich biographisch erworben wird, bleibt bei Bourdieu unklar. So konzentrierte er sich zwar auf das Sozialisationsresultat, sah aber – schlicht aus Zeitgründen – von einer expliziten Theorie der familialen Sozialisationsprozesse ab (vgl. Liebau 1987: 80). Sein geplantes Projekt, „Familienmonographien unter bildungsspezifischen Gesichtspunkten" (Bourdieu/Schwibs 1985: 377), konnte er leider bis zu seinem Tod nie verwirklichen.

Zahlreiche Autoren erkennen wie Bourdieu nicht nur die Schlüsselrolle, die der Herkunftsfamilie bei der Herstellung der objektiven Lage in der sozialen

---

1   Das Verhältnis zwischen den Kategorien Habitus und Kapitalformen leitet sich aus einer jeweils unterschiedlichen, analytischen Perspektive her: Erwerb und Weitergabe des Habitus sind in einen gesellschaftlichen Rahmen eingebunden und vollziehen sich jeweils unter ungleichen Voraussetzungen. Diese wiederum sind von unterschiedlich verteilten Ressourcen abhängig, die Bourdieu mit seinen unterschiedlichen Kapitalsorten zu verdeutlichen sucht. Der Habitus als „allgemeine Grundhaltung" gegenüber der Welt (Bourdieu 1992a: 32) drückt allen Lebensbereichen einen typischen Stempel auf. Die Kapitalformen hingegen sind ressourcenspezifische Bedingungen und Ausdrucksformen bzw. Voraussetzung und Resultat bei der Habitusentwicklung. Doch lässt sich aus der Verteilung der Kapitalformen bzw. Ressourcen der Habitus nicht direkt ableiten oder errechnen (vgl. Vester 2002). Habitus und Kapitalformen gehen vielmehr weitgehend ineinander auf und stehen in einem permanenten Wechselverhältnis.

Hierarchie zufällt, sondern greifen auch in ihren Forschungsarbeiten auf das Bourdieusche Habitus- und Kapitalkonzept zurück. So heben beispielsweise Stecher und Zinnecker bei ihrem Konzept der „intergenerativen Transferbeziehungen" den Bourdieuschen Habitus in Form der relativ dauerhaften Handlungs- und Orientierungsmuster der Kinder und ihrer Eltern hervor. Nach Ansicht der Autoren stellt der Habitus die Grundlage der familialen Beziehungen dar (vgl. Stecher/Zinnecker 2007: 398f.). In diesem Zusammenhang betonen sie – wie Bourdieu (1983) – den kulturellen Kapitalbesitz als ‚Machtmittel'. Denn die Persistenz sozialer (Bildungs-)Ungleichheit lässt sich nicht allein auf Begriffe wie Macht oder ökonomisches Kapital reduzieren, sondern ist im weiteren Kontext modernisierter Reproduktionsstrategien in den Familien zu sehen (vgl. Stecher/Zinnecker 2007: 392). Ausgehend von dieser Annahme betonen sie, „dass immer mehr Familiengruppen – und Heranwachsende – sich der Kultur als *Medium* persönlicher und familialer Reproduktion bedienen – auch solche Gruppen, die in der Vergangenheit eher auf andere Reproduktionsquellen wie Besitz, Ökonomie oder Beruf rekurrierten" (Zinnecker 1994: 42; Hervorhebung im Original). So setzen die Autoren gerade die „kulturellen Transferbeziehungen" als sozial statuserhaltendes, -verbesserndes oder -absteigendes Übertragungsmodell an prominente Stelle. Allerdings gehen sie angesichts moderner Entwicklungen einer sich zunehmend ausdifferenzierenden Gesellschaft in separate kulturelle Sektoren beim kulturellen Transfer in der Familie von einer dynamischen Konkurrenz aus. Denn in den so entstehenden, unterschiedlichen Orten kulturellen Lernens gelten jeweils eigene, als legitim angesehene Wissensbestände mit entsprechend anderen Regeln und Zielsetzungen, die zueinander keineswegs synergetischen Eigenlogiken folgen. Dabei unterliegen Subjekte, Familien und ein an seiner Reproduktion interessiertes System im unterschiedlichem Ausmaß der gesamtgesellschaftlich paradoxen Anforderung, Neues zu schaffen und zugleich Tradition zu sichern. Denn die Dynamik der Moderne fordert einerseits eine permanente Transformation nahezu aller kulturellen Bereiche, während relevante Institutionen wie etwa Bildungssystem, Kirchengemeinde oder ‚Sportjugend' auf Akzeptanz ihrer kulturellen Botschaften setzen, i. S. „je mehr kultureller Transfer, um so besser".

Dies gilt auch für die Familie, die an allererster Stelle die eigene Familienkultur weitergibt. Diese der familialen Selbstreproduktion dienende kulturelle Tradierung kann jedoch vom gesamtgesellschaftlichen kulturellen Transfer mehr oder weniger entkoppelt sein. Je nach Passung zu anderen Orten kulturellen Lernens wie Schule, Peers oder Medien produziert die Familie im Zuge ihrer Reproduktion soziale Ungleichheit in der nächstfolgenden Generation mit. Unter Berücksichtigung des wachsenden Eigensinns und der Aktivitäten der Jüngeren bei der Interpretation und Abwandlung kultureller Objekte und Sinnsysteme, die insbesondere bei loser kultureller Kopplung zwischen den Generationen sowie durch den wachsenden Einfluss der Peer-Groups entfaltet werden, gehen die Autoren von einer sich öffnenden Codierung kulturellen Transfers aus. Wissensbestände in der Moderne werden zunehmend frei wählbar und beliebig, der dazugehörige Vermittlungsrahmen wird informell und plural. So bleibt festzuhalten, dass in dieser Gemengelage im Rahmen der Vermittlung kulturellen Wissens sowie von Normen und Werten gerade das Bildungssystem mit seiner um sich greifenden ‚Scholarisierung' Hauptkonkurrent der Familie ist. Auch wenn Gruppen von Eltern (aus bildungsnahen Milieus) versuchen, durch pädagogische Proto-Professionalisierung die Dominanz der außerfamilialen Unterrichtung abzuschwächen, bleibt tendenziell die systematische Vermittlung kulturellen Wissens aus dem Aufgabenbereich der Eltern in der Moderne ausgeklammert (vgl. Stecher/Zinnecker 2007: 399ff.). So entscheiden letztendlich die vorhandenen Passungsverhältnisse dieser beiden Lernorte darüber, ob die kulturellen Transferbeziehungen in der Familie dem Statuserhalt oder der Statusverbesserung förderlich sind oder nicht.

Auch im Marburger Forschungsprojekt „Familiale Bildungsstrategien in der Mehrgenerationenfolge" wird nach der allgemeinen Bildungsbedeutsamkeit der Familie gefragt und die statusbedeutsamen kulturellen Handlungssysteme in Drei-Generationenfamilien untersucht (vgl. Brake/Büchner 2003; Büchner 2003; Büchner/Wahl 2005; Büchner/Brake 2006; Wahl 2006). Hierbei werden insbesondere die Transmissionsprozesse in den Blick genommen, die die unterschiedlichen Formen familialer Weitergabe und Aneignung von kulturellem Kapital umfassen.[2] Dieser Rahmen berührt nicht nur die Frage nach dem *Was* des Transmissionsgeschehens im Sinne eines Resultats, sondern vor allem die Frage nach dem *Wie* der Transmissionsbemühungen. Mit diesen zwei Ebenen und theoretisch weiterführenden Überlegungen suchen die Autoren Bourdieus zentrale Frage zu beantworten, welche Familien in höherem Maße in der Lage sind, ihren Kindern über die Positionierung im sozialen Raum Vorteile zu sichern. Durch die Dreigenerationenperspektive ist es laut der Autoren auch möglich, gesellschaftliche Wandlungstendenzen mit zu berücksichtigen und den Blick auf die Passungen bzw. die Inkompatibilität von Transmissionsmustern mit den jeweiligen gesellschaftlichen Rahmenbedingungen familialen Zusammenlebens zu lenken (vgl. auch Ziegler 2000; Ecarius 2002).

Die Frage nach dem Wie der familialen Transmissionsbemühungen geht eng einher mit Fragen nach den ‚Strategien' des Habitus, der die unterschiedli-

---

2   Hier wird zwischen den Begriffen Transfer und Transmission unterschieden: Danach bezieht sich Transfer auf die Inhalte und Gegenstände des intergenerationalen Austauschs, während der Begriff der Transmission vor allem die Prozessualität und die Art und Weise der wechselseitigen Austausch- und Aushandlungsprozesse beinhaltet (vgl. Brake/Büchner 2003: 635, Anm. 3).

chen Weisen familialer Transmissionen steuert und von diesen wiederum hervorgebracht wird. Die Strategien des Habitus sieht Bourdieu als sozial besonders
einträglich an, denn sie gehören zu denen, „welche außerhalb jeder Berechnung
(…) erzeugt werden" (Bourdieu 1993b: 116). Im Gegensatz zu den eher unbe-
weglichen, als Steuerungsinstanzen fehlbaren, bewussten Strategien, gelten die
vorbewussten Strategien des Habitus nach Bourdieu in ihrer Wirkmächtigkeit
geradezu als selbstläufig, da der Habitus „in neuen Situationen neue Mittel zur
Wahrnehmung alter Funktionen erfinden kann" (Bourdieu 1993b: 102).

Der Strategiebegriff nach Bourdieu kennzeichnet den gekonnten Umgang
mit der immanenten Logik eines Spiels und die praktische Beherrschung der
Logik der Sache. Diese setzt so etwas wie blindes Verständnis zwischen den
Mitspielern voraus und eine eingefleischte Spieltaktik gegenüber den Spielgeg-
nern. Dieses ‚spielerische Gespür' bezeichnet Bourdieu als praktischen Sinn.
Was durch Spielerfahrung erworben wird, funktioniert zum großen Teil eben
jenseits des unmittelbaren Bewusstseins und des reflektierenden Denkens: „Strategie ist das Produkt des praktischen Sinns als eines ‚Spielsinns' (…), [der] in
frühester Kindheit durch die Teilnahme an sozialen Aktivitäten, nicht zuletzt
(…) an Kinderspielen erworben wird" (Bourdieu 1992a: 83).

Strategien des Habitus sind auch Bildungsstrategien. Sie vollziehen sich in
der Regel über praktisches, körperlich-sinnliches, mimetisches Tun in Interaktion mit anderen im Rahmen der kulturellen Alltagspraxis.

> „Mit seiner Teilnahme an der kulturellen Alltagspraxis lässt sich der Mensch auf das
> Spiel der Habitusentwicklung ein. Er lässt sich ein auf die gegebenen Voraussetzun-
> gen, er lässt sich ein auf bestimmte Spielregeln, den zu erbringenden Einsatz und die
> zu erwartenden Ergebnisse des Spiels. Das Spielfeld liefert den Rahmen und die
> Rahmung des Tuns, Lernen findet statt durch Mitmachen, Abgucken, Ausprobieren
> und Einüben, aber auch über gezieltes Vermitteln und Aneignen, wobei Ehrgeiz und
> Anstrengung, aber auch Anerkennung oder Ablehnung seitens der Mitspieler (inner-
> halb und außerhalb der Familie) ins Spiel kommen" (Büchner/Brake 2006: 47).

Habitusentwicklung, begriffen als jeweils spezifische Aneignung des Sozialen,
ist also die Bündelung komplexen Erfahrungswissens und die Vernetzung von
Dispositionen, die die handelnden Subjekte aufgrund ihrer bisherigen Tätigkeiten
in der Welt sich aneignen, modifizieren und transformieren. Bildungsprozesse
setzen an unterschiedlichen Formen sozialer Praxis an, die aufzeigen, „in welcher Weise die in die familiale Alltagspraxis eingewobenen Ermöglichungen und
Verhinderungen dazu beitragen, dass Familie als ‚Kollektivsubjekt' (und nicht
als bloßes Aggregat von Individuen) zum wichtigsten Subjekt der Reproduktionsstrategien werden kann" (Büchner/Brake 2006: 29f.). Auf dieser Grundlage
kann skizziert werden, wie der Habitus durch die Lebenspraxis aufeinander fol-

gender Generationen innerhalb eines bestimmten Typs von Existenzbedingungen geschaffen wird. Wie also entsteht der Habitus als (familiale) „Gegenwart der Vergangenheit, die ihn erzeugt hat" (Bourdieu 1992a: 105)?

Die innerfamilialen Dynamiken sind damit von wechselseitiger Weitergabe und Aneignung geprägt, aber auch von Modifikation oder Abweisung des familialen kulturellen ‚Erbes', die mit Habitusmetamorphosen einhergehen können.[3] Mit seiner Geburt in seine Familie beginnt der Mensch, seinen Habitus auszubilden und dabei neben der familialen Prägung auch Einflüsse aus dem sozialen Feld bzw. dem sozialen Raum einzubeziehen, in dem er sich bewegt. Die Dynamik des Habitus und seine Indienstnahme der familialen Ressourcen für eine erfolgreiche soziale Platzierung sind von den Habitusformen abhängig, die in einer Familie und für die dort handelnden Menschen üblich bzw. ‚normal' sind. Denn nur wenn der Habitus „in gewisser Weise kongruent und lernfähig zugleich ist, wenn er anpassungsfähig und gleichzeitig offen für möglicherweise sich ergebende Metamorphosenotwendigkeiten ist, können die Ressourcen im Möglichkeitsraum Familie angemessen genutzt werden" (Büchner/Brake 2006: 28).

Am Beispiel einer bildungsfernen Familie aus dem Arbeitermilieu (vgl. Wahl 2006: 225ff.) kann nachgezeichnet werden, dass gerade die identische bzw. die an Metamorphosenotwendigkeiten nicht angepasste Weitergabe und Aneignung des bildungsbezogenen familienspezifischen Habitus für die nachfolgenden Generationen zunehmend prekäre Folgen haben kann. Denn das in der Arbeiterfamilie z. B. vorfindbare, traditionelle Bedürfnis nach familial geprägten Sozialbeziehungen (vgl. Allert u. a. 1994: 17f.), die Teil des Familienhabitus und seiner (Bildungs-)Strategien sind, fördert eine immer größer werdende Diskrepanz gegenüber den Anforderungen institutioneller Kontexte wie Ämter und Behörden und vor allem der Schule und anderer Ausbildungssysteme zutage (vgl. Wahl 2006: 252f.). Schule als Prototyp der rationalisierten modernen Institution stellt sich den bildungsbezogenen Denk- und Handlungsgewohnheiten und eingeübten Alltagspraxen dieser Arbeiterfamilie entgegen. Schul- und ausbildungsbezogene Probleme können nicht mehr im Modus personenbezogener Hand-

---

3 Allerdings wird im Marburger Forschungsprojekt ein hoher intergenerativer Übertragungsgrad von kulturellem Kapital festgestellt, wenn auch begleitet von einer familienspezifisch höchst unterschiedlichen Feinstruktur bei der Weitergabe und Aneignung (vgl. Büchner/Brake 2006). So ist in einigen Familien eine „Transmission zum Identischen" festzustellen, bei der die ausgewiesenen Erziehungsintentionen der Großeltern wie der Eltern in der beabsichtigten Form weitergegeben und angeeignet werden sollen. Das heißt, die Kinder sollen genau das lernen oder anstreben, was die Großeltern und Eltern auch gelernt oder angestrebt haben. In anderen Familien vollzieht sich die Weitergabe in einem weniger intentional gesteuerten Rahmen und das Transmissionsergebnis ist offener gehalten als bei den Familien ersten Typs. Zwar wird das kulturelle Kapital bei dieser „Transmission zum Äquivalenten" auch im hohen Maße übertragen, doch vielmehr auf mittelbare, indirekte Weise auf der Grundlage des elterlichen Rollenmodells.

lungsstrategien gelöst werden. Im Zuge der Enttraditionalisierung des Arbeitermilieus bei gleichzeitiger Entwertung des dort beheimateten Praxiswissens und der spezifischen Informationsstrategien (wie etwa das ‚Fragen gehen' beim persönlichen ‚Experten' im sozialen Nahfeld) sieht sich spätestens die Enkelgeneration mit massiven sozialen Entwertungsprozessen konfrontiert, mit verweigerter Anerkennung und einer nicht gewährten sozialen Anschlussfähigkeit. Wenn es den vorangegangenen Generationen nicht möglich war, angemessene Strategien des Sich-Bewegens in institutionellen Settings zu erwerben, besteht die massive Gefahr, dass die nachfolgende Generation in die Rolle der Modernisierungsverlierer gerät. Ihr nicht oder kaum an die Modernisierungsanforderungen angepasster Familienhabitus verwehrt ihnen quasi eine gelingende Kooperation mit gesellschaftlichen Institutionen, die zu ihrer Zeit wichtiger ist, als sie für die Großeltern- oder Elterngeneration jemals war (vgl. Wahl 2006: 253) Hier wird – wie Bourdieu es formuliert (1993a: 116) – die Gegenwart der Vergangenheit besonders gut erkennbar, weil der „Sinn der wahrscheinlichen Zukunft plötzlich Lügen gestraft wird und Dispositionen (…) schlecht an die objektiven Möglichkeiten angepasst sind (…)."

Konflikte zwischen Generationen entstehen nach Bourdieu vor allem dann, wenn durch differente soziale Erfahrungen „unterschiedliche Habitusformen aufeinander prallen (…), die gemäß unterschiedlich generativer Modi erzeugt wurden, d. h. durch Existenzbedingungen, die (…) den einen spezifische Handlungen und Aspirationen als natürlich und vernünftig zu erfahren aufgeben, die die anderen als undenkbar oder skandalös empfinden – und umgekehrt" (Bourdieu 1993b: 116). Dieser Gedanke führt zu dem Begriff der Anerkennung, welcher weitere Aspekte auf das *Wie* der unterstellten Reproduktion sozialer Ungleichheit durch Bildung zu erhellen vermag; er lässt sich sowohl auf den Mikrokosmos Familie als auch auf die gesamtgesellschaftliche Ebene beziehen. Wechselseitig anerkennendes Verhalten kann sich in Form von gegenseitiger Wertschätzung, gar Bewunderung äußern, die Nachahmung(s-bereitschaft) oder soziale Inklusionsprozesse befördern und durch entsprechendes Handeln zum Ausdruck kommen. Umgekehrt kann Missachtung zu Konflikten und sozialer Exklusion führen (vgl. Honneth 2003: 8). Angesichts der Vielfalt der unterschiedlichen kulturellen Alltagspraktiken in den verschiedenen Familien entstehen im Kontext gesellschaftlichen Zusammenlebens erfolgreiche und nicht-erfolgreiche Habitusstrategien, die soziale Anerkennung oder Nicht-Anerkennung zur Folge haben, mit entsprechenden Auswirkungen auf die kulturelle Teilhabe und soziale Anschlussfähigkeit. Das Beispiel der oben vorgestellten Arbeiterfamilie zeigt die prekären Auswirkungen der bildungsinstitutionellen Nicht-Anerkennung ihres familial erworbenen Praxiswissens und ihrer habitualisierten Bildungsstrategie des Fragen-Gehens. Durch ihren bildungsbezogenen Familienhabitus sind den Mitgliedern der Arbeiterfamilie die Regeln des Spiels, die soziale Logik der für die anschlussfähige Bildung relevanten Institutionen, versperrt. Denn, um bei der Bourdieuschen Metapher des Spiels zu bleiben, das Mitspielen-Wollen (also der Anspruch der kulturellen Teilhabe) hängt eng mit dem Mitspielen-Können (also der sozialen Anschlussfähigkeit) zusammen.

Inwiefern eine Familie dazu beitragen kann, ob sich ihre Mitglieder beim Spiel qualifizieren können oder nicht, verdeutlicht eine ethnographische Studie von Annette Lareau (2002), bei der sie zwei klassenspezifische Orientierungsmuster von Kindern im vierten Schuljahr feststellen konnte. So identifizierte sie in den Familien der Mittelschicht einen vorherrschenden „sense of entitlement" (Berechtigungssinn) und einen in den Arbeiterschicht- und Armutsfamilien vorherrschenden „sense of constraint" (Beschränkungssinn). Der Berechtigungssinn der Mittelschichtskinder ist ein – von den Eltern übernommener – handlungsleitender Sinn für die Berechtigung, Institutionen für sich selbst nutzbar zu machen und arbeiten zu lassen. Der Beschränkungssinn der Arbeiterkinder dagegen erfährt – wie ihre eigenen Eltern auch schon, und das zunehmend – die institutionellen Aktivitäten als einschränkenden Zwang in Bezug auf die eigenen Handlungsmöglichkeiten. Während die Mittelschichtskinder durch das Vertrauen in die Institutionen, für sie zu arbeiten, gleichzeitig Zutrauen in ihre eigene Handlungsmöglichkeiten gegenüber Institutionen gewinnen, sind Arbeiterkinder weitaus passiver und – gelinde gesagt – den Institutionen gegenüber skeptischer eingestellt.

Sobald also soziale und kulturelle Differenzen mit Erfahrungen der sozialen und kulturellen Diskriminierung oder Privilegierung aufgrund von unterschiedlichen bildungs- und/oder kulturabhängigen Weltsichten, Lebensstilen oder Geschmacksmustern einher gehen und mit gesellschaftlichen Inklusions- oder Exklusionseffekten verbunden sind, werden aus sozialen und kulturellen Unterschieden soziale und kulturelle Ungleichheiten (vgl. Büchner/Brake 2006: 26).

3 Familienhabitus, Schule und Bildungsstandards

Die Familie ist somit ein Bildungsort, der einen Möglichkeitsraum für nachwachsende Generationen eröffnet. In diesem Kontext ist Bildung erarbeitete Auseinandersetzung mit der Welt und Selbstverwirklichung des Einzelnen (vgl. Büchner/Brake 2006: 23). Zugleich ist Bildung gekoppelt an einen formalen Bildungsbegriff, mit dem Bildungstitel und ein sozialer Prestigewert verbunden sind. Nach Bourdieu sind Familien im Dreieck von schulischen Abschlüssen, Familienhabitus und sozialem Milieu zu analysieren (vgl. Bourdieu/Passeron 1971; Bourdieu 1992a). Ein soziales Milieu (vgl. Hradil 2004) ist als eine Gruppierung von Menschen mit einer ähnlichen Mentalität und einem ähnlichen sachlichen Umfeld (Region, Stadtviertel, Beruf) zu verstehen, die in Prinzipien der Lebensgestaltung und der Gestaltung der Beziehungsformen übereinstimmen. Die Erwachsenen, die einem sozialen Milieu angehören, „erziehen (…) ihre Kinder in ähnlicher Weise" (Hradil 2004: 278). Kinder einer Familie werden aus bildungstheoretischer Sicht dem Erwachsenenmilieu ihrer Eltern zugeordnet. Hieran schließt auch der Gedanke eines Familienhabitus an, nach dem die Familie als Bildungsort immer auch die Prinzipien der Lebensführung ihres sozialen Milieus repräsentiert. Zugleich hat jede Familie ihre Kinder dem Schulsystem zu übergeben, sie ist gesetzlich verpflichtet, die nachfolgende Generation in der Schule unterrichten zu lassen.

Die Schule als zentraler Ort des institutionalisierten kulturellen Kapitals (vgl. Bourdieu 1983) verfügt über Macht durch die anerkannte Vergabe von Bildungstiteln, und sie organisiert sich in autonomer Weise: Spezialisierte Vermittler werden in universitären Institutionen ausgebildet, die versehen mit amtlicher Autorität als Wissensvermittler arbeiten und mit ihrer pädagogischen Arbeit die Legitimation der Institution herstellen (vgl. Bourdieu 2001). Zudem entwickelt die schulische Institution Instrumente und didaktische Mittel, mit denen sie ihre Arbeit routinisiert (vgl. Helsper 2006). Ihr kommt die gesellschaftliche Funktion zu, mit pädagogisch-professionellen Handlungsformen des Lehrens und Lernens die von Kindern in ihren Familien eingeübten Schemata (Familienhabitus), die vor allem das kulturelle Kapital betreffen, so zu überarbeiten und zu systematisieren (vgl. Kalthoff 2004), dass das Kind Bildungstitel erwerben kann. Schulische Bildung und familiale Erziehung/Sozialisation erzeugen im Subjekt einverleibte Denk-, Handlungs- und Wahrnehmungsmuster sowie einen entsprechenden habitualisierten Körper: Beide Institutionen ‚bearbeiten' den kindlichen und jugendlichen Körper, sein Denken, Handeln und Wahrnehmen.

Auch wenn die Schule für sich in Anspruch nimmt, Kompetenzen unabhängig von sozialer Zugehörigkeit zu vermitteln,[4] perpetuiert sie dennoch die kulturellen Muster der oberen sozialen Milieus (vgl. Bellenberg 1999; Meulemann 1990).

---

4   Die Bildungsexpansion hat nicht zu der erhofften Reduzierung sozialer Ungleichheiten geführt, sondern das Bildungssystem hat seit den 1960er Jahren neben seiner klassischen vertikalen Gliederung eine horizontale Ausweitung erfahren, so dass gegenwärtig für alle Berufsgruppen schulische Bildungstitel Voraussetzung sind (vgl. Becker 2006), ohne dass diese – jenseits der kurzen Phase der 1970er Jahre – noch entscheidend zur sozialen Mobilität beitragen. Zugleich erscheinen die neueren sozialen Milieus als Weiterentwicklungen alter traditioneller Milieus, sie gehen aus traditionellen „Familienstammbäumen" (Vester 2004: 37) hervor. Der horizontalen Positionsverschiebung der sozialen Milieus entsprechen neue, milieuspezifische Bildungsstrategien.

„Für die Kinder der vermögenden Klassen gehört die Schule zur Ordnung der Dinge, ihrer Ordnung. Das gilt nicht in gleicher Weise für die Kinder aus den Volksklassen, die objektiv wenige Chancen auf erfolgreiche Studien haben. ‚Die Gleichheit der Chancen' entscheidet sich nach der Verteilung der Hochschuldiplome je nach sozialer Herkunft. Diese Verteilung zeigt auf eklatante Weise, dass die Chancen eines Kindes auf schulischen Erfolg viel direkter eine Funktion seiner sozialen Klasse als seiner persönlichen Talente sind" (Bourdieu 2001: 20).

Der Familienhabitus, den sich Kinder aneignen, enthält eine milieuspezifische Reproduktionslogik, die über die Leistung der Kinder wirksam wird. Die ‚Gleichheit der Chancen' erweist sich als Illusion der Chancengleichheit, da die Voraussetzungen der Kinder für schulische Leistungen durch den Familienhabitus vorgeprägt sind. Die Ergebnisse der PISA-Studien zeigen (vgl. Baumert/Watermann/Schümer 2003), dass der Einfluss der Eltern, ihre Bildungsaspirationen, wesentlich am Schulerfolg der Kinder Anteil haben (vgl. Ditton 2004).

Seit PISA hat sich eine Debatte darüber entwickelt, wie Kulturtechniken definiert werden können. Diese Diskussion ist äußerst interessant, zumal an ihr aufgezeigt werden kann, wie Bildungsstandards definiert werden und welche menschlichen Fähigkeiten Berücksichtigung finden. Diskutiert werden Basiskompetenzen (vgl. Klieme/Avenarius/Blum u. a. 2007), die eine große Nähe zum Habitusbegriff von Bourdieu aufweisen. Die Konzeptionen umfassen körperliche (Hexis), moralische (Ethos), kognitive (Eidos) und ästhetische Dimensionen. Grundmann u. a. (2004) kritisieren, dass durch diese Diskussionen eine Kompetenzbiographie kreiert wird, an die das schulische Bildungskonzept anknüpft. Diese Kompetenzbiographie, die Bildungsstandards erfüllt, einem Lernen des Lernens folgt und sich übersetzen lässt in schulische Leistungen, enthält unseres Erachtens einen starken reproduktiven Bias sozialer Ungleichheit, denn darin verwirklichen sich bildungsbürgerliche Standards, die versachlicht in Leistungskriterien umformuliert werden. An dem Anspruch einer umfassenden Bildung, einer Auseinandersetzung mit Selbst- und Weltverhältnissen, wird theoretisch in einem ersten Schritt festgehalten, es geht aber dann in der Übersetzung um konkrete Leistung, die sich empirisch messen lässt und statistisch vergleichbar ist. Dadurch entsteht auf eine neuartige Art eine Verbindung zwischen schulischem Habitus[5] und dem Familienhabitus der oberen Sozialmilieus. Der Anspruch, ‚klassenneutral' inhaltliche Leistungskataloge zu bestimmen, entpuppt sich als eine Verschärfung sozialer Ungleichheit, da paradoxerweise nur noch Leistungs-

---

5   Im Folgenden wird von einem schulischen Habitus oder Bildungshabitus gesprochen, der angelehnt an den Habitusbegriff von Bourdieu (1992a) als (strukturiertes und strukturierendes) Erzeugungsprinzip von Gedanken, Handlungen und Wahrnehmungen im schulischen Raum und als Vermittlungsinstanz von individuellen Handlungen im Kontext von schulischer Bildung und gesellschaftlichen Bedingungen zu verstehen ist.

ergebnisse der Schüler im Vordergrund stehen und die Verbindung zum sozialen
Milieu nicht diskutiert wird, obgleich diese Verbindung zum Familienhabitus
eines der zentralen Ergebnisse der PISA-Studien ist.[6] In der Debatte um Bildungsstandards formuliert Klieme:

> „Basisfähigkeiten (…) beziehen sich auf die Fähigkeit, an Gesellschaft selbstbe-
> stimmt teilzunehmen, die unterschiedlichen Dimensionen des Handelns – moralische,
> kognitive, soziale und individuelle – in ihrer je eigenen Bedeutung zu sehen und nut-
> zen sowie das eigene Handeln an einem allgemeinen Gesetz ausrichten zu können.
> Bezogen auf den Lebenslauf wird zugleich unterstellt, dass alle Heranwachsenden
> dabei auch fähig werden, mit neuen Herausforderungen, einer ungewissen Zukunft
> und alternativen Optionen in der Gestaltung des eigenen Lebens im Modus des Ler-
> nens umzugehen. Das ‚Lernen des Lernens‘ ist die grundlegende, für das gesamte
> Leben unverzichtbare Kompetenz, die in modernen, offenen Gesellschaften in schuli-
> scher Arbeit generalisiert werden muss" (Klieme/Avenarius/Blum u. a. 2007: 66).

Nach Weinert (2001) sind Kompetenzen erlernbare kognitive Fähigkeiten und
Fertigkeiten, die mit motivationalen, volitionalen und sozialen Fähigkeiten verbunden sind und als Problemlösungsstrategien dienen. Kompetenzen werden
verortet in kulturellen Traditionen der Bewältigung praktischer Lebensanforde-
rung und der Teilhabe von Kindern und Jugendlichen am gesellschaftlichen,
globalen Leben (vgl. Aldrich 2000; Swanson/Stevenson 2002). Sie dienen der
lebenslangen Kultivierung auf der Basis einer erweiterten Allgemeinbildung, die
übergeht in Prozesse des Selbstlernens (vgl. Maag Merki 2004). Alle Schüler
und Schülerinnen sollen sich ‚universelle‘ Kompetenzen aneignen. Unterschieden wird in vier Modi der Welterfahrung (moralisch, kognitiv, sozial, individuell), die als Kompetenzen definiert werden und in einer schulischen Komposition
aufgehen. Nach Klieme/Avenarius/Blum u. a. (2007) sind historische, mathema-
tische, linguistische und ästhetisch-expressive Kenntnisse und Inhalte zu benennen, mit denen Bildungsstandards beschrieben werden, die in einem Fächerange-
bot zu organisieren sind (vgl. Baumert 2003).

Die Debatte über Bildungsstandards[7] führt zu einer Neuformulierung des
gewünschten Bildungshabitus. Die Kriterien umfassendes Denken, Handeln und

---

6   Eine Verkürzung der gymnasialen Schulzeit, gleichzeitige Ausdehnung der Lerninhalte und
    eine Ausweitung der Schlüsselqualifikationen um soziale Konfliktlösungsfähigkeit, Toleranz
    oder eines Lernen des Lernens ohne eine entsprechende materielle Ausstattung des Bildungs-
    systems verringern die Chancen für ‚Familienkinder‘ aus bildungsfernen Sozialmilieus.
7   Noch gibt es keinen einheitlichen festgeschriebenen Bildungsstandard: Klieme/Avenarius/Blum
    u. a. (2007) fordern einen Mindest-Bildungsstandard, aber verschiedene Bundesministerien fa-
    vorisieren Konzeptionen, die umfassend Bildungsstandards festschreiben sollen. In dieser Dis-
    kussion geht es allgemein um die Definition, welche Inhalte in Schulen vermittelt werden sollen,
    wie Bildung nachhaltig gesichert werden kann und welches die Kriterien der Beurteilung sind.

Wahrnehmen entlang der vier Modi der Welterfassung in globalen Gesellschaften auf der Basis eines Lernens des Lernens über die gesamte Lebensspanne kumulieren in einer ideellen Kompetenzbiographie. Familiale Erziehung und Sozialisation, das soziale Umfeld und biographische Erfahrung werden verbunden mit einer bürgerlichen Vorstellung vom Menschen als reflexives, ästhetisches, lernendes, interkulturell-tolerantes und biographisch-stabiles Subjekt. Diese Vorstellung wird jedoch nicht mehr nur als Zielvision eines lebenslangen Entwicklungsprozesses gefasst, in dem die schulische Bildung eine bestimmte Teilaufgabe besitzt, sondern der schulische Bildungshabitus beansprucht für sich das Monopol auf eine umfassende formale, materiale und auch informelle Bildung. Kreiert wird ein umfassendes Menschenbild, das in einen schulischen Habitus umformuliert wird und als allgemeingültiger Bildungshabitus zum Bildungsstandard für Schule, Unterricht und einer Leistungserbringung jedes einzelnen Schülers mutiert. Der schulische Bildungshabitus verbirgt dabei die enge Verbindung zu legitimen kulturellen Gütern, die jene von Familien der herrschenden sozialen Milieus sind, und die die Schüler letztlich bereits in die Schule mitzubringen haben. Ausgeschlossen bleiben Kompetenzen von Familien, die Angehörige anderer sozialer Milieus sind. Bildungsferne Milieus verfügen über eigene Sprachcodes, ein sozialspezifisches Ethos, eine eigene körperliche Hexis, besondere mentale Gewohnheiten, Erwartungen und Hoffnungen. Mit Bourdieu gesprochen ist es ein besonderer praktischer Sinn, der ihren Bildungshabitus kennzeichnet, eine eigene soziale Logik aufweist und folglich andere Inhalte hat. „Es ist der praktische Sinn dafür, soziale Beziehungen, das Körperliche, emotionale Befindlichkeiten und unvorhergesehene Situationen zuverlässig zu erkennen, kommunikabel zu machen und zu handhaben" (Vester 2004: 50; ähnlich Grundmann u. a. 2004).

In dieser Debatte sind zwei unterschiedliche Argumentationslinien enthalten: Zum einen wird ein bürgerlicher Bildungskanon propagiert, der um Aspekte wie Lernen des Lernens, informelles Lernen etc. ergänzt wird, und zum anderen wird über die Formulierung von Leistungskatalogen eine vordergründige Neutralität hergestellt, mit der der Bezug zum bildungsbürgerlichen Kanon neutralisiert wird. Dies ist aber nichts anderes als eine Verschleierungstaktik und stabilisiert folglich die Ungleichheitsstruktur im schulischen Bildungshabitus, da der bildungsbürgerliche Kanon nicht direkt erkennbar, vielleicht sogar unsichtbar ist, aber dennoch maßgeblich den schulischen Bildungshabitus strukturiert.

Die formale Gleichheit, die Bildungsstandards mit ihren Leistungskatalogen unabhängig von familialer Kultur und Besitz für sich beanspruchen (vgl. Ditton 2004), wird über eine Ideologie der Begabung gestützt. Nach Bourdieu beanspruchen alle Familien die Ideologie von der individuellen Begabung als eigentlichen Grund für schulischen Erfolg. Die Begabungsideologie verschleiert die

Nähe des Bildungshabitus zu oberen Sozialmilieus und ermöglicht, die scheinbare Neutralität von Bildungsinhalten aufrechtzuerhalten. Indem von den einzelnen Fähigkeiten des Kindes, den Begabungen, als neutrales Element ausgegangen wird, verwandelt die Schule

> „faktische Gleichheiten in rechtmäßige Ungleichheiten, wirtschaftliche und gesell-
> schaftliche Unterschiede in eine qualitative Differenz und legitimiert die Übertra-
> gung des kulturellen Erbes. Dadurch übt sie eine mystifizierende Funktion aus. Die
> Begabungsideologie, Grundvoraussetzung des Schul- und Gesellschaftssystems, bie-
> tet nicht nur der Elite die Möglichkeit, sich in ihrem Dasein gerechtfertigt zu sehen,
> sie trägt auch dazu bei, den Angehörigen der benachteiligten Klassen das Schicksal,
> das ihnen die Gesellschaft beschieden hat, als unentrinnbar erscheinen zu lassen"
> (Bourdieu 2001: 46).

Mit der Begabungsideologie werden Werte wie Fleiß und Mühe, Ernsthaftigkeit und Plagerei, Strebertum und stundenlanges Lernen abgewertet. Im Vordergrund der Begabungsideologie stehen Virtuosität, Wissen, souveräne Kompetenz und sprachliche Eleganz, die dem einzelnen Subjekt als individuelle Fähigkeiten zugeschrieben werden. Leistungen werden so mit Verhaltensweisen und Einstellungen verschmolzen, und es entsteht die Kompetenzbiographie. Das damit verbundene Modell des selbstständigen Schülers, der sich sicher (‚kompetent') in einem Raum mit eigenständig anzueignenden Lernangeboten bewegt, benachteiligt dabei diejenigen Schüler, die diese Fähigkeit nicht aus ihrem Familienhabitus heraus entwickeln können.

Die Schule etabliert nach Bourdieu eine Ideologie des individuellen, schulischen Heils, da anhand der Leistungen des Schülers Fähigkeiten beurteilt werden. Aber nicht nur die Schule vertritt diese Ideologie, sondern auch Eltern orientieren sich an der Begabungsideologie und sehen in schulischen Leistungen vorrangig die Talente ihrer Kinder. In modernen Gesellschaften ist die individuelle Leistung zentraler Modus für soziale Wertschätzung (vgl. Honneth 2003). In der individualisierten Leistung – als universalisierte Größe – verbergen sich jedoch privilegierte Lebens- und Kulturformen dominanter sozialer Milieus (vgl. Helsper 2006). Jede Familie vermittelt „ihren Kindern auf eher indirekten als direkten Wegen ein bestimmtes kulturelles Kapital und ein bestimmtes Ethos, ein System impliziter und tief verinnerlichter Werte, das u. a. auch die Einstellung zum kulturellen Kapital und zur schulischen Institution entscheidend beeinflusst" (Bourdieu 2001: 26).

Der normative Maßstab der individuellen Leistungsfähigkeit führt nach Bourdieu dazu, dass eine Familie der unteren sozialen Milieus bei schlechten Leistungen eher die Unfähigkeit ihres Kindes betont und diese in Beziehung zu den objektiven Chancen des Familienhabitus setzt (vgl. Schümer 2004). In der

Folge sinken die elterlichen Bildungsaspirationen für das Kind, da der Familienhabitus als nicht anschlussfähig erachtet wird. Familien aus unteren Sozialmilieus lassen sich von der scheinbaren Unfähigkeit des Kindes schneller überzeugen. Insofern leistet die Schule Überzeugungsarbeit für die Ferne zum Bildungshabitus: Die fehlende Anschlussfähigkeit wird übersetzt in die mangelhafte Begabung des Kindes.

Die kulturellen Praktiken des Familienhabitus sind vom Kind umso erfolgreicher in schulische Leistungen zu transformieren, je mehr sie dem Bildungsstandard der Schule entsprechen (vgl. Baumert u. a. 2003). Ein elaborierter Sprachcode, ästhetisches Interesse (Theater, Musik), kognitive Fähigkeiten und eine distinktive körperliche Hexis im Familienhabitus sind die Mittel zur Erfüllung der Bildungsaspirationen für die nachwachsende Generation. Insofern passt es dann auch, dass Familien aus oberen Sozialmilieus auch eine Ferne zur Schule artikulieren (vgl. Helsper 2006: 168). Der Familienhabitus bewirkt in den Milieus der Macht und des Besitzes (vgl. Vester 2004) eine exklusive Distinktion, Statussicherung und -schließung – auch durch zusätzliche außerschulische Bildungsanstrengungen. Die Milieus der Bildungselite orientieren sich ebenfalls nicht ausschließlich am meritokratischen Leistungsprinzip, da sie sich dem Ethos der hochkulturellen Selbstverwirklichung verschreiben. Diese Eltern stehen nicht unter dem Zwang, sich am Schulhabitus zu orientieren, da sie selbst diesen mitbestimmen, wenn nicht sogar der Schule die Richtung zukünftiger Bildungsinhalte diktieren.

> „Die aus den privilegierten Milieus stammenden Kinder verdanken ihrem Umfeld nicht nur bei den schulischen Aufgaben unmittelbar nutzbare Gewohnheiten und antrainierte Verhaltensweisen sowie den, nicht einmal wichtigsten, Vorteil der direkten Unterstützung durch die Eltern. Sie erben auch Kenntnisse und ein Know-How, Neigungen und einen ‚guten Geschmack‘, deren schulische Rentabilität umso größer ist, als diese Imponderabilien der Einstellung zumeist auf das Konto der Begabung verbucht werden" (Bourdieu 2001: 29f.).

Die Familie vermittelt hier ein kulturelles Erbe und zweckfreie Bildung, welche ohne jedes methodische Bemühen und ohne manifeste Einwirkung in Form einer Transmission des Identischen oder Äquivalenten auf die jüngste Generation übergehen. Diese kann reibungslos an den schulischen Habitus anschließen und individuelle Fähigkeiten entfalten helfen, die dem meritokratischen Leistungsprinzip entsprechen. Diese Schüler entwickeln einen ‚Schülerhabitus‘, der mit dem schulischen Habitus korrespondiert (vgl. Kramer 2002; Helsper 2006). Die Fähigkeiten, die sie im Möglichkeitsraum des Familienhabitus spielerisch einüben, garantieren als individuelle ‚Begabung‘ den schulischen Erfolg.

Der Notwendigkeitsgeschmack, dem nach Bourdieu Familien aus unteren sozialen Milieus folgen, wohnt eine Ferne zum Bildungshabitus der Schule inne. Nach Vester (2004) ist der Habitus der Notwendigkeit in den drei traditionslosen (unangepassten, resignierten, statusorientierten) Arbeitnehmermilieus sowie im hedonistischen Milieu zu finden. Dem Notwendigkeitsgeschmack ist eine Distanzierung in doppelter Sicht eigen: Zum einen verwirklicht sich darin ein „das ist nichts für uns" und zum anderen ein „dazu fehlen uns die Mittel" (Bourdieu 2001: 32). Es handelt sich in doppelter Weise um einen Beschränkungssinn: Es ist die Selbsteliminierung aus höheren Bildungseinrichtungen und die explizit betonte Ferne, der Mangel an Mitteln. Für bildungsferne Eltern scheint der Aufstieg der Kinder durch Bildung eher unwahrscheinlich, sodass es für sie objektiv sinnvoll erscheint, sich nicht auf den schulischen Habitus einzulassen und ihre Kinder auch nicht in entsprechender Weise anzuspornen.

Das Verhalten dieser Eltern orientiert sich nach Bourdieu an den objektiven Chancen, für ihre Kinder einen sozialen Aufstieg über die Schule zu erwirken, die – so auch die Ergebnisse der PISA-Studien – seit der Bildungsreform stagnieren. Zugleich sind die Chancen für Kinder mit Migrationshintergrund schlecht. Indem die Bildungsmöglichkeit dem einzelnen Schüler, nicht aber seinen sozialen Voraussetzungen zugeschrieben wird und die Leistung eines jeden Schülers ‚neutral' gemessen wird, wird ihnen und ihren Familien überdeutlich klar, wie wenig Aussicht auf Erfolg sie im schulischen System haben. Die Ferne der unteren Sozialmilieus zum Bildungssystem führt zu einer distanzierten Einstellung, da sie erkennen, dass ihr Familienhabitus, ihr Denken, Wahrnehmen und Handeln, mit schulischen Inhalten nicht kompatibel ist. Anstatt das Bildungssystem zu diskreditieren, führt die Differenz zur Distanzierung von Bildung (vgl. Grundmann u. a. 2004). Das schulische System bleibt mit seinen Leistungskriterien unangegriffen legitimiert.

Die Neutralität des Bildungssystems wird dadurch verstärkt, dass einige wenige Kinder aus bildungsfernen Sozialmilieus es dennoch schaffen, dem kollektiven Schicksal zu entgehen, wobei auch hier unabhängig vom Familienhabitus die individuelle Leistung des Kindes bewertet wird. Die schulische Auslese bekommt dadurch den Anschein einer Legitimität und der Mythos von der ‚familienneutralen' Schule erhält Glaubwürdigkeit, denn die davon Ausgeschlossenen vertreten ebenfalls die Ideologie der Begabung und die Einstellung, dass schulischer Erfolg vorrangig durch Talente und individuelle Leistung erbracht wird (vgl. Bourdieu/Passeron 1971).

Der Familienhabitus der mittleren sozialen Milieus sieht im schulischen Bildungshabitus eine Chance, über Bildungsbeflissenheit an das kulturell legitime Bildungskapital anzuschließen und damit einen eventuellen sozialen Aufstieg verfolgen zu können. Die kulturelle Ferne zum schulischen Bildungskanon wird nach Bourdieu kompensiert über ein eifriges Aneignungsbestreben, sodass in den Familien Bildungserwerb und Leistung wichtige Werte sind, sie sind Bestandteil des Familienhabitus. Vester (2004: 39) spricht vom Habitus der Strebenden. Die Familien der linken und kleinbürgerlichen Mitte verfolgen eine asketische Leistungs- und Bildungsethik mit dem Versprechen auf einen Autonomiegewinn durch den Erwerb von Bildungstiteln sowie eine traditionelle Bildungsorientierung.

Da die Schule auf die Vermittlung von Lerninhalten konzentriert ist, unterlässt sie es, jene kulturellen Einstellungen zu vermitteln, die im oberen sozialen Milieu über den Familienhabitus selbstverständlich an die Kinder weitergegeben werden. Die Inhalte des Unterrichts werden als neutrale Sachthemen interpretiert, die von allen Schülern in gleicher Weise aufgenommen werden sollen. Allerdings dürfte die Schule nicht davon ausgehen, dass sich die Rezeption durch die Schüler vereinheitlichen lässt und die schulischen Inhalte bei den Lernenden zu gleichen Ergebnissen führen. „Die pädagogische Kommunikation [hängt, J.E.] unmittelbar von der Kultur ab, die der Empfänger in diesem Fall seinem familialen Milieu verdankt, dem Besitzer und Vermittler einer Kultur (…), die, ihrem Inhalt wie den ihr implizierten Werten nach, der von der Schule vermittelten Gelehrtenkultur sowie den sprachlichen und kulturellen Mustern der schulischen Vermittlungstätigkeit mehr oder weniger nahe steht" (Bourdieu 2001: 50).

4 Abschlussgedanken

Schulischer Bildungshabitus und Familienhabitus verweisen auch auf die Zukunft, auf die objektiven Chancen, die durch das subjektive Handeln des Kindes erreicht werden können – oder nicht. Die Zukunft ist nach Bourdieu gepaart mit Hoffnung bzw. Hoffnungslosigkeit, durch die subjektive Erwartungen und subjektives Handeln geleitet werden. Es ist das Ineinandergreifen der Verinnerlichung der objektiven Zukunft einer Familie, der möglichen Chancen für die jüngste Generation oder der möglichen Nachteile, im Bildungssystem zu versagen. Die Wahrscheinlichkeit, einen Schulbesuch erfolgreich zu absolvieren, geht einher mit einem spezifischen Familienhabitus, tradierten familialen Erfahrungen und den Möglichkeiten, den Anschluss an das offizielle Bildungskapital zu erreichen. Sind die Wahrscheinlichkeiten gering, in der Zukunft erfolgreich an schulischen Bildungswegen zu partizipieren, werden nach Bourdieu die Verhaltensweisen einer Familie danach in der Gegenwart ausgerichtet. Es besteht somit eine implizite Gewissheit darüber, wie erfolgreich der Einsatz der Kinder sein wird und es besteht auch ein implizites Wissen in Familien darüber, welche Bildungswege zurückgelegt werden können. Darin liegt zugleich die Beschränkung oder Offenheit gegenüber der Schule, die die Art der Bildungsaspiration und Lernmotivation der Kinder begründet. Diese Strategien werden im Familienhabitus übermittelt und durch den schulischen Bildungshabitus verstärkt oder gar bewahrheitet. Die im Familienhabitus erworbenen Kompetenzen werden über die Schule und die Verteilung von Bildungstiteln in eine soziale Struktur gegossen, mit der sich soziale Ungleichheiten manifestieren. Eine Familienforschung, die sich zur Aufgabe macht, die Strukturen und Mechanismen sozialer Ungleichheit in ihren vielfältigen Facetten zu erforschen, kann zwar auf einige zentrale theoretische und empirische Untersuchungen blicken, es bleiben aber noch viele Fragen offen. Durch unsere Überlegungen im Anschluss an Pierre Bourdieu können diese Fragen theoretisch präziser fokussiert und bearbeitet werden.

Literatur

Allert, Tilmann/Bieback-Diel, Liselotte/Oberle, Helmut/Seyfarth, Elisabeth (1994): Familie, Milieu und sozialpädagogische Intervention. Münster: Votum Verlag

Bauer, Ullrich (2002): Selbst- und/oder Fremdsozialisation: Zur Theoriedebatte in der Sozialisationsforschung. In: Zeitschrift für Soziologie der Erziehung und Sozialisation 22. Heft 2. 118-142

Baumert, Jürgen (2003): Deutschland im internationalen Bildungsvergleich. In: Kilius u. a. (2003): 100-151

Baumert, Jürgen/Watermann, Rainer/Schümer, Gundel (2003): Disparitäten der Bildungsbeteiligung und des Kompetenzerwerbs. In: Zeitschrift für Erziehungswissenschaft 6. Heft 1. 46-72

Becker, Rolf (2006): Dauerhafte Bildungsungleichheiten als unerwartete Folge der Bildungsexpansion? In: Hadjar/Becker (2006): 27-62

Becker, Rolf/Lauterbach, Wolfgang (Hrsg.) (2004): Bildung als Privileg? Wiesbaden: VS Verlag für Sozialwissenschaften

Bellenberg, Gabriele (1999): Individuelle Schullaufbahnen. Eine empirische Untersuchung über Bildungsverläufe von der Einschulung bis zum Abschluss. Weinheim/München: Juventa

Bittlingmayer, Uwe H./Eickelpasch, Rolf/Kastner, Jens/Rademacher, Claudia (Hrsg.) (2002): Theorie als Kampf? Zur politischen Soziologie Pierre Bourdieus. Opladen: Leske + Budrich

Bourdieu, Pierre (1983): Ökonomisches Kapital, kulturelles Kapital, soziales Kapital. In: Kreckel (1983): 183-198

Bourdieu, Pierre (1989): Satz und Gegensatz. Über die Verantwortung des Intellektuellen. Berlin: Wagenbach

Bourdieu, Pierre (1992a): Die feinen Unterschiede. Kritik der gesellschaftlichen Urteilskraft. 5. Auflage. Frankfurt a.M.: Suhrkamp

Bourdieu, Pierre (1992b): Rede und Antwort. Frankfurt a.M.: Suhrkamp

Bourdieu, Pierre (1993a): Soziologische Fragen. Frankfurt a.M.: Suhrkamp

Bourdieu, Pierre (1993b): Sozialer Sinn. Kritik der theoretischen Vernunft. Frankfurt a.M.: Suhrkamp

Bourdieu, Pierre (2001): Wie die Kultur zum Bauern kommt. Über Bildung, Schule und Politik. Hamburg: VSA-Verlag

Bourdieu, Pierre/Passeron, Jean-Claude (1971): Die Illusion der Chancengleichheit. Untersuchungen zur Soziologie des Bildungswesens am Beispiel Frankreich. Stuttgart: Klett

Bourdieu, Pierre/Schwibs, Bernd (1985): „Vernunft ist eine historische Errungenschaft, wie die Sozialversicherung." Bernd Schwibs im Gespräch mit Pierre Bourdieu. In: Neue Sammlung 25. 376-394

Brake, Anna/Büchner, Peter (2003): Bildungsort Familie: Die Transmission von kulturellem und sozialen Kapital im Mehrgenerationenzusammenhang. In: Zeitschrift für Erziehungswissenschaft 6. Heft 1. 618-638

Büchner, Peter (2003): The Transmission of Social and Cultural Capital between Family Generations. In: Mayall/Zeiher (2003): 71-86

Büchner, Peter/Brake, Anna (Hrsg.) (2006): Bildungsort Familie. Transmission von Bildung und Kultur im Alltag von Mehrgenerationenfamilien. Wiesbaden: VS Verlag für Sozialwissenschaften

Büchner, Peter/Wahl, Katrin (2005): Die Familie als informeller Lernort. Über die Bedeutung familialer Bildungsleistungen und die Entstehung und Vermeidung von Bildungsarmut. In: Zeitschrift für Erziehungswissenschaft 8. Heft 3. 356-373

Ditton, Hartmut (2004): Der Beitrag von Schule und Lehrern zur Reproduktion von Bildungsungleichheit. In: Becker/Lauterbach (2004): 251-280

Ecarius, Jutta (1996): Individualisierung und soziale Reproduktion im Lebensverlauf. Opladen: Leske + Budrich

Ecarius, Jutta (2002): Familienerziehung im historischen Wandel. Eine qualitative Studie über Erziehung und Erziehungserfahrungen von drei Generationen. Opladen: Leske + Budrich

Ecarius, Jutta (Hrsg.) (2007): Handbuch Familie. Wiesbaden: VS Verlag für Sozialwissenschaften

Ecarius, Jutta/Wigger, Lothar (Hrsg.) (2006): Elitebildung – Bildungselite. Erziehungswissenschaftliche Diskussionen und Befunde über Bildung und soziale Ungleichheit. Opladen: Leske + Budrich

Engler, Steffani/Krais, Beate (Hrsg.) (2004): Das kulturelle Kapital und die Macht der Klassenstrukturen. Weinheim/München: Juventa

Grundmann, Matthias/Bittlingmayer, Uwe H./Dravenau, Daniel/Groh-Samberg, Olaf (2004): Bildung als Privileg und Fluch – zum Zusammenhang zwischen lebensweltlichen und institutionalisierten Bildungsprozessen. In: Becker/Lauterbach (2004): 41-68

Hadjar, Andreas/Becker, Rolf (Hrsg.) (2006): Die Bildungsexpansion. Wiesbaden: VS Verlag für Sozialwissenschaften

Hartmann, Michael (2001): Klassenspezifischer Habitus und/oder exklusive Bildungstitel als soziales Selektionskriterium? – Die Besetzung von Spitzenpositionen in der Wirtschaft. In: Krais (2001): 157-215

Helsper, Werner (2006): Elite und Bildung im Schulsystem – Schule als Institutionen-Milieu-Komplexe in der ausdifferenzierten höheren Bildungslandschaft. In: Ecarius/Wigger (2006): 162-187

Honneth, Axel (2003): Kampf um Anerkennung. Zur moralischen Grammatik sozialer
    Konflikte. Erweiterte Sonderausgabe. Frankfurt a.m.: Suhrkamp
Hradil, Stefan (2004): Die Sozialstruktur Deutschlands im internationalen Vergleich.
    Wiesbaden: VS Verlag für Sozialwissenschaften
Kalthoff, Herbert (2004): Schule als Performanz. Anmerkungen zum Verhältnis von neuer
    Bildungsforschung und der Soziologie Pierre Bourdieus. In: Engler/Krais (2004):
    115-140
Kilius, Nelson/Kluge, Jürgen/Reisch, Linda (Hrsg.) (2003): Die Zukunft der Bildung.
    Frankfurt a.m.: Suhrkamp
Klieme, Eckhard/Avenarius, Hermann/Blum, Werner u. a. (2007): Zur Entwicklung nati-
    onaler Bildungsstandards. Eine Expertise. Bonn/Berlin: Bundesministerium für Bil-
    dung und Forschung
Krais, Beate (Hrsg.) (2001): An der Spitze. Konstanz: UVK Universitätsverlag
Kramer, Rolf-Torsten (2002): Schulkultur und Schülerbiographien. Opladen: Leske +
    Budrich
Kreckel, Reinhard (Hrsg.) (1983): Soziale Ungleichheiten. (Soziale Welt Sonderband 2).
    Göttingen: Schwartz
Lareau, Anette (2002): Invisible inequality: Social class and childrearing in Black families
    and White families. In: American Sociological Review 67. Heft 5. 747-776
Liebau, Eckhart (1987): Gesellschaftliches Subjekt und Erziehung. Zur pädagogischen
    Bedeutung der Sozialisationstheorien von Pierre Bourdieu und Ulrich Oevermann.
    Weinheim/München: Juventa
Maag Merki, Katharina (2004): Lernkompetenzen als Bildungsstandards. Eine Diskussion
    der Umsetzungsmöglichkeiten. In: Zeitschrift für Erziehungswissenschaft 7. Heft 4:
    537-550
Mauss, Marcel (1990): Die Gabe. Form und Funktion des Austauschs in archaischen
    Gesellschaften. Frankfurt a.m.: Suhrkamp
Mayall, Berry/Zeiher, Helga (Hrsg.) (2003): Childhood in Generational Perspective.
    London: Institute of Education
Mayer, Karl Ulrich (Hrsg.) (1990): Lebensverläufe und sozialer Wandel. Opladen: Leske
    + Budrich
Meulemann, Heiner (1990): Schullaufbahnen, Ausbildungskarrieren und die Folgen im
    Lebensverlauf. In: Mayer (1990): 89-117
Panofsky, Erwin (1951): Gothic Architecture and Scholasticism. An inquiry into the
    analogy of the arts, philosophy and religion in the Middle Ages. New York: New
    American Library
Schümer, Gundel (2004): Zur doppelten Benachteiligung von Schülern aus unterprivile-
    gierten Gesellschaftsschichten. In: Schümer u. a. (2004): 73-115
Schümer, Gundel/Tillmann, Klaus-Jürgen/Weiß, Manfred (Hrsg.) (2004): Die Institution
    Schule und die Lebenswelt der Schüler. Wiesbaden: VS Verlag für Sozialwissen-
    schaften
Schütz, Alfred (1991): Der sinnhafte Aufbau der sozialen Welt. Frankfurt a.m.: Suhrkamp
Stecher, Ludwig/Zinnecker, Jürgen (2007): Kulturelle Transferbeziehungen. In: Ecarius
    (2007): 389-405

Swanson, Christopher B./Stevenson, David Lee (2002): Standards-based reform in practice: Evidence on state policy and classroom instruction from the NAEP state assessment. In: Educational evaluation and policy analysis 24. Heft 1. 1-27

Vester, Michael (2002): Das relationale Paradigma und die politische Soziologie sozialer
Klassen. In: Bittlingmayer u. a. (2002): 61-121

Vester, Michael (2004): Die Illusion der Bildungsexpansion. Bildungseröffnungen und soziale Segregation in der Bundesrepublik Deutschland: In: Engler/Krais (2004): 13-54

Wahl, Katrin (2006): Soziale Gebrauchsweisen von Informationsquellen am Bildungsort
Familie. Die familialen Voraussetzungen von information literacy in ihrer Wechselwirkung mit anderen Bildungsorten. In: Büchner/Brake (2006): 225-254

Weber, Max (1988): Die protestantische Ethik und der Geist des Kapitalismus. In: Weber
(1988): 17-206

Weber, Max (1988): Gesammelte Aufsätze zur Religionssoziologie I. Tübingen: Mohr

Weinert, Franz E. (2001): Vergleichende Leistungsmessung in Schulen – Eine umstrittene
Selbstverständlichkeit. In: Weinert (2001): 17-31

Weinert, Franz E. (Hrsg.) (2001): Leistungsmessungen in Schulen. Weinheim/Basel:
Beltz

Ziegler, Meinrad (2000): Das soziale Erbe. Eine soziologische Fallstudie über drei Generationen einer Familie. Wien/Köln/Weimar: Böhlau

Zinnecker, Jürgen (1994): Projekt Bildungsmoratorium. Zielsetzung und Untersuchungs-
design (Projektbroschüre Nr. 5). Siegen

'Milieu' als Konzept der Historischen Familienforschung

Wolfgang Gippert

1 Einleitung

Die historische wie auch die gegenwartsbezogene Familienforschung hat Milieukonzepte bisher nur randständig zur Kenntnis genommen bzw. geradezu stiefkindlich behandelt, wie umgekehrt die historische Milieuforschung 'Familie' als Kollektiv und als gesellschaftlichen Akteur bislang weitgehend ignoriert hat. Das ist erstaunlich, verweist doch 'Milieu' auf bestimmte soziokulturelle Erscheinungen, die für Familie als soziale Institution konstitutiv waren und sind – auf Lebensweise, Mentalität und eine spezifische Deutungskultur (vgl. Rohe 1992: 19). Der Begriff eignet sich etwa für die Umschreibung einer relativ „homogenen Lebenswelt, die bei ihren Insassen die Ausbildung einer spezifischen Kollektivmoral begünstigt und sie auf diese Weise zu einer charakteristischen Gleichförmigkeit der alltäglichen Lebensgestaltung erzieht" (Pyta 1996: 201). Als verwandtschaftliche Lebensgemeinschaft von mindestens zwei Generationen und in ihrer Funktion als Sozialisationsinstanz kann 'Familie' in dieser Perspektive als Trägerin milieuspezifischer Werthaltungen und Orientierungsmuster angesehen werden, die in der Generationenfolge tradiert werden oder die sich vor dem Hintergrund jeweils veränderter, generationsspezifischer Problemstellungen transformieren (vgl. Schallberger 2003: 17). Zweifelsohne waren und sind Familien eigenständige Systeme mit komplexer innerer Dynamik, die aus den eingelagerten Macht- und Geschlechterverhältnissen, Rollenverteilungen und Familienaufträgen, Geschwister-, Verwandtschafts- und Generationsbeziehungen u. v. a. m. resultiert, und als solche gehen sie nicht einfach 'bruchlos' in einem Milieu als den nächst größer gedachten Lebenszusammenhang auf. Ebenso wenig lassen sich Milieubildung und -kohäsion sowie Erosionserscheinungen im Zusammenhalt gesellschaftlicher Großgruppen alleine aus der Tradierung bzw. Transformation familialer Strukturen und Konstellationen erklären. Doch zumindest für das späte 19. und die erste Hälfte des 20. Jahrhunderts kann die Behauptung aufgestellt werden, dass 'Familie' und 'Milieu', mithin private und öffentliche Erziehung (in der Schule, in Jugendorganisationen usw.) eng aufeinander bezogen und wechselseitig miteinander verzahnt waren, und dass sich ein Blick auf diese

Verflechtungen sowohl für die historische Familien- wie auch für die Milieuforschung als gewinnbringend erweisen kann. Insbesondere bei der Herausbildung und Tradierung *politischer* Identitäten, um die es in diesem Beitrag beispielhaft gehen soll, übernahmen Familien als milieutypische Sozialisationsagenturen wichtige Funktionen – durch den Transfer spezifischer Wahrnehmungsweisen und Weltdefinitionen, Handlungsnormen und Rollensets, von Werten und Sinnkonstrukten. Umgekehrt hatten Familien als soziale Netzwerke an der Konsistenz politischer Milieus einen beachtlichen, aber bislang wenig beachteten Anteil – durch die Herausbildung von Binnenkontakten und die Anbahnung von Zugehörigkeiten, in der Erzeugung von Gemeinschaftserlebnissen, durch Ähnlichkeiten in der Lebensführung u. a.

Um einen möglichen Ertrag aus der Verschränkung von historischer Familien- und Milieuforschung in Aussicht stellen zu können, werden zunächst der Milieubegriff im Kontext der modernen Sozialwissenschaften verortet (2) und einige Grundannahmen und Kontroversen der historischen Milieuforschung aufgezeigt (3). Exemplarisch wird an einem lokalhistorischen, (auto)biographischen Fallbeispiel politische Identitätsbildung im sozialistischen Arbeitermilieu untersucht (4). Abschließend werden einige Perspektiven einer milieuorientierten, historischen Familienforschung entwickelt und dabei insbesondere die Forschung anvisiert, die Fragen der familialen Erziehung und Sozialisation integriert (5).

2   Zur Verwendung des Milieubegriffs in den modernen Sozialwissenschaften

Der Milieubegriff ist in den modernen Sozialwissenschaften als lebensweltliche Kategorie weit verbreitet. Ursprünglich in der französischen Soziologie maßgeblich durch Emile Durkheim entwickelt, dann durch sozialphilosophische Theoretiker wie Max Scheler und Aron Gurwitsch in den 1920er Jahren weiter ausdifferenziert, wurde der Begriff schließlich im Kontext der sozialökologischen Alltagsforschung und in der Individualisierungsdebatte wieder belebt. Seither finden Milieu-Konzepte in zahlreichen Disziplinen Anwendung: in der Stadtsoziologie (Keim 1979; Matthiesen 1998a), in der Wahl- und Parteienforschung (Falter 1991; Rohe 1992), in Sozialstrukturanalysen (Bremer/Lange-Vester 2006; Hradil 1987; Vester/Oertzen u. a. 2001), in sozialphänomenologischen Lebensweltanalysen (Grathoff 1989) sowie vor allem in der Markt-, Konsum- und Lebensstilforschung (Barz/Tippelt 2004; Endruweit 2000; Sinus 2006). Auch geschichtswissenschaftliche Studien greifen immer häufiger auf den Milieubegriff zurück, weil klassen- und schichttheoretische Ansätze als kaum geeignet erscheinen, große Linien gesellschaftlich-historischer Entwicklungen hinreichend differenziert zu erfassen.

Die existierende Vielfalt von Milieukonzepten hat allerdings kaum zu einer Begriffsschärfung geführt. Im Gegenteil ist der Terminus schon häufig als ‚schwammig' kritisiert worden. Sozialwissenschaftler sprechen offenbar überall dort von ‚Milieus', wo sie in modernen Gesellschaften relativ homogene Lebenswelten vorfinden und wo sich kollektive Wertorientierungen und Verhaltensmuster nachweisen lassen. Als konstituierende Bezugsgrößen werden dann Ethnien und Generationen, Regionen und Konfessionen, Schichten, Klassen und Berufe oder Gemengelagen von diesen angeführt (vgl. Tenfelde 1996: 247). Zur Genese der sozialwissenschaftlich einschlägigen Milieukonzepte liegen bislang jedoch allenfalls lückenhafte begriffsgeschichtliche Teilversuche und Schnelldurchgänge vor (vgl. Matthiesen 1998b: 25).[1] In zentralen Fragen beherrschen Unklarheiten und kontroverse Positionen die wissenschaftliche Diskussion – etwa in der Frage nach der Anzahl und der realen Existenz von Milieus in der deutschen Gesellschaftsgeschichte und Gegenwart, in der Periodisierung und Klärung von Entstehungsbedingungen, Blütezeiten, Wende- und Niedergangsphasen, in der Frage nach der inneren Differenzierung von Milieus ebenso wie in den Annahmen über Bindekräfte, Integrations- und Abgrenzungsmechanismen gesellschaftlicher Großgruppen.

Für eine klärende Annäherung an den schillernden Begriff ist zunächst eine grundlegende Unterscheidung zwischen ‚historischen' und ‚modernen' Milieus vonnöten. Wenn Soziologen gegenwärtig von Milieus reden, dann entspricht dies nicht entfernt der alltäglichen und lebenszyklischen Bedeutung jener historischen Milieus, die kennzeichnend für das späte 19. und frühe 20. Jahrhundert waren (vgl. Tenfelde 1998: 28). Die großen Milieus des Kaiserreichs und der Weimarer Republik erstreckten sich weitgehend auf die gesamte Gesellschaft. Sie waren Generationen übergreifend, wobei die ‚Vererbung' nicht nur durch primäre (familiale) und sekundäre (schulische) Sozialisation erfolgte. Milieuspezifische Organisationen, insbesondere ein ausdifferenziertes Vereinswesen, bildeten das Rückgrat dieser Struktur. In der ‚Welt der Symbole', die sich in der öffentlichen Milieupräsenz bei Aufmärschen, Feiertagen und Vereinsfesten mit ihren typischen Devotionalien, aber auch in Alltagsritualen manifestierte, verdichtete sich die emotionale Qualität der Milieuzugehörigkeit und die Vehemenz des Deutungsanspruchs (vgl. Tenfelde 1996: 261). In unterschiedlichen Graden waren die Wertorientierungen, die über die milieuinterne Sozialisation vermittelt wurden, verbindlich für die Zugehörigkeiten. In ihren klassischen Formen prägten diese Milieus im Prinzip alle Lebensbereiche mehr oder weniger stark – ‚von der Wiege bis zur Bahre' lautet der einschlägige Topos (vgl. Rink 1999: 271). Damit

---

1   Potentielle Bausteine für eine Begriffsgeschichte finden sich etwa bei Hitzler/Honer 1984; Hofmann/Rink 1996; Hradil 1992b; Matthiesen 1998b; Schmiechen-Ackermann 1998: 39ff.

übten sie eine starke soziale Kontrolle und eine Art ‚freiwilligen Zwang‘ zur Vergemeinschaftung aus.

Die Kontexte der großen historischen Milieus haben sich heute beinahe vollständig verschliffen (vgl. Tenfelde 1998: 28). Die modernen Milieus, die sich vor allem seit den 1960er Jahren herausgebildet haben bzw. von der Forschung ausgemacht wurden, sind vielfach vorübergehender Natur und greifen kaum noch auf gemeinsame Traditionen zurück. Im Generationenwechsel kommt es häufig zu Neubildungen und Anlehnungen mit Wahlmöglichkeiten. An die Stelle der familialen Vererbung tritt infolge zunehmender gesellschaftlicher Pluralisierung immer stärker die individuelle Selbstzuordnung (vgl. Rink 1999: 272). Neue, alltagsästhetische Muster, so die Annahme, hätten die alten, sozioökonomischen Differenzierungslinien überlagert bzw. würden diese verdrängen. Insgesamt zeigt sich, dass der Milieubegriff in den modernen Sozialwissenschaften auf höchst unterschiedlichen Ebenen mit teilweise verwirrender Begriffsvielfalt Anwendung findet. In Anknüpfung an Bourdieus Habitus-Konzept wird er gegenwärtig häufig synonym mit dem Begriff ‚Lebensstil‘ verwendet, wobei ‚Milieus‘ dann möglichst homogene Lebensstilgruppen bezeichnen (vgl. Hofmann/Rink 1996: 186). Moderne soziale Milieus sind das Ergebnis empirischer Sozialstrukturanalysen und damit in erster Linie analytische Kategorien der Wissenschaft. Sie fassen als Typologien Gruppen von Menschen zusammen, deren Wertorientierungen, Lebensziele, Lebensweisen, Freizeitmotive, alltagsästhetische Neigungen und vor allem Konsumorientierungen ähnlich sind.[2] Damit erfassen und konstruieren sie etwas gänzlich anderes, als jene lebensweltlichen, durch kollektive Sinndeutung organisierten und auch für die betreffenden Personen selbst bedeutsamen und erkennbaren realen sozialen Zusammenhänge, die ‚historische Milieus‘ umschreiben. Die Konzepte bzw. Modelle historischer und gegenwärtiger Milieus sind nicht ineinander überführbar.

3 Grundannahmen und Kontroversen der Historischen Milieuforschung

In sozial*historischen* Studien erfolgt die Verwendung des Milieukonzepts in der Regel unter Rückgriff auf die bereits ‚klassisch‘ zu nennende Studie zur Wahlforschung von M. Rainer Lepsius. Bei seiner Analyse fiel ihm für den Zeitraum von 1871 bis 1928 im internationalen Vergleich eine „bemerkenswerte Stabilität“ des deutschen Parteiensystems auf (Lepsius 1993b: 31). Er kam zu dem Schluss, dass diese außerordentlich kontinuierliche Entwicklung der deutschen Parteien auf einer „unmittelbaren Verbindung mit je relativ geschlossenen Sozi-

---

2   Einen Einblick in Zielgruppenanalysen u. a. auf der Basis der ‚Sinus-Milieus‘ als Gruppen ‚Gleichgesinnter‘ bietet der von Kalka/Allgayer 2007 herausgegebene Band.

almilieus" (Lepsius 1993b: 37) beruhe, die allerdings mit einem herkömmlichen klassentheoretischen Zugriff nur unzulänglich zu erfassen sei. Als Alternative führte Lepsius den Begriff des ‚sozial-moralischen Milieus' ein.[3] Lepsius ging davon aus, dass Parteien in ihrer Entstehung und Erhaltung Ausdruck bestimmter „vorpolitischer sozialer Konstellationen" sind. Analog zu den großen politischen Richtungen unterschied er deshalb für die Zeit des Kaiserreichs und der Weimarer Republik vier Milieus: das *konservative*, das *katholische*, das *liberal-bürgerliche* und das *sozialistische* Milieu (vgl. Lepsius 1993b: 48). Diese vier idealtypischen Sozialmilieus hat man sich vorzustellen als von den Betroffenen „kollektiv erfahrene Lebenszusammenhänge", die unter Rückgriff auf jeweils spezifische „Deutungsformeln" interpretiert werden: „Knapp formuliert kann man die ‚sozial-moralischen Milieus' also auch als ‚Gesinnungsgemeinschaften' (...) bezeichnen" (Schmiechen-Ackermann 1998: 42). Leitende Gesichtspunkte von Lepsius' Milieuanalyse sind die Entstehungsgeschichte, die ‚Gesinnung', die sich in unterschiedlichen Weltanschauungen manifestiert, ihre politische Strukturierung in Parteien, Verbänden und Vereinen sowie die innere soziale Differenzierung (vgl. Rink 1999: 248). Zweck dieser Version des Milieubegriffs ist die Analyse der *politischen* Integration und Organisation der Gesellschaft.

Das politologische Milieukonzept von Lepsius ist in den Sozial- und Geschichtswissenschaften bereitwillig rezipiert, ergänzt und modifiziert worden, denn der Begriff wirkt ‚lebensnäher' als soziologische Großkategorien wie Klasse und Schicht. Die Begrifflichkeit von Lepsius scheint wie geschaffen für bestimmte Forschungsfelder bzw. Fragestellungen, z. B. als Erklärungsansatz zur Milieugebundenheit von Wählern. Gerade in der NS-Forschung gibt es eine außerordentliche Bandbreite von Milieuanalysen, die überwiegend als Regional- und Lokalstudien angelegt sind.[4] Der Ansatz scheint besonders dazu geeignet, „(...) das außergewöhnliche Phänomen des Nationalsozialismus von der Mentalität und der politischen Wahrnehmung der Bevölkerung aus zu erklären" (Blessing 1996: 50). Die empirische Forschung konzentriert sich dabei zumeist auf *eines* der vier von Lepsius beschriebenen Milieus. Der Forschungsstand ist allerdings so ungleich gewichtet, dass man schon fast von einer ‚Schieflage' sprechen kann: Während das katholische und vor allem das sozialistische Milieu als recht

---

3   Lepsius definiert Milieus als „(...) soziale Einheiten, die durch Koinzidenz mehrerer Strukturdimensionen wie Religion, regionale Tradition, wirtschaftliche Lage, kulturelle Orientierung, schichtspezifische Zusammensetzung der intermediären Gruppen gebildet werden. Das Milieu ist ein sozio-kulturelles Gebilde, das durch spezifische Zuordnung solcher Dimensionen auf einen bestimmten Bevölkerungsteil bestimmt wird" (Lepsius 1993b: 38).

4   Einen umfangreichen Überblick über die lokal- und regionalgeschichtliche Literatur zur nationalsozialistischen Herrschaft und den Widerstand gegen das NS-Regime bietet Schmiechen-Ackermann 1998b. Als Einstieg in den Themenkomplex Nationalsozialismus, Region und soziale Milieus eigenen sich besonders die nachfolgenden Sammelbände: Bajohr 1993; Möller/Wirsching/Ziegler 1996; Schmiechen-Ackermann 1997a.

gut erforscht gelten, sind das konservative und das liberale Milieu erst in Ansätzen bearbeitet (vgl. Walter/Matthiesen 1997: 46).

Die *Entstehung* der großen historischen Milieus lässt sich in der Mitte des 19. Jahrhunderts verorten. Die Auflösung der ständischen Welten, die über mehrere Generationen andauerte, hinterließ „Vakua der Selbst- und Fremdzuordnung" (Tenfelde 1996: 250). In dieser Phase des Übergangs und der Modernisierungsschübe sind nahezu alle Menschen von Orientierungsbedürfnissen erfasst worden (vgl. ebd.). Die entstehende Industriegesellschaft schuf Raum für neue überfamiliale Vernetzungen, in denen Menschen ihre Bedürfnisse und Interessen wahrnehmen, eigene Lebensweisen entfalten und abgrenzbare Deutungen ihrer Wirklichkeit entwickeln konnten. In allen historischen Milieus bildete das Vereinswesen den eigentlichen Kern der Milieuentstehung, -ausweitung und -stabilisierung. Gerade im Umfeld von politischen und religiösen Überzeugungen ließen sich im polyfunktionalen Verein die verschiedensten Bedürfnisse und Interessen übersichtlich organisieren und als ‚Gesinnungsgemeinschaften' profilieren (vgl. Tenfelde 1998: 18). Entscheidend für die Herausbildung des sozialistischen wie des katholischen Milieus war zudem eine Minderheiten- bzw. Oppositionsrolle: Während sich das eine unter dem Sozialistengesetz formierte, konturierte sich das andere im Kulturkampf. Gerade die Verfolgungserfahrungen verstärkten Inklusion und Kohärenz in diesen beiden Milieus: Sie weckten Zusammengehörigkeitsgefühle und führten zu Solidarität und Hilfsbereitschaft (vgl. Rosenbaum 1992: 101).

Mehr als für die Entstehungsbedingungen und die Formen der Tradierung interessiert sich die Forschung bei der analytischen Rekonstruktion einzelner Milieus jedoch für die *Blütezeiten* und *Auflösungsphasen*. Besonders kontrovers diskutiert wird die seinerzeit von Lepsius entwickelte These, die sozial-moralischen Milieus hätten sich im Zuge der „fortschreitenden Industrialisierung, der wachsenden Mobilität und sozialen Differenzierung" nach und nach aufgelöst – was einen allgemeinen Zusammenbruch des Parteiensystems bewirkt bzw. dessen „gewaltsame Liquidierung" durch die Nationalsozialisten erst ermöglicht hätte (Lepsius 1993b: 36f.). Uneinigkeit herrscht sowohl in der Frage nach ‚Erosion' oder ‚Konsistenz' der traditionellen Sozialmilieus in den Jahren der Weimarer Republik als auch in den Annahmen über die Bedeutung der nationalsozialistischen Herrschaft für den konstatierten Auflösungsprozess.[5] Auch müssten die vier ‚idealtypischen' Milieus, die Lepsius besonders für das Kaiserreich herausgestellt hat, für die Weimarer Republik neu konturiert werden, denn die alten soziokulturellen Milieu-Muster würden nicht ausreichen, „(...) um die komplexer gewordene Realität der Weimarer Republik in ausreichendem Ausmaß zu erfassen bzw. den Aufstieg des Nationalsozialismus zu erklären" (Saldern, v. 1993: 42).

---

5   Lokal- und Regionalstudien aus dem norddeutschen Raum weisen hingegen ein hohes Maß an
     Milieustabilität über 1933 und sogar über 1945 hinaus nach (vgl. Bajohr 1993: 9).

Wenn soziale Milieus ‚Lebenszyklen' im Sinne von Entstehungs-, Hoch-
und Niedergangsphasen aufweisen, und Familien als soziale Systeme in diese
kollektiv erfahrenen Lebenszusammenhänge nicht nur fest eingebunden sind,
sondern sie mit konstituieren, stellt sich aus familienhistorischer Perspektive die
Frage, ob und wie sich in diesen Wandlungsprozessen die milieuspezifischen
verwandtschaftlichen Mikrosysteme transformieren: Welche Auswirkungen
haben etwa politische oder sozioökonomische Prozesse auf binnenfamiliale
Konstellationen, Strukturen und Dynamiken? Unter welchen Bedingungen verändern sich fest gefügte Hierarchien, Beziehungsgefüge, Alltagsgewohnheiten
und Rollensets bzw. wo weisen sie Konstanz auf und bleiben bestehen? Welche
milieuspezifischen Transformationen bewirken Veränderungen in den familialen
Wertorientierungen, Handlungsnormierungen und Lebensweisen, die sich etwa
an einem Wandel in den Erziehungsformen oder in den Generationen- und Geschlechterverhältnissen ablesen lassen und anhand von familienbiographischen
Studien rekonstruiert werden können? Diese Fragen werden im Folgenden an
einem Beispiel aus dem sozialistischen Arbeitermilieu diskutiert.

Das *sozialistische Arbeitermilieu* gilt gegenwärtig als mit Abstand am besten
erforscht. Da es bisweilen als ‚Idealtyp', als eine Art Maßstab für alle anderen
Milieus verwendet wird, dient es im Folgenden als Anschauungsbeispiel. Es bietet
aufgrund seines hohen Organisationsgrades einen verhältnismäßig unkomplizier-
ten forschungspraktischen Zugang. In aller Regel wird es entlang von Gewerk-
schafts- und Parteistrukturen, Wahlergebnissen, sozialistischen Kultur- und
Selbsthilfevereinen oder den Arbeiterwohnquartieren rekonstruiert (vgl. Wal-
ter/Matthiesen 1997: 47).[6] Das soziokulturelle Netzwerk der diversen Arbeiterkul-
tur- und -freizeitvereine, von den Konsum- und Siedlungsgenossenschaften, über
die Arbeiterwohlfahrt, den Arbeitersängerbund und die vielfältigen Turn- und
Sportvereine bis hin zu den sozialistischen Kinder- und Jugendorganisationen –
dieses Netzwerk war zweifelsohne entscheidend für die Stabilität und das Selbstbewusstsein des Arbeitermilieus im Kaiserreich und der Weimarer Republik (vgl.
Winkler 1988: 120ff.). Während der ‚Höhepunkt' der sozialistischen Arbeiterkul-
tur lange Zeit in den Jahrzehnten vor 1914 angesiedelt wurde, spricht vieles dafür,
die Blütezeit des sozialistischen Milieus in den 1920er Jahren zu verorten. Erst
jetzt erstreckten sich die Organisationsangebote – auch im Sinne einer ‚öffentlichen' Erziehung und Sozialisation durch das Milieu – ‚von der Wiege bis zur
Bahre': „Erst das organisatorische Potential der Weimarer Jahre ermöglichte es

---

6   Das sozialistische Arbeitermilieu kann man definieren als „(...) den in weiten Bereichen noch
durch gemeinsame Traditionen, Deutungsmuster und Einstellungen sowie durch alltägliche Erfahrungen im Betrieb, im Wohnviertel, in den Milieuvereinen vermittelten Lebenszusammenhang derjenigen Menschen, die sich vor 1933 der Arbeiterbewegung zugehörig fühlten und eine der linken Arbeiterparteien wählten" (Schmiechen-Ackermann 1998: 48).

dem sozialistischen Milieu in größerem Umfang, mit der Sozialisation der Kinder zu beginnen, die Frauen aktiv zu integrieren, Wohlfahrtsleistungen zu erbringen und sich eine eigene Infrastruktur von Sportplätzen, Vereinsheimen oder Turnhallen zu schaffen" (Walter/Matthiesen 1997: 51).

Diesem Befund steht die weit verbreitete ‚Erosionsthese' gegenüber, die davon ausgeht, dass sich das Kulturmilieu der organisierten Arbeiterbewegung in den 1920er Jahren in einem zunehmenden ‚Zerfallsprozess' befunden habe. Die Autoren sprechen in diesem Zusammenhang von ‚innerer Auflösung', von einem ‚Verlust an Bindungskraft' oder von ‚Aushöhlungs'- und ‚Nivellierungstendenzen' (vgl. Walter/Matthiesen 1997: 47). Auch über die Ursachen dieses Zersetzungsprozesses ist man sich weitgehend einig: Demnach entzogen die modernen konsum- und freizeitorientierten, kommerzialisierten Massenkulturen den Milieus den Boden. Das alte Arbeiterbewegungsmilieu habe seine Ausstrahlungskraft in die nicht organisierte Arbeiterschaft verloren. Bestimmte Arbeitergruppen, insbesondere Frauen und Jugendliche, seien in das sozialistisch orientierte Milieu nur noch schwer integrierbar gewesen (vgl. Marßolek 1997: 89). Es scheint nach der vorliegenden Forschung jedoch noch insgesamt ungewiss, ob die Deutungsmuster, Sprachformeln und Utopien der sozialdemokratischen und kommunistischen Aktivisten auch die Vorstellungen der weniger aktiven Anhänger geprägt haben. Gleiches gilt für die Frage, ob der Sozialismus den Alltag der Millionen Arbeiter, die etwa der Sozialdemokratie ihre Stimme gaben, wirklich durchdrungen hat.

Die Frage nach der *sozialen* Zusammensetzung der Milieus gehört zwar zu den zentralen Interessen der historischen Milieuforschung. Allerdings konzentrieren sich die meisten Studien auf die organisatorische bzw. politische Strukturierung der Milieus: „Der Grad der Organisiertheit wird dabei vorrangig an der Zahl und Vielfalt der Vereine, Verbände und Umfeldorganisationen sowie ihrer Verflechtungen und gegenseitigen Beziehungen festgemacht" (Rink 1999: 250f.). Hier liegt eine entscheidende Schwachstelle in der politologischen und überwiegend auch männerorientierten Milieuforschung. Die lebensweltliche Fundierung der Milieus, die ‚Gesinnung' der gesellschaftlichen Basis, die Praktiken der Lebensführung und die verschiedenen Formen der Kohäsion bleiben in aller Regel als Forschungsperspektive ausgeschlossen (vgl. Rink 1999: 265). Dabei sind auch Sozialstrukturen ‚niedrigerer' Ordnung wie betriebliche Gemeinschaften, Nachbarschaftszusammenhänge in den Quartieren und vor allem familiale Bindungen und verwandtschaftliche Vernetzungen von eminenter Wichtigkeit gewesen und als Formen milieuspezifischer Vergemeinschaftung und ihrer Tradierung interpretierbar.[7]

---

7   Für die Durchführung konkreter Fallstudien hat die Historikerin Adelheid von Saldern deshalb
     vorgeschlagen, den ‚Idealtypus' des ‚sozialistischen Milieus' analytisch in drei Ebenen bzw.
     ‚Milieutypen' zu zerlegen: in das gewerkschaftlich abgesicherte Arbeitermilieu, das durch kol-

Für die Durchführung sinnvoll operationalisierter Milieustudien sieht v. Saldern vor allem zwei Wege: zum einen eine individual- oder gruppen*biographische* Annäherung, zum anderen die Untersuchung einzelner, milieubestimmender Faktoren, die miteinander in Beziehung zu setzen wären. Solche Determinanten dürften allerdings nicht nur objektiver Art sein, wozu etwa die Bevölkerungsstruktur, Erwerbsverhältnisse und Konfession zu rechnen sind, sondern es müssten auch Kommunikationsstrukturen, also insbesondere die soziokulturellen Netze rekonstruiert werden. Vor allem gelte es *subjektive* Determinanten wie Lebensform und Alltagsgewohnheiten, Wertorientierungen und Deutungsmuster stärker zu berücksichtigen. Gerade im Hinblick auf die Weimarer Republik müsste eine solche historische Forschung über Vergesellschaftungsprozesse zudem auch auf generationen- und geschlechterspezifische Ausprägungen und Beziehungsmuster achten (vgl. Saldern, v. 1993: 21). Die historische Familienforschung könnte im Kontext derart konzipierter Milieustudien einen gewinnbringenden Beitrag leisten, indem sie mit ihrer Perspektive auf innerfamiliale Lebenszusammenhänge, Alltagsmuster und -rituale, Beziehungsstrukturen, Erziehungsstile und Sozialisationsmuster sowie auf die damit verbundenen Ambivalenzen, Erfahrungs- und Aneignungsmodi die Subjektebene an der ‚sozialen Basis' auszuleuchten sucht. Milieustudien, deren Erkenntnisgewinn oftmals auf der institutionellen ‚Mesoebene' endet, könnte mehr historische Tiefenschärfe verliehen werden – historische Familienforschung zugleich eine theoretisch spezifische und sozialgeschichtlich fundierte Basis gewinnen, was sich an einem konkreten lokalhistorischen, (auto)biographischen Fallbeispiel zur politischen Identitätsbildung erproben lässt.

4 Politische Identitätsbildung im sozialistischen Arbeitermilieu Danzigs

Autobiographische Zeugnisse finden in der pädagogisch-historischen Forschung als Quellen vor allem für die Rekonstruktion von Erziehungs-, Sozialisations- und Identitätsbildungsprozessen Verwendung. Dabei geht es vorrangig darum, die ‚Subjektperspektive' bzw. die ‚Innenansichten' der historischen Akteure einzuholen. Der Einsatz erfolgte jedoch lange Zeit methodisch ‚naiv' und mit nur mangelhafter quellenkritischer Reflexion. Häufig wird der Hang zur rückblickenden Verklärung, zur Selbststilisierung und Harmonisierung durch die Autobiograph/inn/en kritisiert – und damit der ‚Wahrheitscharakter' und die ‚Authen-

---

lektive Betriebs- und Arbeitserfahrungen geprägt war, in das Arbeiterkulturvereinsmilieu sowie in ein proletarisches Quartiersmilieu. Zwar seien diese drei ‚Milieu-Typen' in der Realität vielfach miteinander verzahnt, doch könne es dennoch Sinn machen, „(...) sie zunächst analytisch zu scheiden, um praktikable Untersuchungshorizonte zu erschließen" (Saldern, v. 1993: 22).

tizität' der Texte in Frage gestellt. Diese Kritik beruht indes auf einem Missverständnis und führt in die Irre: Die Bedeutung autobiographischen Erzählens liegt keineswegs „in der Abbildung von Wirklichkeit, in der Rekonstruktion des vergangenen Lebens, sondern in der Konstitution von Sinn" (Heinritz 2000: 26). Autobiographien stellen *nachträgliche* Beschreibungen vergangener Erlebnisse und Erfahrungen dar, die von einem gegenwärtigen Bewusstseinsstand aus erfolgen. In jeder Retrospektive verschieben sich die Bewertungen und Bedeutungen von Ereignissen, Wahrnehmungen und Empfindungen; dementsprechend werden andere Lebens- und Wirkungszusammenhänge gedacht und konstruiert als im unmittelbaren Erleben selbst. Autobiographien müssen deshalb „als eine im Material der Lebenserinnerung durchgeführte Klärung des Selbstbildes" (ebd.) gelesen werden. Gerade in sog. ‚narrativen Passagen', die in autobiographischen Texten zumeist kommentierend eingeleitet und mit einem Resümee versehen werden, werden häufig Erlebnisse berichtet bzw. reflektiert, die möglicherweise paradigmatisch für grundlegende lebensgeschichtliche Erfahrungen oder Erkenntnisse stehen. Derartige ‚Schlüsselszenen' oder ‚kritische Ereignisse' weisen nicht selten auf biographische Entscheidungs- und Umbruchsituationen hin. In solchen Momenten setzen Prozesse der Selbstvergewisserung ein, die das Ziel haben, das gestörte Verhältnis von ‚Ich' und ‚Welt' zu klären – ein Verhältnis, das man auch ‚Identität' nennen kann (vgl. Heinritz 2000: 13). Als ‚sprachlich gestaltete Bildungsschicksale', so der viel zitierte Topos Jürgen Henningsens, geben verschriftlichte Lebenserinnerungen möglicherweise auch Auskunft über politische Identitätsbildungsprozesse – und mithin über die wechselseitige Verzahnung von ‚Familie' und ‚Milieu'.

Das nachfolgende Fallbeispiel beruht auf einer Autobiographie mit dem Titel „Danziger Jahre. Aus dem Leben einer jungen Frau bis 1945/46". In dem rund 220 Seiten umfassenden Band, den die Verfasserin Lisa Barendt im Alter von 68 Jahren niederschrieb, schildert und reflektiert die Autorin die ersten 30 Jahre ihres Lebens, die sie in Schidlitz, einem Arbeitervorort nahe der Hafenstadt Danzig verbrachte.[8] Die Autobiographie beginnt mit der folgenden Passage:

---

8   Nach dem Ersten Weltkrieg wurde im Zuge des Versailler Friedensvertrags die Stadt Danzig mit einem großen Teil des Umlandes vom Gebiet des ehemaligen Deutschen Reiches abgetrennt und zum ‚Freistaat' erklärt. In dem Vorort Schidlitz hatten sich vor allem Bauern und ‚unehrliche' Handwerker angesiedelt, denen lange Zeit das Bürgerrecht verwehrt blieb. Im Zuge der Industrialisierung waren es zudem sozial schwache Familien, die in den Stadtrandgebieten ein preiswertes Unterkommen suchten. So entwickelte sich Schidlitz – der Ort zählte in den 1920er Jahren etwa 12.000 Einwohner – seit der Jahrhundertwende zunehmend zu einem ‚klassischen Arbeiterquartier' für Familien von Hafen-, Gelegenheits- und Landarbeitern (vgl. Gippert 2005: 252ff.).

„Im Mai 1916, also in der Mitte des Ersten Weltkrieges, wurde ich in einer Mietska-
serne auf Stolzenberg bei Schidlitz geboren, als elftes Kind meiner Eltern. Mein Vater befand sich zur Zeit meiner Geburt in Rußland. Mein ältester Bruder und eine
Schwester waren gestorben. Nach meiner Geburt starb noch eine ältere Schwester.
Unser Wohnraum, eine Stube und Küche, betrug knapp 30 Quadratmeter. In dieser
Enge saßen acht hungrige Kinder, die meine Mutter zu versorgen hatte." (Barendt
1994: 7)

Das Eingangszitat zeigt die komplexe Mangelsituation an, in der die Autorin
aufwuchs: Kinderreichtum und Kindersterblichkeit, bedrückende räumliche Enge
in einer ,Mietskaserne', schlechte Ernährung und armselige Kleidung, die Abwesenheit des Vaters und eine hohe Arbeitsbelastung der Mutter kennzeichneten die
kollektiv erfahrenen Lebenszusammenhänge, denen sich die meisten Bewohner
im Arbeitervorort Schidlitz zu Beginn der 1920er Jahre ausgesetzt sahen. Der
grundlegende Mangel an wirtschaftlichen Ressourcen prägte das familiale Zusammenleben, in dem die gemeinsame Alltagsbewältigung im Vordergrund stand.

Von ihrem *Vater* berichtet Lisa Barendt, dass er seit 1902 Mitglied in der
SPD und auch in der Gewerkschaft aktiv gewesen war. Er diente im Ersten
Weltkrieg als Soldat, geriet in russische Kriegsgefangenschaft und kehrte An-
fang 1920 zu seiner Familie zurück. Fortan bemühte er sich darum, die wirtschaftlich miserable Situation der kinderreichen Familie zu verbessern – was ihm
mehr schlecht als recht mit Gelegenheitsarbeiten im Danziger Hafen gelang.
Dennoch beschreibt Lisa Barendt ihren Vater als einen „treusorgenden Mann"
(Barendt 1994: 16), der mit viel Eigeninitiative, Subsistenzwirtschaft und All-
tagsimprovisation das Überleben der Familie zu sichern suchte. Neben seiner
Rolle als Versorger finden sich in der Autobiographie zudem mehrere Passagen,
aus denen hervorgeht, dass sich Otto Barendt aktiv am Familienleben und an der
Erziehung seiner Kinder beteiligte – was in der Arbeiterschicht keineswegs
selbstverständlich, aber ein entscheidendes Merkmal sozialdemokratischer Väter
war (vgl. Rosenbaum 1992: 249ff.). Vor allem für die politische Orientierung
ihrer Kinder sind diese Väter von grundlegender Bedeutung gewesen, etwa wenn
sie mit ihnen gemeinsam Kundgebungen oder die traditionellen Maiumzüge
besuchten:

„Für mich war es jedesmal ein Erlebnis. Die bunten Fahnen der Handwerker, die der
Maurer, Tischler, Zimmerleute, usw. Die vielen fröhlichen Leute, die alle aus voller
Kehle sangen, das hatte mich schon als Kind beeindruckt. Dann kamen die Natur-
freunde, Arbeiterjugend und die Falken mit ihren blauen Hemden und den roten
Fahnen, und alle, alle sangen sie." (Barendt 1994: 37f.)

Der Eindruck, den die zünftigen und politischen Formationen bei der Heranwachsenden hinterließen, war vor allem symbolisch-emotionaler Natur: farben-

frohe Flaggen, Wimpel und Trachten, fröhlicher, mitunter kämpferischer Gesang führten zu einem ästhetischen Erlebnis, das sich aus dem oftmals tristen Alltag hervorhob. In ihren jeweils typischen Erscheinungsformen stellten die verschiedenen Gruppierungen identifizierbare Kollektive dar, die Zusammengehörigkeit ausstrahlten und auch für Kinder Faszination ausüben konnten, zumal wenn Eltern als milieuspezifische ‚Akteure' gezielt eingriffen.

Das sozialistische Milieu erschöpfte sich allerdings bei Weitem nicht in den mehr oder weniger parteinahen, sozialistischen Vorfeldorganisationen. Eine zentrale Bedeutung für die Konstituierung und Stabilisierung der ‚Gesinnungsgemeinschaft' kam etwa den *Frauen* zu – ein Aspekt, der in der historischen Forschung lange Zeit übersehen wurde. Jene Arbeitermütter wie Auguste Barendt, die neben Gelegenheitsarbeiten vor allem mit Haushalt und Kinderbetreuung beschäftigt waren, dominierten zumindest tagsüber die Wohnquartiere: „Auch wenn die Kneipen um die Ecke vielfach stark männerzentrierte Versammlungsorte blieben, waren es hauptsächlich Frauen, die in Treppenhöfen und Fluren, in den Höfen oder beim Einkaufen, vor allem im Konsum, jenes soziokulturelle Netz spannten, das wesentlich zur Milieubildung beitrug" (Saldern, v. 1993: 23),[9] nicht zuletzt auch durch die Erziehung. In diesen Kontext gehören auch Nachbarschaftshilfen und verwandtschaftliche Solidarstrukturen, woraus sich für Lisa Barendt eine lebensgeschichtliche Zäsur ergab: Aufgrund der beengten familiären Wohnverhältnisse musste sie als Zehnjährige Mitte der 1920er Jahre das Elternhaus verlassen und zu ihrer Großmutter ziehen, wo sie die dort ebenfalls lebende Familie ihrer Schwester im Haushalt zu unterstützen hatte. In dieser veränderten Lebenslage wurde die Großmutter zu einer wichtigen *‚signifikanten Bezugsperson'*:

> „Wenn ich aus der Schule kam, mußte ich zuerst die Schularbeiten machen. Sie hat sehr darauf geachtet, weil sie selber nur zwei Jahre zur Schule gegangen war und dann arbeiten mußte. Täglich mußte ich ihr die ‚Volksstimme' vorlesen, weil sie sich sehr für Politik interessierte. (...) Aber wenn Wahlen waren, sind wir gleich von der Kirche zum Wahllokal gegangen. Ich durfte zusehen, wie und wo sie ihr Kreuz machte. Sie hat immer SPD gewählt. Kamen wir nach Hause, mußten meine Schwester und mein Schwager auch sofort gehen. Sie hatte Angst, daß die SPD zwei Stimmen verlieren würde." (Barendt 1994: 41)

Ob Lisa Barendt durch die gesprochene Lektüre der ‚Volksstimme', dem lokalen Presseorgan der SPD, frühzeitig sozialistische Ansichten internalisierte, ist un-

---

9   Alltagsprägende Kontakte in Nachbarschaften, unter Kollegen, Freunden, in und außerhalb von Vereinen sowie lokale Zeitungen hätten, so die Annahme, zu einer „(...) relativen Einheitlichkeit der Deutungsmuster und Grundeinstellungen der mit den Milieus verbundenen Menschen geführt" (Saldern, v. 1993: 20f.).

gewiss, aber durchaus denkbar. Schließlich wurde mit der Tageszeitung regelmäßig auch das Beiblatt „Jungvolk, Beilage für die sozialistische Jugend" mitgeliefert (vgl. Matull 1973: 438), das die Heranwachsende ebenfalls zur Kenntnis genommen haben wird. Es ist nicht unwahrscheinlich, dass die an Politik interessierte Großmutter das Tagesgeschehen kommentierte, Nachfragen stellte, Zukunftsprognosen formulierte und dabei mit der jungen Vorleserin in einen politisch gefärbten Dialog trat. Denn aus der Erfahrung der eigenen Unbildung heraus legte sie großen Wert auf die schulische Entwicklung ihrer Enkelin, was ebenso für den Bereich der politischen Bildung galt: Unmissverständlich gab sie ihr bei den Wahlen zu verstehen, an welcher Stelle das ‚Kreuz' zu machen sei. Auch in der Mobilisierung der restlichen Hausgemeinschaft durch die Seniorin wurde dem Mädchen vermittelt, dass der Wahl der ‚richtigen' Partei eine hohe Bedeutung beigemessen wurde – was zusammengenommen zu einer frühen Weichenstellung für ihre spätere politische Orientierung geführt haben kann.

Zum *schulischen und beruflichen Bildungsweg* der Autobiographin ist anzumerken, dass die Bildungs- und Ausbildungschancen von Mädchen aus der Arbeiterschaft in den 1920er Jahren eng an ihre soziale Herkunft geknüpft waren (vgl. Benninghaus 1999: 159). Lisa Barendt wurde 1922 im Alter von sechs Jahren in die Volksschule für Mädchen in Schidlitz eingeschult. Sie entwickelte sich zu einer guten Schülerin und wurde gar für den Besuch der Danziger Mittelschule empfohlen. Doch der materielle Druck, möglichst bald ins Erwerbsleben eintreten zu müssen, stand den weiterführenden Bildungschancen entgegen. Mit der Schulentlassung im Frühjahr 1930 endeten auch die Kindheit und kurze Jugend der Vierzehnjährigen abrupt: Kurze Zeit später begann sie eine Tätigkeit als Zigarrenrollerin bei der Danziger Tabak Monopol A.G. Als angelernte und vollwertige Fabrikarbeiterin hatte sie ein verhältnismäßig gutes Einkommen – zumal sie durch die Akkordarbeit Einfluss auf ihren Verdienst nehmen konnte. Ihren Lohn musste die Jugendliche allerdings weitgehend der familialen Wirtschafts- und Konsumgemeinschaft zur Verfügung stellen – eine durchaus übliche wie auch notwendige Solidarpraxis in der Arbeiterschaft. Durch ihren Beitrag zum Familieneinkommen änderten sich allerdings auch die innerfamiliären Hierarchien, denn als Mitverdienerin war Lisa Barendt nun in der Position, auch Rechte für sich einfordern zu können, etwa hinsichtlich einer milieutypischen Freizeitgestaltung.

Schon frühzeitig hatte die *Sozialistische Arbeiterjugend* eine große Faszination auf die Heranwachsende ausgeübt. Unmittelbar nach ihrem Schulabschluss trat sie dem Jugendverband der SPD als Mitglied bei:

„Zweimal in der Woche hatten wir Heimabend. Wir machten Pfänderspiele und gingen viel wandern. Einmal im Monat war ein politischer Abend. (...) Als ich einmal ins Heim kam, taten alle so geheimnisvoll. Nach einer Weile kam Lotte zu mir und überreichte mir ein Päckchen. Es war ein Falkenhemd. Ihr könnt euch nicht vorstellen, wie glücklich ich war." (Barendt 1994: 59f.)

In der Freizeitgestaltung der Danziger SAJ spiegelte sich die zweifache Versäulung der sozialistischen Jugendarbeit wider: lebensreformerisch orientierte Unternehmungen einerseits, politische Bildung andererseits. Äußere Erkennungsmerkmale und gemeinsam gesungene Lieder dienten der Erzeugung eines kollektiven ‚Wir-Gefühls'. Den Mitgliedern wurden klare visuelle und emotionale Identifikationsmöglichkeiten mit den politischen Zielen der Gesamtbewegung geboten (vgl. Schley 1987: 250). Zudem präsentierten sich die Heranwachsenden in dem Danziger Vorort regelmäßig in der Öffentlichkeit als Kollektiv, etwa bei Kundgebungen und Tanzveranstaltungen. Sie gestalteten das kulturelle Leben im Quartier aktiv mit und hatten so Anteil an der Konstituierung des ‚sozialistischen Arbeitermilieus'.[10] Die SAJ bot den Heranwachsenden als Entwicklungsraum zwar die Möglichkeit, eigene Orientierungen zu suchen und Interessen auszuleben und sich so dem Familienverband gegenüber zu verselbständigen. Dies geschah allerdings unter milieutypischem, präformiertem politischen Banner, das mit dem grundlegenden sozialmoralischen Wertehaushalt sozialistischer Arbeiterfamilien in Einklang stand.

Neben den Möglichkeiten zur Freizeitgestaltung und zu politisch-kulturellen Aktivitäten kann den Veranstaltungen der SAJ eine weitere, nicht gering einzuschätzende Bedeutung zugeschrieben werden: als ‚Markt' für potentielle Partnerschaften. Lisa Barendt lernte mit knapp sechzehn Jahren ihren künftigen Ehemann Walter während einer ‚Tanz in den Mai'-Veranstaltung der SPD im Jahre 1932 kennen. Walter stammte aus einem Arbeiterquartier nahe der Danziger Werft, verdiente seinen Unterhalt mit Gelegenheitsarbeiten, war Sozialdemokrat und als solcher u. a. im ‚Arbeiter Rad- und Kraftfahrerbund Solidarität' aktiv. Die jungsozialistische Partnerschaft sollte jedoch bald von den politischen Entwicklungen in der ‚Freien Stadt' Danzig überschattet werden.

1934 wurden in Danzig die KPD und alle ihre Nebenorganisation gewaltsam aufgelöst. Die Schidlitzer SAJ-Gruppe nahm angesichts dieser Entwicklung zeitgleich ihre Selbstauflösung vor. Lisa Barendt trat noch im selben Jahr der Danziger SPD bei – ein weiteres Indiz für die frühe politische Orientierung der 18jährigen jungen Frau –, doch 1936 folgte schließlich auch das Verbot der sozialdemokratischen Partei in der ‚Freien Stadt' (vgl. Andrzejewski 1994: 168).

---

10   Auch Rosenbaum hebt die zentrale Bedeutung des Arbeitervereinswesens bei der Konstituierung und Festigung des sozialistischen Milieus hervor: „Der Umgang mit Menschen gleicher oder ähnlicher sozialer Lage und Gesinnung schuf tiefgreifende Bindungen und Loyalitäten, Heimatgefühl und soziale Identität. (...) In gewisser Weise wurden die sozialistische Bewegung und der Sozialismus gleichsam zum Religionsersatz" (Rosenbaum 1992: 106f.).

Nachdem die politischen Gegner in Danzig weitgehend ausgeschaltet worden waren, begannen die Kampftruppen der NSDAP ab Oktober 1937 mit ihrem antisemitischen Terror. Die öffentlichen Demütigungen, Boykottaufrufe und Pogrome nach ,reichsdeutschem Muster' waren Ereignisse, die für alle Danziger Bürger unübersehbar waren:

> „Es sah furchtbar aus in unserer Stadt. Sämtliche Schaufenster der jüdischen Geschäfte waren zertrümmert. Davor standen braune Helden, die aufpaßten, daß niemand mehr hineinging. Vor dem Geschäft von Herrn Markus standen sie auch. Wo war er wohl abgeblieben? Mit Fäusten in den Manteltaschen und angewidert, gingen meine Kolleginnen und ich durch Danzigs Straßen." (Barendt 1994: 109)

Die Wut und Empörung, die Lisa Barendt und ihre Arbeitskolleginnen angesichts dieser massiven Ausschreitungen angeblich empfanden, äußerten sich *nicht* in einem offenen Protest, einer Solidaritätsbekundung oder gar einer versuchten Hilfeleistung, sondern sie blieben als ,geballte Faust' in der Tasche stecken. Das Unrecht wurde mit bedrücktem Unbehagen wahrgenommen – gleichwohl: es wurde hingenommen. Hier äußert sich eine Verhaltensmischung aus Ohnmacht, Hilflosigkeit und mangelnder Zivilcourage, die aus der Sorge um die persönliche Unversehrtheit und aus der Furcht vor möglichen Repressionen gegen die eigene Familie als potentiellen Widerstandskern entsprang (vgl. Schneider 1999: 756). Mit dem deutschen Überfall auf Polen am 1. September 1939 und der damit einhergehenden ,Heimführung' Danzigs in das ,Reich' wurde zudem die Insellage der ehemals ,Freien Stadt' aufgehoben und damit auch die Hoffnung auf wiederkehrende demokratische Verhältnisse begraben.

Angesichts der politischen Realität erschien der *,Rückzug ins Private'*, verbunden mit unauffälligem und angepasstem Verhalten, die einzige Erfolg versprechende Strategie zu sein, um die Kriegszeit und den Alltag unter der nationalsozialistischen Diktatur überleben zu können – ein weit verbreitetes Handlungsmuster im sozialistischen Arbeitermilieu. Familie und Freundeskreise wurden so zu einem Hort, in dem milieutypische Wertorientierungen und ein kollektiver Zusammenhalt gesichert werden konnten (vgl. Schneider 1999: 758ff.). Dieser ,Rückzug' sollte sich jedoch als schwierig erweisen, denn nach der Verfolgung, Verhaftung und Ermordung politisch missliebiger Personen wurden wirksame Kontroll- und Überwachungsinstanzen installiert, die auch in den Arbeiterquartieren für ein regimekonformes Verhalten sorgen sollten:

> „Es sollte wieder einmal geflaggt werden. Mein Mann hatte auf einem Kameradschaftsabend ein Göring-Bild gewonnen. Das und einen Blumentopf mit kleinen Papierfähnchen stellten wir immer ins Fenster. Doch der hundertprozentigen Blockmutter, Frau Ida Jochim, war das nicht genug. Sie hatte bei der letzten Beflaggung zu Frau Mossa gesagt: ,Wenn die nächstesmal keine anständige Fahne und kein Hit-

ler-Bild haben, werde ich dafür sorgen, daß sie hinkommen, wo sie hingehören.' Um unsere Ruhe zu haben, kaufte Walter das Bild und ich die Fahne. Frau Jochim strahlte." (Barendt 1994: 122)

Es wäre indes eine verfehlte Schlussfolgerung, dass die sozialistisch orientierte Arbeiterschaft die nationalsozialistische Herrschaftsausübung mehr oder weniger zähneknirschend hingenommen hätte, um sie dann, wann immer möglich, mit regimewidrigen Verhaltensweisen zu unterwandern. Dass weite Teile der Arbeiterschaft den Nationalsozialismus begrüßten und auch aktiv unterstützten ist Forschungskonsens. Schneider betont, dass die Mehrheit der Mitglieder der zerschlagenen oder gleichgeschalteten sozialdemokratischen, kommunistischen wie auch christlichen Arbeiterbewegung in die nationalsozialistischen Massenorganisationen eingetreten sei, freilich ohne die reine Zugehörigkeit zur NSDAP auch als Akt der ‚Zustimmung' zu deuten (vgl. Schneider 1999: 757f.). Gleichwohl lassen sich aktive Anpassungsleistungen der Arbeiterschaft an das NS-Regime auf vielen Ebenen ausmachen. Walter, der Ehemann Lisa Barendts, hatte Anfang der 40er Jahre eine Anstellung als Rangierer bei der Danziger Reichsbahn erhalten – mit der Aussicht auf eine Beamtenlaufbahn:

„Ende 1942 wurden mein Mann und noch ein Kollege zum Reichsbahndirektor gerufen. Er machte ihnen klar, sofort ihre Namen zu ändern, weil am Ende noch das ...ski stand. Sollten sie es nicht bald tun, müsse er annehmen, daß sie mit den Polen sympathisieren. Zwei Tage später bekamen wir drei Namensvorschläge. Wir entschieden uns für den kürzeren." (Barendt 1994: 127)

Angesichts der viel versprechenden Berufsaussichten nahm das junge Paar die Maßnahme der nationalsozialistischen Germanisierungspolitik ohne Einwände hin. Dieses und andere Beispiele verweisen auf ein weit verbreitetes Einstellungs- und Verhaltensmuster in der Arbeiterschaft gegenüber dem Nationalsozialismus, das in der Forschung mit dem paradoxen Begriffspaar der ‚widerwilligen Loyalität' bezeichnet wird: Damit lässt sich eine Verhaltensmischung beschreiben, die sich zusammensetzt „(...) aus Erfüllung der geforderten ‚Gefolgschaftsleistungen' in Arbeit und politischem Alltag, aus kritischer Distanz zu Politik und Führung der NSDAP (mit Ausnahme Hitlers), aus Nutzung der zur persönlich-individuellen Interessendurchsetzung gegebenen Möglichkeiten und aus Abtauchen ins Private" (Schneider 1999: 764). Dieses ‚Mitnehmen' der Angebote des Regimes bei gleichzeitiger ‚Hinnahme' der Herrschaftsausübung scheint die Haltung vieler Arbeiterfamilien in der NS-Zeit treffend zu beschreiben und zeigt zugleich die Bedeutung der Familie für die Entwicklung und Begründung politischer Einstellungen und Haltungen.

5   Perspektiven einer milieuorientierten Historischen Familienforschung

Politische Identität bezeichnet die sozialmoralische Zugehörigkeit eines Menschen. Durch den Aufbau von Gemeinsamkeiten und Abgrenzungen, durch Selbstidentifikation und Differenzwahrnehmung ordnen sich Menschen bestimmten Gruppen zu oder werden mit ihnen identifiziert (vgl. Uhle 1997: 24). Bei der Herausbildung von Loyalitätshaltungen und Bindungsgefühlen spielen politisch-weltanschauliche Sinnbezüge und Deutungsangebote eine dominante Rolle – seien sie in Wort, Schrift und Bild expliziert, über den symbolisch-ästhetischen Bereich vermittelt oder im Kontext von öffentlicher und privater Erziehung wirkmächtig. Die sozialmoralische ‚Gesinnungsgemeinschaft' des sozialistischen Arbeitermilieus, in dem die Autobiographin Lisa Barendt ihre politische Orientierung ausbildete, fand ihre stärkste Ausprägung und Stabilität in den 20er Jahren des letzten Jahrhunderts. Das sozialistische Arbeitermilieu konstituierte sich weltanschaulich unter Rückgriff auf gemeinsame Traditionen, Deutungsmuster, Einstellungen und Ziele der Arbeiterbewegung sowie in sozialer Hinsicht durch alltägliche Erfahrungen im Betrieb, in den Milieuvereinen, im Wohnviertel und in den Familien. Generell hatten die Bindekräfte in den Binnenkontakten starke affektive Dimensionen und wiesen über weite Strecken Züge einer ‚ständischen Vergesellschaftung'[11] auf: Nicht zufällig verstand man sich in einem Milieu als Zugehöriger einer großen Familie; ganze Verwandtschaften organisierten sich milieuintern (vgl. Tenfelde 1996: 258). Die Milieus begleiteten den Lebenszyklus und entwickelten Wertcodices für das Verhalten der ihnen Zugehörigen. Als hegemoniale Identitäts- und Sinnstiftungsagenturen haben milieutypische Gemeinschaften im Zusammenspiel von privater und öffentlicher Erziehung auch kanalisierend und konditionierend auf individuelle Entwicklungsverläufe eingewirkt und folglich den Einzelnen in seinen Lebenschancen und Lebensentwürfen restringiert (vgl. Schallberger 2003: 9).

Nach Tenfelde ist es die *Erblichkeit*, die die großen historischen Milieus am stärksten von jenen vorübergehenden Milieubildungen unterscheidet, wie sie die Forschung für die Gegenwart ausmacht. ‚Erblichkeit' bezeichnet die ganzheitliche, alle Lebensbereiche erfassende Tradierung der Milieus in der Generationenfolge, die Aufrechterhaltung des Geltungsanspruchs der Lebensführung, die Kohäsion und Homogenität der Verkehrskreise und die anhaltende Wirksamkeit der ‚Gesinnung' (vgl. Rink 1999: 269). Dies gelang den Milieus, weil sie Generationen übergreifend existierten, sich in Organisationen Struktur verliehen und

---

11   Den Begriff der ‚ständischen Vergesellschaftung' hat Lepsius in seinen Studien zum Bildungsbürgertum entwickelt. Darin wird Milieu als eine soziale Formation konzipiert, mit der „eine bestimmte Art der Lebensführung, ein sozialer Kommunikations- und Verhaltenszusammenhang" verbunden sei (Lepsius 1992b: 8).

weil sie den Lebenszyklus der ihnen Zugehörigen in allen Phasen des Werdens und Seins organisierten:

> „(...) in der Zeit der Kindheit und Jugend, des Entbindens von den Familien, bei der im Netzwerk vollzogenen Partnersuche, im Ausleben der Kultur-, Bildungs- und Freizeitbedürfnisse, lebenslang bis zum Begräbnis unter der selbstverständlichen Mitwirkung der Vereinsgenossen. Verwandtschaften und Milieus durchwuchsen sich im steten Prozeß neuerlicher Familienbildungen." (Tenfelde 1996: 258)

Wer in einem derart verzahnten, alltagswirksamen Milieu fest integriert war, „(...) der oder die wählte wohl kaum jemals die NSDAP" (Saldern, v. 1993: 22) – lautet ein weit verbreitete Annahme. Doch darf das quantitative Ausmaß der in diese Kulturmilieus eingebundenen Arbeiterinnen und Arbeiter nicht überschätzt werden. Zudem gelang den Nationalsozialisten schon in der Formierungsphase ihres Regimes ein quantitativ bedeutender Einbruch in das sozialistische Milieu, dem eine zunehmende Zerstörung der zunächst noch aufrecht erhaltenen Milieuzusammenhänge folgte (vgl. Schmiechen-Ackermann 1997b: 136). Begreift man politische Identität als Zugehörigkeitsorientierung, dann wachsen die Schwierigkeiten der inneren Bindungen an eine ‚Gesinnungsgemeinschaft', wenn diese zusehends erodiert und sich von einer face-to-face community zu einer ‚imaginierten' Gemeinschaft entfremdet. In dieser Situation entwickelte die sozialistisch orientierte Arbeiterschaft ein breites und variantenreiches Verhaltensrepertoire gegenüber den nationalsozialistischen Machthabern, das sich mit Stichworten wie ‚aktive Anpassung', ‚passive Resignation', ‚vorgetäuschte Gleichschaltung', ‚widerwillige Loyalität', ‚informelle Verweigerung' oder ‚organisierter Widerstand' beschreiben lässt. Familie konnte sich dabei zu einem Ort milieuspezifischer Identitätsbewahrung entwickeln.

Politische Identitätsbildung ist grundsätzlich unabgeschlossen, weil sich die Subjekte lebenslang mit komplexen gesellschaftlichen Anforderungen und einer sich ständig wandelnden, widersprüchlichen Realität auseinandersetzen müssen. Will die historische Familienforschung politische und generell milieuspezifische Dimensionen in der Geschichte der Erziehung erschließen, kann sie sich die Aufgabe stellen, in biographischen Zeugnissen und familiengeschichtlichen Fallbeispielen nach den ‚Mechanismen' dieses Prozesses und der Wechselwirkung von ‚privater' und ‚öffentlicher', milieuspezifischer Erziehung und Sozialisation zu suchen, milieutypische Leitbilder und Erziehungspraktiken, alltagswirksame Handlungs-, Interaktions- und Kommunikationsmuster, Beziehungsstrukturen und emotionale Bindungsgefüge zu erhellen sowie nach produktiven Aneignungs- und Verarbeitungsweisen real erfahrener und symbolisch vermittelter historisch-gesellschaftlicher Lebenszusammenhänge zu fragen. Auch wenn biographische Quellen in diesen Fragen zahlreiche methodische Probleme aufwerfen und der hier angedeuteten Programmatik deutliche Grenzen aufzeigen, sind gerade mit Blick auf die bisher wenig erforschten konservativen und liberalen Milieus weiterführende Studien wünschenswert.

Milieus lösen sich im historischen Verlauf nicht einfach in Luft auf, noch verändern sie sich aus dem Nichts heraus. Würde sich die historische Familienforschung dem Thema ‚Konsistenz' bzw. ‚Erblichkeit' und ‚Erosion' der traditionellen Milieus zuwenden, so könnte sie in konkreten Fallstudien der Frage nachgehen, in welcher Form das weltanschaulich-kulturelle ‚Erbe' der Familie bzw. des Herkunftsmilieus weiter getragen bzw. angeeignet wurde, welche Bedeutung den Generations- und Geschlechterverhältnissen dabei zugeordnet werden kann und wie Transformationen kollektiver Deutungstraditionen zu erklären sind: Lassen sich etwa für die Zeit der Weimarer Republik zusätzliche Milieus ausmachen, die sich infolge beschleunigter Modernisierungsprozesse und Pluralisierungen von Lebensformen herausgebildet haben und die mit dem Konzept ‚sozialmoralischer' Milieus nicht zu erfassen sind? Gab es seinerzeit neue Orientierungen in der Wirklichkeitsauffassung und in der Lebensweise von Menschen, die auf neue Gruppierungen ‚Gleichgesinnter' im Sinne der aktuellen Lebensstilforschung schließen lassen – z. B. ein traditionsloses, hedonistisches oder kleinbürgerliches Arbeitermilieu? Die Aufweichung scharf konturierter Milieugrenzen könnte auch eine Folge von Prozessen wechselseitiger Durchmischung sein, die nicht zuletzt durch Familiengründungen über die Milieugrenzen hinaus zustande gekommen sind. Die Erforschung von Lebensläufen, die an den Grenzen der Milieus stattfanden und durch Eheschließungen Hybridität hervorbrachten, könnte bspw. Aufschluss in der Frage geben, ob sich als Folge der ‚Fusion' von jeweils tradierten Lebensmustern ‚Neues' herausbildete, das sich auf der Ebene der Wirklichkeitsauffassungen und Lebensentwürfe der Kindergeneration äußerte (vgl. Schallberger 2003: 20). Historische Milieu- und Familienforschung können sich in diesen und anderen Fragen wechselseitig neue Themen und Perspektiven eröffnen. Nicht zuletzt können sie gemeinsam Forschungsperspektiven entwickeln, die auch die aktuelle Milieu- und Familienforschung bereichern: nämlich in der Frage nach der Bedeutung der Familie für die Herausbildung moderner Milieus und nach der Bedeutung moderner Milieus für Familienleben und Erziehung.

Literatur

Andrzejewski, Marek (1994): Opposition und Widerstand in Danzig 1933 bis 1939. Bonn: Dietz

Bajohr, Frank (Hrsg.) (1993): Norddeutschland im Nationalsozialismus. Hamburg: Ergebnisse-Verlag

Barendt, Lisa (1994): Danziger Jahre. Aus dem Leben einer jungen Frau bis 1945/46. Oldenburg: Ohlsen-Kunze

Barz, Heiner/Tippelt, Rudolf (Hrsg.) (2004): Weiterbildung und soziale Milieus in Deutschland. Band 1: Praxishandbuch Milieumarketing. Bielefeld: Bertelsmann

Benninghaus, Christina (1999): Die anderen Jugendlichen. Arbeitermädchen in der Weimarer Republik. Frankfurt a.M./New York: Campus

Blessing, Werner K. (1996): Diskussionsbeitrag: Nationalsozialismus unter „regionalem Blick". In: Möller u. a. (1996): 47-56

Bremer, Helmut/Lange-Vester, Andrea (Hrsg.) (2006): Soziale Milieus und Wandel der Sozialstruktur. Die gesellschaftlichen Herausforderungen und die Strategien der sozialen Gruppen. Wiesbaden: VS Verlag für Sozialwissenschaften

Endruweit, Günter (2000): Milieu und Lebensstilgruppe – Nachfolger des Schichtenkonzepts? München/Mehring: Hampp

Falter, Jürgen W. (1991): Hitlers Wähler. München: C.H. Beck

Gippert, Wolfgang (2005): Kindheit und Jugend in Danzig 1920-1945. Identitätsbildung im sozialistischen und im konservativen Milieu. Essen: Klartext-Verlag

Grathoff, Richard (1989): Milieu und Lebenswelt. Einführung in die phänomenologische Soziologie und die sozialphänomenologische Forschung. Frankfurt a.M.: Suhrkamp

Heinritz, Charlotte (2000): Auf ungebahnten Wegen. Frauenautobiographien um 1900. Königstein/Ts.: Helmer

Hettling, Manfred/Nolte, Paul (Hrsg.) (1996): Nation und Gesellschaft in Deutschland. Historische Essays. München: C.H. Beck

Hitzler, Ronald/Honer, Anne (1984): Lebenswelt – Milieu – Situation. Terminologische Vorschläge zur theoretischen Verständigung. In: Kölner Zeitschrift für Soziologie und Sozialpsychologie 36. 56-74

Hoffmann, Dietrich/Neuner, Gerhart (Hrsg.) (1997): Auf der Suche nach Identität. Pädagogische und politische Erörterungen eines gegenwärtigen Problems. Weinheim: Deutscher Studienverlag

Hofmann, Michael/Rink, Dieter (1996): Milieukonzepte zwischen Sozialstrukturanalyse und Lebensstilforschung. Eine Problematisierung. In: Schwenk (1996): 183-199

Hradil, Stefan (1987): Sozialstrukturanalyse in einer fortgeschrittenen Gesellschaft. Von Klassen und Schichten zu Lagen und Milieus. Opladen: Leske + Budrich

Hradil, Stefan (Hrsg.) (1992a): Zwischen Bewusstsein und Sein. Die Vermittlung „objektiver" Lebensbedingungen und „subjektiver" Lebensweisen. Opladen: Leske + Budrich

Hradil, Stefan (1992b): Alte Begriffe und neue Strukturen. Die Milieu-, Subkultur- und Lebensstilforschung der 80er Jahre. In: Hradil (1992a): 15-55

Kalka, Jochen/Allgayer, Florian (Hrsg.) (2007): Zielgruppen: Wie sie leben, was sie kaufen, woran sie glauben. 2. aktualisierte Aufl. Heidelberg: Redline

Keim, Karl-Dieter (1979): Milieu in der Stadt. Ein Konzept zur Analyse älterer Wohnquartiere. Stuttgart u. a.: Kohlhammer

Lepsius, M. Rainer (Hrsg.) (1992a): Bildungsbürgertum im 19. Jahrhundert. Teil 3: Lebensführung und ständische Vergesellschaftung. Stuttgart: Klett-Cotta

Lepsius, M. Rainer (1992b): Das Bildungsbürgertum als ständische Vergesellschaftung. In: Lepsius (1992a): 8-18

Lepsius, M. Rainer (1993a): Demokratie in Deutschland. Soziologisch-historische Konstellationen. Ausgewählte Aufsätze. Göttingen: Vandenhoeck & Ruprecht

Lepsius, M. Rainer (1993b): Parteiensystem und Sozialstruktur. Zum Problem der Demokratisierung der deutschen Gesellschaft (1966). In: Lepsius (1993a): 25-50

Marßolek, Inge (1997): Milieukultur und modernes Freizeitverhalten 1920 bis 1950. In:
Schmiechen-Ackermann (1997a): 77-93

Matthiesen, Ulf (Hrsg.) (1998a): Die Räume der Milieus. Neue Tendenzen in der sozial-
und raumwissenschaftlichen Milieuforschung, in der Stadt- und Raumplanung. Berlin: Ed. Sigma

Matthiesen, Ulf (1998b): Milieus in Transformationen. Positionen und Anschlüsse. In:
Matthiesen (1998a): 17-79

Matull, Wilhelm (1973): Ostdeutschlands Arbeiterbewegung. Abriss ihrer Geschichte,
Leistung und Opfer. Würzburg: Holzner

Möller, Horst/Wirsching, Andreas/Ziegler, Walter (Hrsg.) (1996): Nationalsozialismus in
der Region. Beiträge zur regionalen und lokalen Forschung und zum internationalen
Vergleich. München: Oldenbourg

Pyta, Wolfram (1996): Ländlich-evangelisches Milieu und Nationalsozialismus bis 1933.
In: Möller u. a. (1996): 199-212

Rink, Dieter (1999): Historische versus moderne Milieus. Die Rezeption des Milieukonzepts von M. Rainer Lepsius in der deutschen Geschichtsschreibung und Soziologie.
In: Sociologia Internationalis 37. 1/2. 245-276

Rohe, Karl (1992): Wahlen und Wählertraditionen in Deutschland. Kulturelle Grundlagen
deutscher Parteien und Parteiensysteme im 19. und 20. Jahrhundert. Frankfurt a.M.:
Suhrkamp

Rosenbaum, Heidi (1992): Proletarische Familien. Arbeiterfamilien und Arbeiterväter im
frühen 20. Jahrhundert zwischen traditioneller, sozialdemokratischer und kleinbürgerlicher Orientierung. Frankfurt a.M.: Suhrkamp

Saldern, Adelheid von (1993): Sozialmilieus und der Aufstieg des Nationalsozialismus in
Norddeutschland (1930-1933). In: Bajohr (1993): 20-52

Schallberger, Peter (2003): Identitätsbildung in Familie und Milieu. Zwei mikrosoziologische Untersuchungen. Frankfurt a.M./New York: Campus

Schley, Cornelius (1987): Die Sozialistische Arbeiterjugend Deutschlands (SAJ). Sozialistischer Jugendverband zwischen politischer Bildung und Freizeitarbeit. Frankfurt
a.M.: dipa-Verlag

Schmiechen-Ackermann, Detlef (Hrsg.) (1997a): Anpassung, Verweigerung, Widerstand.
Soziale Milieus, Politische Kultur und der Widerstand gegen den Nationalsozialismus in Deutschland im regionalen Vergleich. Berlin: Ed. Hentrich

Schmiechen-Ackermann, Detlef (1997b): Soziale Milieus, Politische Kultur und der
Widerstand gegen den Nationalsozialismus in Deutschland. In: Schmiechen-
Ackermann (1997a): 13-29

Schmiechen-Ackermann, Detlef (1998): Nationalsozialismus und Arbeitermilieus. Der
nationalsozialistische Angriff auf die proletarischen Wohnquartiere und die Reaktion in den sozialistischen Vereinen. Bonn: Dietz

Schneider, Michael (1999): Unterm Hakenkreuz. Arbeiter und Arbeiterbewegung 1933
bis 1939. Bonn: Dietz

Schwenk, Otto G. (Hrsg.) (1996): Lebensstil zwischen Sozialstrukturanalyse und Kultur-wissenschaft. Opladen: Leske + Budrich

Sinus-Milieus (2006): http://www.sinus-sociovision.de/ (Recherchedatum: 15. Januar 2006).

Tenfelde, Klaus (1996): Historische Milieus – Erblichkeit und Konkurrenz. In: Hett-ling/Nolte (1996): 247-268

Tenfelde, Klaus (1998): Milieus, politische Sozialisation und Generationenkonflikte im 20. Jahrhundert. Vortrag vor dem Gesprächskreis Geschichte der Friedrich-Ebert-Stiftung in Bonn am 11. Juni 1997. Bonn: Historisches Forschungszentrum

Uhle, Reinhard (1997): Über erziehungswissenschaftliche Verwendung des Themas ‚I-dentität'. In: Hoffmann/Neuner (1997): 15-27

Vester, Michael/Oertzen, Peter von u. a. (Hrsg.) (2001): Soziale Milieus im gesellschaftli-chen Strukturwandel. Zwischen Integration und Ausgrenzung. Frankfurt a.M.: Suhr-kamp

Walter, Franz/Matthiesen, Helge (1997): Milieus in der modernen deutschen Gesell-schaftsgeschichte. Ergebnisse und Perspektiven der Forschung. In: Schmiechen-Ackermann (1997a): 46-75

Winkler, Heinrich August (1988): Der Schein der Normalität. Arbeiter und Arbeiterbewe-gung in der Weimarer Republik 1924 bis 1930. Bonn: Dietz

Norbert Elias' „Etablierte und Außenseiter" – Anregungen für die Historische Familienforschung

Hans Malmede

1 Einleitung

An erster Stelle gilt der 1897 in Breslau geborene und 1990 in Amsterdam verstorbene Norbert Elias als ein anregender Kulturtheoretiker der Moderne (vgl. Kuzmics/Mörth 1991; Rehberg 1996) mit dem Status eines Klassikers der Soziologie (vgl. Kaesler 2003). Dazu hat Elias in der Historischen Sozialwissenschaft als Soziologe mit gesellschaftsgeschichtlichem Gespür Anerkennung gefunden (vgl. Kocka 1995). Weiter findet sich Elias unter den Wegbereitern der Historischen Psychologie (vgl. Jüttemann 1988) und unter den Vordenkern der Neuen Kulturgeschichte (vgl. Burke 2005; Daniel 2004). Aber auch in der Historischen Pädagogik auf dem Weg zur Historischen Bildungsforschung ist er zur Kenntnis genommen worden (vgl. Zymek 1983), hier insbesondere in der maßgeblich von Ulrich Herrmann entworfenen Historischen Sozialisationsforschung (vgl. Herrmann 1980) mit ihrem besonderen Interesse an Familie, Kindheit und Jugend im sozialen Wandel und an der „Geschichte der Familienerziehung" (Herrmann 1975: 207). Wenn das so ist, warum sollte ausgerechnet die Historische Familienforschung mit ihren interdisziplinären Perspektiven und mit ihren zahlreichen innovativen Studien (vgl. Gestrich 2006) noch etwas „von Elias lernen" (Korte 1990: 7) können?

Darauf gibt es wenigstens zwei Antworten: Genau besehen hat sich die Historische Familienforschung nur partiell mit den Forschungsthemen und Theorien des interdisziplinär wirkenden Menschenwissenschaftlers Norbert Elias (vgl. Rehberg 1996) befasst, woran selbst die Weiterentwicklung und theoretische Differenzierung der Historischen Sozialisationsforschung (vgl. Gestrich 1999) nichts geändert hat. Das Interesse der angesprochenen Disziplinen und Forschungsrichtungen an Elias konzentriert sich nämlich nach wie vor auf dessen soziologisches Hauptwerk „Über den Prozeß der Zivilisation" (vgl. Korte 2000). Spätere Arbeiten von Elias, in denen er die im Hauptwerk entworfene Zivilisationstheorie auch auf die industriegesellschaftliche Moderne des 20. Jahrhunderts ausgedehnt und sie um weitere Theoriekonzepte ergänzt hat, haben hingegen merklich weniger Beachtung gefunden. Zu diesen wenig beachteten Arbeiten zählt auch die 1965 in Großbritannien, fünfundzwanzig Jahre später auch in der Bundesrepublik Deutschland veröffentlichte mikrosoziologische Fallstudie über Etablierte-Außenseiter-Figurationen im makrosoziologischen Deutungszusammenhang sozialkultureller Ungleichheit. Bei den ‚Etablierte-Außenseiter-Beziehungen' handelt es sich um ein „empirisches Paradigma" (Elias/Scotson 1993: 10), allerdings nicht nur im Hinblick auf die gesellschaftliche Entstehung und Tradierung sozialkultureller Ungleichheit. Vielmehr eröffnet die Fallstudie aus familienhistorischer Sicht auch beachtenswerte Zugänge zur Konstruktion sozialkultureller Ungleichheit in und durch Familien und zur historischen Ungleichzeitigkeit von Familienformen, Familienbeziehungen und Nachbarschaftsbeziehungen im 20. Jahrhundert.

Unter Berücksichtigung seines soziologischen Hauptwerks „Über den Prozeß der Zivilisation", aber mit besonderem Augenmerk auf die angesprochene Fallstudie über „Etablierte und Außenseiter", möchte ich in diesem Beitrag zeigen, dass eine Auseinandersetzung mit den Themen und Theorien des die Disziplingrenzen zwischen Psychologie (Psychoanalyse), Geschichtswissenschaft und Soziologie überschreitenden menschenwissenschaftlichen Universalisten Norbert Elias (vgl. Baumgart/Eichener 1991) im Hinblick auf theoriegeleitete familiengeschichtliche Perspektiven und Fragestellungen immer noch anregend und gewinnbringend sein kann.

2   Zivilisationstheorie – Figurationstheorie

Sein Hauptwerk „Über den Prozeß der Zivilisation" hat der deutsche Emigrant Elias in England geschrieben und 1939, kurz vor dem totalitären faschistischen Zivilisationsbruch in Deutschland und weiten Teilen Europas (vgl. Borejsza 1999), noch in kleiner Auflage in der Schweiz veröffentlichen können. Dreißig Jahre später folgte eine von Elias mit einer umfänglichen Einleitung versehene und überarbeitete Neuauflage. Bekannt wurde der „Prozeß der Zivilisation" und mit ihm der Autor in der westdeutschen Wissensgesellschaft und darüber hinaus aber erst durch die 1976 vom Suhrkamp Verlag veröffentlichte zweibändige Taschenbuchausgabe der überarbeiteten Neuauflage von 1969 (vgl. Korte 2000: 115). In dieser an seine Frankfurter Habilitationsschrift von 1933 über den Höfischen Menschen im Ancien Régime anknüpfenden historisch-soziologischen Prozessstudie entwarf Elias mit Blick auf die weltlichen Eliten und Oberschichten in (West-)Europa eine „Theorie der Zivilisation" (Elias 1976 Bd. 2: 312ff.), die Handlung und Struktur, Sozio- und Psychogenese, Individuen, Gesellschaft und Herrschaft in einem komplexen und langfristigen Prozess des sozialen und mentalen Wandels von der mittelalterlichen Feudalgesellschaft bis zur Bürgerlichen Gesellschaft theoretisch verfolgt und vernetzt. Für den Autor handelt es sich dabei weder um einen rational geplanten noch teleologisch oder im positivistischen Sinne gesetzmäßig verlaufenden historischen Modernisierungsprozess, der aber dennoch eine „eigentümliche Ordnung" (Elias 1976 Bd. 2: 313) und Dynamik (Differenzierung und Individualisierung) aufweist, in der sich Fremdzwänge in Selbstzwänge transformieren. Die neuere historische Forschung betont, dass in soziogenetischer oder auch in struktur- und gesellschaftsgeschichtlicher Hinsicht Konkurrenzmechanismen und Staatsbildungsprozesse, insbesondere die Monopolisierung von Gewalt (Fremdzwang) durch die Staatsmacht, den europäischen Zivilisationsprozess seit dem Hochmittelalter kennzeichnen (vgl. Bartlett 1996; Moore 2001). Damit verknüpft sind in psychogenetischer oder historisch-anthropologischer und mentalitätsgeschichtlicher Hinsicht „Veränderungen des menschlichen Habitus" (Elias 1976 Bd. 2: 316), die z. B. Veränderungen menschlicher Verhaltensweisen in zwischenmenschlichen Beziehungen bedeuten, die insbesondere zur steten Selbstkontrolle (Selbstzwang) der Affekte und Triebe bzw. zu ihrer Verdrängung „hinter die Kulisse des gesellschaftlichen Lebens" (ebd.) führen. In die Kritik geratene und sich verändernde Tischsitten zählt Elias in diesem Zusammenhang ebenso zur psychogenetischen Zivilisierung wie die zunehmende Intimisierung körperlicher Verrichtungen und emotionale Veränderungen in den Beziehungen der Geschlechter und Generationen (Gefühlsdifferenzierungen).

Mit der Zivilisationstheorie eng verknüpft ist die Figurationstheorie. Diese stellt Elias gegen die für ihn vollkommen unsinnigen human- und sozialwissenschaftlichen Antagonismen ‚Individuum' und ‚Gesellschaft': „Es gibt keinen Nullpunkt der gesellschaftlichen Bezogenheit des Einzelnen, keinen ‚Anfang' oder Einschnitt, an dem er als verflechtungsfreies Wesen gleichsam von außen an die Gesellschaft herantritt, um sich nachträglich mit anderen Menschen zu verbinden" (Elias 2003: 47f.). Figurationen sind folglich die von Menschen zu allen Zeiten notwendig gebildeten und gelebten, beweglichen und wandelbaren, sichtbaren und unsichtbaren Interdependenzgeflechte; sie sind elastische und zugleich feste Netzwerke oder Ketten von sozialen Beziehungen, Abhängigkeiten und Funktionszusammenhängen, sie sind von kurzer, mittlerer oder langer Dauer: Alles in allem bilden Figurationen „Gruppen oder Gesellschaften verschiedener Art" (Elias 1976 Bd. 1: LXVII). Hierbei hat der historisch-soziologische Beobachter selbstverständlich auch die sozialkulturelle Ungleichheit, in Elias' Worten „die eigentümliche Spaltung der Gesellschaft in Oberschichten und Unterschichten" (Elias 1976 Bd. 2: 432), im Blick, wobei für ihn die miteinander konkurrierenden weltlichen Oberschicht-Figurationen, zuerst der (höfische) Adel, dann das (gebildete) Bürgertum, den Zivilisierungsprozess gleichsam als Avantgarde einer habituellen Individualisierung durch Selbstbeherrschung und Voraussicht vorangetrieben und damit das „Standardgepräge der Verhaltenssteuerung" (Elias 1976 Bd. 2: 441) vorgegeben haben.

Figurationen mit besonderer habitueller Prägekraft im psychogenetischen Zivilisationsprozess bilden für Elias die Beziehungsgeflechte von Erwachsenen und Kindern, also an erster Stelle die innerfamilialen Geschlechter- und Generationsbeziehungen. Die individuelle Zivilisierung als Affekt- und Triebregulierung äußert sich für ihn in dieser Figuration insbesondere in der „wachsenden Distanz zwischen Erwachsenen und Kindern" (Elias 1976 Bd. 1: 229) im Sinne einer Differenzierung von Entwicklungsphasen und schließlich in der Entstehung der „Einsicht, dass sich die Kinder nicht wie Erwachsene verhalten können" (ebd.), womit aus seiner Sicht die Zivilisierung mit der nunmehr empathischen Figuration Familie in der bürgerlichen Gesellschaft im „Jahrhundert des Kindes" (Ellen Key) angelangt wäre (vgl. ebd.). In seinem Hauptwerk finden sich allerdings nur wenige derartige Aussagen. Um dem von ihm gleichwohl anerkannten besonderen Stellenwert von Familie, Kindheit und Jugend im europäischen „Prozeß der Zivilisation" gerecht zu werden, scheint Elias – wie eine Fußnote nahelegt – dafür im Rahmen seines menschenwissenschaftlichen Projekts eine eigene Darstellung vorgesehen zu haben. Sie sollte zum einen den Strukturwandel der Familie und den Wandel der Geschlechterbeziehungen, zum anderen den Wandel der Generationsbeziehungen bzw. des familienerzieherischen Umgangs mit dem Nachwuchs im Verlauf der europäischen Geschichte, vermutlich seit dem Mittelalter, rekonstruieren und beschreiben (vgl. Elias 1976 Bd. 2: 401).

Zeitgleich mit dem „Prozeß der Zivilisation" hat Elias aber noch an anderer Stelle Familien- und Generationsbeziehungen thematisiert, in einem Aufsatzmanuskript (1939), das für die Publikation in einer schwedischen wissenschaftlichen Zeitschrift vorgesehen war. Darin konkretisiert der Autor noch einmal sein Interesse an der Figuration Familie in zweifacher Hinsicht: Familien- und Generationsbeziehungen, so verschieden und veränderbar sie im Einzelnen auch sein mögen, sind „in ihrer Grundstruktur durch den Aufbau der Gesellschaft bestimmt" (Elias 2003: 42). Das trifft folglich auch auf die Intensität und Dauer des Heranwachsens und Erwachsenwerdens zu: „Je intensiver und allseitiger die Triebregelung, je stabiler die Über-Ich-Bildung ist, die die Erwachsenenfunktionen einer Gesellschaft zu ihrer Ausübung erfordern, desto größer wird unvermeidlicherweise auch die Distanz zwischen dem Verhalten der Kinder und dem der Erwachsenen; desto mühsamer wird der individuelle Zivilisierungsprozess und desto größer die Zeitspanne, die erforderlich ist, um den Heranwachsenden für die Erwachsenenfunktion bereit zu machen" (Elias 2003: 50).

3   Rezeptionen

Mit der beeindruckenden Erfolgsgeschichte von Elias' Theorie des Zivilisationsprozesses (vgl. Ludwig-Mayerhofer 1998) können die familiengeschichtlich
relevanten Thesen aus seinem Aufsatzmanuskript sicherlich nicht konkurrieren.
Zwar liegen mittlerweile Untersuchungen in ansehnlicher Zahl vor, die diesen
Überlegungen in der einen oder anderen Akzentsetzung entsprechen, was aber
keineswegs heißen soll, dass sie allesamt von Elias angeregt worden sind. So hat
der Strukturwandel von Familienformen und Generationsbeziehungen auch ohne
ersichtliche oder nennenswerte Bezugnahme auf Elias Eingang in familienhistorische Darstellungen gefunden (vgl. Mitterauer/Sieder 1977; Rosenbaum 1982;
Hardach-Pinke 1988). Auch die von Andreas Gestrich angeregte und gemeinsam
mit Jens-Uwe Krause und Michael Mitterauer verfasste Synthese einer europäischen Kulturgeschichte der Familie (vgl. Gestrich u. a. 2003) in den Epochen
Antike, Mittelalter und Neuzeit schenkt Elias keine Beachtung, obwohl die darin
von Gestrich behandelten neuzeitlichen Familienformen und Familienbeziehungen und ihre Wandlungen in den gesellschaftlichen Kontexten des langen sozial-
kulturellen Wandels vom 15./16. bis in das 20. Jahrhundert hinein wiederholt an
den „Prozeß der Zivilisation" erinnern. Daneben stehen dezidierte Elias-
Rezeptionen, die dessen Theorie und Thesen für die historische Familienforschung fruchtbar machen (vgl. Peikert 1982; Schröter 1985; Wunder 2004).
Hinweisen möchte ich hier insbesondere auf Studien der Kulturhistoriker Robert
Muchembled (1990; 1996) und Norbert Schindler (2007) sowie auf die bildungshistorische Familienbiographie von Carola Groppe (2004), in der ebenfalls
Aspekte von Elias' Theorie (Figurationen) verwendet werden.

   Der Kulturhistoriker Robert Muchembled hat in seiner Studie zum Absolutismus (1990) unter der Fragestellung der Entwicklung von Gefühlsdifferenzierung und kollektiven Verhaltensweisen dezidiert an Elias' Zivilisationstheorie
angeknüpft. Mit Blick auf die von Elias vernachlässigte Volkskultur thematisiert
Muchembled die „Erfindung des modernen Menschen" im frühneuzeitlichen
ländlichen Frankreich. Auch für den französischen Kulturhistoriker stellt die
Familie aufgrund des sich in ihr vollziehenden Wandels der Generationsbeziehungen eine treibende Kraft im komplexen frühneuzeitlichen Zivilisationsprozess kollektiver Verhaltensweisen dar. Doch dürfe die Familie in diesem menta-
litätsgeschichtlichen Panorama keinesfalls „als kulturell isolierte Erscheinung"
(Muchembled 1990: 264) untersucht werden, weil „zahlreiche andere Institutionen und selbst informellere Phänomene wie Freundschaft oder Nachbarschaft
(...) zu ihr in unmittelbarer Beziehung" ständen (ebd.). In diesem Zusammenhang
und im Anschluss an Emanuel Le Roy Laduries wegweisende alltags- und men-
talitätsgeschichtliche Studie über die Bewohner – Bauern und Hirten, Katharer

und Katholiken – des spätmittelalterlichen Pyrenäendorfes Montaillou (vgl. Le Roy Ladurie 1980) spricht sich Muchembled für mikrohistorische Untersuchungen bzw. Dorfgeschichten aus, weil sie die feinen Beziehungsgeflechte von Familienleben und Generationen, von Nachbarschaft, Gemeinde usw. im komplexen Zivilisationsprozess lokalisieren und konkretisieren könnten. Der mit ausdrücklichem Bezug auf Elias' Zivilisationstheorie auch von Richard van Dülmen (1993) gewünschten Mikrohistorie dürfte Norbert Schindlers Studie über den frühneuzeitlichen „Prozess der Zivilisation in der Kleinstadt" (Schindler 2007) entsprechen. Konkret handelt es sich um die bayerische Kleinstadt Traunstein im 17. und 18. Jahrhundert. Im Zentrum der Darstellung stehen Selbstdisziplinierung und Distinktion der Traunsteiner Kaufmannsfamilie Oberhueber: Sie waren im Sinne von Elias ‚Etablierte‘, nicht zuletzt im Kontext eines von Männern und Frauen gleichermaßen „demonstrativ zur Schau getragenen gegenreformatorischen Katholizismus" (Schindler 2007: 14). Wie Schindler feststellt, gab es in der Kleinstadt Traunstein im Untersuchungszeitraum aber auch zahlreiche Personen, darunter immer wieder Angehörige des selbstständig wirtschaftenden und vermögenden Bürgertums, die aufgrund ihrer Lebensführung zu ‚Außenseitern‘ im lokalen gegenreformatorisch-katholischen Zivilisationsprozess verkamen: „Geringe Arbeitsdisziplin, Schuldenwirtschaft, Missgunst, Streitlust, ein unübersehbarer Hang zur Gewalttätigkeit, Trunksucht und die Schreie der verprügelten Frauen und Kinder, die in der Enge der nächtlichen Gassen ein Weghören kaum zuließen – das gehörte eben auch zur Alltagsrealität der Kleinstadt in der Frühen Neuzeit" (Schindler 2007: 156). In dieser Hinsicht hätte Schindlers mikrohistorischer Blick auf die Familien-Figurationen in ihren lokalen Verflechtungen, Hierarchien, Anerkennungen und Ausgrenzungen von einem weiteren Thema des Menschenwissenschaftlers Norbert Elias profitieren können: Die Entstehung und Zementierung soziokultureller Über- und Unterlegenheit von Menschengruppen sowohl in historischen als auch in gegenwärtigen Gesellschaften durch soziale, familienbezogene Figurationen.

4   Etablierte und Außenseiter

Die Rede ist von der gemeinde- bzw. mikrosoziologischen Fallstudie über „Etablierte und Außenseiter" (Elias/Scotson 1993). Mit den Außenseitern in diesen Beziehungen verband Norbert Elias allerdings mehr als nur ein weiteres soziologisches Forschungsinteresse. Im erinnernden Rückblick auf sein Leben nahm sich der durch das NS-Regime dauerhaft heimatlos gewordene Emigrant selbst als Außenseiter wahr: Er begriff sich als Außenseiter in der vom Strukturfunktionalismus dominierten britischen Nachkriegssoziologie in den 1950er und

1960er Jahren, vor allem aber als Außenseiter aufgrund seiner deutsch-jüdischen Herkunft:

> „Kulturell in hohem Maße der deutschen Tradition verbunden, gehörte ich meiner Persönlichkeitsstruktur nach zu einer verachteten Minderheitsgruppe. Obwohl ich mich von deren offensichtlichstem Unterscheidungsmerkmal, der besonderen Religion, losgelöst hatte, fand das Sonderschicksal der Minderheit – und noch dazu einer seit vielen Jahrhunderten verfolgten und unterdrückten Minderheit –, also das gesellschaftliche Schicksal der Gruppe, in meinem persönlichen Habitus wie in meinem Selbstbewußtsein und in meinem Denken einen unverkennbaren Ausdruck" (Elias 1990: 160).

In der gemeinsam mit seinem jungen Kollegen John L. Scotson 1959/60 an der Universität Leicester realisierten Fallstudie hat Elias seine lebensgeschichtliche Erfahrung gleichsam wissenschaftlich „mitverarbeitet" (Elias 1990: 160). „Winston Parva" nennt er den anonymisierten Ort der mikrosoziologisch-empirischen Untersuchung, die in ihrer dichten Soziographie an „Die Arbeitslosen von Marienthal" (Jahoda u. a. 1975) erinnert. Auch in „Winston Parva", einer aus drei Wohnbezirken bestehenden Vorortgemeinde mit eigener Infrastruktur und industriellen Arbeitsplätzen (Fabriken) am Rand einer größeren Industriestadt in den englischen Midlands, lebte zur Zeit der Untersuchung vornehmlich Arbeiterbevölkerung; auf sie konzentriert sich die Fallstudie. Anhaltende Arbeitslosigkeit und ihre sozialpsychologischen Auswirkungen auf die Bewohner der englischen Arbeitergemeinde wie im niederösterreichischen Industriedorf Marienthal in den Jahren der zweiten Großen Depression (Weltwirtschaftskrise) (vgl. Jahoda u. a. 1975) spielen in der Untersuchung von Elias und Scotson aber keine erkennbare Rolle. Die Untersuchung fiel noch in die Nachkriegsphase der „lange[n] Konjunktur" (Hobsbawm 1977: 87ff.) der hochindustriellen Gesellschaft und des expandierenden Wohlfahrtsstaates in Großbritannien, wovon auch die Arbeiterklasse profitierte: „Den meisten britischen Arbeitern ging es viel besser als je zuvor in ihrer Geschichte, jedenfalls besser, als sie selber es 1939 für möglich gehalten hatten. Zum ersten Mal waren die meisten von ihnen vom Kampf um die Befriedigung elementarer Bedürfnisse und von der Furcht vor Arbeitslosigkeit befreit; allein die Furcht vor der Zukunft quälte sie weiter" (Hobsbawm 1977: 119). Bei den drei Wohnvierteln, aus der die industriell geprägte Vorortgemeinde „Winston Parva" zur Zeit der Untersuchung bestand, handelte es sich um ein von Angehörigen der Mittelklasse bevorzugtes Viertel und um zwei Arbeiterquartiere, letztere in der Untersuchung benannt als das „Dorf" und die „Siedlung". Naheliegend waren in „der hierarchischen Gesellschaft Großbritanniens" (Hobsbawm 1977: 114) deshalb strikte soziale Verkehrsgrenzen, betonte Statusunterschiede und soziale Ressentiments der Angehörigen der Mittelklasse gegenüber den Angehörigen der Arbeiterklasse vor Ort (vgl. Hobsbawm 1977: 115f.). Doch die örtliche ‚Etablierten-Außenseiter-Figuration' sozialkultureller Ungleichheit, die den soziologischen Feldforschern Elias und Scotson „in Wirklichkeit begegnete, war eine andere" (Elias/Scotson 1993: 37). Sie durchzog die Arbeiterbevölkerung, indem sie die Bewohner der beiden Arbeiterviertel als je eigenes Kollektiv strikt voneinander trennte, selbst wenn die Bewohner als Einzelpersonen und insbesondere am Arbeitsplatz verträglich miteinander auskommen mochten. Ausschlaggebend für diese unsichtbare Grenzziehung zwischen den Wohnvierteln „Dorf" und „Siedlung" und die summarische Abqualifizierung der Bewohner der „Siedlung" durch die Bewohner des „Dorfes" waren folglich keine Unterscheidungsmerkmale wie Einkommenshöhe, Bildungsstand oder Wohnqualität, aber auch nicht Ethnizität, Nationalität oder Religion, sondern ausschließlich und ganz banal die jeweilige Wohndauer der Figurationen am Ort:

> „Der etablierte Kreis der Alteingesessenen [im „Dorf", H.M.] bestand aus Familien, die seit zwei oder drei Generationen in der Nachbarschaft lebten. (...) Weil sie solange zusammengelebt hatten, besaßen die alten Familien en bloc einen Zusammenhalt, der den Neuankömmlingen fehlte. (...) Überdies hatten sie ihre eigene Rang- und Hackordnung. Jede Familie und jedes einzelne Mitglied einer Familie hatte zu einem gegebenen Zeitpunkt seinen festen Platz auf dieser internen Rangstufenleiter" (Elias/Scotson 1993: 37).

Als über Traditionen (Familiengedächtnis) und Standards der Lebensführung (Normen und Werte) wachende Elite unter den Etablierten fungierte ein Netzwerk (informelle Kontrolle) von mehrheitlich mutterzentrierten und aus mehreren Generationen und Seitenverwandten bestehenden Arbeiterfamilien, aus denen zudem Familienmitglieder mitunter den sozialen Aufstieg in die Mittelklasse bzw. den Umzug in das Wohnviertel der örtlichen Mittelklasse geschafft hatten, was diesen Arbeiterfamilien zusätzliche soziale Reputation und Deutungsmacht verlieh: „Wer ihren Normen nicht gehorchte, wurde als minderwertig ausgeschlossen" (Elias/Scotson 1993: 84). Das bevorzugte Medium der Etablierten, und besonders der Elite der Etablierten, war der Klatsch, hier vor allem das diffamierende Gerede über die Bewohner der „Siedlung", die ‚ewigen' Außenseiter in der Vorortgemeinde. Für Elias hat die Strukturanalyse des örtlichen Klatsches verdeutlicht, „in welchem Grad mächtige Minderheiten, als eine Art Klatschführer, die Glaubensüberzeugungen eines ganzen Geflechts von Nachbarn zu steuern (...) vermögen" (Elias/Scotson 1993: 111). Die Kinder der etablierten Arbeiterfamilien übernahmen die Verdächtigungen und die abwertenden und ausgrenzenden Zuschreibungen aus dem Gerede der Erwachsenen und verwendeten sie ihrerseits rücksichtslos als Waffe gegen die schulpflichtigen Kinder der Außenseiter, ihre Mitschüler an der örtlichen Schule. Im generationsübergreifenden Zusammenhang verdichtete sich das abwertende Gerede somit zu einer kollektiven Glaubensüberzeugung von der Wohlanständigkeit der um die Jahrhundertwende und im ersten Drittel des 20. Jahrhunderts zugewanderten „Dorf"-Bewohner und von der Unanständigkeit der erst während des Zweiten Weltkriegs und in den 1950er Jahren zugezogenen Bewohnern der „Siedlung", obwohl die einen wie die anderen Briten und Angehörige der Arbeiterklasse waren.

Weil Elias die örtliche Etablierte-Außenseiter-Beziehung zu Recht als Machtbeziehung auffasste, musste er auch erklären, warum die Außenseiter im gesellschaftlichen Mikrokosmos der Vorortgemeinde „Winston Parva" sich nicht gegen den selbstherrlichen Überlegenheitsanspruch und die sie entwürdigenden Zuschreibungen der Etablierten wehrten: „Statt dessen schienen die meisten Leute aus der ‚Siedlung', wenn auch widerstrebend, den niedrigeren Status anzunehmen, der ihnen von den etablierten Gruppen zugewiesen wurde" (Elias/ Scotson 1993: 154). Die Erklärung für ihr unterwürfiges, konfliktscheues soziales Verhalten fand Elias ebenfalls an erster Stelle in Familie und Nachbarschaft. Bei den Arbeiterfamilien in der „Siedlung" handelte es sich überwiegend um aus Eltern und Kindern bestehende Familieneinheiten (Kernfamilien), die in der Mehrzahl keine weiteren nahen Familienangehörigen (Großeltern, Onkel, Tanten, Geschwister) am Ort wohnen hatten. Ihnen fehlten aber nicht nur die drei und mehr Generationen umfassenden familiären Beziehungsnetze der ‚Dörfler'; in der „Siedlung" fanden die soziologischen Feldforscher im Untersuchungszeitraum auch keine vergleichbar dichten Nachbarschaftsbeziehungen. Die Bewohner bevorzugten vielmehr den „Rückzug in ihre eigenen vier Wände" (Elias/ Scotson 1993: 164), weil sie ihre Nachbarn häufig als Fremde wahrnahmen und ihnen mit Misstrauen begegneten. Das Fehlen familiär-verwandtschaftlicher und nachbarschaftlicher Beziehungsnetze traf in der „Siedlung" zuerst die erwerbstätigen Ehefrauen mit Kleinkindern: „Sie hatten große Schwierigkeiten, jemanden zu finden, der in ihrer Abwesenheit nach ihren Kindern sah" (Elias/Scotson 1993: 147). Für die Beaufsichtigung der Kinder sorgten dagegen in den Etablierten-Familien im „Dorf" die nicht nur in häuslicher Hinsicht handlungsmächtigen Matriarchinnen, rüstige Großmütter in der Regel, die sich nicht nur um die eigenen Enkel kümmerten, sondern auch Kinder aus der Nachbarschaft mit versorgten und beaufsichtigten und damit den jüngeren Frauen mit Kindern die außerhäusliche Erwerbsarbeit ermöglichten.

Die weitgehend fehlenden familiären und nachbarschaftlichen Beziehungsnetze der Außenseiter-Familien hatten überdies gravierende Folgen für die informelle Sozialkontrolle in der „Siedlung". Zwar stellten ‚ordentliche' bzw. sozial unauffällige Arbeiterfamilien die Mehrheit ihrer Bewohner. In der „Siedlung" lebten aber auch einige „ungeordnete Familien" (Elias/Scotson 1993: 161). Ihr kollektives Kennzeichen war für die Soziologen nicht der prekäre sozialökonomische Status, also Arbeitslosigkeit und Armut, sondern vielmehr „eine Unfähigkeit, sich selbst und ihr Leben zu regulieren" (ebd.). Dazu zählte für Elias insbesondere die Unfähigkeit dieser Familien, auf ihre zahlreichen Kinder zu achten. „Ihre jüngeren Sprößlinge bildeten die rowdyhaften, schlecht gekleideten Jugendbanden, die man auf den Straßen von Winston Parva sah" (ebd.). Der Nachwuchs der wenigen Problemfamilien bestätigte gewissermaßen ‚vorbild-haft' die öffentliche Meinung der Etablierten im „Dorf" über die Minderwertig-keit der Außenseiter, der Menschen aus der „Siedlung", zumal diese Kinder und Jugendlichen, die auch „von den ordentlichen Familien ihrer Nachbarschaft ab-gelehnt wurden, (...) Verhaltenstendenzen [entwickelten, H.M.], die das Stigma der Ablehnung und Ausschließung ihnen selbst als Individuen anhefteten" (Eli-as/Scotson 1993: 204). Mit ihrem negativen Verhalten aber waren wiederum in erster Linie die unauffälligen Bewohner der „Siedlung" konfrontiert. Aufgrund der ihnen fehlenden verwandtschaftlichen und nachbarschaftlichen Beziehungs-netze, die die Etablierten ja auch zur informellen sozialen Kontrolle und Diszi-plinierung ihres Nachwuchses nutzten, verfügten die isolierten Kernfamilien der Außenseiter über „keine Mittel gegen den Lärm, die Rohheit, den Schaden, der ihnen [vor allem von den Halbwüchsigen, H.M.] zugefügt wurde, bis es eine Sache der Polizei wurde" (Elias/Scotson 1993: 164).

Die beschriebenen Arbeiterfamilien von „Winston Parva" bildeten für Elias allerdings nicht nur empirisch-mikrosoziologisch das für ihn universell-menschliche Thema sozialkultureller Ungleichheit in und durch Etablierten-Außenseiter-Figurationen ab. Die beschriebenen Arbeiterfamilien vergegenwär-tigten aus seiner Sicht auch den Stand des europäischen Zivilisationsprozesses „in den großen Industriestädten unserer Tage" (Elias/Scotson 1993: 206), womit er implizit die Ergebnisse der Fallstudie und damit die Unterschichten als Figura-tionen in den „Prozeß der Zivilisation" einfügte. Die zu den Etablierten zäh-lenden Arbeiterfamilien und die Mehrzahl der von ihnen als Außenseiter stigma-tisierten Arbeiterfamilien entsprachen in ihrer disziplinierten Lebensführung durchaus den Verhaltensstandards der bürgerlichen Gesellschaft, wobei Elias auch die „Anhebung des Lebensstandards von immer breiteren Sektionen der [britischen, H.M] Arbeiterklasse" (ebd.) nach dem Zweiten Weltkrieg als Ein-flussfaktor in Rechnung stellte. Dagegen dokumentierten die wenigen Problem-familien unter den Außenseitern aus der „Siedlung" für Elias die letzten Relikte zivilisierungsresistenter Familien aus den unteren sozialen Schichten der Bevöl-kerung, denen „es durch eine Art soziologische Vererbung bestimmter Verhal-tenweisen nicht gelang, den Teufelskreis zu durchbrechen, der dahin wirkt, dass Kinder aus ungeordneten Familien oft auch in ihrer Generation wieder ungeord-nete Familien bilden" (ebd.). Die beiden Weltkriege, Wirtschaftskrisen, Massen-arbeitslosigkeit, Arbeitswanderungen und ihre negativen Auswirkungen auf Familien und Familienbeziehungen erschwerten das Entkommen aus dieser ge-nerationsübergreifenden Misere.

5   Abschließende Überlegungen

Folgt man der Figuration Familie im europäischen „Prozeß der Zivilisation" bis in die zweite Hälfte des 20. Jahrhunderts und bis in die Arbeiterbevölkerung von „Winston Parva" hinein, so scheint das Ergebnis dieses prinzipiell ‚unendlichen' Prozesses der Modernisierung bis zu diesem Zeitpunkt die Verbürgerlichung von Arbeiterfamilien in der kleinbürgerlichen Variante gewesen zu sein. In ihrer differenzierten historisch-soziologischen Studie über Arbeiterfamilien und Arbeiterväter in der am Stadtrand von Hannover gelegenen Industriegemeinde Linden im frühen 20. Jahrhundert hat Heidi Rosenbaum auf die „dem Kleinbürgertum nahestehenden Arbeiterfamilien" (Rosenbaum 1992: 124) mit ihrer betont häuslichen Lebensführung und „sehr individualistische[n] Lebensperspektive" (Rosenbaum 1992: 126) aufmerksam gemacht. Nach Pierre Bourdieu aber, auf den sich Rosenbaum bei der Kennzeichnung und Beschreibung des habituell kleinbürgerlichen Arbeitermilieus in Linden unter anderem bezieht, beschränkt die kleinbürgerliche Kernfamilie nicht nur die Zahl der Kinder (Familienplanung). Aufgrund ihrer individualistischen „Wertorientierung" (Bourdieu 1982: 529) verzichtet die verhäuslichte kleinbürgerliche Zweigenerationenfamilie auch (und mehr noch) auf die „traditionellen Verkehrsformen" (ebd.) und Netzwerke der erweiterten Familienbeziehungen, Freundschaften und Nachbarschaften – und das „in einer Welt", wie Bourdieu bemerkt, „die von der Labilität der Familie und von ökonomischer und sozialer Unsicherheit heimgesucht wird" (ebd.). In der mikrosoziologischen Fallstudie von Elias und Scotson besitzen die als Außenseiter stigmatisierten Arbeiterfamilien aus der „Siedlung" eben diesen kleinbürgerlich-individualistischen Habitus, während sich die etablierten Arbeiterfamilien aus dem „Dorf" noch in den als traditionell oder historisch zutreffender als frühindustriell zu bezeichnenden Bahnen der erweiterten Familien mit ihren Solidar- und zugleich Kontrollnetzen aus Verwandtschaft und Nachbarschaft bewegen. Denn solche erweiterten Arbeiterfamilien lassen sich in der englischen Textilindustrie schon in der ersten Hälfte des 19. Jahrhunderts als instrumentelle Anpassungsleistung an die fabrikindustrielle Produktionsweise nachweisen; eine Anpassungsleistung im Verbund mit materiellen und emotionalen Interessen (vgl. Medick/Sabean 1984), die vor allem von den Frauen als Großmütter und Tanten, Mütter, Hausfrauen und Fabrikarbeiterinnen erbracht wurde (vgl. Sieder 1987: 149ff).

Aus familienhistorischer Sicht macht das Nebeneinander der von Elias und Scotson beschriebenen Abeiterfamilien in „Winston Parva" deshalb auf die „Ungleichzeitigkeit des Gleichzeitigen" (Mannheim 1972: 517) von Familienformen und Familienbeziehungen noch in der zweiten Hälfte des 20. Jahrhunderts und noch dazu in ein und derselben sozialen Klasse oder Bevölkerungsschicht aufmerksam. Familienhistorische Aufmerksamkeit verdienen zudem die unterschiedlichen Wege und Geschwindigkeiten sowie die Merkmale des Gelingens und Misslingens der Anpassung von Arbeiterfamilien und im weiteren Sinne von Unterschichtfamilien an die industriegesellschaftliche Moderne mit ihren bürgerlichen Standards des Verhaltens und der Lebensführung im Zivilisationsprozess. Familienhistorisches Interesse verdient nicht zuletzt natürlich die Etablierte-Außenseiter-Figuration als immanenter Bestandteil des ambivalenten kulturellen Kapitals im Rahmen generationsübergreifender kollektiver Identitätsstiftung in der „Gesellschaft der Individuen" (Elias 2003). Die Etablierte-Außenseiter-Figuration lässt sich zweifellos auch musterhaft auf das Innenleben von Familien und somit auf Familienkonflikte (Ehekonflikte, Konflikte zwischen Eltern und Kindern, Konflikte zwischen Geschwistern) übertragen, wie sie zum Beispiel Arlette Farge und Michel Foucault anhand der königlichen „Lettre de cachet in Familiendingen" (Farge/Foucault 1989: 19) in Paris am Vorabend der Französischen Revolution dokumentiert haben. Die historische Familienforschung könnte aber auch auf Familien(auto)biografien und andere familienbezogene Ego-Dokumente zurückgreifen und darin unter anderem auf „‚missratene' Söhne und Töchter" (Schmeiser 2003) in ausgesprochen sozial angepassten bürgerlichen Familien (Akademikerfamilien) aus dem 20. Jahrhundert stoßen, die als AußenseiterInnen und als AbsteigerInnen Gestalt gewinnen. Für die Geschichte der Familie gerade in der modernen Gesellschaft bietet der Menschenwissenschaftler Norbert Elias also auch über sein historisch-soziologisches Hauptwerk hinaus noch weitere thematische und theoretische Anregungen, die die historische Familienforschung berücksichtigen und prüfen sollte.

Literatur

Bartlett, Robert (1996): Die Geburt Europas aus dem Geist der Gewalt. Eroberung, Kolonisierung und kultureller Wandel von 950 bis 1350. München: Kindler
Baumgart, Ralf/Eichener, Volker (1991): Norbert Elias zur Einführung. Hamburg: Junius
Borejsza, Jerzy W. (1999): Schulen des Hasses. Faschistische Systeme in Europa. Frankfurt a.M.: Fischer TB
Bourdieu, Pierre (1982): Die feinen Unterschiede. Kritik der gesellschaftlichen Urteilskraft. Frankfurt a.M.: Suhrkamp
Burke, Peter (2005): Was ist Kulturgeschichte? Frankfurt a.M.: Suhrkamp
Daniel, Ute (2004): Kompendium Kulturgeschichte. Theorien, Praxis, Schlüsselwörter. Frankfurt a.M.: Suhrkamp
Deutsches Jugendinstitut (Hrsg.) (1988): Wie geht's der Familie? Ein Handbuch zur Situation der Familie heute. München: Kösel
Dülmen, Richard van (1993): Norbert Elias und der Prozeß der Zivilisation. Die Zivilisationstheorie im Lichte der historischen Forschung. In: Dülmen, v. (1993): 361-371

Dülmen, Richard van (Hrsg.) (1993): Gesellschaft der Frühen Neuzeit. Kulturelles Handeln und sozialer Prozeß. Beiträge zur historischen Kulturforschung. Wien/Köln/ Weimar: Böhlau

Elias, Norbert (1976): Über den Prozeß der Zivilisation. Soziogenetische und psychogenetische Untersuchungen. Bd. 1: Wandlungen des Verhaltens in den weltlichen Oberschichten des Abendlandes. Frankfurt a.M.: Suhrkamp

Elias, Norbert (1976): Über den Prozeß der Zivilisation. Soziogenetische und psychogenetische Untersuchungen. Bd. 2: Wandlungen der Gesellschaft – Entwurf zu einer Theorie der Zivilisation. Frankfurt a.M.: Suhrkamp

Elias, Norbert (1990): Norbert Elias über sich selbst. Frankfurt a.M.: Suhrkamp

Elias, Norbert (2003): Die Gesellschaft der Individuen. Frankfurt a.M.: Suhrkamp

Elias, Norbert/Scotson, John L. (1993): Etablierte und Außenseiter. Frankfurt a.M.: Suhrkamp

Farge, Arlette/Foucault, Michel (1989) Familiäre Konflikte: Die „Lettres de cachet". Frankfurt a.M.: Suhrkamp

Gestrich, Andreas (1999): Vergesellschaftung des Menschen. Einführung in die Historische Sozialisationsforschung. Tübingen: Edition diskord

Gestrich, Andreas (2006): Historische Familienforschung: Ergebnisse und Perspektiven eines interdisziplinären Forschungsfeldes. In: Matthes/Heinze (2006): 19-39

Gestrich, Andreas/Krause, Jens-Uwe/Mitterauer, Michael (2003): Geschichte der Familie. Stuttgart: Kröner

Groppe, Carola (2004): Der Geist des Unternehmertums – Eine Bildungs- und Sozialgeschichte. Die Seidenfabrikantenfamilie Colsman (1649-1840). Köln/Weimar/Wien: Böhlau

Hardach-Pinke, Irene (1988): „Du sollst Vater und Mutter ehren...". Generationsbeziehungen im Wandel. In: Deutsches Jugendinstitut (1988): 49-57

Herrmann, Ulrich (1975): Empfehlungen zum Studium der Geschichte der Familienerziehung. In: Mollenhauer u. a. (1975): 207-216

Herrmann, Ulrich (1980): Probleme und Aspekte historischer Ansätze in der Sozialisationsforschung. In: Hurrelmann/Ulich (1980): 227-252

Hobsbawm, Eric J. (1977): Industrie und Empire. Britische Wirtschaftgeschichte seit 1750. Frankfurt a.M.: Suhrkamp

Hurrelmann, Klaus/Ulich, Dieter (Hrsg.) (1980): Handbuch der Sozialisationsforschung. Weinheim: Beltz

Jahoda, Marie/Lazarsfeld, Paul Felix/Zeisel, Hans (1975): Die Arbeitslosen von Marienthal. Ein soziographischer Versuch über die Wirkungen langandauernder Arbeitslosigkeit. Frankfurt a.M.: Suhrkamp

Jüttemann, Gerd (Hrsg.) (1988): Wegbereiter der Historischen Psychologie. München/Weinheim: Beltz

Kaesler, Dirk (Hrsg.) (2003): Klassiker der Soziologie. Bd. 1: Von Auguste Comte bis Norbert Elias. München: C.H. Beck

Kaesler, Dirk/Vogt, Ludgera (Hrsg.) (2000): Hauptwerke der Soziologie. Stuttgart: Kröner

Kocka, Jürgen (1995): Über den Prozeß der Zivilisation. Norbert Elias als Historiker. In: Speitkamp/Ullmann (1995): 328-337

Korte, Hermann (1990): Von Elias lernen. Ein Vorwort. In: Korte (1990): 7-14

Korte, Hermann (Hrsg.) (1990): Gesellschaftliche Prozesse und individuelle Praxis. Bochumer Vorlesungen zu Norbert Elias' Zivilisationstheorie. Frankfurt a.m.: Suhrkamp

Korte, Hermann (2000): Norbert Elias – Über den Prozeß der Zivilisation. In: Kaesler/Vogt (2000): 114-119

Kuzmics, Helmut/Mörth, Ingo (Hrsg.) (1991): Der unendliche Prozeß der Zivilisation. Frankfurt a.m./New York: Campus

Le Roy Ladurie, Emmanuel (1980): Montaillou. Ein Dorf vor dem Inquisitor 1294 bis 1324. Frankfurt a.m./Berlin/Wien: Ullstein

Lenzen, Dieter/Mollenhauer, Klaus (Hrsg.) (1983): Enzyklopädie der Erziehungswissenschaft. Bd. 1: Theorien und Grundbegriffe der Erziehung. Stuttgart: Klett-Cotta

Ludwig-Mayerhofer, Wolfgang (1998): Disziplin oder Distinktion? Zur Interpretation der Theorie des Zivilisationsprozesses von Norbert Elias. In: Kölner Zeitschrift für Soziologie und Sozialpsychologie 50. Heft 2. 217-237

Mannheim, Karl (1972): Das Problem der Generationen (1928). In: Mannheim (1972): 509-565

Mannheim, Karl (1972): Wissenssoziologie. Neuwied: Luchterhand

Matthes, Eva/Heinze, Carsten (Hrsg.) (2006): Die Familie im Schulbuch. Bad Heilbrunn/Obb.: Klinkhardt

Medick, Hans/Sabean, David (1984): Emotionen und materielle Interessen in Familie und Verwandtschaft: Überlegungen zu neuen Wegen und Bereichen einer historischen und sozialanthropologischen Familienforschung. In: Medick/Sabean (1984): 27-54

Medick, Hans/Sabean, David (Hrsg.) (1984): Emotionen und materielle Interessen. Sozialanthropologische und historische Beiträge zur Familienforschung. Göttingen: Vandenhoeck & Ruprecht

Mitterauer, Michael/Sieder, Reinhard (1977): Vom Patriarchat zur Partnerschaft. Zum Strukturwandel der Familie. München: C.H. Beck

Mollenhauer, Klaus/Brumlik, Micha/Wudtke, Hubert (1975): Die Familienerziehung. München: Juventa

Moore, Robert I. (2001): Die erste europäische Revolution. Gesellschaft und Kultur im Hochmittelalter. München: C.H. Beck

Muchembled, Robert (1990): Die Erfindung des modernen Menschen. Gefühlsdifferenzierung und kollektive Verhaltensweisen im Zeitalter des Absolutismus. Reinbek bei Hamburg: Rowohlt TB

Muchembled, Robert (1996): Elias und die neuere historische Forschung in Frankreich. In: Rehberg (1996): 275-287

Peikert, Ingrid (1982): Zur Geschichte der Kindheit im 18. und 19. Jahrhundert. Einige Entwicklungstendenzen. In: Reif (1982): 114-136

Rehberg, Karl-Siegbert (Hrsg.) (1996): Norbert Elias und die Menschenwissenschaften. Studien zur Entstehung und Wirkungsgeschichte seines Werks. Frankfurt a.M.: Suhrkamp

Reif, Heinz (Hrsg.) (1982): Die Familie in der Geschichte. Göttingen: Vandenhoeck & Ruprecht

Rosenbaum, Heidi (1982): Formen der Familie. Untersuchungen zum Zusammenhang von Familienverhältnissen, Sozialstruktur und sozialem Wandel in der deutschen Gesellschaft des 19. Jahrhunderts. Frankfurt a.m.: Suhrkamp

Rosenbaum, Heidi (1992): Proletarische Familien. Arbeiterfamilien und Arbeiterväter im frühen 20. Jahrhundert zwischen traditioneller, sozialdemokratischer und kleinbürgerlicher Orientierung. Frankfurt a.M.: Suhrkamp

Schindler, Norbert (2007): Der Prozess der Zivilisation in der Kleinstadt. Die Traunsteiner Kaufmannsfamilie Oberhueber (1600-1800). Wien/Köln/Weimar: Böhlau

Schmeiser, Martin (2003): „Missratene" Söhne und Töchter. Verlaufsformen des sozialen Abstiegs in Akademikerfamilien. Konstanz: UVK

Schnell, Rüdiger (Hrsg.) (2004): Zivilisationsprozesse. Zu Erziehungsvorschriften in der Vormoderne. Köln/Weimar/Wien: Böhlau

Schröter, Michael (1985): „Wo zwei zusammen kommen in rechter Ehe...". Sozio- und psychogenetische Eheschließungsvorgänge vom 12. bis 15. Jahrhundert. Frankfurt a.m.: Suhrkamp

Sieder, Reinhard (1987): Sozialgeschichte der Familie. Frankfurt a.M.: Suhrkamp

Speitkamp, Winfried/Ullmann, Hans-Peter (Hrsg.) (1995): Konflikt und Reform. Festschrift für Helmut Berding. Göttingen: Vandenhoeck & Ruprecht

Wunder, Heide (2004): Geschlechtsspezifische Erziehung in der Frühen Neuzeit. In: Schnell (2004): 239-253

Zymek, Bernd (1983): Evolutionistische und strukturalistische Ansätze einer Geschichte der Erziehung. In: Lenzen/Mollenhauer (1983): 55-78

Ansprüche an öffentliche Erziehung: Sind die Zuständigkeiten und Leistungen der Institutionen Familie und Schule austauschbar?

Daniel Scholl

1 Einleitung

„In der Schule ist das Thema des Einmaleins Element eines verordneten Qualifikationsprozesses, dessen Inhalte im Lehrplan festgeschrieben sind. In der Familie kann das Einmaleins durchaus auch eine Rolle spielen, aber es beizubringen wird nicht als eine zentrale Aufgabe der Familie betrachtet" (Neuenschwander u. a. 2005: 47). Mit diesem Beispiel veranschaulichen Neuenschwander u. a. die Schwierigkeit der Abgrenzung der Zuständigkeiten und Leistungen von Familie und Schule. So lange das Einmaleins in der Schule gelehrt und gelernt wird und Kinder es in außerschulischen Lebenssituationen erfolgreich anwenden können, besteht kein weiterer Klärungsbedarf dieser Zuständigkeiten und Leistungen. Können Kinder das allerdings nicht, richten sich Familien an Schulen und beginnen zu fragen, ob ihr Kind nicht das Einmaleins gelernt haben sollte (normative Frage) oder festzustellen, dass es das nicht gelernt habe (deskriptive Feststellung). Im Gegenzug könnte Schule fragen, ob es nicht versäumt wurde, bestimmte Voraussetzungen auf Seiten der Familie zu schaffen: Obwohl das Einmaleins ausführlicher Unterrichtsgegenstand war, beherrscht ein Kind es immer noch nicht.

Das ist nur ein Beispiel, bei dem die Frage nach der Zuständigkeit und den Leistungen von Schule und Familie in Form von Erwartungsformulierungen aufbricht. Anders als bei vielen anderen Erwartungen lässt sich hier die Frage noch eindeutig beantworten. Schule hat den ausgewiesenen, in Dokumenten verbürgten Auftrag, das Einmaleins zu lehren. Generell lässt sich die Frage nach dem Verhältnis von Schule und Familie aber nicht immer so eindeutig beantworten. Es gibt keine Detailregelungen für dieses Verhältnis, so dass viele uneindeutige Erwartungen – sowohl von Mitgliedern als auch von Außenstehenden – an Schule oder Familie gerichtet werden, mit denen ein Erfüllungsanspruch einhergeht, kurz: Schule und Familie verrichten ihre Arbeit unter einem diffusen Erwartungsdruck. Unter diesem Erwartungsdruck stehen sie, weil sie eine Gemeinsamkeit haben: Neben unterschiedlichen Aufgaben, wie z. B. der Qualifikation und ihrer Zertifizierung, die nur der Schule zukommen (vgl. Fend 2006: 50), werden sie vom Staat mit der Aufgabe der Erziehung betraut, und sie erklären sich auch selber für diese Aufgabe zuständig. Beide Institutionen haben ein gemeinsames Objekt der Erziehung – Kinder und Jugendliche –, für die sie die zentralen Entwicklungsumgebungen darstellen (vgl. Busse/Helsper 2004: 440). Ihre Bedeutung im Leben von Kindern und Jugendlichen macht es notwendig, dass sie ihr Verhältnis zueinander abstimmen, um in ihrer Arbeit möglichst anschlussfähig füreinander zu sein.

Viele der Erwartungshaltungen, die in den vergangenen Jahrzehnten zunehmend gewachsen sind und gegenwärtig weiter wachsen, betreffen zunächst die Schule:

> „Gefahr für die öffentliche Bildung erwächst aus ihrem Erfolg. Je mehr die moderne Gesellschaft von ihren Bildungssystemen abhängig wurde, desto höher und vielfältiger wurden die Erwartungen. Das gilt auch umgekehrt: Jede historische Qualitätssteigerung der Schule brachte einen Schub von Erwartungen mit sich, die sich auch durch das beste aller Systeme nicht würden erfüllen lassen. Das *beste* System entstand freilich nie (…); es blieb pädagogische Forderung" (Oelkers 1994: 231).

Zu diesem Schluss kommt Oelkers bei seiner Untersuchung der Frage nach der Zukunft der öffentlichen Bildung. Schule als Institution ist zunehmend öffentlichem Erwartungsdruck ausgesetzt, der sich an ihren Erziehungs-, Bildungs- und Qualifikationsauftrag richtet.

Viele dieser Erwartungshaltungen betreffen aber auch die Familie. Erwartungsdruck entsteht nämlich nicht nur im Bereich der öffentlichen Erziehung. Auch an private Erziehung werden öffentlich Erwartungen gerichtet. Busch und Scholz bemerken zum Beispiel: „Ein kritisches Resümee kann mit guten Gründen von einer asymmetrischen Beziehung zwischen Schule und Familie sprechen. Die Schule *erwartet* Hilfe von der Familie. Deshalb ist es auch wenig überzeugend, von einem Funktionsverlust der Elternhäuser bzw. Familien in den modernen Bildungsgesellschaften zu sprechen" (Busch/Scholz 2002: 270). Die geforderte Hilfe ist einseitig, weil Familie über diese Erwartung von Schule vor allem in ihrer Vorbereitungs- und Begleitfunktion in Anspruch genommen wird. Maßstab der Familie, zumindest im Bereich der Erziehung, ist aus Sicht der Schule dann letztlich der Schulerfolg bzw. zumindest dessen Eröffnung durch die Familie (vgl. Luhmann 2002: 111). Zugleich werden gesellschaftliche Anforderungen an Familie und Schule parallel formuliert, z. B. hinsichtlich der Erziehung zu verantworteter gesellschaftlicher Mitwirkung, die den Erwartungsdruck auf beide Institutionen erhöhen und zugleich die gegenseitigen Erwartungen mit bestimmen.

Um dieses Verhältnis der gegenseitigen Erwartungen theoretisch zu handhaben, spitze ich das Problem der Erwartungen auf die Frage zu, ob Zuständigkeiten und Leistungen der Familie und der Schule grundsätzlich austauschbar sind. Zur Beantwortung dieser Frage gehe ich in vier Schritten vor. Im ersten Schritt skizziere ich die rechtlichen Rahmenbedingungen des Verhältnisses von Familie und Schule. Im zweiten Schritt präzisiere ich das Problem der Zuständigkeiten und Leistungen von Familie und Schule und mache auf einen Unterschied aufmerksam, der dann in den Blick kommt, wenn man Familie und Schule folgendermaßen unterscheidet: Familie und Schule sind zwar beides Institutionen, aber nur Schule ist eine Organisation. Wenn man Schule als Organisation beschreibt, ist es meines Erachtens möglich, die unterschiedlichen Erwartungen, die an Familie und Schule gerichtet werden, und die Möglichkeiten und Grenzen der Erfüllung dieser Erwartungen durch Familie und Schule theoretisch fruchtbar voneinander abzuheben und zu klären. Selbstverständlich kann dieses Vorgehen nicht allen Aspekten von Familie und Schule gerecht werden. Das aber ist das Problem jedes Vergleichs: dass er einen oder wenige Aspekte hervorhebt, indem er alles andere zurückstellt. Im dritten Schritt liefere ich eine institutions- und organisationstheoretische Begründung für den gefundenen Unterschied, die sich vor allem auf das staatlich verantwortete, öffentliche Bildungssystem der Bundesrepublik Deutschland bezieht, dessen Grundstrukturen bereits im 19. Jahrhundert entwickelt wurden. Im vierten Schritt gebe ich einen Ausblick auf Folgen dieses Unterschieds für das Zuständigkeits- und Leistungsproblem und nenne Anschlussmöglichkeiten für eine historische Familienforschung.

2 Rechtliche Rahmenbedingungen

Das Verhältnis von Familie und Schule ist offiziell nur ansatzweise und formell geregelt (vgl. Busch/Scholz 2002: 264). So heißt es z. B. in § 2, Absatz 3 zum Erziehungs- und Bildungsauftrag von Schule im Schulgesetz von Nordrhein-Westfalen: „Die Schule achtet das Erziehungsrecht der Eltern. Schule und Eltern wirken bei der Verwirklichung der Bildungs- und Erziehungsziele partnerschaftlich zusammen" (Schulgesetz NRW 2006: § 2, Abs. 3; vgl. auch ebd. § 42, Abs. 4).[1]

Durch die Kulturhoheit der Länder regelt der einzige Schulartikel des Grundgesetzes nur Einzelfragen, liefert aber keine umfassende Ordnung des Schulwesens (vgl. Artikel 7 GG). Absatz 1 regelt die Schulaufsicht und Organisationsbefugnis des Staates, Absatz 2 und 3 den Religionsunterricht, Absatz 4 und 5 das Privatschulrecht und Absatz 6 eine Einzelfrage des Schulaufbaus (vgl.

---

1   Ich werde in meinen folgenden Ausführungen die Regelungen des Landes NRW als Beispiel für die rechtlichen Rahmenbedingungen und die organisatorische Ausgestaltung von Schule verwenden.

Heckel/Avenarius 1986: 19). Dem Elternrecht, das im Grundgesetz formuliert wird, wird eine familienrechtliche Definition zugrunde gelegt, die Ehe und Familie in einen Zusammenhang stellt und die Kleinfamilie – die Ehegemeinschaft mit Kindern – als Rechtsgrundlage betrachtet (vgl. Fuhs 2007: 25; Petzold o. J.: o. S.). Das Elternrecht wird in Artikel 6 GG festgelegt. Absatz 1 stellt Ehe und Familie unter den besonderen Schutz der staatlichen Ordnung. Absatz 2 weist den Eltern ein Recht und eine Pflicht zu: „Pflege und Erziehung der Kinder sind das natürliche Recht der Eltern und die zuvörderst ihnen obliegende Pflicht. Über ihre Betätigung wacht die staatliche Gemeinschaft." Diese Formulierung gesteht Eltern zu, ihr Kind nach ihren eigenen Vorstellungen zu erziehen, ohne dass – außer in Versagensfällen – der Staat Einfluss darauf ausübt. Die Autonomie der Familie ist damit staatlich geschützt und ihr privater Charakter wird betont (vgl. Peuckert 1996: 16). Anders als alle anderen Grundrechte ist das Elternrecht pflichtgebunden: Es ist zum Wohl des Kindes verbürgt, nicht zur Selbstverwirklichung der Eltern, weswegen das Elternrecht auch als fiduziarisches Recht, als treuhänderische Freiheit bezeichnet wird (vgl. Heckel/Avenarius 1986: 302). Am Kindeswohl orientiert, übt der Staat hier zugleich ein Wächteramt aus. Eltern müssen anerkennen, dass ihre erzieherische Tätigkeit überwacht wird. Werden sie dem Erziehungsbedürfnis ihrer Kinder nicht gerecht, ergänzt oder ersetzt der Staat die unzureichende elterliche Erziehung durch das Vormundschaftsgericht und die Jugendbehörden (vgl. ebd.).

Anders als beim Elternrecht ist der Staat im Schulbereich nicht auf sein Wächteramt beschränkt. Im Rahmen seiner Schulhoheit besitzt er einen eigenständigen Erziehungsauftrag. Zur Erfüllung dieses Auftrags hat der Staat desto weitere Befugnisse, „je mehr die Bildung und Erziehung der nachwachsenden Generation in der modernen demokratischen Industriegesellschaft zur Aufgabe gestellt ist, wo es also um die staatsbürgerliche Erziehung und die Vorbereitung auf das Berufsleben geht" (Heckel/Avenarius 1986: 303). Je mehr allerdings über die Entwicklungsrichtung eines einzelnen Kindes entschieden werden soll, desto begrenzter ist die Reichweite des staatlichen Erziehungsauftrags. Eltern und Schule ist es damit aufgegeben, „die elterliche Verantwortung für die Entwicklung des eigenen Kindes einerseits und die Verantwortung des Staates für die Gesamtheit der ihm anvertrauten Kinder und gegenüber der staatlichen Gemeinschaft andererseits aufeinander abzustimmen" (ebd.).

Bei der Abstimmung der Verantwortungen aufeinander gibt es einen Verantwortungsbereich, der dem Staat zugesprochen wird und der der elterlichen Bestimmung grundsätzlich entzogen ist: „die Organisation des Schulwesens nach Schularten und Schulstufen, die Festlegung der Unterrichtsinhalte und -methoden sowie die Ausgestaltung des Berechtigungswesens" (ebd.). Eltern sind dem Staat allerdings nicht ausgeliefert. Ihnen steht das Recht zur Bestimmung des Bildungsweges (der Schullaufbahn) ihres Kindes zu, jedoch als ein Abwehr-,

Informations- und Vorschlagsrecht unter Berücksichtigung der Leistungsanforderungen der Schule. Außerdem besitzen sie einen Anspruch auf Information von Seiten der Schule, und sie können sich gegen schulische Maßnahmen wehren, die mit der ihnen vorbehaltenen Erziehungsverantwortung nicht übereinstimmen (vgl. Heckel/Avenarius 1986: 304). Über diese Rechte hinaus ist die Mitwirkung von Eltern in der Schule in den Schulgesetzen geregelt, wie z. B. im Schulgesetz NRW 2006, § 62ff.

Über diese juristischen, formellen Regelungen hinaus stellen die beiden Institutionen Schule und Familie informelle Ansprüche aneinander, die oft situationsbezogen und persönlich formuliert werden und nicht in Dokumenten ausgewiesen und in Dienstreglements umgesetzt werden (vgl. zu einigen Konsequenzen Ulich 1998). Das Verhältnis zwischen Schule und Familie ist dadurch zur Zeit „durch Spannungen, gegenseitige Anspruchshaltungen, Anforderungen sowie Grenzziehungen bestimmt" (Kramer/Helsper 2000: 201; vgl. auch Neuenschwander u. a. 2005: 53; Fölling-Albers/Heinzel 2007: 300): Schulen lösen die Kinder partiell aus ihren Familien heraus und brechen „damit tendenziell die umfassende Sozialisationswirkung von Familie und Milieu" (Kramer/Helsper 2000: 201). Auf Seiten der Familien können diese Ansprüche einerseits zu Abgrenzungskämpfen oder -strategien führen, weil sie als unzulässiger Übergriff gedeutet werden können. Andererseits stellen Familien selbst „umfassende Ansprüche an die schulische Versorgung ihrer Kinder und versuchen gezielt auf die Schule Einfluß zu nehmen" (ebd.).

3   Das Erwartungsproblem

Schule ist nicht nur ein Ort der Qualifikation und deren Zertifizierung in einem hochdifferenzierten und segmentierten Bildungssystem, sondern Schule ist auch Bestandteil staatlich gestalteter Erziehungsarbeit (vgl. als Überblick Leschinsky/Cortina 2005; Leschinsky 2005). Damit ist sie ein Bereich öffentlicher Erziehung (vgl. Oelkers 1994: 239). In der Bundesrepublik Deutschland muss sie grundsätzlich von jedem nachwachsenden Mitglied der Gesellschaft in Anspruch genommen werden, da dies gesetzlich geregelte Pflicht ist (vgl. z. B. Schulgesetz NRW 2006: § 34, Abs. 2).

Als verpflichtende öffentliche Institution der Erziehung, Bildung und Qualifikation ist Schule heute alternativlos. Deswegen ist sie besonderem Erwartungsdruck ausgesetzt, und zwar in folgendem Spannungsfeld: Auf der einen Seite werden gesellschaftliche Erwartungen an sie gerichtet, die ihr zuweisen, welche Zuständigkeiten sie hat und welche Leistungen sie erbringen soll. Das geschieht juristisch über das Grundgesetz oder die Landesschulgesetze, aber auch politisch über Erwartungen der Bildungspolitik oder privat über Erwartungen von Elternhäusern. Gesetzliche Regelungen lassen aber einen großen Gestaltungsspielraum in ihrer Umsetzung. Deswegen wird auf der anderen Seite von Schule (als Einzelschule oder als öffentliche Institution) erwartet, dass sie z. B. in Schulprogrammen oder Lehrplänen und Curricula selbst ausweist, was ihr Zuständigkeitsbereich ist und welche Leistungen sie für andere gesellschaftliche Bereiche erbringt (vgl. Holstein 1985: 97). Im Umgang mit diesen Erwartungen stellen sich dabei an die Schule besondere Anforderungen, weil sie eine vermittelnde Erziehungsaufgabe hat. Sie soll die Ansprüche des Elternhauses mit den Sachansprüchen der Arbeitswelt und den Ansprüchen des großorganisatorischen Lebens in der Öffentlichkeit vermitteln (vgl. Schelsky 1965: 149). Schule „kann weder als bloße Agentur des Elternhauses noch als bloße Agentur der Gesellschaft handeln; sie stellt aber auch ihrer sozialen Funktion und Struktur nach keinen autonomen Bereich zwischen den genannten Lebensräumen dar" (ebd.).

Was bei den Erwartungen an Schule feststeht ist, *dass* sie gestellt werden. Was aber nicht feststeht ist, *wann* Schule die an sie gestellten Erwartungen erfüllt und *ob* sie überhaupt die Erwartungen erfüllt (vgl. Oelkers 1994: 241). Dieses Problem stellt sich, weil Erwartungen abstrakt formuliert und nicht danach überprüft werden, wann und ob Schule sie einlöst. Besonders in Krisensituationen werden solche abstrakten Erwartungen an Schule gerichtet, die z. B. die „Lebensferne, die Künstlichkeit, die Trennung der Schule von alltäglicher Erfahrung (…) Sinnlosigkeitsgefühle, Disziplin- und Motivationsprobleme sowie Schulunlustphänomene auf seiten der SchülerInnen" (Kramer/Helsper 2000: 201) als Kritik an der Schule formulieren und von ihr Veränderungen erwarten. Durch diesen Grad der Abstraktion können die Erwartungen aber beliebig erweitert werden. Hierzu stellt Oelkers fest:

> „Von der Schule kann alles das abverlangt werden, was die Gesellschaft nicht mehr oder noch nicht erfüllt, das heißt, die Schule kann grenzenlos *pädagogisiert* werden, wenn das heißt, Defizite zu bestimmen und einzuklagen, die durch Erziehung und Bildung überwunden werden sollen. Man kann auf diesem Wege Schule für alles zuständig machen, was an Ausfällen oder Devianzen öffentlich diskutiert wird. Gesellschaftliche Übel werden routinemäßig auf die Schule projiziert, die damit nicht etwa nur überfordert ist, sondern die sich schlecht gegen die Ansprüche wehren kann. Sie kann die Erwartungen nicht erfüllen, aber sie kann sie auch nicht zurückweisen; in diesem Dilemma befinden sich Schulen umso mehr, je mächtiger und erfolgreicher sie geworden sind. Gerade ihre systemische Autonomie macht sie anfällig gegenüber Erwartungsinflationen, denn niemand sonst erscheint spezialisiert genug, mit gesellschaftlichen Problemen pädagogisch umzugehen. Der undifferenzierte Status von ‚Erziehungsexperten' legt eine globale Zuständigkeit nahe, die oft auch von der eigenen Theorie unterstützt wird, ohne dadurch schon etwa Lösungsprogramme zur Verfügung zu haben" (Oelkers 1994: 241).

Tenorth spitzt dieses Problem auf die Frage zu, ob Schule überhaupt leisten kann, was sie leisten soll (vgl. Tenorth 2001; vgl. auch Sandfuchs 2001: 21). Für ihn stellt sich diese Frage zunächst aber als systematisches Problem, wie man „die Wirkung von Schule präzise und genau messen kann" (Tenorth 2001: 256). Wenn nach den Wirkungen von Schule gefragt wird, fehle es weitgehend an präzisen Kenntnissen – so Tenorth –, denn diese Frage müsse so gestellt werden, „dass nicht irgendwelche Lerneffekte, die im Lebenslauf auftreten, der Schule zugerechnet werden, sondern möglichst nur solche, von denen man wirklich weiß, dass wir sie in der Schule, nur dort und wegen der Arbeit der Schule lernen" (ebd.).

Die gleiche Schwierigkeit wie für die Schule stellt sich auch für die Familie. Auch auf sie werden – zum Teil gesamtgesellschaftliche – Probleme verlagert und daraufhin Erwartungen an sie gerichtet, wie z. B. durch den Appell, „die Familie möge sich doch an ihre emotional stabilisierende Haltung erinnern und damit die ‚kriselnde' Schule entlasten" (Kramer/Helsper 2000: 201f.), wobei der Familie gleichzeitig fundamentale Krisensymptome wie ihre zunehmende Destabilisierung zugeschrieben werden. In der Forschung wird mit dieser Schwierigkeit in Bezug auf die Familie meist so umgegangen, dass die Rekonstruktion von Zuständigkeiten und Leistungen von Familien unter dem theoretischen Gesichtspunkt der gesellschaftlichen Differenzierung und Spezialisierung geschieht (vgl. stellvertretend Kaufmann 1990: 28ff.). Gesellschaftlich institutionalisierte funktionale Spezialisierung bedeutet nämlich immer auch *exklusive Zuständigkeit* (vgl. Barabas/Erler 2002: 17). Nach dieser exklusiven Zuständigkeit wird mit Hilfe der Kategorie *Funktion* gesucht (vgl. z. B. Neuenschwander u. a. 2005: 47ff.).[2]

Soweit ich den Diskussions- und Forschungsstand überblicke, gibt es aber keine theoretisch abgesicherte Möglichkeit, Familien und Schulen über ihre Funktionen voneinander zu unterscheiden. Funktionen sind nämlich begriffliche Konstrukte, die immer auch Vorentscheidungen über die Funktionen voraussetzen, die erbracht werden sollen. Deutlich wird das an zwei Theorieangeboten: Während zum Beispiel Fend innerhalb seiner strukturfunktionalistischen Theorie gesellschaftliche Funktionen (Enkulturation, Qualifikation, Allokation, Legitimation und Integration) und individuelle Funktionen (kulturelle Teilhabe und Identität, Berufsfähigkeit, Lebensplanung, soziale Identität und politische Teilhabe) des Bildungswesens benennt (vgl. Fend 2006: 49ff.), die über das *Schulsystem* eingelöst werden, benennt Grzesik als Hauptfunktion von Unterricht die Lernfunktion. Alle anderen Funktionen, die ihm zugeschrieben werden – wie z. B. die Allokati-

---

2   Haupttopoi der Diskussion sind die Thesen des Funktionsverlusts (vgl. stellvertretend Schelsky 1965) oder des Funktionswandels von Familien (vgl. stellvertretend Neidhardt 1975; Gestrich/ Krause/Mitterauer 2003: 390ff. Vgl. als Untersuchung der These über den „Zerfall der Familie" Nave-Herz 1998).

ons-, die Personalisations-, die Enkulturations- oder die Leistungsfunktion –, leiten sich erst sekundär aus ihr ab (vgl. Grzesik 2002: 28). Bei ihm ist der Unterricht – und damit die Funktionen – allerdings anders als bei Fend nicht ausschließlich an die Schule gebunden, sondern Unterricht tritt „auch in der sozialen Lebenswelt an vielen Stellen als Subsystem auf, z. B. im Familiensystem, in der Freundschaft und auch im System der Liebesgemeinschaft" (ebd.).

Um in dieser theoretischen Zwickmühle der unterschiedlichen Zuordnung von Funktionen zu Lebensbereichen eine (theoretische) Entscheidung für die Zuordnung zu einem bestimmten Bereich zu treffen und diese Funktionen dann auch empirisch zu analysieren, stellt sich das vorhin beschriebene Problem der Messung von Funktionen. Spätestens dann, wenn Funktionsüberschneidungen festgestellt werden, ist es kaum möglich, die gefundenen Funktionen als tatsächlich erbrachte Funktionen auszuweisen und sie auf ihre Funktionsträger zurückzuführen (vgl. Neuenschwander u. a. 2005: 55ff.). Wenn z. B. sowohl die Familie als auch die Schule die Funktion zugeschrieben bekommen, Kinder zu einer verantwortlichen gesellschaftlichen Teilhabe zu erziehen, woran soll dann gemessen werden, welche Institution was erreicht hat?

Anbieten möchte ich deswegen einen Unterscheidungsvorschlag von Familien und Schulen, der weder bei dem Begriff, noch bei den Funktionen oder Sozialformen ansetzt, sondern an der Art der Absicherung der Erziehungshandlungen innerhalb der Sozialformen. Ich vertrete die These, dass Schule und Familie zwar Institutionen sind, dass aber nur die Erziehungshandlungen der Schule durch *Organisation* abgesichert sind. Ich schlage daher vor, erst nach der Ausarbeitung dieses Unterschieds die Frage nach den Zuständigkeiten und Leistungen von Schulen und Familien zu stellen.

4   Familie als Institution, Schule als Institution und Organisation

Sowohl Schulen als auch Familien sind gesellschaftlich anerkannte und gesetzlich abgesicherte Institutionen (vgl. erläuternd den zweiten Familienbericht 1975: 19; vgl. auch den aktuellen siebten Familienbericht 2006: 14ff.). Familien sind im Verhältnis zu anderen sozialen Gruppen stärker institutionalisiert und finden öffentlich Anerkennung und Geltung. Diese öffentliche Anerkennung und Geltung besitzen auch Schulen, was sich unter anderem an ihrer rechtlichen Regelung und dem Grad des Ausbaus des Bildungssystems erkennen lässt.

Schulen und Familien sind aber nicht eine gemeinsame Institution, sondern es sind zwei unterschiedliche Institutionen. Schule ist nämlich keine Familien ersetzende pädagogische Einrichtung, wie etwa Kindervollheime oder Pflegestellen (vgl. zweiter Familienbericht 1975: 126ff.; Busch/Scholz 2002: 254). Schule und Familie sind räumlich und zeitlich voneinander getrennt, sie bestehen aus je unterschiedlichen Rollenstrukturen und Kinder müssen in ihnen jeweils verschiedene Systemreferenzen berücksichtigen. In die Schule gehen Kinder ohne ihre Eltern und in ihren Familien gibt es keine Lehrerinnen und Lehrer. Sind die Kinder in der Schule, sind ihre Eltern nicht für sie verantwortlich, und außerhalb von Schule haben Lehrerinnen und Lehrer ihren Schülerinnen und Schülern gegenüber keine Aufsichtspflicht. Beide Institutionen bleiben für einander undurchsichtig und unkontrollierbar, weil beide nur wenige und unvollständige Informationen über das Geschehen in der jeweils anderen haben (vgl. Tyrell 1985: 84).

Der Hauptunterschied zwischen den beiden Institutionen Schule und Familie liegt aber in der *Absicherung ihrer Erziehungshandlungen*. Schulische Erziehungshandlungen sind durch *Organisation* abgesichert, familiäre Erziehungshandlungen sind das nicht. Obwohl dieser Unterschied nahe liegt, hat er in der historischen Rekonstruktion von Schul- und Familienleistungen und -funktionen bisher nur wenig Berücksichtigung gefunden, auch wenn er immer wieder angesprochen wird. Zum Beispiel heißt es bei Busch und Scholz:

> „Die *Familie* erfüllt ihre Sozialisations- und Erziehungsaufgaben im Rahmen eines besonderen Kooperations- und Solidaritätsverhältnisses, das durch eine spezifische Rollenstruktur gekennzeichnet ist (…) und die – im Gegensatz zur Schule – nicht durch ein definiertes und explizites System aus Zielen, Inhalten und Methoden zu ihrer Umsetzung curricular gesteuert wird. Eltern haben zwar eine grundgesetzliche Zuständigkeit und Verantwortung für die Erziehung ihrer Kinder, sie müssen für diese verantwortungsvolle Aufgabe aber keine erzieherischen Kompetenzen nachweisen. Insofern ist der Sozialisationsprozess durch die Familienmitglieder nicht professionell organisiert. Die *Schule* hat demgegenüber wesentlich andere Strukturen und Funktionen. Sie ist eine curricular geleitete professionalisierte und bürokratisch strukturierte Institution, in der fachwissenschaftlich und pädagogisch ausgebildetes Personal den Bildungs- und Sozialisationsprozess hauptberuflich verantwortet" (Busch/Scholz 2002: 254).[3]

Dieser Unterschied lässt sich theoretisch belegen, so dass Organisation als zentrales Beschreibungsmerkmal für eine historische und gegenwartsbezogene Analyse der Schule in ihrem Verhältnis zur Familie genutzt werden kann. Institutionen und Organisationen grenze ich begrifflich folgendermaßen voneinander ab: *Institutionen* bestehen aus normativen *Erwartungs*strukturen, die an Einzelne oder Gruppen gerichtet werden. Erwartungen werden dabei in Form von Regelungen wie Werten, Normen und Rollen ausgedrückt und sind – zum Teil als Rechtsnormen – Bestandteil einer Rechtsordnung. Bei dieser Bestimmung soll

---

3   Vgl. auch Sandfuchs 2001: 15; Kob 1963: 1ff.; Kaufmann 1990: 13; vgl. für erste Forschungsfragen, die auf Seiten der Schule in die Richtung gehen, die ich vorschlage, Helsper/Krüger/Wenzel 1996.

der Begriff der Institution nicht nur auf bloße Regelmäßigkeiten in Handlungsab-
läufen verweisen und er soll auch nicht das konkrete und inhaltlich bestimmte
soziale Gebilde bezeichnen (vgl. Esser 2000: 5), in dem die Erwartungen erfüllt
werden. Der Begriff der Institution soll sich vielmehr auf die *Erwartung* beziehen, dass ein Einzelner oder eine Gruppe bestimmte *Regeln* mit einer verbindli-
chen *Geltung* einhalten. Um eine Institution handelt es sich also, wenn solche
Regeln erwartet und i. d. R. auch so eingehalten werden, dass sie für eine verlässliche Ordnung sozialer Prozesse sorgen und gewisse reproduktive Leistungen
sichern (vgl. zu diesem Begriffsverständnis Esser 2000: 2, 238). In diesem Sinne
lassen sich sowohl Schulen als auch Familien als Institutionen bezeichnen.

Anders als Familie lässt sich Schule aber zusätzlich als *Organisation* bezeichnen. Der Begriff *Organisation*[4] bezieht sich auf das tatsächliche soziale
Gebilde Schule, in dem *Regeln angewendet* werden. In Organisationen werden
die institutionellen Regelungen in tatsächliche Handlungen umgesetzt und verwirklicht. Neben der ausdrücklichen Auswahl und Vorgabe von Verhaltenszielen
werden dazu generalisierte Regeln aufgestellt, die gebotene Mittel benennen, mit
denen die Ziele erreicht werden können. Organisationen richten präzise *formelle*
Erwartungen an ihre Mitglieder und bestimmen Wertmaßstäbe oder Restriktio-
nen, an denen sie ihr Handeln ausrichten sollen. Unter der Maßgabe amtlicher
Administration (vgl. Heinisch 1975: 115ff.), der Schulverwaltung und der Schulaufsicht, soll die Organisation gewährleisten, dass die Institution Schule die an
sie gestellten Erwartungen vor allem gleichmäßig und regelmäßig erfüllt (vgl.
Holstein 1972: 80). Damit sich die Mitglieder von Schule auch organisationsge-
recht verhalten und sie ihren gesellschaftlichen Zweck erfüllen kann (vgl. Holstein 1972: 40), stehen innerhalb der Schulorganisation mehrere Möglichkeiten
zur Sicherung ihrer Maßnahmen zur Verfügung. Schule setzt auf die arbeitsver-
tragsbedingte Bereitschaft ihrer Mitglieder oder die Internalisierung der Organisationsziele. Außerdem stellt sie Gratifikationen bei angemessenem Handeln
bereit (vgl. Abraham/Büschges 2004: 184). Bei unangemessenem Handeln greift
sie auf Sanktionen zurück.

Die Organisation Schule besteht aus der *tatsächlichen Verhaltensstruktur*
ihrer Mitglieder, in der Hauptsache der Lehrerinnen und Lehrer und Schülerinnen und Schüler. Noch deutlicher als in Familien schließen sich in Schulen eine

---

4   Der Organisationsbegriff, den ich im Folgenden verwende, orientiert sich an Max Webers
     Bürokratiebegriff. Bei der Untersuchung von Schule und Schulentwicklung spielen heute aber
     auch Organisationsbegriffe aus Theorien der Neuen Steuerung bzw. Governancetheorien eine
     wichtige Rolle. Siehe dazu stellvertretend Kussau/Brüsemeister 2007; Altrichter/Brüsemeister/
     Wissinger 2007 oder Heinrich 2007. Schulen unterscheiden sich allerdings deutlich von Pro-
     duktionsunternehmen, auf die Webers Bürokratiebegriff auch zutrifft. Das Ziel von Schule ist
     nicht Gütererzeugung oder Gewinnerzielung, sondern das Können, Wissen und Werten indivi-
     dueller Schüler (vgl. Parsons 1979: 144).

große Zahl unterschiedlicher Akteure zusammen, um gemeinsam ein bestimmtes Ziel zu erreichen, das sie ohne die Hilfe anderer nicht erreichen könnten. Diese Vielzahl von Akteuren ist allerdings darauf angewiesen, ihre Einzelhandlungen genau zu koordinieren, damit die Ziele gemeinschaftlich erreicht werden können. Dabei müssen sowohl die Handlungen der Individuen als auch der Gruppe als Kollektiv aufeinander abgestimmt werden (vgl. Allmendinger/Hinz 2002: 10f.). Zu diesem Zweck wird jedem Organisationsmitglied eine möglichst eindeutige Aufgabe, ein Grad von Verantwortung, sie zu erfüllen und bestimmte Befugnisse zugeteilt. Die einzelnen Aufgaben bilden zusammen eine Aufgabenstruktur, die nach dem Prinzip der Arbeitsteilung gegliedert ist (*horizontale* Gliederung der Organisation). Die Aufgabenprofile werden in einem Organisationsprogramm ausgewiesen. Neben diese Gliederung nach Aufgaben tritt eine Gliederung nach dem Recht, Weisungen an andere Organisationsmitglieder zu erteilen und sie anzuleiten (*vertikale* Gliederung der Organisation). Die horizontale und vertikale Gliederung werden – zusammen mit anderen Regelungen wie zum Beispiel der finanziellen Mittel, der Verbindlichkeit von Regeln oder Sanktionen – schriftlich festgehalten (vgl. Grzesik 1979: 120) und als formale Organisation[5] bezeichnet. Gerade die formale Organisation unterscheidet die Schule stark von Familie. Während in der Schule Abläufe und Strukturen schriftlich festgelegt und bindend für den Einzelnen sind, werden in der Familie keine differenzierten Aufgaben- und Ablaufprofile erstellt – eine Familie ist als Kleingruppe allerdings auch nicht darauf angewiesen.

Die organisatorische Gliederung der Aufgabenstellung von Schule findet ihre Umsetzung in einer Gliederung des Schulwesens, in der der Unterricht – nach Fächern unterschieden – sachlich und zeitlich in einem Lehr- und Stundenplan geordnet ist (vgl. Holstein 1972: 80). Hierbei werden jeweils sachliche und personelle Faktoren aufeinander abgestimmt (vgl. Holstein 1972: 38) und der Unterricht mehrerer Schulklassen geregelt: Er findet in einem speziellen Gebäude statt, ihm werden Lehrkräfte, Unterrichtsstoffe (thematisch nach Aufgabenfeldern und Fächern), ihre Abfolge, Lernzeiten in Fächern (Unterrichtsstunden pro Woche), Orte (Fachräume) und die Art und Dauer des Unterrichts (seine jeweiligen Anteile an der gesamten Lernzeit innerhalb eines Schuljahres und über die gesamte Schulzeit hinweg) zugeteilt (vgl. Diederich/Tenorth 1997: 81).

Für eine solche Gliederung gibt es in Familien in der Regel keine Entsprechung. Weder werden alle innerfamiliären Aufgaben im Detail festgelegt, noch

---

5 In deutschen Schulen gibt es in der Regel eine (idealtypische) „Trennung der formalen Organisation des Schulsystems in drei relativ autonome Einheiten mit jeweils unterschiedlich akzentuierten Erwartungsordnungen. Der Lehrer bildet mit seinen Schülern die Klasse. Er tritt mit den Kollegen und dem Schulleiter im Lehrkörper zusammen. Der Direktor wiederum ist durch seine Aufsichts-, Koordinations- und allgemeine Verwaltungsfunktion auf die Beamtenhierarchie der Schulverwaltung bezogen" (Feldhoff 1974: 260).

stehen Familien spezielle Räume zum gesonderten Vollzug bestimmter Tätigkeiten zur Verfügung. Familienzeit ist – im Gegensatz zur Schulzeit – nicht wöchentlich und absolut messbar und die Inhalte, auf die in Familien Bezug genommen wird, sind nicht klassifizierbar. Anders als die Schule ist die Familie wegen ihrer fehlenden formalen Organisation auch nicht zwingend in größere gesellschaftliche Zusammenhänge eingebunden. Das ist die Schule aber gerade aufgrund der formalen Organisation. Begleitend zu ihren eigenen, innerschulischen Regelungen unterhält die Schule aktiv Außenbeziehungen, z. B. zu den Eltern oder zur übergeordneten Schulaufsicht (vgl. Ohlhaver 2005: 27). Daneben steht sie in Beziehung zum gesamten Bildungssystem, denn in der formalen Organisation werden z. B. Abschluss- und Übergangsregelungen der einzelnen Schulformen festgelegt. Während Familien und ihre Entwicklung vor allem durch persönliche Zielsetzungen gekennzeichnet sind, legt die formale Organisation von Schule dauerhafte Systemzwecke und Organisationsziele fest, die Bestandteil der formalen Struktur der Institution Schule sind. Sie haben einen offiziellen Charakter und sind unabhängig von individuellen und persönlichen Interessen. Dadurch stellen sie ein überindividuelles Ziel für Einzelhandlungen dar, das auch bei einem Wechsel der Organisationsmitglieder noch weiter verfolgt werden kann (vgl. Kieser/Walgenbach 2003: 6, 11). So heißt es zum Beispiel in § 6 des aktuellen nordrhein-westfälischen Schulgesetzes: „Schulen im Sinne dieses Gesetzes sind Bildungsstätten, die unabhängig vom Wechsel der Lehrerinnen und Lehrer sowie der Schülerinnen und Schüler nach Lehrplänen Unterricht in mehreren Fächern erteilen" (Schulgesetz NRW 2006: § 6, Abs. 1).

Während die Ziele von Familien ausschließlich an den Einzelhandlungen ihrer Mitglieder abgelesen werden können, geben die Organisationsziele der Schule unabhängig von ihren Mitgliedern Auskunft über die Leistung der Organisation, ihre Struktur oder ihre Erfolgsmaßstäbe, und sie legen die Organisationshandlungen, die Anforderungen an die Rekrutierung von Mitgliedern oder die benötigten Ressourcen nach außen hin offen (vgl. Abraham/Büschges 2004: 110; Mayntz 1963: 58ff.).

Durch die formale Organisation haben Schulen im Gegensatz zu Familien eine Ordnungsstruktur, die vor allem in den folgenden vier Punkten Gemeinsamkeiten mit anderen Organisationen aufweist (vgl. zum Folgenden Feldhoff 1974: 248). *Erstens* gibt es in Schulen eine *arbeitsteilige Funktionsgliederung*. Sie stellt Positionen für Lern-, Lehr-, Beratungs- und Verwaltungsaufgaben bereit. *Zweitens* haben Lehr- und Verwaltungsrollen einen *Amtscharakter*. Lehrerinnen und Lehrer werden aufgrund von Kompetenz und Bewährung rekrutiert, ihr Anstellungsverhältnis ist gesetzlich geregelt, die Leistungserwartungen sind funktional spezifisch, und mit den Adressaten der Leistung wird universalistisch orientiert und prinzipiell affektiv neutral umgegangen. *Drittens* gibt es eine *hierarchische Ordnung der Ämter*. Mit ihr ist eine Autoritätsstruktur verbunden, die auf einer gesetzlich definierten und begrenzten Amtsvollmacht, einem formellen Entscheidungsmodus und vorgegebenen Kommunikationsstrukturen beruht. *Viertens* gibt es eine „*Regelhaftigkeit der Handlungsvollzüge*, die durch spezifizierte Ziel- und Durchführungsbestimmungen dienstlicher Maßnahmen der willkürlichen Amtsausübung Grenzen setzt" (Feldhoff 1974: 248; Hervorhebung D. S.).

Schulen sind also – im Unterschied zu Familien – eine institutionalisierte und organisierte Vergesellschaftungsform von Lehr- und Lernprozessen (vgl. Fend 2006: 28). Während Familien stark vom individuellen Handeln ihrer Mitglieder bestimmt werden, bei dem Persönlichkeitsmerkmale eine leitende Rolle spielen, setzen in der Organisation Schule strukturelle und formelle Vorgaben Bedingungen für das individuelle Handeln z. B. von Lehrern. Lehrerhandlungen in der Schule sollen damit vor allem aufgrund einer Profession ausgeübt werden, nicht ausschließlich aufgrund individueller Merkmale. In Familien kann individuelles Handeln zwar auch zu eingelebten Gewohnheiten führen und dadurch eine Gleichmäßigkeit in Handlungsabläufern sichern, in der Organisation Schule wird eine intraindividuelle Gleichförmigkeit (Monotonie) und eine interindividuelle Nivellierung von individuellen Unterschieden (Konformität) dagegen ausdrücklich gefordert (vgl. Grzesik 1979: 118). Auf diese Weise kann die Organisation Schule längerfristig planen und dauerhaft für ein gleichwertiges und stabiles Handeln ihrer vielen Mitglieder sorgen: Über die formale Organisation gewinnt ein einzelnes Mitglied Handlungssicherheit für sein eigenes Handeln; es kennt die Erwartungen, die andere an es richten und kann abschätzen, mit welchem Verhalten anderer es rechnen muss.

Handlungssicherheit gewinnen Organisationsmitglieder auch dadurch, dass sie sich als *Mitglieder* einer Organisation gegenübertreten, in ihr eine spezifische Stelle besetzen und generell damit einverstanden sind, den Institutions- und Organisationerwartungen zu entsprechen (vgl. Tacke 2004). Jeder Stelleninhaber muss Bedingungen genügen, die in der Organisation veräußerlicht sind. Sie sind für alle Mitglieder einer Organisation erkennbar und dadurch diskutierbar, also bewusstseinsfähig (vgl. Feldhoff 1974: 251). Zu solchen Bedingungen zählen zum Beispiel Ausbildungsbedingungen, Eintrittsbedingungen, Austrittsbedingungen, Mitgliedschaftsbedingungen, Leistungsbedingungen, Gratifikationen und Sanktionen. Nicht nur der Umfang und der Grad der Verbindlichkeit dieser Bedingungen unterscheidet die Organisation Schule von der Familie, sondern auch ihr öffentlicher Ausweis und die grundsätzliche Chance, auch als Außenstehender Organisationsmitglied werden zu können, wenn die Bedingungen erfüllt werden.

An diese Mitgliedschaftsbedingungen stellen sich allerdings auch einige Anforderungen, die sich an Mitgliedschaftsbedingungen in Familien in dieser strikten Form nicht stellen. Familien können – sofern sie das überhaupt ausdrücklich tun – viele ihrer Bedingungen nach eigenem Ermessen und jederzeit festlegen, und sie müssen dabei auch nicht zwingend darauf achten, ob diese eingehalten werden oder nicht. Schulen dagegen können nur solche Bedingungen festsetzen, die sich in Mitgliedschaftsregelungen überführen lassen. Typischerweise regeln diese Bedingungen dann, in welchen Situationen welche Handlungen auf welche Art und Weise von wem erbracht werden sollen (vgl. Schulz/Beck 2002: 119). In der Organisation Schule werden die Tätigkeitsdimensionen und Sachvorgaben dabei aber nur generell geregelt. Mitgliedschaftsbedingungen müssen nämlich gleichbleibend bindend für austauschbare Personen sein und dabei administrativ (auch von schulexternen Personen) kontrolliert werden können (vgl. Grzesik 1984: 66). In der Schule sichern diese Bedingungen eine gleichmäßigere Erfüllung von Erwartungen, als das in Familien der Fall sein kann, und sie sichern diese Erwartungen gegen überwiegende Spontaneität oder die Enttäuschung durch Einzelfälle ab.

Alle bisherigen Beschreibungen der Schule als Organisation sind ein entscheidender Teil des Unterschieds zwischen Familie und Schule. Familie entspricht in keiner dieser Beschreibungen der Schule. Meines Erachtens ist dieser Unterschied bei der Untersuchung der Zuständigkeiten und Leistungen von Schule und Familie bisher zu wenig berücksichtigt worden. Deshalb deute ich jetzt einige Folgerungen aus diesem Unterschied an.

5 Folgerungen für die historische und gegenwärtige Untersuchung der Zuständigkeiten und Leistungen von Familie und Schule

Erwartungen, die öffentlich an Schule gerichtet werden, sind in hohem Maße unspezifisch. Gerade die formelle Organisation von Schule stellt die Hürde für diese unspezifischen Erwartungen dar. Um in die Organisation von Schule aufgenommen werden zu können, reicht es nicht aus, informelle Lösungsvorschläge zu möglichen Krisen an die Schule zu richten. Erwartungen müssen als *Auftrag* an sie gestellt werden, der einen festgeschriebenen *Inhalt* hat und der den *Auftraggeber* und den *Beauftragten* ausdrücklich ausweist. Absicherung durch Organisation bedeutet eben immer auch, dass Erwartungen zunächst in einen Auftrag an die Schule umgewandelt, werden muss. Verbindlichkeit gewinnt ein Auftrag erst, wenn er über Verfassungen Schulgesetze oder Lehrpläne, also offizielle Dokumente, legitimiert ist (vgl. Glöckel 1985: 345).

Ist ein Auftrag offiziell an Schule erteilt, muss sie ihn innerhalb ihrer Möglichkeiten bearbeiten. Dafür muss Schule immer aus dem kombinieren, was ihr zur Verfügung steht. Das sind auf der einen Seite materielle Vorgaben wie Räume, Ausstattung der Räume, Natur- und Kulturgegenstände, Geräte usw. Auf der anderen Seite sind das alle für sie schon geltenden Regelungen durch Träger, Finanzierung, Lehrplan, Stundenplan, Richtlinien usw. (vgl. Grzesik 2002: 30). Diese Vorgaben schränken Einzellösungen ein, weil sie als Leistungen anderer gesellschaftlicher Bereiche für Schule erbracht worden sind und als Vorleistungen und Voraussetzungen von Schule anerkannt werden müssen. Grundsätzlich muss Familie auch innerhalb ihrer Möglichkeiten kombinieren, ihr Möglichkeitenraum ist aber wegen der fehlenden Organisation *ungleich größer* als der von Schule. Das scheint mit einer der Gründe dafür zu sein, warum Familie in der Vergabe lizensierter Qualifikationen so gut wie keine Rolle spielt. Organisation macht Qualifikation öffentlich überprüf- und kontrollierbar. Wegen ihres prinzipiell großen Möglichkeitenraums kann zugleich aber nur die Familie die gesellschaftliche Inklusion der Vollperson – wie Luhmann es nennt – übernehmen (vgl. Luhmann 1993: 208). Familie ist im Unterschied zur Schule der Ort, „an dem das Gesamtverhalten, das als Person Bezugspunkt für Kommunikation werden kann, behandelt, erlebt, sichtbar gemacht, überwacht, betreut, gestützt werden kann" (ebd.).

Was die Erwartungen an Familie betrifft, steigert allerdings gerade „der Umstand, daß man nirgendwo sonst in der Gesellschaft für alles, was einen kümmert, soziale Resonanz finden kann, (…) die Erwartungen und die Ansprüche der Familie" (ebd.). Vor dem gleichen Problem der Erwartungssteigerung steht auch Schule, trotz ihrer Handlungseinschränkung über ihre Organisation: „Steigende Gewaltbereitschaft unter Kindern und Jugendlichen, zunehmender Drogenkonsum, erhöhte Alltagsaggressivität und ähnliche Phänomene werden einerseits der Schule angelastet, andererseits aber so beschrieben, daß nur eine pädagogische Institution, und hier wiederum vornehmlich die Schule, sie zum Guten hin verändern kann" (Oelkers 1994: 241). Die Organisation als Unterscheidungsmerkmal in den Blick zu fassen bringt insofern keine Lösung des Erwartungsproblems mit sich. Sie hilft aber dabei, Zuständigkeiten und Leistungen von Familien und Schulen an ein Ausgangsmerkmal rückzubinden und entsprechend in der Forschung zu behandeln bzw. in wissenschaftlichen Stellungnahmen zu Aufgaben und Möglichkeiten von Schule und Familie zu berücksichtigen.

An einem knappen aktuellen und viel diskutierten Beispiel lässt sich die vorgeschlagene Unterscheidung der Zuständigkeiten und Leistungen von Familie und Schule veranschaulichen. Seit dem Schuljahr 2007/2008 werden in Nordrhein-Westfalen auf den Zeugnissen auch das Arbeits- und Sozialverhalten von Schülerinnen und Schülern mit sogenannten Kopfnoten erfasst und bewertet. Einige Jahrzehnte lang war von Familien und Schulen nur erwartet worden, dieses Verhalten als Bestandteil der Persönlichkeitsbildung informell zu berücksichtigen. So bleibt es in der Familie eigenen Ermessensentscheidungen überlassen, ob und wie sich Erziehungshandlungen auf ein selbst gewähltes Verständnis von Arbeits- und Sozialverhalten von Kindern und Jugendlichen richten. Die Leistung, die Familie für die Forderung nach Persönlichkeitsbildung in diesem Fall erbringt, lässt sich also nicht allgemein abschätzen, weil sie an zu viele variable und zufällige Faktoren geknüpft ist. In der Schule dagegen wird die Einlösung

der Erwartung an die Entwicklung eines angemessenen Arbeits- und Sozialverhaltens von Schülern organisatorisch abgesichert. Schule bekommt in § 49, Abs.
2 Nr. 2 des nordrhein-westfälischen Schulgesetzes den gesetzlich verbürgten
Auftrag zugewiesen, Aussagen zum Arbeits- und Sozialverhalten ihrer Schüler
in Form von zertifizierten Leistungsfeststellungen und -bewertungen zu treffen
(vgl. Schulgesetz NRW 2006: § 49, Abs. 2 Nr. 2). Durch eine Handreichung des
Ministeriums für Schule und Weiterbildung des Landes Nordrhein-Westfalen
wird weiterführend die Entwicklung der Arbeits- und Sozialkompetenz der Schülerinnen und Schüler allen Lehrerinnen und Lehrern zur Aufgabe gemacht (vgl.
Ministerium für Schule und Weiterbildung NRW 2007). Die Organisation Schule erhält dadurch einen in Dokumenten ausgewiesenen und überprüfbaren Auftrag. Im Unterschied zur Familie werden alle Mitglieder der Organisation – unabhängig von ihrer individuellen Willensbekundung – auf diese Leistungserbringung festgelegt. Dadurch wächst Schule zugleich eine definierte Aufgabe
zu, die die Erwartungen sowohl an Schule wie an Familie neu dimensioniert.

Vor diesem Hintergrund könnte eine historische Familienforschung z. B.
rekonstruieren, wie sich die Organisation von Schule seit ihrer Verstaatlichung
um 1800 bis zur Gegenwart verändert hat, welche Grenzen die jeweilige Organisation der Erfüllung der Erwartungen an Schule gesetzt hat und welche Auswirkungen die organisationalen Veränderungen auf die Zuständigkeiten und Leistungen der Familienerziehung gehabt haben. Zugleich kann untersucht werden,
wie sich Erwartungen an Schule und Familie im Kontext der Organisation von
Schule historisch entwickelt und verändert haben.

Das zentrale Beschreibungsmerkmal *Organisation* sollte allerdings nicht zu
theoretischen Vereinfachungen des komplexen Verhältnisses von Schule und
Familie führen. Auch wenn Schule eine Absicherung ihrer Erziehungshandlungen
durch Organisation besitzt, ist ein ausschließlicher Blick auf die abstrakten Formen generalisierter Orientierung der Handlungen ergänzungsbedürftig. Das individuelle Lehrerhandeln kann nämlich vom erwarteten Rollenverhalten verschieden sein (vgl. Feldhoff 1974: 246). Es variiert ihm gegenüber, d. h. individuelle
Merkmale unterscheiden sich gegenüber den geregelten Merkmalen, die für die
Teilnahme in einem sozialen Bereich erwartet werden. Unterschieden werden
muss deswegen ausdrücklich die Handlungsrationalität einzelner Mitglieder von
der Systemrationalität der Handlungsstruktur einer ganzen Organisation. Schon
innerhalb einer Organisation kann es dann widerspruchsvolle „Ziele, partielle
Nichtübereinstimmung in der Zielsetzung, Trennung von Handlungsmotiven und
Zwecken der Handlung, umweltbedingte Zielveränderungen, äquivalente Möglichkeiten für eine vollständige Zweckerfüllung" (Feldhoff 1974: 249) geben.[6]

---

6   Das setzt den Bereich schulischer Erziehungshandlungen wieder in die Nähe familiärer Erziehungshandlungen, und diese Nähe rüttelt auch am Differenztheorem, das für Schule und Familie oft in strikter Trennung aufgestellt wird (vgl. kritisch Busse/Helsper 2004: 442f.).

Entsprechend werden bei der Prüfung von Zuständigkeiten und Leistungen von Familie und Schule neben formalisierten Ordnungen auch solche Verhaltensweisen bedeutsam, die informell, an eine Person gebunden und auf eine Situation bezogen sind. Die Berücksichtigung von Organisation in der historischen und gegenwärtigen Untersuchung von Zuständigkeiten und Leistungen von Familie und Schule könnte aber dabei helfen, eine forschungsleitende Perspektive für das Verhältnis von Familie und Schule in Geschichte und Gegenwart bereitzustellen. Das Problem überwinden, dass ein komplexer Gegenstand einer angemessen differenzierten Forschungsstrategie bedarf, das kann sie aber nicht.

Literatur

Abraham, Martin/Büschges, Günter (2004): Einführung in die Organisationssoziologie. 3. Auflage. Wiesbaden: VS Verlag für Sozialwissenschaften

Allmendinger, Jutta/Hinz, Thomas (2002): Perspektiven der Organisationssoziologie. In: Allmendinger/Hinz (2002): 9-28

Allmendinger, Jutta/Hinz, Thomas (Hrsg.) (2002): Organisationssoziologie. Opladen: Westdeutscher Verlag

Altrichter, Herbert/Brüsemeister, Thomas/Wissinger, Jochen (Hrsg.) (2007): Educational Governance. Handlungskoordination und Steuerung im Bildungswesen. Wiesbaden: VS Verlag für Sozialwissenschaften

Barabas, Friedrich K./Erler, Michael (2002): Die Familie. Lehr- und Arbeitsbuch. 2. Auflage. Weinheim, München: Juventa

Bundesminister für Jugend, Familie und Gesundheit (Hrsg.) (1975): Zweiter Familienbericht. Familie und Sozialisation – Leistungen und Leistungsgrenzen der Familie hinsichtlich des Erziehungs- und Bildungsprozesses der jungen Generation. Bundestagsdrucksache 7/3502. Bonn

Bundesministerium für Familie, Senioren, Frauen und Jugend (Hrsg.) (2006): Siebter Familienbericht. Familie zwischen Flexibilität und Verlässlichkeit – Perspektiven für eine lebenslaufbezogene Familienpolitik. Bundestagsdrucksache 16/1360. Berlin

Busch, Friedrich W./Scholz, Wolf-Dieter (2002): Wandel in den Beziehungen zwischen Familie und Schule. In: Nave-Herz (2002): 253-275

Busse, Susann/Helsper, Werner (2004): Schule und Familie. In: Helsper/Böhme (2004): 439-464

Cortina, Kai S. u. a. (Hrsg.) (2005): Das Bildungswesen in der Bundesrepublik Deutschland. Strukturen und Entwicklungen im Überblick. 2. Aufl. Reinbeck bei Hamburg: Rowohlt

Diederich, Jürgen/Tenorth, Heinz-Elmar (1997): Theorie der Schule. Ein Studienbuch zu Geschichte, Funktionen und Gestaltung. Berlin: Cornelsen Scriptor

Ecarius, Jutta (Hrsg.) (2007): Handbuch Familie. Wiesbaden: VS Verlag für Sozialwissenschaften

Esser, Hartmut (2000): Soziologie. Spezielle Grundlagen. Band 5: Institutionen. Frankfurt a.m./New York: Campus

Feldhoff, Jürgen (1974): Probleme einer organisationssoziologischen Analyse der Schule. In: Hurrelmann (1974): 245-261

Fend, Helmut (2006): Neue Theorie der Schule. Einführung in das Verstehen von Bildungssystemen. Wiesbaden: VS Verlag für Sozialwissenschaften

Fölling-Albers, Maria/Heinzel, Friederike (2007): Familie und Grundschule. In: Ecarius (2007): 300-320

Friedrichs, Jürgen/M. Rainer Lepsius/Karl Ulrich Mayer (Hrsg.) (1998): Die Diagnosefähigkeit der Soziologie. Sonderheft 38 der Kölner Zeitschrift für Soziologie und Sozialpsychologie. Opladen: Westdeutscher Verlag

Fuhs, Burkhard (2007): Zur Geschichte der Familie. In: Ecarius (2007): 17-35

Gestrich, Andreas/Krause, Jens-Uwe/Mitterauer, Michael (2003): Geschichte der Familie. Stuttgart: Alfred Kröner

Glöckel, Hans (1985): Erziehungsauftrag oder Erziehungsaufträge? Von der Aufgabe der Schule unserer Zeit. In: Twellmann (1985): 344-356

Grzesik, Jürgen (1979): Unterrichtsplanung. Eine Einführung in ihre Theorie und Praxis. Heidelberg: Quelle & Meyer

Grzesik, Jürgen (1984): Perspektiven für die weitere Entwicklung der gymnasialen Oberstufe. Bad Heilbrunn/Obb.: Klinkhardt

Grzesik, Jürgen (2002): Effektiv Lernen durch guten Unterricht. Optimierung des Lernens im Unterricht durch systemgerechte Formen der Zusammenarbeit zwischen Lehrern und Schülern. Bad Heilbrunn/Obb.: Klinkhardt

Grundgesetz für die Bundesrepublik Deutschland vom 23. Mai 1949 (BGBl. S. 1), zuletzt geändert durch Gesetz vom 28. August 2006 (BGBl. I S. 2034)

Heckel, Hans/Avenarius, Hermann (1986): Schulrechtskunde. Ein Handbuch für Praxis, Rechtsprechung und Wissenschaft. 6., völlig neubearb. Auflage. Neuwied/Darmstadt: Luchterhand

Heinisch, Georg (1975): Die Schule als staatlicher Bildungsbereich. Grundlagen und Möglichkeiten einer Systemverbesserung. Donauwörth: Ludwig Auer

Heinrich, Martin (2007): Governance in der Schulentwicklung. Von der Autonomie zur evaluationsbasierten Steuerung. Wiesbaden: VS Verlag für Sozialwissenschaften

Helsper, Werner/Böhme, Jeanette (Hrsg.) (2004): Handbuch der Schulforschung. Wiesbaden: VS Verlag für Sozialwissenschaften

Helsper, Werner/Krüger, Heinz-Hermann/Wenzel, Hartmut (1996): Schule und Gesellschaft im Umbruch – einleitende Anmerkungen und Fragen. In: Helsper u. a. (1996): 11-25

Helsper, Werner/Krüger, Heinz-Hermann/Wenzel, Hartmut (Hrsg.) (1996): Schule und Gesellschaft im Umbruch. Band 1: Theoretische und internationale Perspektiven. Weinheim: Deutscher Studien Verlag

Holstein, Hermann (1972): Die Schule als Institution. Zur Bedeutung von Schulorganisation und Schulverwaltung. Ratingen: Henn

Holstein, Hermann (1985): Institutionell-politische Funktionen der Schule – Skizze einer schultheoretischen Perspektive. In: Twellmann (1985): 95-106

Hurrelmann, Klaus (Hrsg.) (1974): Soziologie der Erziehung. Weinheim/Basel: Beltz

Kaufmann, Franz-Xaver (1990): Zukunft der Familie. Stabilität, Stabilitätsrisiken und Wandel der familialen Lebensformen sowie ihre gesellschaftlichen und politischen Bedingungen. München: C.H. Beck

Kieser, Alfred/Walgenbach, Peter (2003): Organisation. 4., überarb. u. erw. Auflage. Stuttgart: Schäffer-Poeschel

Kob, Janpeter (1963): Erziehung in Elternhaus und Familie. Eine soziologische Studie. Stuttgart: Ferdinand Enke

Kramer, Rolf-Torsten/Helsper, Werner (2000): SchülerInnen zwischen Familie und Schule – systematische Bestimmungen, methodische Überlegungen und biographische Rekonstruktionen. In: Krüger/Wenzel (2000): 201-234

Krüger, Heinz-Hermann/Wenzel, Hartmut (Hrsg.) (2000): Schule zwischen Effektivität und sozialer Verantwortung. Opladen: Leske + Budrich

Kussau, Jürgen/Brüsemeister, Thomas (2007): Governance, Schule und Politik. Zwischen Antagonismus und Kooperation. Wiesbaden: VS Verlag für Sozialwissenschaften

Leschinsky, Achim (2005): Der institutionelle Rahmen des Bildungswesens. In: Cortina u. a. (2005): 148-213

Leschinsky, Achim/Cortina, Kai S. (2005): Zur sozialen Einbettung bildungspolitischer Trends in der Bundesrepublik. In: Cortina u. a. (2005): 20-51

Luhmann, Niklas (1993): Sozialsystem Familie. In: Luhmann (1993): 196-217

Luhmann, Niklas (2002): Das Erziehungssystem der Gesellschaft. Hrsg. von Dieter Lenzen. Frankfurt a.M.: Suhrkamp

Luhmann, Niklas (Hrsg.) (1993): Soziologische Aufklärung 5. Konstruktivistische Perspektiven. 2. Auflage. Opladen: Westdeutscher Verlag

Mayntz, Renate (1963): Soziologie der Organisation. Reinbek bei Hamburg: Rowohlt

Melzer, Wolfgang (Hrsg.) (1985): Eltern – Schüler – Lehrer. Zur Elternpartizipation an Schule. Weinheim/München: Juventa

Melzer, Wolfgang/Sandfuchs, Uwe (Hrsg.) (2001): Was Schule leistet. Funktionen und Aufgaben von Schule. Weinheim/München: Juventa

Ministerium für Schule und Weiterbildung des Landes Nordrhein-Westfalen (2007): Arbeitsverhalten und Sozialverhalten in Zeugnissen. Handreichung. Beilage Schule NRW. http://www.schulministerium.nrw.de/BP/ImFokus/Handreichung_AS/RS_HandreichungArbeitsundSozialverhalten.pdf (Recherchedatum: 25. 01. 2008)

Nave-Herz, Rosemarie (1998): Die These über den „Zerfall der Familie". In: Friedrichs u. a. (1998): 286-315

Nave-Herz, Rosemarie (Hrsg.) (2002): Kontinuität und Wandel der Familie in Deutschland. Eine zeitgeschichtliche Analyse. Stuttgart: Lucius & Lucius

Neidhardt, Friedhelm (1975): Die Familie in Deutschland. Gesellschaftliche Stellung, Struktur und Funktion. 4. Auflage. Opladen: Leske + Budrich

Neuenschwander, Markus P. u. a. (2005): Schule und Familie – was sie zum Schulerfolg beitragen. Bern/Stuttgart/Wien: Haupt

Nevermann, Knut/Richter, Ingo (Hrsg.) (1979): Verfassung und Verwaltung der Schule. Eine Auswahl rechts- und sozialwissenschaftlicher Beiträge. Stuttgart: Klett-Cotta

Oelkers, Jürgen (1994): Die Zukunft der öffentlichen Bildung. In: Siebert/Serve (1994): 231-254

Ohlhaver, Frank (2005): Schulwesen und Organisation. Gestalt und Problematik staatlicher Schulregulierung. Wiesbaden: VS Verlag für Sozialwissenschaften

Parsons, Talcott (1979): Elemente einer allgemeinen Theorie formaler Organisationen. In: Nevermann/Richter (1979): 129-162

Petzold, Matthias (o. J.): Familie heute. Sieben Typen familialen Zusammenlebens. http://www.familienhandbuch.de/cmain/f_Fachbeitrag/a_-Familienforschung/s_379.html (Recherchedatum: 17. 07. 2007)

Peuckert, Rüdiger (1996): Familienformen im sozialen Wandel. 2. völlig überarb. u. erw. Auflage. Opladen: Leske + Budrich (UTB)

Sandfuchs, Uwe (2001): Was Schule leistet. Reflexionen und Anmerkungen zu Funktionen und Aufgaben der Schule. In: Melzer/Sandfuchs (2001): 11-35

Schelsky, Helmut (1965): Auf der Suche nach der Wirklichkeit. Gesammelte Aufsätze. Düsseldorf/Köln: Eugen Diederichs Verlag

Schulgesetz für das Land Nordrhein-Westfalen (Schulgesetz NRW – SchulG) vom 15. Februar 2005 (GV. NRW. S. 102) zuletzt geändert durch Gesetz vom 27. Juni 2006 (GV. NRW. S. 278). http://www.schulministerium.nrw.de/BP/Schulrecht/Gesetze/SchulG_Info/SchulG_Text.pdf (Recherchedatum: 08. 08. 2007)

Schulz, Martin/Beck, Nikolaus (2002): Die Entwicklung organisatorischer Regeln im Zeitverlauf. In: Allmendinger/Hinz (2002): 119-150

Siebert, Norbert/Serve, Helmut J. (Hrsg.) (1994): Bildung und Erziehung an der Schwelle zum dritten Jahrtausend. Multidisziplinäre Aspekte, Analysen, Positionen, Perspektiven. München: PimS

Tacke, Veronika (2004): Organisation im Kontext der Erziehung. Zur soziologischen Zugriffsweise auf Organisationen am Beispiel der Schule als „lernender Organisation". In: Terhart/Böttcher (2004): 19-42

Tenorth, Heinz-Elmar (2001): Kann Schule leisten, was sie leisten soll? In: Melzer/Sandfuchs (2001): 255-270

Terhart, Ewald/Böttcher, Wolfgang (Hrsg.) (2004): Organisationstheorie in pädagogischen Feldern. Analyse und Gestaltung. Wiesbaden: VS Verlag für Sozialwissenschaften

Twellmann, Walter (Hrsg.) (1985): Handbuch Schule und Unterricht. Band 7.1: Dokumentation. Schule und Unterricht als Feld gegenwärtiger pädagogisch-personeller und institutionell-organisatorischer Forschung. Düsseldorf: Pädagogischer Verlag Schwann

Tyrell, Hartmann (1985): Gesichtspunkte zur institutionellen Trennung von Familie und Schule. In: Melzer (1985): 81-99

Ulich, Klaus (1998): Was die Schule zuhause anrichtet. Über Hausaufgaben, Noten – und Sanktionen. In: Friedrich Jahresheft XVI. Arbeitsplatz Schule., Ansprüche – Widersprüche – Herausforderungen. 1998. 30-33

Theoretische und methodologische Voraussetzungen und Probleme einer bildungshistorischen Familienbiographie – Versuch einer Modellbildung

Carola Groppe

1 Einleitung

Die Familienbiographie ‚boomt'. In jeder Buchhandlung liegen Familienbiographien aus, die in der Regel mächtige, z. T. auch heute noch unternehmerisch präsente Wirtschaftsdynastien behandeln: die Quandts, die Krupps, die Thyssens usw. (vgl. Jungbluth 2002; Rother 2001; Rother 2003). Dazu treten Biographien, die politisch einflussreiche Familien wie die Bismarcks und Weizsäckers, international die Bushs, Kennedys usw. behandeln (vgl. Reinhardt 2005) oder literarische Dynastien wie die Familie Mann und Musiker- und Schauspielerdynastien wie die Furtwänglers porträtieren (vgl. Krüll 1993; Straub 2007). Auch der Familienroman erlebt eine Renaissance: Beispiele sind Michel Houellebecqs „Elementarteilchen" (frz. 1998) und Sibylle Mulots „Die Fabrikanten" (2005). Gleichzeitig begeben sich immer mehr Personen des öffentlichen Lebens auf die Suche nach ihrer Familiengeschichte (am bekanntesten sicherlich Wiebke Bruns (2004)).

Woher kommt diese neue Faszination an der Familie? Nicht zuletzt verdankt sie sich wohl der (nicht neuen) Einsicht, dass nicht nur Strukturen und politische Entscheidungen die Geschichte und Gegenwart bestimmen, sondern auch Personen. Das Individuum als sozialer Akteur tritt in den Mittelpunkt der Aufmerksamkeit. Diese Entwicklung lässt sich auch in den Sozialwissenschaften beobachten (vgl. Sieder 1994): Eine neue kulturwissenschaftliche Sichtweise betont die Handlungs- und Gestaltungsmöglichkeiten der historischen und gegenwärtigen Subjekte (vgl. Priem 2006). Gleichzeitig eröffnen Familienbiographien faszinierende Einblicke in das ‚Leben der Anderen', in Lebensformen, die anders oder gleich der eigenen gestaltet werden. Fremdheit und Wiedererkennen sind somit gleichermaßen verantwortlich für die Faszination an der Familie. Darüber hinaus wird das Leben der ‚Mächtigen' (politische, ökonomische, literarische Dynastien) veralltäglicht. So kann eine Schlüssellochperspektive eingenommen werden, die vermeintlich ‚den Menschen' hinter der öffentlichen Fassade sichtbar macht.

Dass die Familie momentan eine solche Aufmerksamkeit erfährt, kann hypothetisch auf weitere gesellschaftliche Entwicklungen zurückgeführt werden. Wenn die 15. Shell-Jugendstudie (2006) einen Bedeutungszuwachs der Familie für die Jugendlichen festhält (72% der Jugendlichen sind der Überzeugung, dass man eine Familie benötigt, um glücklich leben zu können), dann zeigt dies nicht nur einen Wandel in den Familienbeziehungen an, sondern auch, dass in Zeiten wirtschaftlicher Unsicherheit der Familie eine immer größere Bedeutung als Ort der persönlichen Geborgenheit und sozialen Absicherung zukommt (vgl. Deutsche Shell 2006). Auch dies mag zum steigenden Interesse an Familienbiographien beigetragen haben.

Das Interesse an der Familie hat sich in der Erziehungswissenschaft jedoch bis in die jüngste Gegenwart wenig abgebildet, vergleicht man es mit dem kontinuierlich hohen erziehungswissenschaftlichen Interesse an der Schule, den peer groups oder den pädagogischen Professionen. Erst kürzlich ist daher ein Handbuch zur Familie aus erziehungswissenschaftlicher Sicht vorgelegt worden, das diesem Defizit Rechnung trägt, die vorliegenden Forschungsergebnisse zusammenfassend darstellt und Perspektiven für die erziehungswissenschaftliche Familienforschung formuliert (vgl. Ecarius 2007). Dass dieses einseitige Interesse mit der Entwicklung der Erziehungswissenschaft selbst zusammenhängt, ist jüngst analysiert worden (vgl. Malmede 2006: 295ff.). Begreift man, so die Argumentation, im Anschluss an Pierre Bourdieu, ein intellektuelles Feld – hier die Erziehungswissenschaft – als einen Ort der Auseinandersetzung um Macht und Einfluss, mithin um die Legitimität von Forschungsgegenständen und -fragen, so wird der Kampf vornehmlich in solchen Arenen ausgetragen, die das symbolische Kapital der Protagonisten (hier: das Fachwissen über Erziehung, Bildung usw.) besonders wirksam zur Geltung bringen können, also dort, wo Pädagogen professionell handelnd vertreten sind. Dies gilt in nur sehr eingeschränktem Maß für die Familie. Die in ihr stattfindenden Erziehungs-, Bildungs- und Sozialisationsprozesse wurden daher wenig erforscht. Das gilt auch für die historische Bildungsforschung. Obwohl programmatisch als wichtiges Forschungsfeld erkannt und im „Handbuch der deutschen Bildungsgeschichte" (Berg u. a. 1987ff.) in eigenen Kapiteln behandelt, befindet sich eine dezidierte bildungshistorische Familienforschung erst am Beginn ihrer Entwicklung (vgl. Hoffmann 2001; Groppe 2004). Historisch wie gegenwärtig orientierte erziehungswissenschaftliche Forschung kann jedoch Prozesse der Persönlichkeitsentwicklung nur dann hinreichend erfassen, wenn sie die Familie als primäre Sozialisations- und Erziehungsinstanz umfassend einbezieht. Aktuell zeichnet sich daher auch ab, dass sich die erziehungswissenschaftliche Forschung der Familie verstärkt zuzuwenden beginnt. Dazu trägt das geschilderte öffentliche Interesse an der Familie ebenso bei wie neuere empirische Forschungsergebnisse aus unterschiedlichsten

Bereichen der Erziehungswissenschaft, die auf die grundlegende Bedeutung der Familie für Erziehungs-, Bildungs- und Sozialisationsprozesse verweisen; man denke nur an die Ergebnisse der PISA-Studien, die die zentrale Rolle der Familie im Prozess sozialer Stratifizierung herausstellen (vgl. Deutsches PISA-Konsortium 2001: 351).

Ein Forschungsbereich mit dem Schwerpunkt Familienbiographik, der nicht nur eine besondere Forschungsfrage an die Institution Familie richtet bzw. in empirischer Absicht eine besondere Facette des Familienlebens (z. B. das Erziehungsverhalten von Müttern und Vätern) qualitativ oder quantitativ erforscht, sondern sich zum Ziel setzt, die ‚Geschichte' einer oder mehrerer Familien aus erziehungswissenschaftlicher Sicht möglichst umfassend zu beschreiben und theoriegestützt zu analysieren, beginnt sich demgemäß in der historischen wie aktuellen Erziehungswissenschaft gerade erst zu entwickeln.[1] Im folgenden Beitrag soll daher versucht werden, ein Modell für die bildungshistorische Familienforschung vorzustellen, das zugleich den Anspruch erhebt, systematisch Perspektiven für eine erziehungswissenschaftliche Familienbiographik zu entfalten. Dieses Modell habe ich in einer empirischen Studie zu einer Seidenfabrikantenfamilie im Zeitraum 1649-1840 entwickelt und erprobt (vgl. Groppe 2004). Ich werde zunächst das Erkenntnisinteresse der historischen Bildungsforschung im Zusammenhang der Familienforschung skizzieren, dann die theoretischen und methodologischen Voraussetzungen und Schwierigkeiten einer bildungshistorischen Familienbiographik diskutieren, im Anschluss mein Modell einer bildungshistorischen Familienbiographik darstellen und abschließend einige Forschungsergebnisse aus meiner empirischen Studie als Ausblick vorstellen, um den möglichen Ertrag solcher Familienbiographien angeben zu können.

2 Bildungshistorische Fragestellungen im Kontext der Familienforschung und Überlegungen zur Theoriebildung in der bildungshistorischen Familienforschung

Die historische Bildungsforschung besitzt ein besonderes erkenntnisleitendes Interesse, das sie von der Geschichtswissenschaft wie der Soziologie unterschei-

---

1 Momentan entsteht an der Universität Augsburg im Rahmen eines laufenden Forschungsprojekts ein Theorie- und Forschungsdesign für Familienbiographien. Dieses richtet sich u. a. auf „Lebensmuster, Erziehungspraktiken und Reziprozität in Familien". Dazu wurden 18 Mittelschichtsfamilien aus Bayern und Baden-Württemberg interviewt, sowohl beide Elternteile als auch die Kinder. Dabei wird jedoch nicht weiter als bis zu den erinnerten Familienerfahrungen der Elterngeneration zurückgegangen (vgl. Macha/Witzke 2008). Ansätze zu einer Familienbiographik hat unter Bezugnahme auf Pierre Bourdieu auch das Marburger Forschungsteam um Peter Büchner entwickelt (vgl. Büchner/Brake 2006; vgl. auch Ecarius 2002).

det: Sie befasst sich generell mit historischen Prozessen der Persönlichkeitsentwicklung, kollektiv und individuell, mit deren institutionellen und informellen
Voraussetzungen und Bedingungsgefügen sowie ihrem historischen Wandel und
dessen Ursachen. Sie beschränkt sich daher auch nicht auf die historische Erforschung des pädagogischen Feldes im engeren Sinne: Schul- und Hochschulsys-
tem, professionelle pädagogische Tätigkeitsfelder (Kindergarten, Kinder- und
Jugendhilfe usw.) oder die Entwicklung des Denkens über Erziehung und Bildung, sondern stellt sich wie die Erziehungswissenschaft insgesamt die Aufgabe,
Erziehungs-, Bildungs- und Sozialisationsprozesse in ihrer historischen Entwicklung umfassend zu erforschen und dabei deren gesellschaftliche Kontexte zu
beachten (vgl. Tenorth 2002). Historische Bildungsforschung arbeitet interdisziplinär, sowohl in Theorie und Methode als auch in der Beanspruchung von Quellen: Sie benötigt Wissen über sozioökonomische Wandlungsprozesse ebenso wie
über politische und kulturelle Entwicklungen. Durch ihre besondere erziehungswissenschaftliche Schwerpunktsetzung lehrt sie dabei sozioökonomische und
kulturelle Wandlungsprozesse in ihrer „Vermittlung durch individuelle und kollektive Identitätsbildungsprozesse und zugleich durch Vergesellschaftungsprozesse (und durch die Wechselwirkung beider)" (Herrmann 1991a: 237) ebenso zu
verstehen wie die Abhängigkeit und relative Autonomie der Sozialisationsprozesse historischer Subjekte von ihrer Umwelt. Inner- und außerhalb der Erziehungswissenschaft eröffnet die historische Bildungsforschung somit die Erklärung der
historischen Genese gegenwärtiger Problemstellungen von Erziehung, Bildung
und Sozialisation. Zugleich vermittelt sie Einsichten in die Historizität der for-
schungsrelevanten erziehungswissenschaftlichen Kategorien – z. B. Kindheit,
Jugend, Schule, Familie etc. – und ihrer Ergebnisse, „Einsichten also, die die
empirisch-analytische Theoriebildung und Methodologie ja selbst nicht hergeben
kann" (ebd.). Als wissenschaftlich reflektiertes historisches Gedächtnis hat historische Bildungsforschung schließlich die Aufgabe der Wissensermittlung und
-bewahrung und deren Implementierung in gegenwärtige öffentliche und erziehungswissenschaftliche Debatten über Erziehung und Bildung sowie pädagogisch
relevante gesellschaftliche Reformprozesse und Entwicklungen.

Inzwischen hat die historische Forschung einen großen Teil der lange auch in
der historischen Forschung selbst tradierten Mythen über die Familie entzaubert,
so 1. den Mythos der vormodernen Großfamilie mit vielen Kindern und des Zusammenlebens von mindestens drei Generationen, 2. den Mythos der selbstverständlich geleisteten Solidarität zwischen den Generationen (v. a. Versorgungs-
leistungen), 3. den Mythos eines vormals harmonischeren und kontinuierlicheren
Zusammenlebens der Familie, 4. den Mythos des vormodernen, ökonomisch
autarken ‚ganzen Hauses' und der mit ihm verbundenen patriarchalisch strukturierten Haushaltsfamilie. Die historische Forschung zur Familie hat diese Mythen

inzwischen durchweg widerlegt (vgl. exemplarisch Gestrich/Krause/Mitterauer 2003; zu Familienmythen und Familiengeschichtsschreibung vgl. Fuhs 2007). Gleichermaßen beginnt die historische Forschung nun auch das lange als realitätsnah interpretierte bürgerliche Leitbild der durch emotionale Bindungen gekennzeichneten modernen Kernfamilie mit einer spezifisch modernen Beschränkung auf ihre Funktion als Erziehungs-, Konsum- und Lebensgemeinschaft und einer klaren Rollenzuschreibung für Vater und Mutter (vgl. Nipperdey 1990: 55) auf seinen Realitätsgehalt im 19. und frühen 20. Jahrhundert zu prüfen (vgl. Groppe 2004; Rosenbaum 2007). Aber wie lässt sich die historische Familienentwicklung in einzelnen Gesellschaften dann jenseits einer Differenzierung vorliegender Thesen und Modelle beschreiben? Die Forschungsergebnisse werfen angesichts weiterer familienhistorisch relevanter Differenzierungskategorien wie Stand, Klasse, Schicht oder Milieu sowie Region, Religion und Migration die Frage nach den ‚großen Linien‘ der historischen Entwicklung der Familie neu auf. So vielfältig historisches und gegenwärtiges Familienleben ist, es ist nicht beliebig und seine moderne Entwicklung mit Begriffen wie Individualisierung und Pluralisierung daher auch nur unzureichend beschrieben (vgl. Fuhs 2007: 23).

Zugleich stellt sich in diesem Zusammenhang die Frage nach der gesellschaftlichen Funktion der Familie als Motor oder Agentin sozioökonomischer oder staatlicher Wandlungsprozesse[2] und die Frage, wie die Funktion der Familie in historischen Wandlungsprozessen erforscht werden kann. Es stellt sich also nicht nur die Frage nach dem *Was* der historischen Familienrealität: Gerade die historische Bildungsforschung, die sich generell mit historischen Prozessen der Persönlichkeitsentwicklung und ihren Bedingungsgefügen befasst und daher auch die Frage nach dem *Wie* und *Wodurch* des sozialen Wandels konstitutiv einschließt, scheint geeignet, grundlegende Fragen nach der Rolle und Funktion der Familie im Spannungsfeld von Vergesellschaftungsprozessen und individueller Persönlichkeitsentwicklung im historischen Wandel empirisch zu analysieren. Eine bildungshistorische Familienbiographik ist daher eine Möglichkeit, sowohl fundierte Beiträge zur Geschichte der Familie zu leisten als auch ihre Funktion im Rahmen historischer Gesellschaften und im sozialen Wandel deutlich zu

---

2   Die amerikanische Familienforschung (besonders Tamara K. Hareven) hat die Wechselbeziehung zwischen Familie und Gesellschaft z. B. unter der Perspektive der ‚family time‘ bzw. des ‚family timings‘ untersucht. Ein Ergebnis ist, dass sich Familien keineswegs innerhalb des Modernisierungsprozesses konvergent veränderten, sondern traditionelle Verhaltensweisen und Strukturen zum Teil längerfristig beibehielten. Die Familie war somit u. U. eine entscheidende Instanz, um ihre Mitglieder vor rapiden Modernisierungsprozessen zu schützen und ihnen gleichzeitig ein Moratorium zur Vorbereitung auf gesellschaftliche Veränderungsprozesse zu ermöglichen (vgl. Hareven 1999: 27ff.). Auf diese Weise kann die Familie entweder eine besondere Ressource der Stabilisierung oder aber ein Hemmnis der Anpassung an neue Verhältnisse sein.

machen. In diesem Zusammenhang kann eine bildungshistorische Familienbiographik insbesondere analysieren, welche Bedeutung dabei den innerfamilialen
Erziehungs-, Bildungs- und Sozialisationsprozessen und Generationsbeziehungen zukommt. Es ist dabei ausreichend, zwei Generationen einer Familie (Eltern
und Kinder, jeweils über ihre gesamte Lebensspanne, d. h. die Lebensphasen
Kindheit, Jugend, Erwachsenen- und Greisenalter) in den Blick zu nehmen, um
die Bedeutung der Familie im Spannungsfeld von Vergesellschaftungsprozessen
und individueller Persönlichkeitsentwicklung im historischen Wandel zu analysieren (vgl. Habermas 2000). Je mehr Generationen jedoch einbezogen werden
können, umso klarer können auch kollektive Familienidentitäten, Familiengedächtnisse und -strategien ermittelt und in die Analyse einbezogen werden (vgl.
Ecarius 2002; Groppe 2004; Groppe 2007).

Wendet man die Aufgabenstellung der historischen Bildungsforschung auf
die in diesem Beitrag anvisierte Modellbildung für eine bildungshistorische Familienbiographik an, stellt sich zunächst die Frage nach einer theoretischen Rahmung. Erziehungswissenschaftliche und soziologische Theorien zur Familie (vgl.
exemplarisch Mollenhauer/Brumlik/Wudtke 1975; Luhmann 1988; Bourdieu
2001) beziehen sich implizit oder explizit auf eine moderne Form der Familie,
die als primäre Erziehungs-, Bildungs- und Sozialisationsinstanz Prozesse der
Persönlichkeitsentwicklung und Enkulturation einleitet und Kindern und
Jugendlichen erweiterte Entwicklungs- und Lernphasen eröffnet, indem diese
von verantwortlicher Mitarbeit für den Familienunterhalt ebenso entlastet werden wie von der vollen Verantwortung für ihr Handeln. Mit der Konstitution der
Familie als rechtlich geschütztem Privatraum entstehen seit dem späten 18. Jahrhundert zunehmend individualisierte Generationsbeziehungen und Erziehungs-
verhältnisse, durch die sich die Familie mental als durch Emotionen miteinander
verbundene intergenerative Beziehungseinheit konstituiert und in diesem Zusammenhang Handlungsfigurationen, Werte und Normen an die heranwachsenden Familienmitglieder vermittelt (vgl. Ecarius 2003: 37ff.; Groppe 2007). Als
eigenständige soziale Formation verbindet sie das Leben von mindestens zwei
Generationen (die Eltern mit ihren leiblichen oder angenommenen Kindern als
moderne Kernfamilie) eng durch familieninterne Interaktion und Kommunikation.

Abgesehen davon, dass diese Familienform sich – zumindest als Ideal – vor
allem in modernen westlichen Gesellschaften herausbildete, werfen theoretische
Konzepte wie die genannten auch Schwierigkeiten auf, Familienformen und
-funktionen zu fassen, die vor der sogenannten Sattelzeit[3] um 1800 in Europa

---

3   In der sog. ‚Sattelzeit' – den Zeitraum vom letzten Drittel des 18. Jahrhunderts bis etwa 1850
     umfassend – wurden die Weichen für die europäische Moderne gestellt, d. h. politische Organi-

vorherrschend waren. Bilden somit aktuelle Theorien zur Familie gegenwärtig vorherrschende Familienformen und -funktionen ab, so stellt sich daran anschließend auch die Frage, inwiefern soziologische ‚Großtheorien' sozialen Wandels (z. B. der Strukturfunktionalismus Parsonscher Provenienz und in Weiterentwicklung die Systemtheorie Luhmannscher Prägung), poststrukturalistische Geschichtsdeutungen wie die Michel Foucaults oder auch soziologische Modernisierungstheorien wie die Richard Sennetts (1983) oder Ulrich Becks (1986) geeignet sind, die Analyse (bildungs)historischer Entwicklungen reflektiert anzuleiten oder ob sie nicht eher geeignet sind, begreift man sie als Folie der Interpretation historischer Prozesse, die Theorie rückwirkend immer wieder zu bestätigen: „Durch welche Kriterien kann z. B. im Luhmannschen Modell überprüft werden, ob im neuzeitlichen Europa die Stratifikation als gesellschaftliche Primärdifferenzierung durch die funktionale Differenzierung ersetzt wurde und die funktionale Differenzierung durch sinnhafte Fokussierung die jeweiligen Möglichkeiten zur Erfassung und Verarbeitung der überwältigenden Komplexität von Welt enthält?" (Müller 1987: 19). Robert K. Merton hatte bereits 1949 kritisiert, dass sogenannte ‚Großtheorien' aufgrund ihres Universalanspruchs keine geeignete Grundlage empirischer Forschung darstellen. Er plädierte daher für ‚Theorien mittlerer Reichweite', die jeweils bestimmte Ausschnitte sozialer Wirklichkeit beschreiben und somit der Spezifik des Untersuchungsgegenstands Rechnung tragen können (vgl. Merton 1995). Erst diese ‚Theorien mittlerer Reichweite' können nach Merton ein fruchtbares, dialektisches Verhältnis von Theoriebildung und empirischer Forschung begründen.[4] Sie sind zugleich Spiegel einer selbst nicht konsistenten Wirklichkeit (vgl. Merton 1995: 83ff.). In meinen folgenden Ausführungen zu einem Modell der bildungshistorischen Familienbiographie wird daher unter Punkt 4 auch auf solche Theorien mittlerer Reichweite zurückgegriffen, oder es werden Teile umfassenderer Theorien in dieser Weise verwendet.

3 Methodologische Voraussetzungen und Probleme

Die bildungshistorische Familienforschung hat zunächst wie die Familienforschung insgesamt an mehreren Fronten zu kämpfen: Während z. B. die historische Entwicklung des deutschen Bildungssystems trotz regionaler Besonderhei-

---

sation, gesellschaftliches Leben, Kunst, Lebensformen und Identität erfuhren einen entscheidenden Wandel (vgl. Koselleck 1972: XVff). Dies gilt auch für die Familie.

4 Eine solche Theorie mittlerer Reichweite stellt in der Familienforschung z. B. Kurt Lüschers Modell einer grundsätzlichen Ambivalenz der Generationsbeziehungen in Familien dar (vgl. Lüscher 2000).

ten für das Gesamtsystem aussagekräftig beschrieben werden kann (vgl. Müller/
Zymek 1987), sind Forschungen zur Familie generell mit der Pluralität von Familienformen konfrontiert, die einerseits auf regionale Eigentümlichkeiten der
Familienentwicklung zurückzuführen sind, die aus den jeweiligen kulturellen
und ökonomischen Besonderheiten (Religionszugehörigkeit, Struktur der Erwerbsarbeit etc.) resultieren, andererseits aber auch auf standes-, schicht- oder
milieuspezifischen Besonderheiten beruhen (vgl. Malmede 2006: 298).

In diesem Zusammenhang muss daher die Reichweite einer konkreten Familienbiographie präzise angegeben werden. Auch qualitative Forschung zielt
auf Verallgemeinerung; der konkrete ‚Fall' einer Familie ist für die bildungshistorische Forschung schließlich nur insofern interessant, als er auf Allgemeineres
verweist (vgl. Oswald 1997: 73). Daher muss für eine Familienbiographie zunächst geklärt werden, wofür denn dieser Fall steht, wenn nicht die Familie
selbst schon in politischer, ökonomischer oder kultureller Hinsicht von besonderem Interesse ist. Eine Fallstudie setzt „auf methodisch kontrollierte (…) Weise
den Einzelfall mit vorhandenen allgemeinen Wissensbeständen in Beziehung
(…) um zu prüfen, was am Fall aus diesen Wissensbeständen heraus erklärbar ist
und was an den Wissensbeständen aus diesem Fall heraus zu differenzieren und
gegebenenfalls zu korrigieren ist. Die Fallstudie zielt also auf (Prüfung oder
Erweiterung bestehender oder Gewinnung neuer wissenschaftlicher) *Erkenntnis*"
(Fatke 1997: 59). Fatke verweist damit auch auf den langen Forschungsweg im
Rahmen qualitativer Forschung. So kann z. B. aus der exemplarischen Analyse
einer Unternehmerfamilie nicht ohne weiteres ein Modell für das Wirtschafts-
bürgertum insgesamt entwickelt werden. Clifford Geertz hat einen solchen gene-
ralisierenden Zugriff ironisch das „‚mikroskopische' Modell (‚Jonesville-ist-die-
USA')" (Geertz 1999: 31) genannt. Man kann Geertz' Überlegungen zum Erkenntnisinteresse von ethnographischen Studien gut auf sozialwissenschaftliche
Fallstudien übertragen: Ziel ist nach Geertz, mit dem erhobenen Material und
seiner Interpretation „den gigantischen Begriffen, mit denen es die heutige Sozialwissenschaft zu tun hat – Legitimität, Modernisierung, Integration, Konflikt
(…) – jene Feinfühligkeit und Aktualität (...) [zu verleihen, C.G.], die man
braucht, wenn man nicht nur realistisch und konkret *über* diese Begriffe, sondern
– wichtiger noch – (…) *mit* ihnen denken will" (Geertz 1999: 33f.).

Eine Untersuchung über eine besondere Familie muss sich also nicht aus ihrer singulären kulturellen oder politischen Bedeutung herleiten (vgl. Habermas
2000; Groppe 2004). Percy Ernst Schramm, Pionier einer wissenschaftlichen
Familienbiographik, hat bereits 1963 die Kriterien benannt, die eine Familie
erfüllen muss, um zum Gegenstand einer Untersuchung werden zu können, die
nicht allein der Aufarbeitung einer besonderen Familiengeschichte, sondern
deren exemplarischer Erforschung verpflichtet ist: regionale Konstanz, kontinuierliche Zugehörigkeit zu einer sozialen Schicht, übersichtlicher Personenbe-

stand, keine herausragenden Persönlichkeiten, Teilnahme der Familie an den Ereignissen und Prozessen der Geschichte und eine kontinuierlich dichte Quellenlage für die untersuchten Generationen der Familie (vgl. Schramm 1963: 5f.; Fatke 1997: 61f.).

So selbstverständlich die Verschränkung von Individual- und Gesellschaftsgeschichte inzwischen für die historische Bildungsforschung theoretisch sein mag, so komplex erscheint ihre forschungspraktische Einlösung, z. B. als Gewichtung der auf die Einzelpersönlichkeit oder auf Familien und Gruppen einwirkenden Vorstellungswelten, konkreten Ereignisse und sozialen Instanzen und darüber hinaus deren Vermittlung mit den von den Individuen und Gruppen aktiv initiierten Gestaltungsprozessen ihrer Lebensformen (vgl. Kohli 1991: 303; Ecarius 1997: 309f.). Es reicht somit nicht aus, das jeweilige Bedingungsgefüge einer Gesellschaft zu beschreiben, sondern auch die Wahrnehmung und Gestaltung der sozialen Welt durch die Subjekte müssen berücksichtigt werden. Soziale Wirklichkeit, so lautet daher das Paradigma der neuen Kulturgeschichte (vgl. Mergel/Welskopp 1997), ist kein statisches Ordnungsgefüge, sondern entsteht aus dem dialektischen Verhältnis von Strukturen, Institutionen, individueller und gruppenspezifischer Praxis, Diskursen und symbolischen Deutungen (vgl. Hall 1999). In der historischen Bildungsforschung hat das kulturelle Paradigma zu einer verstärkten Hinwendung zur biographischen Forschung geführt. Die kulturhistorische Forschung steht jedoch – trotz anderslautender theoretischer Fassung – oftmals in der Gefahr, Einfluss und Beharrungsvermögen sozialer Strukturen systematisch zu unterschätzen und im konkreten Forschungsdesign zu vernachlässigen. Pierre Bourdieu hat unter dem provozierenden Stichwort „Die biographische Illusion" darauf hingewiesen, dass der Versuch, „ein Leben als eine einzigartige und für sich selbst ausreichende Abfolge aufeinander folgender Ereignisse zu begreifen, ohne andere Bindung als die an ein Subjekt, (...) beinahe genauso absurd [ist] wie zu versuchen, eine Metro-Strecke zu erklären, ohne das Streckennetz in Rechnung zu stellen, also die Matrix der objektiven Beziehungen zwischen den verschiedenen Stationen" (Bourdieu 1990: 75). Um eine Biographie zu verstehen, müssen also „‚Lage' und ‚Stellung' des einzelnen Akteurs im ‚sozialen Raum' möglichst genau" bestimmt werden (Sieder 1994: 450). Erst vor diesem Hintergrund lassen sich dann auch die Handlungsspielräume und Gestaltungsmöglichkeiten historischer Akteure präzise beschreiben.

4 Bildungshistorische Familienbiographik - ein Analysemodell

In einer bildungshistorischen Familienbiographie geht es also konkret darum, unmittelbar anhand einer kleinen Gruppe von Personen zu zeigen, wie sich „sozialer Wandel auf das Leben der Menschen ausgewirkt und wie umgekehrt das

Handeln einzelner Akteure den sozialen Wandel geprägt hat" (Hareven 1999: 203) und vor allem, welche Bedeutung der Familie als Sozialisationsinstanz und primärem Ort der Erziehung dabei zukommt. Eine Familienbiographie ist damit zentral auf ‚Kontextanalysen' angewiesen (vgl. Böhme/Tenorth 1990: 44ff.; Berg 1991: 25; Langewand 1999). In meinem Modell wird versucht, diese Kontexte zu operationalisieren und sie durch die Kategorien *Lebenswelt, Lebensform, Lebensmuster* und *Generation* zu fassen.

Analysemodell

Kontexte	Binnenperspektive
Lebenswelt (Makroebene): Ensemble der gesamtgesellschaftlichen und regionalspezifischen Strukturbedingungen: Politik (Herrschaft), Sozialstruktur, Wirtschaft, Kultur (Komplex der symbolischen Interaktionen, der Symbolsysteme und der Werte und Normen) (H.-U. Wehler)	**Familienanalyse (Mikroebene):** Familiale Sozialdaten: Region, Konfession, soziales Milieu, Bildungsabschlüsse, Berufstätigkeit, Einkommen Materielle Ausstattung/Lebensqualität: Wohnverhältnisse, Kulturgüter (Bibliothek, Gemälde, Wohnungsausstattung etc.), Kleidungs- und Essensqualität etc. Familiale Lebensführung: Außenbeziehungen (soziale Kontakte; Vereine etc.), Mobilität (Reisen, Ausstattung mit privaten Verkehrsmitteln etc.), Freizeitgestaltung (kulturelle Praktiken wie Gesellligkeiten, Theaterbesuche etc.) Verwandtschaftsnetze: ihre Nutzung und Bedeutung Familienbinnenstrukturen und Familiengröße der Haushalts- oder Kernfamilie Formen des alltäglichen Zusammenlebens (eheliche Gemeinschaft, Eltern und Kinder, Geschwister)
Die Lebenswelt steht in dialektischer Spannung zu	
Lebensformen (Mesoebene): stande-, klassen- oder gruppenspezifisch; z.B. bürgerlich, adelig, bäuerlich; mit regionalen Besonderheiten (Ebene der historisch eingeübten sozialen Verhaltensweisen) (A. Borst, P. Münch) → Analyseperspektive Figurationen (N. Elias): Beziehungsanordnungen und Interaktionsformen → Analyseperspektive Lebens*räume*: Strukturebene von Figurationen	**Lebenslauf:** familiale Ausgestaltung der Lebensphasen Kindheit, Jugend, Erwachsene, Alter: Übergangsriten, Bedeutungszuschreibung, Erziehungsziele, -stile und -mittel, zugewiesene Aufgaben und Verantwortungen
Die Lebensformen bedingen unter Einbezug von lebensweltlichen Bedingungsgefügen die	**Persönlichkeitsentwicklung** (biographische Analyse) → **Identitätsbildung** – persönlich-biographische Identität, soziale Identität (bürgerlich-öffentlich, beruflich, familial etc.) und deren Vermittlung → **Handlungskompetenz** – Positionierung in sozialen Feldern; Erwerb spezifischer Kompetenzen für das Handeln in sozialen Feldern (Familie, Öffentlichkeit, Beruf etc.)
Lebensmuster (Sinndeutungen des Lebens, Lebensziele)	
Generation als Analysekategorie gruppenspezifischer Veränderungsprozesse	**Quellenlage:** *Dichte Beschreibung (C. Geertz) erfordert eine dichte Quellenlage.* Selbstzeugnisse: Briefe, Tagebücher, Autobiographien, Erinnerungen usw. Ego-Dokumente: Eheverträge, Testamente,
Generation Gesamtgesellschaftliche Generationslagerung, regional- und stande-, klassen- oder gruppenspezifische Generationszusammenhänge und -einheiten (Karl Mannheim); Vergleich mit innerfamiliären Generationsprofilen und Generationsbeziehungen	Vormundschaftsregelungen, Familienchroniken, Reiseberichte, private Inventarien usw. Ergänzend: Kirchenakten, Grundstücksangelegenheiten, Schul- und Lehrzeugnisse, Wählerlisten, Zeitungsartikel, Mitgliedschaften in Vereinen und Vereinsprotokolle usw.

4.1 Die Kontexte: Lebenswelt, Lebensform, Lebensmuster und Generation

Die *Lebenswelt* ist das gesamtgesellschaftliche und regionale Ensemble von Umweltbedingungen, in denen Gruppen und Individuen stehen und in denen sie ihre spezifischen Lebensformen ausbilden. Sie stellt die Makroebene der Analyse dar. Der Begriff der Lebenswelt umfasst somit die Strukturbedingungen einer Gesellschaft, wie sie Hans-Ulrich Wehler kategorisierend fasst: Politik (Herrschaft), Sozialstruktur, Wirtschaft und Kultur. Die vier Dimensionen stehen dabei in einem dialektischen Spannungsverhältnis. Kultur meint in diesem Ansatz vor allem den „Komplex symbolischer Interaktion" in einer Gesellschaft (Wehler 1996: 10). Sie ist der „von Menschen erzeugte Gesamtkomplex von kollektiven Sinnkonstruktionen, Denkformen, Empfindungsweisen, Werten und Bedeutungen (...), der sich in Symbolsystemen materialisiert" (Nünning 2001: 355). Die Analyse von Kultur ist somit nicht trennbar von Herrschaft, Sozialstruktur und Wirtschaft als deren Bedingungsgefüge. So sind beispielsweise in einer ständisch strukturierten Lebenswelt – grundsätzlich betrachtet – keine auf Autonomie und Einzigartigkeit zielenden Vorstellungen vom Einzelmenschen denkbar, da diese auf mobilitätsfördernde Umwelten rekurrieren müssen, die eine stärkere Eigenleistung und Selbstverantwortung des Subjekts verlangen (vgl. Mitterauer 1986: 37).

Innerhalb der Lebenswelt bilden sich regional- und gruppenspezifische, von den historischen Akteuren aktiv mitgestaltete *Lebensformen* (vgl. Münch 1996: 103; auch Blessing 1987: 23). So lebten Adlige, Bürger und Bauern im 18. Jahrhundert zwar in einer gemeinsamen Lebenswelt, entwickelten aber unterschiedliche Lebensformen. Diese prägen sowohl die Erscheinungsformen der Sozialisationsinstanzen (Familie, peer groups, Schule, Arbeit etc.) als über diese auch die konkreten Interaktionen zwischen den Individuen in Familie und Öffentlichkeit (vgl. Grundmann/Fuß/Suckow 2000: 28).[5] Der in meinem Modell verwendeten Fassung des Konzeptes ,Lebensform' als Mesoebene der Analyse steht der Mittelalterhistoriker Arno Borst am nächsten, der geschichtlich eingeübte und sich in spezifischen „Lebenskreisen wie Dorf oder Markt, Feldlager oder Fürstenhof, Schule oder Kloster" je unterschiedlich ausprägende soziale Verhaltensweisen „Lebensformen" nennt (Borst 1979: 14, 19ff.). Ähnlich ordnet auch Paul Münch seine Geschichte der frühen Neuzeit nach lebensweltlichen Rahmenbedingungen (das Reich und die Länder; Stände und Schichten) sowie nach den in ihnen sich entfaltenden Lebensformen (Lebensrhythmus, Zeitmessung; Haus und Familie; Kindheit, Jugend, Partnerwahl etc.) (vgl. Münch 1992: 20f.). Lebensformen stellen daher zugleich „erziehende Sozialordnungen" (Flitner 1963: 103) dar: In

---

5   Vgl. dazu auch die Ausführungen von Schütz/Luckmann 1975: 23ff., 27ff.; Berger/Luckmann 1969: 24ff.

ihnen entwerfen Subjekte ihren Lebenssinn (Lebensmuster), in ihnen werden sie erzogen und sozialisiert. Die innere Dynamik der Lebensformen wirkt zugleich auf die lebensweltlichen Strukturbedingungen ein.

Innerhalb der Lebensformen und mit diesen untrennbar verbunden bilden sich auch die *Lebensmuster*. Diese bezeichnen in meinem Modell die von historischen Individuen und Gruppen vorgenommene Sinndeutung ihres Lebens und die Ziele, die sie für ihr Leben implizit oder explizit formulieren. Lebensmuster stehen dabei in engem Zusammenhang mit der sozialen Praxis der jeweiligen Individuen und ihren geistigen und sozialen ‚Möglichkeitsräumen' (vgl. Bourdieu 1990: 80f.), z. B. inwiefern religiöse Vorgaben die Formulierung des Lebenssinns beeinflussten oder besonderes ökonomisches Handeln neue Lebensziele ermöglichte.

Doch wie beschreibt man die Lebensformen, wenn man in diesem Zusammenhang nicht nur deren ‚materielle' Seite (Alltagsgegenstände, Institutionen etc.) analysieren, sondern auch ihre Gestaltung durch die Individuen berücksichtigen will? Norbert Elias hat vorgeschlagen, für diesen zweiten Aspekt von flexiblen ‚Figurationen', die Menschen aktiv miteinander ausbilden, zu sprechen (vgl. Elias 1976: LXVIIff.; auch Ecarius 2002: 43ff.). Elias wählt das Bild des Gesellschaftstanzes, um dieses Theorem näher zu beschreiben. Ein Tanz kann von verschiedenen Individuen ausgeführt werden, aber „ohne eine Pluralität von aufeinander ausgerichteten, voneinander abhängigen Individuen (...) gibt es keinen Tanz; wie jede andere gesellschaftliche Figuration ist eine Tanzfiguration relativ unabhängig von den spezifischen Individuen, die sie hier und jetzt bilden, aber nicht von Individuen überhaupt" (Elias 1976: LXVIII). Damit werden Menschen als immer schon vergesellschaftete Akteure verstanden, die aber nicht determiniert, sondern lediglich – durch die Struktur ihrer Lebenswelt – konditioniert sind (vgl. Sieder 1994: 448; Berg 1991: 27). Die Kategorie der Figuration wird daher in meinem Modell zur Kennzeichnung besonderer Beziehungsanordnungen und Interaktionsformen innerhalb der Lebensform genutzt,[6] z. B. als Gruppenfiguration der männlichen Unternehmerschaft (korporative Gemeinschaft oder konkurrierende Individuen) in einem bestimmten Zeitraum. Zugleich lässt sich die Kategorie der Figuration mit einer Beschreibung der – hier wörtlich zu nehmenden – Lebens*räume* verbinden. Räume und Figurationen stehen in einem wechselseitigen Abhängigkeitsverhältnis. Räume ordnen Figurationen an und geben ihnen Bedeutung. So sind z. B. die Wohnräume einer Familie nicht nur Orte des alltäglichen Aufenthalts, sondern auch sichtbares, sozialisierendes Arrangement des Verhältnisses von Eltern und Kindern oder der Geschlechter-

---

6   Bei Elias wird das Modell der Figuration deutlich weiter gefasst, nämlich zur Kennzeichnung
      gesamtgesellschaftlicher Entwicklungen (vgl. Elias 1976: LXVIIIff.).

rollen (im 19. Jahrhundert: das Arbeitszimmer des (bürgerlichen) Vaters, der Salon der Mutter) (vgl. Kemnitz/Jelich 2003).

Neben der Rekonstruktion historischer Lebenswelten, Lebensformen und Lebensmuster kommt im Rahmen einer bildungshistorischen Familienbiographie der Rekonstruktion des Selbstverständnisses und der Verhaltensformen von Familienmitgliedern im Sinne generationsspezifischer Einheiten (die Großeltern-, Eltern- und Kindergeneration in der Kernfamilie) eine wichtige Bedeutung zu. Zu fragen ist einerseits nach deren jeweiligem Rollenverständnis und nach der innerfamiliären Gestaltung von Generationsbeziehungen, andererseits nach dem Verhältnis der Generationen in den familienübergreifenden Lebensformen und deren Wechselbeziehung mit den innerfamiliären Generationsbeziehungen. Das Konzept der *Generation* hilft in seiner weiteren Bedeutung als Generationsfolge zugleich, Wandlungsprozesse und Kontinuitäten der Lebensformen und Persönlichkeitsbildung in einer Familie über einen längeren Zeitraum zu beschreiben, z. B. als Veränderung der Erziehungspraxis und des Selbstverständnisses der jeweiligen Elterngeneration (vgl. Ecarius 2002: 38ff., 183f.).

Darüber hinaus müssen die familialen Generationenprofile in einen größeren generationellen Zusammenhang gestellt werden, wie ihn Karl Mannheim entwickelt hat. Eine Generationslagerung, d. h. die Zugehörigkeit zu einer bestimmten Geburtenkohorte innerhalb einer Gesellschaft, stellt für Mannheim zunächst einen äußeren Rahmen dar, wohingegen ein Generationszusammenhang „auf einer verwandten Lagerung der einer Generation zurechenbaren Individuen im sozialen Raume" beruht, z. B. als bürgerliche Jugend um 1800 (Mannheim 1972: 526f.). Er stellt für Mannheim die Möglichkeit bereit, auf gleiche Erfahrungen in gleichdenkenden und -handelnden Gruppen, nach Mannheim in Generationseinheiten, zu reagieren (vgl. Mannheim 1972: 544). Offen bleibt bei Mannheim in der Beschreibung von Generationszusammenhängen und -einheiten allerdings die Frage nach der Gewichtung von Ereignissen und Prozessen und sozial- und milieuspezifischen Besonderheiten, so dass verschiedenartige Forschungsperspektiven ganz unterschiedliche Generationsschemata hervorbringen können (beispielsweise politische Generationen, wissenschaftliche Generationen, literarische Generationen etc. mit unterschiedlichen Zeitrhythmen). Diese Probleme einer Operationalisierung des Generationskonzepts berücksichtigend kann dieses jedoch zunächst regionalspezifisch angewendet werden. So ist es möglich, ausgehend von einer Familie z. B. die bildungs- oder wirtschaftsbürgerliche Jugend in einem bestimmten geographischen Raum und zu einer bestimmten Zeit als Ausgangspunkt eines spezifischen Generationszusammenhangs im Sinne eines gemeinsamen Reagierens auf historisch-aktuelle Problemstellungen und spezifische Sozialisationserfahrungen zu beschreiben (vgl. Groppe 1997: 70; Herrmann 1991b: 56f.; Ecarius 2002: 53f.). Darauf aufbauend kann dann nach vergleichbaren Entwicklungen in der Gesamtgesellschaft gesucht werden, und die regionalen Generationszusammenhänge und -einheiten können in einen größeren Zusammenhang gestellt werden.

4.2 Die Binnenperspektive: Familie, Lebenslauf, Persönlichkeitsentwicklung

Die Darstellung der historischen Sozialisations-, Erziehungs- und Bildungsprozesse der Familienmitglieder werden durch die Kategorien *Familie, Lebenslauf* und *Persönlichkeitsentwicklung*, letztere unterschieden in Identitätsbildung und Handlungskompetenz, gefasst. Die Kategorie *Familie* wird dabei durch die Analyseebenen der äußeren familialen Sozialdaten (Region, Konfession, soziales Milieu, Bildungsabschlüsse, Berufstätigkeit, Einkommen), der materiellen Ausstattung (Lebensqualität), der familialen Lebensführung (Außenbeziehungen, Mobilität, Freizeitgestaltung usw.), der Verwandtschaftsnetze und Familienbinnenstrukturen, der Formen familialen Zusammenlebens (eheliche Gemeinschaft, Eltern und Kinder, Geschwister) und des alltäglichen Familienlebens erfasst. Diese Ebenen sind das Bedingungsgefüge für die Analyse von Lebenslauf und Persönlichkeitsentwicklung.

So wird unter der Kategorie *Lebenslauf* einerseits geprüft, ob sich in mikrohistorischer Perspektive die These von einer zunehmenden Standardisierung und Chronologisierung des Lebenslaufs in der Moderne gegenüber einer statischen Lebensform mit stabilen Zugehörigkeiten in der Vormoderne bestätigen lässt (vgl. Kohli 1991). Relevant sind im Zusammenhang des Lebenslaufs andererseits auch die familialen und öffentlichen Übergangs- und Initiationsriten (vgl. Gennep, v. 1986: 21f.) zwischen den einzelnen Lebensstadien. Wie wurden diese Übergänge ausgestaltet, in welchem Alter wurden sie vollzogen und welche Bedeutung wurde ihnen in den einzelnen Generationen zugeschrieben? Von besonderer Bedeutung ist jedoch die familiale Ausgestaltung der einzelnen Phasen des Lebenslaufs im historischen Prozess. Welcher Stellenwert und welche Dauer wird den Lebensphasen Kindheit und Jugend durch die Familie eingeräumt und wie werden sie materiell und interaktiv ausgestaltet? Welche Erziehungsziele werden für die Phasen Kindheit und Jugend formuliert, welche Erziehungsmittel angewandt? Konvergiert die familiale Gestaltung mit den zeitgleich geführten gesellschaftlichen Debatten? Wann und wie entsteht eine von der Kindheit abgrenzbare eigene Lebensphase ‚Jugend'? Wann beginnt das Erwachsenenalter? Welche inner- und außerfamilialen Faktoren riefen Wandlungsprozesse in der Ausgestaltung der Lebensphasen hervor?

Schließlich wird die Frage nach der konkreten *Persönlichkeitsentwicklung* der Familienmitglieder in einzelbiographischer Analyse mit den Kategorien

Identitätsbildung und *Handlungskompetenz* ermittelt. Identität kann allgemein beschrieben werden als selbstreflexives Bewusstsein, das durch die Teilhabe an sozialen Gruppen und Prozessen entsteht (vgl. Glomb 2001). Während die soziale Identität die Teilhabe des Individuums am sozialen Raum und dessen unterschiedlichen Rollenanforderungen beschreibt – in der Analyse relevant sind z. B. die bürgerlich-öffentliche, die berufliche und die familiale Identität –, ist die persönliche Identität die Biographie des Individuums, d. h. die Geschichte, die das Individuum als seine individuelle Lebensgeschichte begreift und in die die soziale Identität durch die Teilnahme am sozialen Handeln im Sozialisationsprozess bereits Eingang gefunden hat. In der konkreten Interaktion müssen nun persönliche Identität und soziales Rollenspektrum immer wieder ausbalanciert werden (vgl. Habermas 1976: 85f.; Wagner 1998: 45f.). Soziale und persönliche Identität sind somit auch nur analytisch voneinander abhebbar. Gefragt werden muss einerseits nach der sozialen Identität der Familienmitglieder in unterschiedlichen sozialen Feldern und historischen Epochen (als Vater und Mutter in der Familie, als politisch tätiger Bürger, als Mitglied in Vereinen und peer groups etc.), andererseits aber auch nach der persönlichen Identität durch die gelebte und reflektierte Biographie und nach deren Vermittlung mit den Identitätsangeboten in den sozialen Feldern. Vor dem Hintergrund ständiger Konfrontation mit unterschiedlichen sozialen Rollen beschreibt Identitätsbildung zugleich eine lebenslange Arbeit des Subjekts (vgl. Krappmann 1980: 101), und daher sollte die Identitätsbildung auch bis ins hohe Alter der Familienmitglieder untersucht werden.

Begreift man das Individuum weiterführend auch als Handlungszentrum, dem „willentliche Kontrolle, Intentionsbildung und die Fähigkeit zur Selbstregulation zugeordnet werden" (Krewer/Eckensberger 1991: 575), so dienen Handlungen einerseits dem Aufbau von Identität, andererseits der Positionierung in sozialen Feldern, in die das Individuum damit zugleich gestaltend eingreift (vgl. Grundmann 1999: 23). Die Positionierung wird wie die Identität in ihren Potenzialen strukturiert und begrenzt durch die soziokulturellen ‚Möglichkeitsräume' (Bourdieu), die dem Individuum zur Verfügung stehen (vgl. Krewer/Eckensberger 1991: 578, 590ff.; Wagner 1998: 61). Für die familienbiographische Analyse ist es somit bedeutsam, diese Möglichkeitsräume in Form einer Kontextanalyse genau zu beschreiben, um die Spannweite der sozial zugelassenen Persönlichkeitskonzepte in einem gegebenen sozialen und kulturellen Zusammenhang ausloten und mit der Identität und Handlungskompetenz der untersuchten historischen Akteure vergleichen zu können (vgl. Grundmann 1999: 25, 29f.; Gestrich 1988: 14ff.). Daher muss auch das komplexe Zusammenspiel der unterschiedlichen Handlungsfelder, an denen ein Individuum beteiligt ist, berücksichtigt werden. Die Veränderung von Erfahrungshorizonten, z. B. durch Entwicklungen im ökonomischen oder religiösen Feld, wirkt biographisch erkennbar auf die Handlungsmuster in anderen Feldern (vgl. Grundmann 1999: 27f.).

5   Quellenlage und Auswertung

Clifford Geertz' Vorschlag einer ‚dichten Beschreibung' folgend, ist mit den obigen Kategorien ein Ensemble von Forschungsfragen aufgestellt und ein Analysemodell entwickelt worden, das „die Vielfalt komplexer, oft übereinandergelagerter oder ineinander verwobener" Ereignisketten, Prozesse und Vorstellungswelten fassbar und darstellbar machen soll (Geertz 1999: 15, 10ff.). Je ‚dichter' dabei die Quellenlage zur untersuchten Familie ist, umso besser wird eine dichte Beschreibung, die unterschiedlichste Perspektiven aufnimmt, gelingen. Wichtige Quellengattungen sind dabei Ego-Dokumente, d. h. Dokumente, aus denen Aussagen über das Selbst- und Weltverständnis von Personen entnommen werden können (z. B. Testamente, Eheverträge, Chroniken, Reiseberichte, private Inventarien usw.); dazu kommen insbesondere die Selbstzeugnisse, in denen ein Individuum bewusst Auskunft über sich gibt und über sich selbst reflektiert (Briefe, Tagebücher, Autobiographien, Erinnerungen usw.) (vgl. Krusenstjern 1994; Schulze 1996). Dabei ist es wichtig, dass es sich nicht nur um sporadisch erzeugte Ego-Dokumente und vereinzelte Selbstzeugnisse handelt, sondern dass die Quellenlage über die Generationen hinweg eine möglichst hohe Kontinuität aufweist. Ergänzt werden können die Ego-Dokumente und Selbstzeugnisse durch amtliche Zeugnisse wie z. B. Kirchenakten, Grundstücksangelegenheiten, Schul- und Lehrzeugnisse und im öffentlichen Rahmen entstandene Dokumente: Wählerlisten, Aufrufe, Zeitungsartikel, parlamentarische Protokolle, Unterlagen zu Mitgliedschaften und Tätigkeiten in Vereinen etc.

Der Verstehensvorgang der klassischen Hermeneutik, in der sich der Interpret in ständiger Überprüfung der erreichten Interpretation dem Text im ‚unendlichen Gespräch' (Hans-Georg Gadamer) nähert und so seinen ‚Sinn' zunehmend ‚versteht', ist immer wieder als spekulativ verworfen worden. Das Problem des Sinnverstehens kann jedoch mit Geertz' semiotischem Kulturbegriff bearbeitet werden. So sollte nach Geertz nicht versucht werden, sich „als jemand anderen (...) vorzustellen und dann herauszufinden, wie ein solcher denkt", sondern „die symbolischen Formen – Worte, Bilder, Institutionen, Verhaltensweisen –, mit denen die Leute sich tatsächlich vor sich selbst und vor anderen darstellen", untersucht werden (Geertz 1999: 293). Der semiotische Kulturbegriff Geertz' hilft dabei, Denken und Interaktionsprozesse historischer Individuen zu verstehen, ohne historische Abstände zu vernachlässigen, indem eine Ebene – die der symbolischen Formen und ihrer Bedeutungen – eingeschaltet wird, welche der

Alterität des Gegenstandes Rechnung trägt. Die Frage ist somit nicht: Wer *ist* ein spezifisches Mitglied der Familie X, sondern: Welche Symbole und Handlungen *konstituierten* dessen Identität und Weltdeutung, d. h. ein semiotischer Ansatz erschließt „einen Zugang zur Gedankenwelt der von uns untersuchten Subjekte (...), so daß wir – in einem weiteren Sinn des Wortes – ein Gespräch mit ihnen führen können" (Geertz 1999: 35). Das Bedingungsgefüge und die Elemente der Gedankenwelt eines historischen Subjekts müssen daher so ‚dicht' wie möglich beschrieben werden. Erst dadurch entsteht eine ‚Welt der Bezüge', die einen Zugang zur Symbolwelt und Selbstdeutung der Familie und ihrer Mitglieder eröffnet (vgl. Ricœur 1978: 112f., 116).

6 Exemplarische Forschungsergebnisse

Ich möchte abschließend einige Forschungsergebnisse aus meiner Studie über eine Seidenfabrikantenfamilie im Bergischen Land knapp skizzieren, um den Gewinn bildungshistorischer familienbiographischer Studien sowohl für die historische Familienforschung als auch für die Bildungsgeschichte angeben zu können.

Eine der Kernthesen der historischen Familienforschung bezieht sich auf die Herausbildung der privaten, emotionalisierten Kernfamilie im Bürgertum durch die Trennung von Erwerbs- und Familienleben um 1800 (vgl. Rosenbaum 1982: 277ff.). Dies galt jedoch zunächst nur für die kleine Gruppe der Bildungsbürger, in denen die Familienväter bereits vielfach außerhalb des Wohnhauses, z. B. in Verwaltungspositionen, wirkten. Für eine Vielzahl bürgerlicher Familien blieben Arbeit und Wohnen weiterhin eng verzahnt; in der von mir untersuchten Unternehmerfamilie zeigte sich, dass bis etwa 1840 Familienleben und Arbeitswelt eng verbunden waren. Das Kontor befand sich ebenso im Wohnhaus wie die Lagerräume und weitere Räume für die Vor- und Nachbereitung der Seide. Um 1820 beherbergte das Haus z. B. neben einer vierzehnköpfigen Kernfamilie (Eltern (geb. 1767 und 1778) und zwölf Kinder, geb. ab 1796) zwei Mägde, ein Kindermädchen und einen Lehrjungen, sowie tagsüber und zu den Mahlzeiten noch das Kontor- und Manufakturpersonal. Dazu kamen noch häufig anreisende Verwandte. Gleichzeitig befand sich der Vater regelmäßig auf Geschäftsreisen, so dass vom stetigen und ruhigen Zusammenleben einer Kernfamilie, wie es die pädagogische Literatur der Zeit als Idealbild suggeriert, nicht die Rede sein konnte (vgl. Groppe 2004: 363ff.).

Die Kinder wuchsen somit in einem äußerst komplexen Beziehungsgefüge auf. Dennoch lassen sich auch in dieser Familie emotionalisierte Eltern-Kind-Beziehungen, eine reflektierte, planvolle Erziehung der Kinder durch die Eltern und eine wachsende Bedeutung der Kernfamilie als eigenständiges, sinnstiftendes soziales Feld feststellen. Wodurch entstand dies? In der Analyse der Entwicklung der Lebenswelt und der konkreten Lebensform der Unternehmer erwies sich, dass im Zuge der Ausdifferenzierung der sozialen Felder zu Feldern mit eigenen Normen und Handlungslogiken (ökonomisches Feld, religiöses Feld, politisches Feld usw.) um 1800 eine konkrete ‚Arbeit am Selbst' erforderlich wurde (vgl. Groppe 2004: 258ff.). Diese enthielt sowohl neue Momente der Freiheit als auch eine neue Integrationsarbeit. Je autonomer die sozialen Felder und die in ihnen geltenden Handlungslogiken wurden, umso stärker wurde der Einzelne für deren möglichst widerspruchsfreie Koexistenz und Balance in seinem individuellen Lebensentwurf verantwortlich (vgl. Groppe 2004: 272ff.). Individualisierung wurde zur Notwendigkeit und zum neuen Wert (Lebensmuster).

In einer Welt, in der sich ständische Ordnungsmuster auflösten, der soziale Raum sich vertikal und horizontal öffnete und die ‚richtige' Kommunikation mit unbekannten Gesprächspartnern, z. B. auf Geschäftsreisen, schwieriger wurde, mussten zudem subtile Codes (Kleidung, Gesprächsführung, Gestik), durch die sich die Mitglieder sozialer Gruppen erkennen und miteinander kommunizieren konnten, an deren Stelle treten. Mit der auf den Geschäftsreisen der Unternehmer geforderten Selbsterziehung war dementsprechend auch eine erhöhte Selbstkontrolle verbunden (vgl. Groppe 2004: 510ff.). Dies wiederum wirkte langfristig auch auf die Verhaltensformen in den Familien und ihre engeren Verkehrskreise sowie auf die Erziehungspraxis zurück.

So ist im ersten Drittel des 19. Jahrhunderts in dieser Familie eine deutliche Zunahme an Reflexion und Planung im Umgang mit den Kindern festzustellen. Die Familie wurde zu einem bewusst gestalteten Ort der Erziehung. Die Kinder wurden in ihren Entwicklungsschritten beobachtet, ihnen wurde Spielzeit eingeräumt, sie besaßen Kisten mit eigenem Spielzeug, ‚Mitarbeit' in Haushalt und Unternehmen wurde ab dem Alter von etwa sechs Jahren nur noch spielerisch und pädagogisch dosiert eingeübt. Während die jüngeren Kinder die Eltern siezten, sprachen die älteren ab dem Konfirmationsalter von etwa 13-15 Jahren diese mit Du an. Dieser Wechsel kann als Statuswechsel von der Kindheit zur Jugend gekennzeichnet werden, der zugleich eine besondere emotionale Nähe der älteren Kinder zu den Eltern anzeigt. Konflikte wurden ab dem Jugendalter in der Familie nicht mehr durch Befehle und Verbote, sondern weitgehend durch Argument und Belehrung gelöst. Die Eltern förderten die künstlerische Ausbildung der Jugendlichen, forderten sie auf, selbstständig über deren Intensität zu befinden und eröffneten ihnen Entscheidungsspielräume, damit sie selbstständig handeln lernten (vgl. Groppe 2004: 391ff.). Damit wurde Jugend innerfamilial zu einer Entwicklungsphase von eigenem Wert. Die Familie mit ihren internen emotionalen Bindungen erhielt die Bedeutung eines eigenen sozialen Feldes, mit spezifischen

Aufgaben für die Mitglieder und die Gesellschaft insgesamt, ohne dass damit deren räumliche Ausgliederung aus dem Arbeitsprozess verbunden sein musste. Die Ausdehnung der soziokulturellen Möglichkeitsräume um 1800 führte auch dazu, dass die Unternehmer und ihre Familien Verhaltensregeln zunehmend internalisieren und situationsgerecht einsetzen lernen mussten (vgl. Groppe 2004: 272ff.). Diese Anforderungen beschreiben zugleich die Notwendigkeit der Entfaltung der Persönlichkeit zum autonomen Handlungszentrum, das den Aufbau und die Balance von persönlicher und sozialer Identität ebenso wie die selbstständige Positionierung im sozialen Raum zu leisten imstande ist. Es war keine Vertiefung in die Schriften Goethes, Schillers, Humboldts oder Fichtes vonnöten, um ein Selbstbild zu gewinnen, das deren Entwurf von der allseitig gebildeten Persönlichkeit sehr nahekam. Die um 1800 entwickelte Bildungsidee ist somit nicht nur ein in die Zukunft weisendes Postulat, sondern nimmt konkret Bezug auf die sich verändernden lebensweltlichen Verhältnisse und die neuen Formen bürgerlicher Lebensführung und formuliert diese – dem Anspruch des Bürgertums gemäß – zu einem gesamtgesellschaftlichen Prinzip um.

Die von der Elterngeneration im Rahmen ihres Erwachsenenalters eigenständig zu leistende ‚Arbeit am Selbst' wurde für die um 1800 geborene Kindergeneration dann als Teilmoment in die Familienerziehung integriert und die zunehmende Individualisierung und Selbstverantwortung der Lebensführung von den Kindern dementsprechend nicht mehr als Errungenschaft, sondern als selbstverständliches Element ihrer Persönlichkeitsentwicklung begriffen. Daher war für sie nicht mehr das Ringen um Autonomie und umfassende Handlungskompetenz konstituierender und bewusstseinsprägender Faktor des Sozialisationsprozesses, sondern die Frage nach ihrer *besonderen* Individualität, abgehoben vom Persönlichkeitsprofil ihrer Eltern. Bei Betrachtung des gesamten Untersuchungszeitraums (1649-1840) erwies sich, dass erst in dieser Generation der ab 1796 geborenen Kinder im Prozess des Aufwachsens das Moment in Erscheinung trat, das mit Adoleszenzkrise und Generationenkonflikt zu bezeichnen ist (vgl. Groppe 2004: 479ff.).

So zeigt sich, dass im analytischen Zusammenhang von Lebenswelt, Lebensform, Lebensmustern, Generation und konkreter familien- und individualbiographischer Analyse sowohl für die historische Familienforschung als auch für die Bildungsgeschichte Ergebnisse zu erzielen sind, die vorhandene Forschungsergebnisse differenzieren und falsifizieren können. Dabei müssen alle Analyseebenen miteinander in Beziehung gesetzt werden. Ziel dieses Beitrags war es, ein Analysemodell für eine bildungshistorische Familienbiographik zu entwickeln. Das vorgelegte Modell scheint strukturiert genug, um einen systematischen Zugang zur Familienbiographik zu eröffnen und offen genug, um unterschiedliche Forschungsfragen zur Familie fallstudienbasiert analysieren zu können. Es soll helfen, auf methodologisch und theoretisch fundierte Weise ein für die gesamte Erziehungswissenschaft bedeutsames Forschungsfeld besser zu erschließen als dies bislang der Fall war.

Literatur

Assmann, Aleida/Friese, Heidrun (Hrsg.) (1998): Identitäten. Erinnerung – Geschichte – Identität 3. Frankfurt a.m.: Suhrkamp
Beck, Ulrich (1986): Risikogesellschaft. Auf dem Weg in eine andere Moderne. Frankfurt a.m.: Suhrkamp
Berg, Christa u. a. (Hrsg.) (1987ff.): Handbuch der deutschen Bildungsgeschichte. Vom 15. Jahrhundert bis zur Gegenwart. 6 Bde. München: C.H. Beck
Berg, Christa (1991): Kinderleben in der Industriekultur. Der Beitrag der Historischen Sozialisationsforschung. In: Berg (1991): 15-40
Berg, Christa (Hrsg.) (1991): Kinderwelten. Frankfurt a.m.: Suhrkamp
Berger, Peter L./Luckmann, Thomas (1969): Die gesellschaftliche Konstruktion der Wirklichkeit. Eine Theorie der Wissenssoziologie. Frankfurt a.m.: Fischer
Blessing, Werner K. (1987): Lebensformen und Umgangserziehung. In: Jeismann/Lundgreen (1987): 23-52
Böhme, Günther/Tenorth, Heinz-Elmar (1990): Einführung in die Historische Pädagogik. Darmstadt: Wissenschaftliche Buchgesellschaft
Borst, Arno (1979): Lebensformen im Mittelalter. Frankfurt a.m./Berlin/Wien: Ullstein TB
Bourdieu, Pierre (1990): Die biographische Illusion. In: Bios. Zeitschrift für Biographieforschung und oral history. Bd. 3. 75-81
Bourdieu, Pierre (2001): Wie die Kultur zum Bauern kommt. Über Bildung, Schule und Politik. Hamburg: VSA-Verlag
Büchner, Peter/Brake, Anna (2006): Bildungsort Familie. Transmission von Bildung und Kultur im Alltag von Mehrgenerationenfamilien. Wiesbaden: VS Verlag für Sozialwissenschaften
Brunner, Otto/Conze, Werner/Koselleck, Reinhart (Hrsg.) (1972): Geschichtliche Grundbegriffe. Bd. 1. Stuttgart: Klett
Bruns, Wiebke (2004): Meines Vaters Land. Geschichte einer deutschen Familie. München: Econ-Verlag
Deutsche Shell Holding (Hrsg.) (2006): Jugend 2006 – Eine pragmatische Generation unter Druck. Konzeption und Koordination: Hurrelmann, Klaus u. a. Frankfurt a.m.: Fischer TB
Deutsches PISA-Konsortium (Hrsg.) (2001): PISA 2000. Basiskompetenzen von Schülerinnen und Schülern im internationalen Vergleich. Opladen: Leske + Budrich
Ecarius, Jutta (1997): Qualitative Methoden in der historischen Sozialisationsforschung. In: Friebertshäuser/Prengel (1997): 309-322
Ecarius, Jutta (2002): Familienerziehung im historischen Wandel. Eine qualitative Studie über Erziehung und Erziehungserfahrungen von drei Generationen. Opladen: Leske + Budrich

Ecarius, Jutta (2003): Biografie, Lernen und Familienthemen in Generationsbeziehungen. In: Zeitschrift für Pädagogik 49. Heft 4. 534-549

Ecarius, Jutta (Hrsg.) (2007): Handbuch Familie. Wiesbaden: VS Verlag für Sozialwissenschaften

Elias, Norbert (1976): Über den Prozeß der Zivilisation. Soziogenetische und psychogenetische Untersuchungen. Bd. 1: Wandlungen des Verhaltens in den weltlichen Oberschichten des Abendlandes. Frankfurt a.M.: Suhrkamp

Fatke, Reinhard (1997): Fallstudien in der Erziehungswissenschaft. In: Friebertshäuser/Prengel (1997): 56-68

Flitner, Wilhelm (1963): Allgemeine Pädagogik. Stuttgart: Klett

Friebertshäuser, Barbara/Prengel, Annedore (Hrsg.) (1997): Handbuch Qualitative Forschungsmethoden in der Erziehungswissenschaft. Weinheim/München: Juventa

Fuhs, Burkhard (2007): Zur Geschichte der Familie. In: Ecarius (2007): 17-35

Gadamer, Hans-Georg/Boehm, Gottfried (Hrsg.) (1978): Seminar: Die Hermeneutik und die Wissenschaften. Frankfurt a.M.: Suhrkamp

Geertz, Clifford (1999): Dichte Beschreibung. Beiträge zum Verstehen kultureller Systeme. 6. Auflage. Frankfurt a.M.: Suhrkamp

Gennep, Arnold van (1986): Übergangsriten (Les rites de passage). Frankfurt a.M./New York/Paris: Campus u. a.

Gestrich, Andreas (1988): Einleitung: Sozialhistorische Biographieforschung. In: Gestrich u. a. (1988): 5-28

Gestrich, Andreas/Knoch, Peter/Merkel, Helga (Hrsg.) (1988): Biographie – sozialgeschichtlich. Göttingen: Vandenhoeck & Ruprecht

Gestrich, Andreas/Krause, Jens-Uwe/Mitterauer, Michael (2003): Geschichte der Familie. Stuttgart: Kröner

Glomb, Stefan (2001): Art. Identität, persönliche. In: Nünning (2001): 267-268

Grohs, Gerhard/Schwerdtfeger, Johannes/Strohm, Theodor (Hrsg.) (1980): Kulturelle Identität im Wandel. Beiträge zum Verhältnis von Bildung, Entwicklung und Religion. Stuttgart: Klett-Cotta

Groppe, Carola (1997): Die Macht der Bildung. Das deutsche Bürgertum und der George-Kreis 1890-1933. Köln/Weimar/Wien: Böhlau

Groppe, Carola (2004): Der Geist des Unternehmertums – Eine Bildungs- und Sozialgeschichte. Die Seidenfabrikantenfamilie Colsman (1649-1840). Köln/Weimar/Wien: Böhlau

Groppe, Carola (2007): Familiengedächtnisse und Familienstrategien. In: Ecarius (2007): 406-423

Grundmann, Matthias (1999): Dimensionen einer konstruktivistischen Sozialisationsforschung. In: Grundmann (1999): 21-34

Grundmann, Matthias (Hrsg.) (1999): Konstruktivistische Sozialisationsforschung. Lebensweltliche Erfahrungskontexte, individuelle Handlungskompetenzen und die Konstruktion sozialer Strukturen. Frankfurt a.M.: Suhrkamp

Grundmann, Matthias/Fuß, Daniel/Suckow, Jana (2000): Sozialökologische Sozialisationsforschung. In: Grundmann/Lüscher (2000): 17-76

Grundmann, Matthias/Lüscher, Kurt (Hrsg.) (2000): Sozialökologische Sozialisationsforschung. Ein anwendungsorientiertes Lehr- und Studienbuch. Konstanz: Universitätsverlag

Habermas, Jürgen (1976): Moralentwicklung und Ich-Identität. In: Habermas (1976): 63-91

Habermas, Jürgen (1976): Zur Rekonstruktion des historischen Materialismus. Frankfurt a.m.: Suhrkamp

Habermas, Rebekka (2000): Frauen und Männer des Bürgertums. Eine Familiengeschichte (1750-1850). Göttingen: Vandenhoeck & Ruprecht

Hall, Stuart H. (1999): Die zwei Paradigmen der Cultural Studies. In: Hörning/Winter (Hrsg.) (1999): 13-42

Hammerstein, Notkar [unter Mitwirkung von August Buck] (Hrsg.) (1996): Handbuch der deutschen Bildungsgeschichte. Bd. 1: 15. bis 17. Jahrhundert. Von der Renaissance und der Reformation bis zum Ende der Glaubenskämpfe. München: C.H. Beck

Hareven, Tamara K. (1999): Familiengeschichte, Lebenslauf und sozialer Wandel. Frankfurt a.m./New York: Campus

Herrmann, Ulrich (1991a): Historische Sozialisationsforschung. In: Hurrelmann/Ulich (1991): 231-250

Herrmann, Ulrich (1991b): „Innenansichten". Erinnerte Lebensgeschichte und geschichtliche Lebenserinnerung, oder: Pädagogische Reflexion und ihr „Sitz im Leben". In: Berg (1991): 41-67

Hoffmann, Andreas (2001): Schule und Akkulturation. Geschlechtsdifferente Erziehung von Knaben und Mädchen der Hamburger jüdisch-liberalen Oberschicht 1848-1942. Münster/New York/München/Berlin: Waxmann

Houellebecq, Michel (1999): Elementarteilchen. Köln: DuMont.

Hörning, Karl H./Winter, Rainer (Hrsg.) (1999): Widerspenstige Kulturen. Cultural Studies als Herausforderung. Frankfurt a.m.: Suhrkamp

Hurrelmann, Klaus/Ulich, Dieter (Hrsg.) (1991): Neues Handbuch der Sozialisationsforschung. 4. völlig neubearb. Auflage. Weinheim/Basel: Beltz

Jeismann, Karl-Ernst/Lundgreen, Peter (Hrsg.) (1987): Handbuch der deutschen Bildungsgeschichte. Bd. 3: 1800-1870. Von der Neuordnung Deutschlands bis zur Gründung des deutschen Reiches. München: C.H. Beck.

Jungbluth, Rüdiger (2002): Die Quandts. Ihr leiser Aufstieg zur mächtigsten Wirtschaftsdynastie Deutschlands. Frankfurt a.m.: Campus

Kemnitz, Heidemarie/Jelich, Franz-Josef (Hrsg.) (2003): Die pädagogische Gestaltung des Raums – Geschichte und Modernität. Bad Heilbrunn/Obb.: Julius Klinkhardt

Kohli, Martin (1991): Lebenslauftheoretische Ansätze in der Sozialisationsforschung. In: Hurrelmann/Ulich (1991): 303-317

Kohli, Martin/Szydlik, Marc (Hrsg.) (2000): Generationen in Familie und Gesellschaft. Opladen: Leske + Budrich

Koselleck, Reinhart (1972): Einleitung. In: Brunner u. a. (1972): XIII–XXVII

Krappmann, Lothar (1980): Identität – ein Bildungskonzept? In: Grohs u. a. (1980): 99-118

Krewer, Bernd/Eckensberger, Lutz H. (1991): Selbstentwicklung und kulturelle Identität. In: Hurrelmann/Ulich (1991): 573-594

Krüll, Marianne (1993): Im Netz der Zauberer. Eine andere Geschichte der Familie Mann. Frankfurt a.m.: Fischer TB

Krusenstjern, Benigna von (1994): Was sind Selbstzeugnisse? Begriffskritische und quellenkundliche Überlegungen anhand von Beispielen aus dem 17. Jahrhundert. In: Historische Anthropologie 2. 462-471

Langewand, Alfred (1999): Kontextanalyse als Methode der pädagogischen Geschichtsschreibung. In: Zeitschrift für Pädagogik 45. Heft 4. 505-519

Luhmann, Niklas (1988): Sozialsystem Familie. In: System Familie. Forschung und Therapie 1. Heft 1. 75-91

Lüscher, Kurt (2000): Die Ambivalenz von Generationenbeziehungen – eine allgemeine heuristische Hypothese. In: Kohli/Szydlik (2000): 138-161

Macha, Hildegard/Witzke, Monika (2008): Familie und Gender. Rollenmuster und segmentierte gesellschaftliche Chancen. In: Zeitschrift für Pädagogik 54. Heft 2. 261-278

Malmede, Hans (2006): Die Familie als Thema der Historischen Bildungsforschung. In: Jahrbuch für Historische Bildungsforschung. Bd. 12. 291-307

Mannheim, Karl (1972): Das Problem der Generationen (1928). In: Mannheim (1972): 509-565

Mannheim, Karl (1972): Wissenssoziologie. Neuwied: Luchterhand

Mergel, Thomas/Welskopp, Thomas (Hrsg.) (1997): Geschichte zwischen Kultur und Gesellschaft. Beiträge zur Theoriedebatte. München: C.H. Beck

Merton, Robert K. (1995): Soziologische Theorie und soziale Struktur (amerik. 1949). Hrsg. und eingel. von Volker Meja und Nico Stehr. Übers. von Hella Beister. Berlin/New York: de Gruyter

Mitterauer, Michael (1986): Sozialgeschichte der Jugend. Frankfurt a.M.: Suhrkamp

Mollenhauer, Klaus/Brumlik, Micha/Wudtke, Hubert (1975): Die Familienerziehung. München: Weinheim

Müller, Detlef K. (1987): Einleitung. In: Müller/Zymek (1987): 11-25

Müller, Detlef K./Zymek, Bernd [unter Mitarb. von Ulrich G. Herrmann] (1987): Sozialgeschichte und Statistik des Schulsystems in den Staaten des Deutschen Reiches 1800-1945 = Datenhandbuch zur deutschen Bildungsgeschichte. Bd. II: Höhere und mittlere Schulen. 1. Teil. Göttingen: Vandenhoeck & Ruprecht

Münch, Paul (1992): Lebensformen in der frühen Neuzeit. Frankfurt a.M./Berlin: Propyläen

Münch, Paul (1996): Lebensformen, Lebenswelten und Umgangserziehung. In: Hammerstein (1996): 103-133

Mulot, Sibylle (2005): Die Fabrikanten. Roman einer Familie. Zürich: Diogenes

Nipperdey, Thomas (1990): Deutsche Geschichte 1866-1918. Bd.1: Arbeitswelt und Bürgergeist. München: C.H. Beck

Nünning, Ansgar (2001): Art. Kulturwissenschaft. In: Nünning (2001): 353-356

Nünning, Ansgar (Hrsg.) (2001): Metzler Lexikon Literatur- und Kulturtheorie. Ansätze – Personen – Grundbegriffe. 2. überarb. und erw. Auflage. Stuttgart/Weimar: Metzler

Oswald, Hans (1997): Was heißt qualitativ forschen? In: Friebertshäuser/Prengel (1997): 71-87

Priem, Karin (2006): Strukturen – Begriffe – Akteure? Tendenzen der Historischen Bildungsforschung. In: Jahrbuch für Historische Bildungsforschung. Bd. 12. 351-370

Ricœur, Paul (1978): Der Text als Modell: hermeneutisches Verstehen. In: Gadamer/Boehm (1978): 83-117

Reinhardt, Volker (Hrsg.) (2005): Deutsche Familien. Von Bismarck bis Weizsäcker. München: C.H. Beck

Rosenbaum, Heidi (1982): Formen der Familie. Untersuchungen zum Zusammenhang von Familienverhältnissen, Sozialstruktur und sozialem Wandel in der deutschen Gesellschaft des 19. Jahrhunderts. Frankfurt a. M.: Suhrkamp

Rosenbaum, Heidi (2007): Erinnerte Eltern-Kind-Beziehungen in Familien des Göttinger Bürgertums in den 1930er Jahren. In: Jahrbuch für Historische Bildungsforschung. Bd. 13. 211-238

Rother, Thomas (2001): Die Krupps. Durch fünf Generationen Stahl. Frankfurt a.M.: Campus

Rother, Thomas (2003): Die Thyssens. Tragödie der Stahlbarone. Frankfurt a.M.: Campus

Schramm, Percy Ernst (1963): Neun Generationen. Dreihundert Jahre deutscher „Kulturgeschichte" im Lichte der Schicksale einer Hamburger Bürgerfamilie (1648-1948). Bd. 1. Göttingen: Vandenhoeck & Ruprecht

Schütz, Alfred/Luckmann, Thomas (1975): Strukturen der Lebenswelt. Neuwied: Luchterhand

Schulze, Winfried (Hrsg.) (1996): Ego-Dokumente: Annäherung an den Menschen in der Geschichte. Berlin: Akademie-Verlag

Sennett, Richard (1983): Verfall und Ende des öffentlichen Lebens. Die Tyrannei der Intimität (amerik. 1977). Frankfurt a.M.: Fischer TB

Sieder, Reinhard (1994): Sozialgeschichte auf dem Weg zu einer historischen Kulturwissenschaft? In: Geschichte und Gesellschaft 20. Heft 3. 445-468

Straub, Eberhard (2007): Die Furtwänglers. Geschichte einer deutschen Familie. München: Siedler

Tenorth, Heinz-Elmar (2002): Historische Bildungsforschung. In: Tippelt (2002): 123-139

Tippelt, Rudolf (Hrsg.) (2002): Handbuch Bildungsforschung. Opladen: Leske + Budrich

Wagner, Peter (1998): Fest-Stellungen. Beobachtungen zur sozialwissenschaftlichen Diskussion über Identität. In: Assmann/Friese (1998): 44-72

Wehler, Hans-Ulrich (1996): Deutsche Gesellschaftsgeschichte. Bd. 1: Vom Feudalismus des Alten Reiches bis zur Defensiven Modernisierung der Reformära 1700-1815. 3. Auflage. München: C.H. Beck

Staat – Familie – Schule

„A strategic position in American education": Diskursive und politische Strategien für die Erweiterung der öffentlichen Kindergärten (1850-1950)[1]

Kristen D. Nawrotzki

1 Einleitung

„Hat der Kindergarten wirklich eine strategische Position im amerikanischen Bildungssystem? (...) Hat der Kindergarten an sich Möglichkeiten, die keine andere Bildungsstufe hat, weder in ihrem Ausmaß, noch in ihrer Art? Wenn ja, welche Beweise können wir vorbringen, um unsere Behauptungen zu unterstützen? (...) Inwiefern werden wir diesen besonderen Möglichkeiten gerecht? (...) In der Vergangenheit haben wir in reichem Maße dazu beigetragen, aber wir können unsere Beiträge verdoppeln und vervierfachen, solange wir die verständnisvolle und intelligente Zusammenarbeit von School-Boards, Steuerzahlern und Eltern sicher stellen" (Hill 1929: 147).[2]

Patty Smith Hill, Professorin an der Columbia University, war Mitbegründerin der International Kindergarten Union und stellte diese Fragen an amerikanische Kindergärtnerinnen im Jahre 1929, also zu einer Zeit, in der es in den USA zu einer massiven Expansion von öffentlichen Kindergärten kam (vgl. Nawrotzki 2006). In den Jahren bis 1950 hatten sich in den meisten Großstädten der USA kostenlose öffentliche Kindergärten etabliert, die (wie durch Hill und andere gefordert) fünfjährigen Kindern eine dreistündige Kindergarten-Erziehung pro Tag für ein Jahr anboten. Gegen Ende des Jahrhunderts besuchten USA-weit mehr als neun von zehn Schulkindern Kindergärten, welche mittlerweile de facto als erstes Grundschuljahr dienen (vgl. West/Denton/Germino-Hausken 2000).

Wie kam es dazu, dass öffentliche Kindergärten in den USA eine so große Bedeutung erlangten? Wie war es den Befürwortern des Kindergartens möglich, ihre Beiträge zu ‚verdoppeln und vervierfachen', damit Kindergärten in den USA schließlich so gut wie universell wurden? Wie haben es die Unterstützer ameri-

---

1 Teile dieses Artikels sind in meiner Dissertation an der University of Michigan - Ann Arbor erschienen (vgl. Nawrotzki 2005: 206ff.).
2 Sämtliche Übersetzungen aus dem Englischen stammen von der Verfasserin dieses Artikels.

kanischer Kindergärten geschafft – wie Smith Hill sagte –, „die verständnisvolle und intelligente Zusammenarbeit von School-Boards, Steuerzahlern und Eltern sicher zu stellen" (Hill 1929: 147)? Ziel der Befürworter war es, jedem amerikanischen Kind einen freien Zugang zu städtischen, kostenlosen Kindergärten zu ermöglichen. Wie haben sie das erreicht?

Diese Studie analysiert die Ausbreitung des öffentlich geförderten Kindergartens in den Vereinigten Staaten von seinen Anfängen im 19. Jahrhundert bis zu seiner festen Verankerung im amerikanischen Bildungssystem in der ersten Hälfte des 20. Jahrhunderts. Insbesondere wird die Bandbreite der diskursiven und politischen Strategien untersucht, die die Unterstützer der öffentlichen Kindergärten in Perioden des Staataufbaus sowie in Zeiten sozialer und ökonomischer Krisen einsetzten. Diese Untersuchung zeigt, dass der Erfolg lokaler und nationaler Kampagnen darauf basierte, dass sogenannte Policy-Entrepreneure ihre ‚single-issue'-Kampagnen weitflächig und langfristig an die Belange und Bedingungen von Eltern und Politikern anpassten.

2   Die Anfänge des Kindergartens in den USA

Zum Zeitpunkt des Aufrufs von Smith Hill gab es in Amerika bereits seit circa 75 Jahren Kindergärten verschiedener Formen, welche ursprünglich auf der pädagogischen Philosophie Friedrich Fröbels (1782-1852) basierten. Fröbels gesamte Pädagogik fand ihre Vollendung im Kindergarten. Diese zielte darauf ab, dass sich die angeborenen Fähigkeiten der Kinder mit Hilfe auf Beobachtung basierender Methoden sowie durch Spielen und symbolische Beschäftigungen entfalteten. Zu verschiedenen Zeiten sahen Fröbel und seine Anhänger den Kindergarten als Ort für unterschiedliche Aufgaben an, zum Beispiel zur Erziehung des nationalen Bewusstseins, einer zur Sozialschicht passenden Sozialisierung oder als Mittel der physischen und metaphysischen Befreiung (vgl. Marenholtz-Bülow 1855, 1883; Konrad 2004). In den vierziger Jahren des 19. Jahrhunderts kultivierte Fröbel Netzwerke von Unterstützern in den deutschen Staaten. Allerdings wurde sein Kindergarten-Modell zunehmend mit liberalen politischen und religiösen Reformbewegungen assoziiert, die dann gegen Ende der vierziger Jahre allesamt verboten wurden (vgl. Allen 1988; Baader 1998; Konrad 2004).

Wie die Historikerin Ann Taylor Allen erklärt, „verschob sich das Zentrum der Schwerkraft der internationalen Kindergartenbewegung von Deutschland nach Amerika", als sich vermehrt liberale Flüchtlinge der fehlgeschlagenen Revolution von 1848 in den USA ansiedelten (Allen 2006: 187). Die amerikanische Kindergartenbewegung begann von da an „zuhause", als gebildete deutsche Migrantinnen der Mittelklasse ihre eigenen Kinder und die Kinder von Verwandten und Freunden mit Fröbels Methoden zu erziehen begannen. Manche dieser

Frauen hatten sogar unter Fröbel ,studiert'. Ann Taylor Allen und andere Historiker schlagen verschiedene Erklärungen vor, wie es zu dem relativen Erfolg des
Kindergartens als Idee und Institution in den USA kam im Vergleich zu seinem
Schicksal zur gleichen Zeit in Deutschland. Dazu zählen grundlegende Überein-
stimmungen zwischen Fröbels Pädagogik und der liberalen demokratischen Gesellschaft, die Trennung von Staat und Kirche in den USA, die Entwicklung
eines weit verbreiteten amerikanischen Feminismus und die politischen und
sozialen Umstände der allgemeinen Schulpflicht in den Städten der USA (vgl.
Cuban 1992; vgl. Beatty 1995; Allen 2006).

Obwohl der Kindergarten in den Vereinigten Staaten relativ offen empfan-
gen wurde, gab es dort im 19. Jahrhundert noch keine einheitliche und flächendeckende Einführung des Kindergartens. Zunächst erschienen Kindergärten in
privaten Schulen, insbesondere als deutsch-amerikanische Akademien wie die
von W. N. Hailmann in Louisville, Kentucky (vgl. Doeflinger 1906; Hewes
1974). In St. Louis, Missouri, wo viele Deutsche wohnten, gab es 1873 für kurze
Zeit einen Kindergarten in einer städtischen Schule, der allerdings nicht durch
öffentliche Gelder finanziert wurde und innerhalb weniger Jahre wieder schloss.
Ein Jahrzehnt später gab es in allen städtischen Schulen von St. Louis wieder
Kindergärten[3] (vgl. van Ausdal 1985). Im Gegensatz zu dem vorherigen Experi-
ment hatten diese Kindergärten die volle Unterstützung der School-Boards.[4] St.
Louis war eine der wenigen Städte, in denen Kindergärten in städtischen Schulen
bereits in den 80er Jahren des 19. Jahrhunderts existierten. Städte, die öffentliche
Kindergärten frühzeitig annahmen, waren solche, die bekanntermaßen zugänglich für Bildungsinnovationen waren, also neben St. Louis beispielsweise Boston
und Chicago (vgl. Baylor 1965; Troen 1974; Beatty 1995).

In anderen Städten fanden School-Boards die Idee des städtischen Kindergartens nicht so attraktiv. Einige School-Boards hielten Bildung vor Beginn der
Schulpflicht für unnötig, andere glaubten, es sei eine schlechte oder sogar ge-
fährliche Idee, Kinder unter sechs Jahren aus ,Mutters Schoß' heraus zu nehmen
(obgleich der Besuch eines Kindergartens freiwillig und nicht obligatorisch war).
Wiederum andere School-Boards hielten Kindergärten für nicht wirklich bil-
dungsrelevant, da dort weder Schreiben noch Lesen unterrichtet wurde, sondern
Singen, Spielen und Werken (vgl. Dombkowski 2001). Darüber hinaus war der

---

3   St. Louis hatte einen blühenden Kreis von Hegel-Anhängern, denen W. T. Harris angehörte.
     Harris war der Superintendent of Schools in dieser Stadt und wurde später US Commissioner
     of Education, einer Position, von der aus er später Kindergärten unterstützte (vgl. Snider 1920).
4   Schuldistrikte sind die Grundeinheiten der Bildungsverwaltung in den USA. Die Districts
     werden von den sogenannten School-Boards verwaltet, die sich ihrerseits aus (meistens) ge-
     wählten Offiziellen zusammensetzen. Die School-Boards erhalten bis heute ihre Gelder aus lo-
     kalen Steuern und von den jeweiligen Bundesstaaten. School-Boards können entscheiden, neue
     Schulen zu bauen, Lehrer einzustellen und vor allem, was und wie unterrichtet wird.

Unterhalt von Kindergärten teuer, da man speziell ausgebildete Erzieherinnen (Kindergärtnerinnen) und teure Geräte benötigte. School-Boards, die an Kindergärten interessiert waren, hatten meistens zu wenig Geld und Platz sie zu unterhalten, besonders zu Zeiten, als die Einrichtung von High Schools als dringender angesehen wurde (vgl. Reese 1995). Insgesamt war der Kindergarten vor 1880 in den USA noch wenig bekannt.

In den 1880er Jahren eröffneten Dutzende privater Kindergärten im Nordosten, mittleren Westen und in Kalifornien. Ebenso eröffneten private Hochschulen zur Ausbildung von Kindergärtnerinnen, die auch Zertifikate ausstellten (vgl. Dombkowski 2002). Gleichzeitig setzte eine Bewegung für karitative Kindergärten als Teil zahlreicher maternalistischer und kindrettender Sozialreformen dieser Tage ein (vgl. Zelizer 1994; Mintz 2004). Karitative Kindergärten wurden von religiösen Gruppen und säkularen Frauenorganisationen finanziert und waren teilweise mit Settlement-Houses und anderen sozialen Einrichtungen verbunden, z. B. dem Hull-House in Chicago oder dem Alfred Corning Clark Neighborhood House in New York (vgl. Moore 1897; Smith 1900).

Manche karitativen Kindergärtnerinnen waren der Ansicht, ihre Arbeit gehöre in den privaten Sektor und nicht in die Hände von Bürokraten und ‚Schulmännern' (vgl. Beatty 1995). Letztere wurden als Bedrohung empfunden, obwohl der Grundschul-Lehrkörper bereits zum Großteil aus Frauen bestand (vgl. Perlmann/Margo 2001). Eine wachsende Mehrheit von Kindergärtnerinnen glaubte jedoch, der einzige Weg, Kindergärten für jedes Kind zugänglich zu machen, bestünde darin, Kindergärten an städtische Grundschulen anzugliedern. Davon versuchten sie die School-Boards zu überzeugen und hatten teilweise Erfolg damit. Hieraus resultierte in manchen Schuldistrikten die Übernahme der Arbeit karitativer Kindergärten in den Grundschulen. Vielfach handelte es sich dabei um Programme, die nicht den Fröbelschen Kindergartenidealen entsprachen, denn viele der Pädagoginnen waren ausgebildete Grundschullehrerinnen statt Kindergärtnerinnen. Darüber hinaus mussten sie die Kinder häufig in Belangen der Sozialfürsorge unterstützen. Gleichzeitig waren manche von ihnen dem Druck der Eltern und anderer Lehrer ausgesetzt, Lesen und Schreiben zu unterrichten (vgl. Lazerson 1973; USBoE 1919). Wenn School-Boards städtische Kindergärten ablehnten, so war es oft deshalb, weil sie sich für Kleinkinder nicht zuständig fühlten – manchmal deshalb, weil karitative Kindergärten anscheinend keine weitere öffentliche Unterstützung brauchten wie z. B. der freie Kindergarten der Golden Gate Kindergarten Association in San Francisco, der durch Stiftungsvermögen hinreichend finanziert wurde (vgl. Roland 1980: 105-109). Oder aber es war den School-Boards per Bundesstaatsgesetz untersagt, Geld für Kleinkinder zu verwenden. Alle diese Entwicklungen machten stärkere Bemühungen der Kindergärtnerinnen und ihrer Unterstützer notwendig. Diese Bemühungen sehen wir uns im Folgenden genauer an.

Die Formen und Funktionen städtischer amerikanischer Schulen waren zu allen Zeiten geprägt von Staats- und Lokalpolitik und von den Meinungen der Wähler, Eltern, Lehrer und Experten. Um städtische Kindergärten aufzubauen, brauchte man ausgebildete Kindergärtnerinnen, eine Nachfrage nach Kindergärten von Seiten der Eltern und die Erlaubnis vom Staat (vgl. Davis 1927: 15). Die Ausbildung und Kontrolle qualifizierter Kindergärtnerinnen war relativ leicht zu bewerkstelligen; von den 1890er Jahren an fand sie in pädagogischen Hochschulen bzw. ab 1900 in Universitäten statt (vgl. Dombkowski 2002). Im Vergleich dazu war es schwieriger, die direkte Nachfrage für städtische Kindergärten zu vermehren bzw. die Erlaubnis und finanzielle Hilfe des Staates zu erhalten. Wie haben die Kindergärtnerinnen und ihre Unterstützer das geschafft?

3   Kindergarten-Organisationen und Policy-Entrepreneurschaft

Zwei nationale Organisationen haben wesentlich dazu beigetragen, öffentliche Kindergärten in den USA zu realisieren: die International Kindergarten Union und die National Kindergarten Association (vgl. Beatty 2001; 2004).[5] Die International Kindergarten Union (IKU)[6] bildete sich in den 1880er Jahren bei einer Tagung der National Education Association (NEA) und ging aus einem Flickenteppich lokaler Fröbelvereinigungen und karitativer Kindergarten-Gesellschaften hervor. 1892 wurde sie unabhängig von der NEA. Die IKU wurde von Lehrern und Lehrerinnen gegründet, um Kindergartenbildung zu fördern, um Mitglieder lokaler Kindergarten-Organisationen zusammen zu bringen, um Informationen über Kindergärten zur Verfügung zu stellen und schließlich, um den Standard in der Ausbildung von Kindergärtnerinnen zu heben (Anon. o.J.; IKU o.J.). Die IKU unterstützte die Forschung über Kindergärten und hielt Kontakte mit anderen Lehrer(innen)-Organisationen in den USA und in Übersee (vgl. Nawrotzki 2007). Sie kümmerte sich in geringem Maße um die Berücksichtigung der Kindergärten in den Bildungsgesetzen der amerikanischen Bundesstaaten. Darüber hinaus war es ihr Ziel, eine wahrlich nationale Organisation von Kindergärtnerinnen, Grundschullehrerinnen, Müttern und anderen Frauen und Männern im Dienste des Kindergartens zu sein. Im Jahr 1900 hatte die IKU bereits mehr als 18.000 Mitglieder, die in mehr als zwei Dutzend Landesverbänden tätig waren (vgl. Pruitt 1988: 1).

Im Jahr 1909 gründete Bessie Locke die National Kindergarten Association (NKA). Sie tat dies, „um Interesse an frühkindlicher Erziehung zu wecken" und

---

5   Nach 1929 wurde die IKU in Association for Childhood Education (ACE) und 1946 in Association for Childhood Education International (ACEI) umbenannt.

6   IKU war eigentlich eine Fehlbezeichnung, da sie nicht wirklich international war.

„die Gründung von genügend Kindergärten auf höchstem Niveau zu ermöglichen" (Locke o.J.: o. S.). Ihr Motto lautete „*Kindergartens for all the nation's
children*". Locke war Executive Secretary und Haupt-Fundraiser der NKA und
leitete diese mehr oder weniger eigenhändig bis zu ihrem Tod im Jahre 1952.
Anders als die IKU besaß die NKA keine Mitglieder per se. Stattdessen koordi-
nierte Locke die Arbeit von Mitgliedern bereits etablierter Organisationen (z. B.
des National Congress of Parents and Teachers, der American Association of
University Women, der General Federation of Women's Clubs sowie von American Legion, Federation of Labor, Rotary, Kiwanis), damit sich diese für städtische
Kindergärten einsetzten. Vor Ort stellte Locke (zumeist) Frauen als ‚Field Secre-
taries' ein, damit sie Eltern ansprachen, öffentliche Reden hielten und Lobbyarbeit in den School-Boards und bei Landespolitikern leisteten (vgl. Ladd 1982).

Während die IKU den Kindergarten in allen seinen Facetten förderte, fokus-
sierte die NKA ihre Arbeit darauf, Kindergärten als Anliegen des Staates, als
Grundrecht jedes Kindes und als Teil der städtischen Schulen zu etablieren. Über
die nächsten Jahrzehnte kultivierten NKA und IKU erfolgreich sogenannte *Policy-Entrepreneurschaften* auf lokaler und Landesebene. Diese Bemühungen resultierten in breiten und wechselnden Koalitionen zur Unterstützung des Kindergartens. Je nach Zeit und Ort änderten beide Organisationen flexibel ihre
legislativen und diskursiven Strategien, um die Themen und Bedürfnisse der
amerikanischen Öffentlichkeit geschickt für ihre Ziele zu nutzen.

Was sind *Policy-Entrepreneure*? Politikwissenschaftler definieren sie als Individuen oder Gruppen, die sich dem Fortschritt bestimmter Politiken verschreiben (vgl. Kingdon 2003; Mintrom 1997). Sie mögen Politiker sein oder, wie im
diesem Fall, politisch unabhängige Zivilisten, die aus eigener Überzeugung ihre
Ziele verfolgen. Sie bereiten Politiker und die Öffentlichkeit vor, indem sie diese
auf relevante Probleme aufmerksam machen und sie mit den Ideen bestimmter
politischer Lösungen vertraut machen. Bei Erfolg schafft dieser Prozess latente
Nachfrage für die ausgearbeiteten Lösungen. Gute Policy-Entrepreneure vereinfa-
chen komplexe politische Programme – insbesondere solche, die diffusen Nutzen
für die gesamte Gesellschaft versprechen – und verknüpfen diese zu Werten, die
von der breiten Bevölkerung getragen und unterstützt werden (vgl. Wilson 1980:
370; Witte 2000). Wenn das geschieht, erhöht dies die Wahrscheinlichkeit, dass
die darauf vorbereitete Öffentlichkeit ihre Lösungsansätze akzeptiert oder zumindest ernsthaft in Betracht zieht.

Es reicht allerdings nicht, sich Policy-Entrepreneur zu nennen, nur weil man
sich für politische Innovation interessiert und engagiert (vgl. Roberts/King
1996). Anders als Lobbyisten begleiten und unterstützen Policy-Entrepreneure
die Durchsetzung und Realisierung von politischen Programmen, selbst wenn
diese bereits seit längerem amtlich beschlossen sind. Je nachdem, an welches

Publikum er sich richtet, entscheidet der Policy-Entrepreneur, welchem diskursiven Kontext er seine Argumente anpassen muss und welche Rhetorik er benutzt (vgl. Edelman 1971; 1988). Policy-Entrepreneure müssen zunächst akute Probleme identifizieren, dafür kausale Erklärungen anbieten und anregen, dass die von ihnen vorgeschlagene staatliche Intervention das Problem lösen würde. Das bedeutet nicht unbedingt, dass sie dabei Schuld zuweisen (was politischen Schaden anrichten könnte). Vielmehr ist es wichtig, dass Policy-Entrepreneure kausale Erklärungen stetig der Öffentlichkeit vortragen, um ihre Aktualität und Relevanz nicht zu verlieren (vgl. Stone 1989). Darüber hinaus werden die kausalen Erklärungen der Policy-Entrepreneure eher akzeptiert, wenn diese auf die öffentliche Stimmungen einer Gemeinde oder einer Nation eingehen. Ob diese Stimmungen positiv oder negativ sind (z. B. im Bereich der öffentlichen Schulbildung, der Immigration, der Gewichtung moralischer Werte und der Kriminalität), unterliegt zyklischen Schwankungen und ist so nur begrenzt von tatsächlichen Geschehnissen abhängig (vgl. Kingdon 2003).[7] Die öffentlichen Stimmungen waren und sind also manipulierbar, was bedeutet, dass sich Policy-Entrepreneure in aktuelle Diskurse einfügen müssen. Genau dies haben die Kindergarten-Organisationen NKA und IKU über mehrere Jahrzehnte gemacht.

Sowohl NKA als auch IKU sowie zahlreiche Individuen und andere Organisationen vor Ort, die sie koordinierten, traten als Policy-Interessensgemeinschaften im Namen der öffentlichen Kindergärten in den USA auf. Über Jahrzehnte hinweg kultivierten sie erfolgreich Policy-Entrepreneurschaft auf lokaler und Bundesstaatebene und bildeten breite nationale Koalitionen von Kindergarten-Befürwortern. Die politischen und diskursiven Strategien von NKA and IKU/ACE spiegelten die Anliegen verschiedener Bevölkerungsanteile der USA wider und beeinflussten diese gleichzeitig. Ihre Ziele veränderten sich nicht über die Jahre, aber mit der Zeit glichen sie ihre Botschaften an und förderten Politiker, Eltern und Lehrer vor Ort, das Gleiche zu tun. Um öffentliche Kindergärten zu realisieren, mussten drei Voraussetzungen erfüllt werden: Man brauchte erstens gut ausgebildete und qualifizierte Kindergärtnerinnen (worum sich die IKU kümmerte), zweitens das Interesse von Eltern bzw. die Nachfrage nach öffentlichen Kindergärten (woran jeweils IKU und NKA arbeiteten), und drittens die legislative Erlaubnis, öffentliche Gelder auf Landes- bzw. Stadtebene für Kleinkindererziehung ausgeben zu können (das Arbeitsgebiet der NKA) (vgl. Davis 1927: 15). Durch die Arbeit der NKA (und in geringerem Maße der IKU) konnten

---

7   Es gab beispielsweise große Wellen von gewalttätigen Verbrechen in den USA um 1850, 1900 und 1960. Allerdings stieg die öffentliche Wahrnehmung von Verbrechen bzw. die Angst vor Gewalt deutlicher in Zeiten an (z. B. den 1910er und 1930er Jahren), in denen die Medien ausführlicher über kriminelle Banden in Harlem/New York, Chicago oder Detroit berichteten (vgl. Gurr 1981).

die Befürworter des Kindergartens immer wieder und auf verschiedene Weise deutlich machen, dass Kindergärten einen großen Wert hatten, und dass sie ein öffentliches, städtisches Anliegen sein sollten.

3.1 Kindergartengesetze in der ‚Progressive Era'

In der sogenannten ‚Progressive Era', von circa 1890 bis 1920, begannen US-Schuldistrikte damit, ihre rapide expandierenden Schulsysteme zu modernisieren und sie effizienter zu machen (vgl. Cremin 1961). Zu einer Zeit, als die US-Bewegung für öffentliche Kindergärten aufblühte, waren die Schuldistrikte also besonders offen gegenüber lehrplanmäßigen, strukturellen und bürokratischen Innovationen. Kindergarten-Befürworter profitierten von dem generellen Enthusiasmus für Schulreform auf Staats- und lokaler Ebene, jedoch hatten sie mit Konkurrenz zu kämpfen, die öffentliche Gelder für andere Schulreformen verwenden wollte. Daher ist verständlich, dass die ersten Gesetze zu städtischen Kindergärten (in Connecticut und Vermont in den 1880er Jahren) keine Finanzierung versprachen. 1891 erklärte der US Commissioner of Education (1889-1906) William Torrey Harris auf der Jahrestagung der National Education Association: „Der Kindergarten sollte in jeder Stadt der USA Teil des öffentlichen Schulsystems sein" (zit. nach Sheldon 1891: 564). Leider war Harris nicht berechtigt, seinen Reden Taten folgen zu lassen, da die Bundesregierung nach dem 10. Amendment der US-Verfassung nicht autorisiert war, Schulen das Curriculum oder andere Richtlinien vorzuschreiben. Vielmehr variierte der Einfluss staatlicher und städtischer Kontrolle von Bundesstaat zu Bundesstaat. Harris konnte lediglich die Bundesstaaten und School-Boards anspornen, Kindergärten zur Priorität zu machen. Sein Engagement wie auch das der IKU und später der NKA zeigte aber langsam Erfolg.

Im Jahr 1900 besuchten bereits 225.394 amerikanische Kinder Kindergärten, davon 58 Prozent in öffentlichen Schulen (vgl. Cremin 1961: 547). Allerdings verbaten die Gesetze vieler Bundesstaaten öffentliche Kindergärten (teilweise aufgrund ihrer Verfassungen). Daraus erwuchs der Bedarf an einer Organisation wie der NKA. Bis 1916 hatten nur fünf Bundesstaaten (Vermont, Connecticut, Kalifornien, Oregon und Texas) Gesetze, die es je nach Begehren der Eltern erlaubten oder sogar erforderten, öffentliche Gelder für Kindergärten zu verwenden (vgl. IKU 1917). Die Bemühungen der NKA führten dazu, dass bereits zwei Jahre später Lobbyisten aktiv in den Legislativen von achtzehn Bundesstaaten für Kindergärten warben (vgl. IKU 1918). Obwohl die meisten dieser Bemühungen jedes Jahr erfolglos blieben, gab die NKA diese nicht auf.

Direkt nach ihrer Gründung im Jahre 1909 hatte die NKA ihre produktivsten Jahre (vgl. Ladd 1982). Von 1913 bis 1919 organisierte und bezahlte die

NKA einen Raum im US Bureau of Education Washington DC, in dem kostenlos gedruckt und Post versendet werden konnte. Die Verteilung von Propaganda lief auf Hochtouren: Allein im Jahr 1918 publizierte dieses Büro

> „eine Serie von 55 Artikeln für Mütter über Kindergarten, die zu nationalen Zeitungen verschickt wurden. Mehr als 2.000 Zeitungen und Zeitschriften mit circa 32 Millionen Lesern fragten nach diesen Artikeln. Die Artikel werden jede Woche in praktisch jeder großen Stadt der USA publiziert. Zusätzlich wurden auf Anfrage Kopien zu 15.000 Müttern, 1.000 Kindergärtnerinnen, 1.000 Präsidentinnen von Frauen-Vereinigungen sowie 1.500 Agenten verschickt" (IKU 1918: 1).

In ihrer Unterstützung des Kindergartens lieferten NKA wie IKU eine große Bandbreite an Argumenten, von denen viele von Friedrich Fröbel oder seinen ersten deutschen Schülern bzw. Förderern stammten. Sie behaupteten z. B., ausgebildete Kindergärtnerinnen könnten sogar bereits guten Müttern noch etwas für ihre Kinder beibringen (vgl. Marenholtz-Bülow 1855). Sie sagten, der Kindergarten führe zur Bildung guter (besonders amerikanischer) Sitten und Charaktere, vernünftiger Gewohnheiten und insgesamt guten Benehmens sowie zur Selbstdisziplin und zum Erlernen von Teamarbeit (vgl. Weber 1969; Cuban 1993). Sie behaupteten ferner, anders als die erste Grundschulklasse würde der Kindergarten die Kinder zu einem Schlüsselzeitpunkt ihrer Entwicklung erreichen. Schließlich könne das Curriculum armen und reichen Kindern gleichermaßen Gutes tun, wenngleich nicht unbedingt zusammen (vgl. IKU 1893; IKU 1913). Kaum eine dieser Behauptungen verschwand je aus der Propaganda der IKU und NKA, und sie fanden kontinuierlich Nachhall bei vielen amerikanischen Eltern und Entscheidungsträgern.

Allerdings bedeutete die Verabschiedung von (explizit erlaubenden) Gesetzen nicht automatisch, dass öffentliche Kindergärten entstanden. In der ersten Hälfte des 20. Jahrhunderts waren Kindergärten in den USA ungleichmäßig verteilt. Im Gegensatz zum Norden und mittleren Westen etablierten der Süden und Westen öffentliche Kindergärten nur langsam. Die ‚Jim Crow'-Gesetze und die Rassentrennung der Südstaaten, welche die öffentliche Finanzierung der Bildung von schwarzen Kindern limitierten, behinderten auch die Eröffnung von Kindergärten für dieselben. Trotz ausgedehnter Bemühungen, Unterstützung für Kindergärten innerhalb des Südens zu sammeln, waren in Alabama, Arkansas, Georgia und Mississippi laut NKA im Schuljahr 1916-1917 nur zwei Prozent der vier- bis sechsjährigen Kinder in Kindergärten untergebracht. In West-Virginia, Texas, Idaho und Nevada waren es zwischen einem und zwei Prozent, während es in North-Carolina und Tennessee nur ein Prozent waren. Im Gegensatz dazu besuchten in Michigan, Wisconsin und Washington DC 26 Prozent der Vier- bis Sechsjährigen Kindergärten, 28 Prozent in New Jersey und 29 Prozent in New

York (vgl. Marsh 1915-1918). Insgesamt erhielten 1920 in den USA weniger als zehn Prozent aller Schulkinder eine Kindergarten-Ausbildung, die meisten von diesen waren weiße Kinder (vgl. Clement 1985: 246).

Diese gewaltigen Unterschiede resultierten aus demselben dezentralisierten Bildungssystem, das es einigen Orten ermöglicht hatte, Kindergärten bereits frühzeitig im 19. Jahrhundert zu eröffnen. Öffentliche Kindergärten existierten schlichtweg nicht in Bundesstaaten, Städten und Gemeinden, in denen die Bürger nicht von den Versprechen von NKA bzw. IKU überzeugt waren. Das Resultat dieser ungleichen Verbreitung von öffentlichen Kindergärten war, dass die Diskrepanzen in Bezug auf den Zugang zu Kindergärten mit der Zeit zementiert wurden und sich zum Großteil während des 20. Jahrhunderts hielten.

3.2 Kindergärten als Heilmittel für und zum Schutz vor ‚Bildungsleiden'

Die 1920er Jahre waren einer Periode nationalen Wohlstandes und der weiteren Schulexpansion. Die Propagandamaschine der IKU fing an, sogar Marktforschung und eine Reihe andere Verkaufsmethoden aus der Marktwirtschaft zu übernehmen. In Städten, in denen der Kindergarten wegen Mangel an Interesse oder aus gesetzlichen Gründen „keine Chance mehr hatte", sollten IKU Mitglieder „das Wort Kindergarten mit neuem Leben erfüllen (...) und den Bürgern permanent vor Augen führen" (Abbott 1920: 129, 131). Julia Wade Abbott, die NKA-Präsidentin, erklärte schließlich: „Wir Kindergarten-Leute müssen lernen Bildungsideen zu verkaufen. Wir müssen realisieren, dass ‚es sich auszahlt, Werbung zu machen', egal ob man die Vorzüge des Kindergartens anpreist oder die von Ivory-Seife" (Abbott 1920: 131).

In den 1920er Jahren bemühten sich die Field-Secretaries der NKA um eine stärkere Gesetzgebung und zwar weg von erlaubenden Gesetzen hin zu Gesetzen, die Kindern einen Platz im Kindergarten tatsächlich garantierten, sobald 25 Eltern (oder andere Bürger) in einem Schuldistrikt einen Antrag dafür stellten (so genannte *mandatory-on-petition laws*) (vgl. Davis 1932). Damit hatten sie einigen Erfolg. Der wichtigste Aspekt sei, dass sich Menschen auf lokaler Ebene massiv für Kindergärten einsetzten, egal welche gesetzlichen Vorschriften vor Ort existierten (vgl. Davis 1933: 12).

Neuheiten im allgemeinen Bildungsdiskurs beeinflussten die Propaganda der IKU und NKA immer wieder von neuem. Zum Beispiel wurden nach 1920 zunehmend Begriffe wie Effizienz, Wissenschaft, IQ und Preis-Leistungs-Verhältnis als Argumente zugunsten des Kindergartens angeführt. Die IKU rief zu vermehrter erziehungswissenschaftlicher Forschung auf. Die Betonung der Wichtigkeit von Forschung kam nicht zufällig zustande, sondern war mit der Tendenz hin zur ‚wissenschaftlichen Mutterschaft' verknüpft (vgl. Grant 1998).

Diese gründete sich auf der Überlegenheit medizinischen und psychologischen Wissens und setzte die Ansichten und Traditionen von Müttern über Erziehung und Kindespflege herab. Die Betonung von Forschung basierte auf der Idee von Führern der IKU, dass „man bei den Grundlagen beginnen müsse, um Interesse [an Kindergärten; K.N.] zu erwecken (...) was eine klarere Einsicht im Lichte der modernen Forschung erfordert" (IKU: Committee on State Kindergarten Associations 1921: 118). Zum Beispiel zeigten Studien aus Missouri und Kentucky, dass Kindergärten den Kindern einen nachhaltigen akademischen Vorsprung gegenüber anderen Kindern verschafften. Studien aus anderen Bundesstaaten (z. B. Kansas, Wisconsin, Massachusetts und Kalifornien) zeigten zur Freude der Kindergärtnerinnen, dass „der Besuch eines Kindergartens Verzögerung und Sitzen bleiben von Grundschülern reduziert und so Geld spart" (Vandewalker 1924: 61f.; vgl. Osborn 1929; Peters 1923).

Obwohl sich mit Sicherheit einige hoch gebildete bourgeoise Kindergärtnerinnen herablassend gegenüber armen und Immigranten-Eltern bzw. -Kindern verhielten, war die offizielle Kindergarten-Propaganda diesen Eltern und Kindern gegenüber wohlgesinnt. Ein wichtiger Teil der Argumente bestand darin, Armut und die Probleme von Immigranten auf strukturelle und nicht auf persönliche Ursachen der Betroffenen zurück zu führen. Die Literatur von NKA und IKU beschrieb die Armen und Immigranten der Städte als wohlmeinende, fleißige Menschen mit nicht selbstverschuldeten Benachteiligungen. Sie spielten Probleme und Differenzen, ethnische Unterschiede etc. herunter und betonten Gemeinsamkeiten aller Schüler und Familien (vgl. Berg 2004). Einige Texte der NKA zitierten berühmte amerikanische Sozialreformer wie z. B. Jane Adams und Hamilton Wright Mabie, die behaupteten, der Kindergarten sei die freundlichste und effektivste Art Immigranten zu erreichen. Der Kontakt mit Kindergärtnerinnen würde dazu beitragen, „dass sich die schüchterne ausländische Mutter wie eine von uns fühlt" (USBoE 1922: 1). Letztlich ermuntere der Kindergarten die Mutter, auch auf Englisch lesen und schreiben zu lernen, was ihrer ganzen Familie zu Gute käme.

3.3 Kindergärten zum Schutz der Demokratie und zur Prävention des moralischen Verfalls

Nachdem die Befürworter des Kindergartens also in den 1920er Jahren wenig Schwierigkeiten hatten, die Bundesstaats-Legislativen und lokalen School-Boards zu Experimenten mit öffentlichen Kindergärten zu bewegen, brachten die wirtschaftlichen und sozialen Krisen der 1930er und 1940er Jahre die Bewegung der öffentlichen Kindergärten der USA beinahe zum Stillstand (vgl. Nawrotzki 2006). Daher fiel es Policy-Entrepreneuren der NKA leichter, Politiker der Bundesstaaten und lokale Vertreter der School-Boards davon zu überzeugen, dass Kindergärten drückende und wiederkehrende moralische und politische Sorgen der Wähler lösen könnten wie zum Beispiel Kriminalität und die Gefahr des Totalitarismus – und dies natürlich auf preiswerte Weise. Ab Ende des Jahres 1929 sahen sich die Kindergarten-Befürworter gezwungen bestehende Kindergärten zu verteidigen, während sie weiterhin für die Eröffnung neuer Kindergärten stritten. Dabei änderte die NKA ihre diskursiven Strategien. Sie stellte moralische Werte und daneben ein gutes Preis-Leistungs-Verhältnis in den Vordergrund, statt zu betonen, dass der Kindergarten schulische Leistung zu verbessern hilft. Die generelle Fokussierung auf moralische Werte übte jedoch nicht automatisch eine große Anziehungskraft auf die amerikanischen Politiker und Wähler aus. Der Jahresbericht des Präsidenten der NKA von 1929 führte aus:

> „(…) es ist wirklich überraschend festzustellen, dass so wenige Menschen Geld für Moral ausgeben mögen. Ihre finanzielle Unterstützung ist weitaus großzügiger, (…) wenn von Thanksgiving-Veranstaltungen und Weihnachtsfeiern in den Kindergärten die Rede ist, als wenn wir von Heil bringenden und moralischen Einflüssen des Kindergartens sprechen. In Bezug auf Gesetzgeber arbeiten wir also daran, ihre Aufmerksamkeit darauf zu lenken, (…) dass der Kindergarten Entwicklungsverzögerung verhindert und sich selbst in Dollar und Cent finanziert" (NKA 1929: 7).

Als ob solche Rentabilitäts-Argumente noch nicht genügten, ihr Publikum von der Wichtigkeit des Kindergartens zu überzeugen, wandten sich die Befürworter erneut den Argumenten der intrinsischen Werte zu. Sie bestanden darauf: „die Rendite des Kindergartens in Bezug auf Glück und moralische Güte ist unbezahlbar" (United States Senate 1937: 11). Kurz gesagt: Sie scheuten sich nicht (besonderes zu Krisenzeiten), alles im Hinblick auf den Kindergarten zu versprechen.

Kriminalität war ein weiterer Schwerpunkt der öffentlichen Aufmerksamkeit und damit auch der NKA-Propaganda, besonders in den 1930er und 1940er Jahren. 1933 sprach Bessie Locke auf der Tagung der nationalen Konferenz gegen Kriminalität. Ihr Vortragstitel lautete „Der Kindergarten als Mittel zur Prävention von Kriminalität". Damit unterstrich sie „die sichere Beziehung zwischen dem Beugen der jungen Pflanze und der Neigung des Baumes" (NKA 1933: 13). Hinter der Behauptung, Kindergärten seien Teil eines Anti-Kriminalitätsprogramms, steckte in den 1930er und 1940er Jahren der vergebliche Versuch der NKA, Bundesgelder für Kindergärten zu erhalten (vgl. Nawrotzki 2006). Die NKA Policy-Entrepreneure gingen darin sogar so weit, mehrmals Aussagen von Gefängniswärtern der gesamten USA vorzulegen (vgl. NKA 1937: [11]). Im Jahr 1937 stimmten 71 von 82 Befragten der Aussage zu, dass „ordentlich geführte Kindergärten Kriminalität unbedingt reduzieren würden" (NKA o.J.: 1). Der Jahresbericht der NKA von 1942 proklamierte: „Wir sagen, *jetzt* Kindergärten bereitzustellen bedeutet, dass es zukünftig weniger Verbrechen und Geisteskrankheiten geben wird und einen Anstieg wirklicher Freundlichkeit" (NKA 1942: 2). Im darauf folgenden Jahresbericht berichtete eine Kindergärtnerin mit offensichtlicher Expertise auf diesem Gebiet: „Verbrechen sind das Resultat hoch entwickelter Eigennützigkeit, manchmal auch von Ressentiments, immer aber von mangelnder Selbstkontrolle (...). Ein Mehr an guten Kindergärtnerinnen und Kindergärten wird Verbrechen im gleichen Verhältnis reduzieren" (NKA 1943: 10).

Weitaus Furcht erregender als Verbrechen war für US-Wähler und Politiker der Totalitarismus, der die amerikanische Gesellschaft insgesamt zu bedrohen schien. Daher waren seit den 1920er Jahren bis zum Ende des Kalten Krieges ‚Totalitarismus' und ‚liberale Demokratie' wichtige Teile des Diskurses über öffentliche Kindergärten. Arnold Gesell erläuterte dies in einer Ansprache Ende der 1930er Jahre:

> „Ein totalitärer Staat mag seine Fünfjährigen in Uniformen kleiden, in diesen marschieren und sie salutieren lassen. Das Bild eines *solchen* Vorschul-Bataillons steht im krassen Gegensatz zu der genialen Mischung von Ordnung, Abwechslung, Ungezwungenheit und Freiheit eines liberalen Kindergartens" (Gesell o.J.: 6).

Die NKA-Propaganda 1940 insistierte: „(...) die Welt befindet sich in ihrer gegenwärtigen Lage, weil man sich nicht ‚richtig um Kinder kümmert; (...). [I]m amerikanischen Kindergarten bilden die Ideale der Demokratie das Fundament zum Verständnis der amerikanischen Bürgerpflichten" (NKA 1940: 11). Und: „Kindergärten produzieren klügere und gewissenhaftere Wähler" (NKA 1942: 4)·

Diese wenigen Beispiele verdeutlichen, dass die NKA und die IKU kreative Propagandisten waren, die jedes Argument zur Förderung von Kindergärten für ihre Zwecke nutzten. Die Resultate ihre Bemühungen waren deutlich zu sehen: Im Jahr 1925 besuchte eins von zehn fünfjährigen Kindern einen Kindergarten (vgl. Davis 1925). Im Jahr 1942 war es ein Kind von acht, in Großstädten sogar ein Kind von vieren (vgl. NKA 1942: 13). Zehn Jahre später während des Nachkriegs-Babybooms besuchte circa die Hälfte aller fünfjährigen amerikanischen Kinder Kindergärten. Zu dieser Zeit besaßen 28 Bundesstaaten und der District of Columbia Kindergarten-Gesetze, die in 16 Fällen die Verwendung ausschließlich lokaler Gelder erlaubten. Zehn dieser Gesetze erlaubten die Verwendung von lokalen und Bundesstaatsgeldern und zwei (Mississippi und West-Virginia) gestatteten Kindergärten in öffentlichen Schulen nur, wenn sie von Spenden oder Gebühren finanziert wurden. Elf weitere Staaten hatten mandatory-on-petition Gesetze und Utah verlangte öffentliche Kindergärten in allen Distrikten mit mehr als 2000 Einwohnern (vgl. ACEI 1951-1953).

4   Schlussfolgerungen

Es scheint also, als ob der Kindergarten – durch die Bemühungen der IKU und vor allem der NKA – bis 1950 wirklich eine strategische Position im amerikanischen Bildungssystem erreicht hatte. Die Öffentlichkeit akzeptierte den Kindergarten als öffentliche Brücke zwischen Familie und Schule. Man war überzeugt – oder zumindest voller Hoffnung –, dass Lern- und Verhaltensprobleme (sowie gesundheitliche Probleme) frühzeitig erkannt und in vielen Fällen gelöst bzw. verhindert werden könnten. Kindergärten sollten einer fehlerhaften Erziehung im Elternhaus oder in der Nachbarschaft entgegen wirken, nicht zuletzt um einer kriminellen Entwicklung vorzubeugen. Man hielt die Früherziehung und Sozialisation von Kindern für zu wichtig, um sie allein den Eltern zu überlassen.

Belegt wurden diese Sichtweisen durch Meinungen von Experten (z. B. Universitätsprofessoren oder auch Gefängnisdirektoren), durch wissenschaftliche Studien sowie durch amtliche Kostenberechnungen und Empfehlungsschreiben zufriedener Eltern. Beschreibungen glücklicher Kindergartenkinder in Tageszeitungen und Gutachten von Grundschullehrerinnen führten dazu, dass die Amerikaner sich zunehmend für die Etablierung und Erhaltung städtischer Kindergärten einsetzten. In allen Fällen war der Besuch der öffentlichen amerikanischen Kindergärten freiwillig. Die Befürworter öffentlicher Kindergärten forderten dabei nie, dass diese als Kindertagesstätten dienen sollten. Schließlich sollte der Kindergarten eine Bildungseinrichtung sein, und die Kindergärtnerinnen waren in Hochschulen ausgebildete Lehrerinnen und keine ‚Babysitter‘. Darüber hinaus sollte er nicht dazu dienen, berufstätigen (oder gar ‚faulen‘ reichen) Müttern die Aufsicht ihrer Kinder abzunehmen. Hätten die Befürworter dies nicht wiederholt klar zum Ausdruck gebracht, wäre die ganze Bewegung vor dem Hintergrund der dominierenden zeitgenössischen Normen und Werte wohl vergebens gewesen.

Wie haben IKU und NKA es bis zu den 1950er Jahren geschafft, in den USA eine Zunahme städtischer Kindergärten von 300 Prozent zu erreichen? Sie förderten Policy-Entrepreneurschaften vor Ort. Sie publizierten und verbreiteten Kindergarten-Propaganda aller Art und waren unermüdlich in ihrer politischen Lobbyarbeit, selbst nach Rückschlägen. Führende Kindergarten-Organisationen der USA setzten spezifische diskursive Strategien ein, um ihre Ziele zu erreichen. Diese Strategien zielten darauf ab, der Mittelklasse sowie Politikern den Eindruck zu vermitteln, dass öffentliche Kindergärten mit ihren Ängsten und Anliegen eng verknüpft waren. Sie bedienten sich zunehmend wissenschaftlicher Rhetorik und pädagogischer Expertise, womit NKA und IKU wirkungsvoll den Kindergarten von privaten über karitative zu regulären und umfassenden Bildungseinrichtungen machten. Obwohl es circa 100 Jahre dauerte, erreichten sie durch die Zusammenarbeit von School-Boards, Steuerzahlern und Eltern schließlich ihr Ziel: *a kindergarten for every child*. Mittlerweile kämpft man in den USA um die Ausbreitung von städtischen Pre-Kindergärten (Vorkindergärten) für Kinder unter fünf Jahren – eine Bewegung die, wie einst die Kindergarten-bewegung, die Policy-Entrepreneurschaft sehr effektiv betreibt und die innerhalb weniger Jahre schon große Erfolge vorweisen kann (vgl. Kirp 2007; Lynch 2007).

Literatur

Abbott, Julia W. (1920): The Kindergarten Situation Today. In: IKU (1920): 127-132

Allen, Ann T. (1988): Let Us Live with Our Children. Kindergarten Movements in Germany and the United States, 1840-1914. In: History of Education Quarterly 28. No. 1. 23-47

Allen, Ann T. (2006): The Kindergarten in Germany and the United States, 1840-1914. A comparative perspective. In: History of Education 35. No. 2. 173-188

Anonym (o.J.): From Milwaukee Paper. Clara Marian Wheeler Papers, Michigan Historical Collections. Bentley Library, Ann Arbor, Michigan, USA

Association for Childhood Education International (ACEI, ehemals IKU) Survey Data 1951-1953. ACEI Archives: Archives and Manuscripts Department, University of Maryland Libraries, College Park, Maryland, USA

Baader, Meike Sophia (1998): Alle wahren Demokraten tun es. Die Fröbelschen Kindergärten und der Zusammenhang von Erziehung, Revolution, und Religion. In: Jansen/Mergel (1998): 206-224

Baylor, Ruth (1965): Elizabeth Palmer Peabody. Kindergarten Pioneer. Philadelphia: University of Pennsylvania Press

Beatty, Barbara (1995): Preschool Education in America. The Culture of Young Children from the Colonial Era to the Present. New Haven: Yale University Press

Beatty, Barbara (2001): The Politics of Preschool Advocacy. Lessons from Three Pioneering Organizations. In: De Vita/Mosher-Williams (2001): 165-190

Beatty, Barbara (2004): Past, Present, and Future: What we can learn from the history of preschool education. American Prospect 5. http://www.prospect.org/cs/articles?articleId=8770 (10.11.2007)

Berg, Ellen L. (2004): Citizens in the Republic of Childhood. Immigrants and the American Kindergarten, 1880-1920. University of California/Berkeley. Ann Arbor: ProQuest/UMI

Clement, Priscilla F. (1985): The City and the Child, 1860-1885. In: Hawes/Hiner (1985): 235-272

Cremin, Lawrence A. (1961): The Transformation of the School. Progressivism in American Education, 1876-1957. New York: Knopf

Cuban, Larry (1992): Why Some Reforms Last. The Case of the Kindergarten. In: American Journal of Education 100. No. 2. 166-194

Cuban, Larry (1993): How Teachers Taught. Constancy and Change in American Classrooms 1890-1990. New York: Teachers College Press

Davis, Mary D. (1925): General Practice in Kindergarten Education in the United States. Washington, D.C.: National Education Association

Davis, Mary D. (1927): Nursery-Kindergarten-Primary Education in 1924-1926. Bulletin 1927. No. 28. Washington, D.C.: US Government Printing Office (USGPO)

Davis, Mary D. (1932): State legislation relating to kindergartens in effect 1931. Pamphlet no. 30. Washington, D.C.: USGPO

Davis, Mary D. (1933): Reconstructing Legislation. Address delivered at Teachers College, Columbia University, April 18, 1933. In: Childhood Education 10. 11-15

De Vita, Carol J./Mosher-Williams, Rachel (2001): Who speaks for America's children? The role of child advocates in public policy. Washington, D.C.: Urban Institute Press

Doeflinger, Charles H. (1906): The Kindergarten movement in Milwaukee. In: Kindergarten Magazine 18. 385-406

Dombkowski, Kristen (2002): Kindergarten teacher training in England and the United States 1850-1918. In: History of Education 31. No. 5. 475-489

Dombkowski, Kristen (2001): Will the real kindergarten please stand up? Defining and redefining the twentieth-century US kindergarten. In: History of Education 30. No. 6. 527-545

Edelman, Murray J. (1971): Politics as Symbolic Action. Mass Arousal and Quiescence. Chicago: Markham

Edelman, Murray J. (1988): Constructing the Political Spectacle. Chicago: University of Chicago Press

Ewing, E. Thomas/Hicks, David (Hrsg.) (2005): Education and the Great Depression. Lessons from a Global History. New York: Peter Lang

Gesell, Arnold (o.J. [1939]). The Preschool Child in a Democracy. NKA Records 1909-1975. Department of Special Collections: Milbank Memorial Library, Teachers College, Columbia University, New York

Grant, Julia (1998): Raising Baby by the Book. New Haven: Yale University Press

Gurr, Ted R. (1981): Historical Trends in Violent Crime. A Critical Review of the Evidence. In: Crime and Justice 3. 295-353

Hawes, Joseph M./Hiner, N. Ray (Hrsg.) (1985): American Childhood. A Research Guide and Historical Handbook. Westport, CT: Greenwood

Hewes, Dorothy (1974): W. N. Hailmann: Defender of Froebel. Yellow Springs, Ohio: The Union for Experimenting Colleges and Universities Association

Hill, Patty S. (1929): The Strategic Position of the Kindergarten in American Education. In: Childhood Education 4. 147-152

IKU (International Kindergarten Union) (1893): Proceedings of the 1st Annual Convention. Chicago. ACEI Archives: Archives and Manuscripts Department, University of Maryland Libraries, College Park, Maryland, USA

IKU (1913): The Kindergarten. Reports of the Committee of Nineteen on the Theory and Practice of the Kindergarten. Boston/New York: Houghton Mifflin Company

IKU (1917): Kindergarten Education 1917. Chicago. ACEI Archives: Archives and Manuscripts Department, University of Maryland Libraries, College Park, Maryland, USA

IKU (1918): Kindergarten Education 1918. ACEI Archives: Archives and Manuscripts Department, University of Maryland Libraries, College Park, Maryland, USA

IKU (1920): Proceedings of the Twenty-Seventh Annual Meeting of the International Kindergarten Union, Topeka Kansas, 12-16 April 1920. ACEI Archives: Archives and Manuscripts Department, University of Maryland Libraries, College Park, Maryland, USA

IKU (1921) Proceedings of the Twenty-Eighth Annual Meeting of the International Kindergarten Union. Detroit, Michigan. 2-6 May 1921. ACEI Archives: Archives and Manuscripts Department, University of Maryland Libraries, College Park, Maryland, USA

IKU (o. J.): International Kindergarten Union. Clara Marian Wheeler Papers. Michigan Historical Collections. Bentley Library, Ann Arbor, Michigan, USA

IKU Committee on State Kindergarten Associations (1921): Report of the Committee on State Kindergarten Associations. In: IKU (1921): 118-120

Jansen, Christian/Mergel, Thomas (Hrsg.) (1998): Die Revolutionen von 1848/49. Erfahrung, Verarbeitung, Deutung. Göttingen: Vandenhoeck & Ruprecht

Katz, Michael B. (Hrsg.) (1973): Education in American History. New York: Praeger

Kingdon, John W. (2003): Agendas, Alternatives, and Public Policies. New York: Longman

Kirp, David L. (2007): The Sandbox Investment. The Preschool Movement and Kids-First Politics. Cambridge, MA: Harvard University Press

Konrad, Franz-Michael (2004): Der Kindergarten. Seine Geschichte von den Anfängen bis in die Gegenwart. Freiburg im Breisgau: Lambertus

Ladd, Gloria W. (1982): The National Kindergarten Association, 1909-1976. Its place in early childhood education. Teachers College, Columbia University. Ann Arbor: ProQuest/UMI

Lazerson, Marvin (1973): Urban Reform and the Schools. Kindergartens in Massachusetts, 1870-1915. In: Katz (1973): 220-236

Locke, Bessie (o.J.). Ohne Titel. NKA Records 1909-1975. Department of Special Collections: Milbank Memorial Library, Teachers College, Columbia University, New York

Lynch, Robert G. (2007): Enriching Children, Enriching the Nation. Public Investment in High-Quality Prekindergarten. Washington, D.C.: Economic Policy Institute

Marenholtz-Bülow, Bertha von (1855): Women's Educational Mission: Being an Explanation of Froebel's System of Infant Gardens. London: Darton

Marenholtz-Bülow, Bertha von (1883): Hand work & head work. Their relation to one another & the reform of education, according to the principles of Froebel. London: W.S. Sonnenschein & Co

Marsh, Marguerite C. (1915-1918): Resume of National Kindergarten Propaganda. International Kindergarten Union Yearbooks 1915-1918. ACEI Archives: Archives and Manuscripts Department, University of Maryland Libraries, College Park, Maryland, USA

Mintrom, Michael (1997): Policy Entrepreneurs and the Diffusion of Innovation. In: American Journal of Political Science 41. No. 3. 738-770

Mintz, Steven (2004): Huck's Raft. A history of American childhood. Cambridge, MA: Belknap Press of Harvard University Press

Moore, Dorothea (1897): A Day at Hull House. In: American Journal of Sociology 2. No. 5. 629-642

Nawrotzki, Kristen D. (2005): The Anglo-American Kindergarten Movements and Early Education in England and the USA, 1850-1965. University of Michigan. Ann Arbor: ProQuest/UMI

Nawrotzki, Kristen D. (2006): 'Shall the youngest suffer most?' US Kindergartens and the Depression. In: Ewing/Hicks (2006): 276-310

Nawrotzki, Kristen D. (2007): 'Like sending coals to Newcastle'. Impressions from and of the Anglo-American Kindergarten Movement(s). In: Paedagogica Historica 43. Heft 2. 2007. 223-233

NKA (1929): President's Annual Report, 1928-29. NKA Records 1909-1975. Department of Special Collections: Milbank Memorial Library, Teachers College, Columbia University, New York

NKA (1933, 1937, 1940, 1942, 1943): Annual Reports. NKA Records 1909-1975 NKA Records 1909-1975. Department of Special Collections: Milbank Memorial Library, Teachers College, Columbia University, New York

NKA (National Kindergarten Association) (o.J.): Regarding the Kindergarten Bills: - S.2510 and H.R. 6474. NKA Records 1909-1975. Department of Special Collections: Milbank Memorial Library, Teachers College, Columbia University, New York

Osborn, Charlotte E. (1929): Effect of kindergarten training upon first grade readiness. Unveröffentlichte M.A.-Dissertation. State University of Iowa/Ames

Perlmann, Joel/Margo, Robert A. (2001): Women's work? American schoolteachers, 1650-1920. Chicago: University of Chicago Press

Peters, W. J. (1923): The Progress of Kindergarten Pupils in the Elementary Grades. In: Journal of Educational Research 7. 117-126

Pruitt, Lisa (1988): Guide to the Archives of the Association for Childhood Education International. College Park, Maryland: University of Maryland College Park Libraries

Reese, William J. (1995): The Origins of the American High School. New Haven: Yale University Press

Roberts, Nancy C./King, Paula (1996): Transforming public policy. Dynamics of policy entrepreneurship and innovation. San Francisco: Jossey-Bass Publishers

Roland, Carol (1980): The California Kindergarten Movement. A Study in Class and Social Feminism. University of California, Riverside. Ann Arbor: ProQuest/UMI

Sheldon, William E. (1891): Some Things a Kindergartener Should Know. In: Addresses and Proceedings – NEA of the United States. 564

Smith, Nora A. (1900): The Alfred Corning Clark Neighbourhood House, New York. In: Child Life II. No. 7. 133-138

Snider, Denton J. (1920): The St. Louis Movement in Philosophy, Literature, Education, Psychology. St. Louis: Sigma

Stone, Deborah A. (1989): Causal Stories and the Formation of Policy Agendas. In: Political Science Quarterly 104. No. 2. 281-300

Troen, Selwyn (1975): The Public and the School. Shaping the St. Louis System 1838-1920. St. Louis: University of Missouri Press

United States Bureau of Education (USBoE), Curriculum Committee of the International Kindergarten Union (1919): Bulletin: The Kindergarten Curriculum. Washington, D.C.: Bureau of Education

United States Bureau of Education (USBoE) (1922): What they think of the kindergarten. Kindergarten Circular No. 8. Washington, DC: Department of the Interior

United States Senate. Seventy-Fifth Congress (1937): Hearing Before the Committee on Education and Labor, United States Senate Seventy-Fifth Congress. First Session on S.1355: A bill to promote the general welfare through the appropriation of funds to assist the states and territories in providing more effective programs of public pre-grade education. Washington, D.C.: Committee on Education and Labor, United States Senate

Van Ausdal, Sarah J. (1985): Case Study in Educational Innovation: The Public Kindergarten in St. Louis, 1870-1900. Southern Illinois University/Edwardsville. Ann Arbor: ProQuest/UMI

Vandewalker, Nina (1924): The Outlook for Kindergarten Education. In: Childhood Education 1. 61-64

Weber, Evelyn (1969): The Kindergarten. Its Encounter with Educational Thought in America. New York: Teachers College Press

West, Jerry/Denton, Kristin/Germino-Hausken, Elvie (2000): America's Kindergartners. Washington, D.C.: National Center for Education Statistics

Wilson, James (1980): The Politics of Regulation. New York: Basic Books

Witte, John F. (2000): The market approach to education. An analysis of America's first voucher program. Princeton: Princeton University Press

Zelizer, Viviana (1994): Pricing the Priceless Child. The Changing Social Value of Children. Princeton: Princeton University Press

Elternhaus und Schule – Kooperation und Opposition Zum Wechselverhältnis beider Sozialisationsinstanzen im 19. Jahrhundert

Ulrich G. Herrmann

1 Einleitung

Eine dem Verhältnis von Schule und Familie im 19. Jahrhundert nachspürende Sichtung der Forschungsliteratur spiegelt im Ergebnis ein für die thematischen Überschneidungsbereiche von historischer Schul-, Sozialisations- und Familienforschung nicht untypisch erscheinendes Forschungsdesiderat: In der Forschungsliteratur zur Geschichte der Familie, in den neueren familienbiographischen Studien zumal, finden sich immer auch Verweise auf die Schule, und die historischen Arbeiten zur Entwicklung des Bildungssystems kommen ihrerseits nicht gänzlich ohne Bezugnahmen auf die Familie aus. An einer systematischen Analyse des Verhältnisses beider Institutionen aber mangelt es bislang in synchroner wie auch diachroner Perspektive. Im Blick auf die Geschichte des Alltags von Unterricht und Erziehung ist das schulische Feld noch weniger bearbeitet als das der Familie. Es bedarf insofern keiner besonderen Legitimationsanstrengung, um zu begründen, warum die folgenden Überlegungen den Zusammenhang von Schule und Familie im 19. Jahrhundert lediglich aspekthaft und in relevant erscheinenden Facetten zu thematisieren versuchen. Das Untersuchungsfeld ist nicht nur weit, sondern auch in hohem Maße heterogen. Der Fokus der Betrachtung wird überwiegend auf das bürgerliche Milieu und den weiterführenden Schulbereich für die männliche Jugend gerichtet. Die damit verbundene Einengung des Blickwinkels ist nur zu offensichtlich, aber sie mindert – jedenfalls ein Stück weit – die Gefahr, im Makroblick auf Aggregate und Systemstrukturen die erforderlichen Differenzierungen zu verfehlen und umgekehrt dem illustrativen Fallbeispiel vorschnell Repräsentativität beizumessen.

Ich möchte das Verhältnis von Elternhaus und Schule im 19. Jahrhundert auf drei Ebenen in den Blick nehmen: auf einer bildungssystemischen, einer diskursiven und einer institutionellen. Diese Ebenen gliedern den Beitrag. In bildungssystemischer Perspektive wird zunächst die Machtposition des Elternhauses als Instanz der Schulwahl thematisiert. Ein zweiter Teil skizziert Kontinuitätslinien im Diskurs über das Verhältnis von Schule und Elterhaus und verdeutlicht die Problematik unklarer Zuständigkeiten. Sodann wird am Beispiel sogenannter Familienalumnate der Versuch einer institutionellen Koppelung von Familie und Schule im letzten Drittel des 19. Jahrhunderts vorgestellt. Das abschließende Fazit bündelt die auf den verschiedenen Betrachtungsebenen gewonnenen Einblicke.

2   Bildungssystemische Ebene

Folgt man dem gängigen Bild, das nicht zuletzt in Teilen der familiengeschichtlich orientierten Bürgertumsforschung von den Machtstrukturen zwischen Schule und Familie im 19. Jahrhundert gezeichnet worden ist, dann erscheint es einigermaßen abwegig, die Elternhäuser anders als in der Rolle des untertänigen Bittstellers oder des verlängerten Arms Gehorsam einfordernder Lehrkräfte beschreiben zu wollen. Organisationsmerkmale des Schulwesens wie die staatliche Schulaufsicht und der Beamtenstatus der Lehrkräfte gelten als hinreichende Belege dafür, dass Elternhaus und Schule sich im asymmetrischen Verhältnis von Bürger und Staat gegenüberstanden. Von „Devotionsgängen" um Wohlwollen werbender Väter aus dem Bürgertum ist die Rede, von Eltern, die unreflektiert die Zwänge einer in ihrer Autorität nicht hinterfragten Staatsinstitution in die Privatsphäre der Familie hinein verlängerten (Budde 1994: 367). Solche Bittgänge gab es und autoritätsgläubige Eltern fraglos auch. Man darf das unabhängig von den herangezogenen autobiographischen und literarischen Belegen unterstellen, die zu einem nicht unbeträchtlichen Teil trotz bisweilen problematischer, weil ergebnisorientierter Fragmentierungen zumindest noch Ambivalenzen zu erkennen geben. Aber es traten eben zugleich auch selbstbewusste Eltern auf, Eltern, die erfolgreich gegen die Missachtung ihrer Ansichten protestierten, zur Durchsetzung ihrer Interessen und der ihrer Kinder weder den Streit mit einzelnen Lehrern noch den Konflikt mit der Schulleitung scheuten und gegebenenfalls ihre Kinder einer anderen Schule anvertrauten. Der historische Schulalltag ist noch viel zu unerforscht, als dass jenseits der gängigen Kollektionen illustrativer Fallbeispiele bereits eine tragfähige Empirie für generalisierende oder gar quantifizierende Aussagen über die Kommunikation zwischen Elternhaus und Schule zur Verfügung stünde. Gleichwohl lassen sich Gründe anführen, warum das anzunehmende Maß an elterlicherseits bekundeter Devotion gegenüber der Schule – die Graduation nach sozialen Milieus mitbedacht – insgesamt längst nicht die gemeinhin unterstellte Dimension erreicht haben dürfte. Staatliche Legitimation und formalrechtliche Unabhängigkeit vom Elternwillen vermittelte den Lehrern zweifellos ein hohes Maß an Autorität. Warum aber sollte dies beispielsweise den Berliner Kammergerichtsrat Wilhelm Ditzen beeindruckt haben, der in den Anfangsjahren des 20. Jahrhunderts seinen später als Hans Fallada bekannt werdenden Sohn wegen eines ihm unakzeptabel erscheinenden Lehrers kurzerhand und mit nachhaltigem Erfolg auf einem anderen Berliner Gymnasium anmeldete (vgl. Fallada 1955: 51f.)?

Das berühmte Memorandum, mit dem Johann Friedrich Herbart die Reformbestrebungen der Sektion und der Wissenschaftlichen Deputation in den Anfangsjahren des 19. Jahrhunderts konterkarierte, war auf eine Beschränkung der Arbeit öffentlicher Schulen und auf die Ausbildung von Hauslehrern zur Unterstützung der Familienerziehung ausgerichtet (vgl. Herbart 1888/1964). Herbarts Hauslehrerprojekt fand bei den Reformern bekanntlich keinen Beifall (vgl. Blankertz 1982: 143). Der Wunsch der Reformer, die Reform des öffentlichen Unterrichts möge den Hauslehrerstand verschwinden lassen, blieb indes gerade in den vom bürgerlichen Familienleitbild geprägten Milieus lange Zeit ungehört. Bis in die zweite Hälfte des 19. Jahrhunderts hinein nutzten viele bildungsambitionierte Bürgereltern das öffentliche Schulangebot nur in den nicht mehr privat zu bewerkstelligenden Segmenten. Für einen beträchtlichen Anteil insbesondere der Gymnasialabiturienten reduzierte sich der Kontakt mit öffentlichem Unterricht auf den Besuch der gymnasialen Oberstufe.

In der Konzentration auf die Obsession der preußisch-deutschen Untertanenschule gerät der Einfluss der Familie als Instanz der Schulwahl zwangsläufig aus dem Blick. Eine nicht zu unterschätzende Machtposition erwuchs den Elternhäusern aus der Möglichkeit, durch eine ‚Abstimmung mit den Füßen' Unterrichtsanstalten bis an den Rand, wenn nicht ihrer Bestandsfähigkeit, so doch allemal der Gefährdung ihres Status in der Schultypenhierarchie zu bringen. Man kann das etwa am Beispiel der im dritten und vierten Jahrzehnt des 19. Jahrhunderts ausgetragenen Kontroversen um Verbindlichkeit und Umfang des altsprachlichen Unterrichts studieren, in deren Verlauf sich zahlreiche Gymnasien und ihnen nachgeordnete höhere Schulen unter dem massiven Druck von Eltern gezwungen sahen, berufsorientiertere Unterrichtsangebote einzurichten, um eine drohende Abwanderung von Schülern zu privaten Konkurrenzeinrichtungen abzuwenden (vgl. Herrmann 1991: 104ff.). Dispensationsregelungen und Angebotsalternativen spiegeln die auch im weiteren Verlauf des Jahrhunderts unvermeidbare Rücksichtnahme auf elterliche Forderungen. Die zahlreichen höheren Schulen gleich welcher Etikettierung, die das Unterrichtsangebot von zwei oder mehr Schulformen unter einem Dach vereinigten und seit dem ausgehenden 19. Jahrhundert die Schulangebotsstruktur dominierten, sind Beleg dafür, dass sich die Bildungsbedürfnisse der Klientel ausdifferenzierten, aber eben auch durchsetzten. Zumindest während der ersten Hälfte des 19. Jahrhunderts verdankte die übergroße Mehrzahl der Gymnasien ihren Status nur wenigen studierwilligen

Oberstufenschülern, ihre Existenz den um so notwendigeren Schulgeldbeiträgen der Schüler mit begrenzten Bildungsambitionen in den unteren und mittleren Klassen. Die kleine Gruppe der für ein Studium vorgesehenen Schüler der Oberstufe musste umworben, die für deren Finanzierung benötigte Schülermehrheit ohne Studienambitionen immerhin zufriedengestellt werden. Strukturell gesehen, wenngleich zu Intention und Sinngehalt des staatlichen Veranstaltungscharakters der Schule durchaus konträr, durften sich demnach beide Fraktionen der Klientel weit eher als Kunden denn als Bittsteller verstehen (vgl. dagegen die im Stereotyp der deutschen Obrigkeitshörigkeit befangene Rollenzuschreibung bei Budde 1994: 366). Regional- und Einzelschulstudien bestätigen, dass Vertreter beider Gruppen aus einer ihnen durchaus bewussten Position der Stärke heraus zu agieren verstanden (vgl. Herrmann 1991). Im Übrigen blieb die Rekrutierung einer den Bestand der Oberstufe sichernden Schülerzahl für eine stattliche Zahl von Schulen bis zum Ende des 19. Jahrhunderts ein Problem.

Im Verlauf der zweiten Jahrhunderthälfte verringerte sich die Schulgeldabhängigkeit des expandierenden Schulsystems und damit tendenziell auch der auf Schulgeldzahlungen beruhende Einfluss des Elternhauses. Die immense Bedeutungszunahme schulischer Berechtigungen im gleichen Zeitraum dürfte indes nicht nur den Leistungsdruck auf die Schüler, sondern auch die Widerspruchs- und Interventionsbereitschaft von Eltern gegenüber der Schule bei enttäuschten Erwartungen erheblich gesteigert haben. Zur Infragestellung schulischer Autoritäten im Falle negativer Lehrerurteile fanden sich keineswegs nur Eltern aus dem besonders schulerfolgsabhängigen Bildungsbürgertum bereit. Welchen Insubordinationselan eine an Versetzungs- und Prüfungsergebnissen orientierte Elternschaft entwickeln konnte, beschrieb der Direktor des Königlichen Gymnasiums zu Bochum für den Zeitraum der 1880er und 1890er Jahre folgendermaßen (Schwarz 1910: 29, 30, 33f.):

„Sehr ungünstig wirkt auf die Charakterbildung auch der Umstand, daß in einer Industriegegend der Erfolg sofort zu bemerken ist. Wie der Vater sich Geld erwirbt, so soll der Sohn sich die Berechtigungen der höheren Schule erwerben. Daß er dabei so fleißig ist wie sein Vater, ist nach Ansicht der Eltern selbstverständlich; darum, ob er diesen Fleiß tatsächlich entwickelt, kümmert man sich nicht. Wehe der Schule, die ihre Berechtigungen versagt! Sie ist unwürdig, den Sohn länger in ihren Mauern zu haben. Für manche dieser Eltern ist es vollkommen gleichgültig, ob der Sohn etwas lernt: hierauf kommt es ihnen erst an letzter Stelle, hin und wieder auch gar nicht an; die Hauptsache sind die Berechtigungen. Macht die Schule dem Sohne die Erlangung derselben nicht leicht, so tut man ihn auf eine andere Anstalt, von der man weiß, sie stellt mildere Anforderungen, oder es wenigstens glaubt".

„So wurde es Sitte, den Sohn, wenn er nicht Befriedigendes leistete, auf eine andere Schule zu tun: blieb er sitzen, so war der Anstaltswechsel nahezu ein Gesetz für das

Elternhaus. Darum, daß das Zurückbleiben in der Klasse verdient, durchaus berechtigt, vielleicht sogar eine Wohltat für den davon Betroffenen war, kümmerte man sich nicht: er wurde einfach abgemeldet, meist in äußerlich höflicher, aber kühler Form, hin und wieder auch in einer solchen, wie sie unter gebildeten Menschen nicht vorkommen sollte".

„Am allerschlimmsten für das Gymnasium war die Unsitte, die nicht versetzten Schüler umzuschulen. Sie war allmählich geradezu zu einem Gesetz geworden: wer etwas auf sein Ansehen bei seinen Mitbürgern gab, mußte der Schule das Nichtversetzen mit der Abmeldung beantworten. Selbstverständlich war die Unsitte des Umschulens nicht bei allen Eltern: je gebildeter sie waren, um so weniger frönten sie ihr. Aber auch Gebildete schulten um, ja, selbst Lehrer des Gymnasiums handelten trotz ihrer Sachkenntnis nicht anders."

„Die Lage des Gymnasiums wäre eine recht ungünstige gewesen, wenn die Realschule sich die Sympathien der Bürgerschaft dauernd hätte erhalten können; es ging ihr aber kaum besser als dem Gymnasium. Allmählich trat schließlich ein reziprokes Verhältnis zwischen Versetzungsergebnis und Zudrang für beide Anstalten ein: wo in der letzten Zeit die wenigsten sitzen geblieben waren, dahin schickte man sein Kind".

3   Diskursive Ebene

Auf das gesamte 19. Jahrhundert gesehen lassen sich im Diskursfeld zum Verhältnis von Familie und öffentlicher Erziehung, von Elternhaus und Schule, Argumentationslinien verfolgen, die im wesentlichen drei Theoreme zu bedienen scheinen: ein Usurpationstheorem, ein Substitutionstheorem und ein Differenztheorem. Die folgende Skizze akzentuiert die Unterschiede zwischen diesen Theoremen, um deren idealtypische Prämissen und Argumentationsfiguren zu verdeutlichen. Die jeweiligen Schnittmengen und die Kombinationsmöglichkeiten einzelner Versatzstücke bleiben gleichwohl erkennbar.

3.1 Usurpationstheorem

Das Theorem von der Usurpation der Familie durch die Schule wird im Kern von der Vorstellung getragen, die öffentliche Schule sei eine staatliche Zwangsinstitution, die, wenn sie nicht gar auf die völlige Ausschaltung des Elternhauses als Erziehungsstätte abziele, zumindest in unbilliger Weise das natürliche Erziehungsrecht der Familie einschränke. In dieser Vorstellung fungiert die öffentliche Schule als Kaserne, mindestens als Fabrik, die Familie als schulisch bedrohter pädagogischer Freiraum. Während die Schule allgemein und ganz besonders in der Form des Internats kontrollieren, beaufsichtigen und einengen muss, kann die Familie das für die Entwicklung von Heranwachsenden unabdingbare Maß an Freiheit und Ungebundenheit gewähren. Raum für Kreativität und Spontaneität bietet nicht die Schule als alles normierende Organisation, sondern das Elternhaus, das sich zugleich als Schutzraum für die Intimität des Lernens bewährt. Jahrzehnte vor ihrer reformpädagogischen Popularisierung gehört die Projektion der Differenz von Schule und Elternhaus auf das Dual von Zwang und Freiheit bereits zum festen Argumentationsrepertoire der als eigene Wissenskultur gegenüber der universitären Geschichtswissenschaft auftretenden Kulturgeschichte in der zweiten Hälfte des 19. Jahrhunderts. Wie im Vorgriff auf die spätere Schulkritik reformpädagogischer Provenienz verknüpfen die Protagonisten der populärwissenschaftlichen Kulturgeschichte ihr Lamento über den widernatürlichen Unterrichtsehrgeiz der Aufklärungsepoche und das ungesunde Übermaß an Wissensvermittlung in den gebildeten Milieus des 18. Jahrhunderts mit dem Bild der Schule als einer lebensfernen Institution, die das Entwicklungspotential kindlicher Selbstbeschäftigung und Selbstregulierung durch formalisierte Lernprozesse an der Entfaltung hindert und die natürliche Vitalität häuslicher Sozialisationsszenarien durch methodischen Unterricht zu ersticken droht. Die Klage über vermeintlich übersteigerte Bildungsambitionen gewann ihre schulkritische Richtung durch die Verklärung des ‚Lebens‘ zum natürlichen Lehrmeister und durch die Glorifizierung des für Natur- und Lebensnähe stehenden Aufwachsens in der Familie gegenüber schulischen Institutionen und systematischer Unterweisung. Bestätigung für die Auffassung, „daß dem künftigen Manne ein gewisses Maß von Selbstbeschäftigung und ein frischer Verkehr mit der Natur und dem praktischen Leben mehr Gewinn bringen werde, als das bloße angespannte Sitzen hinter den Büchern", fanden Schriften dieses Genres in der von Schule kaum getrübten bukolischen Szenerie der Kindheitserzählungen des auf Rügen aufgewachsenen Bauernsohns Ernst Moritz Arndt (Biedermann 1880/1969: 1170f.) – rund ein halbes Jahrhundert bevor Hermann Lietz in seinen Lebenserinnerungen der verdammungswürdigen Schule das zum kindgerechten Arkadien idealisierte bäuerliche Familienumfeld seiner auf ebendieser Insel verlebten Kindheit gegenüber stellte (vgl. Lietz 1922). Das Elternhaus bietet Lebensfrische und Unmittelbarkeit, die lebensfremde Buch-Schule bestenfalls künstliche Arrangements. Infolgedessen steht das Haus für Praxis, die Schule für Theorie. Und das wird der Schule durchaus nicht zugute gehalten. Die Transformation des solchermaßen konstruierten Gegensatzes von Schule und Familie in die klassische Dichotomie von Schule und Leben ergibt sich aus diesen Grundgedanken zwanglos. Fast beiläufig verliert das Elternhaus im Verlauf des 19. Jahrhunderts dabei allerdings seinen Patentanspruch auf lebensnahe Erziehungsleistungen. Denn ein Monopol für den Lernort ‚Leben‘ besitzt die Familie dann nicht mehr, wenn sich das wie auch immer definierte ‚wirkliche Leben' zwar auch am häuslichen Tisch entdecken lässt, wie im Konzept der Hauslehrerschule von Berthold Otto, aber offenbar wahlweise ebensogut auf dem Lande, wie in den Landerziehungsheimen von Hermann Lietz, oder am Wasser, wie in der „Schule am Meer" von Martin Luserke (vgl. Otto 1907; Lietz 1897/1997; Luserke 1925; Oelkers 1989: 106ff., 111ff.). Die Wortführer dieser Argumentationslinie und ihre jeweils zeittypischen Motive wechseln, die Koordinaten der Argumentation und die verwendeten Chiffren hingegen bleiben während des 19. Jahrhunderts und darüber hinaus eigentümlich stabil, und so präsentiert sich denn im zeitlichen Längsschnitt eine eigenwillige Koalition aus romantisierenden, Rousseau variantenreich missverstehenden Schulkritikern der frühen Jahrzehnte, Ultramontanen der 1870er Jahre und Reformpädagogen zur Jahrhundertwende (vgl. Oelkers 2000).

3.2 Substitutionstheorem

Bis zu einem gewissen Grade lassen sich die Argumentationsmuster, die man dem Substitutionstheorem zuordnen kann, als positiv gewendete Gegenstücke zu den im Usurpationstheorem versammelten Befürchtungen charakterisieren. An die Stelle der Warnung vor einer übermächtigen Staatsschule tritt die Forderung nach weitreichenden Einflussmöglichkeiten der Schule gegenüber der Familie bis hin zur Substitution des Elternhauses. Das von Fichte in den „Reden an die deutsche Nation" propagierte rigorose Konzept eines Erziehungsstaates, der die Aufhebung von Privaterziehung und elterlicher Erziehungsfreiheit als Mittel zur Auflösung ständischer Gliederungsprinzipien des Schulwesens betreibt, darf als prominente Referenz dieses Theorems aus den Anfangsjahren des 19. Jahrhunderts gelten (vgl. Fichte 1846/1965: 428ff.). Es ist vor allem das breite Reservoir an Defizitdiagnosen zur je ‚heutigen' Familie, aus dem unterschiedlich dimensionierte Substitutionsforderungen über die folgenden Jahrzehnte hinweg ihre Legitimation beziehen. Das Bild der in ihren Erziehungs- und Sozialisationsleistungen nachlassenden Familie verfestigt sich noch im Verlauf der ersten Jahrhunderthälfte zu einem Axiom, das im Argumentationskontext selbst keiner gesonderten Begründung mehr bedarf. Das erklärt die lakonische Beiläufigkeit, mit der beispielsweise Ludwig Wiese, der Spiritus Rector des Höheren Knabenschulwesens in Preußen und keineswegs ein glühender Verfechter von Internatsschulen, Mitte der 1850er Jahre mit Blick auf „öffentliche Erziehungsanstalten" anmerken kann, sie seien „nicht minder jetzt als im Mittelalter und der Reformationszeit, wo die ältesten derselben entstanden sind, unentbehrlich, wenn auch aus verschiedenen Gründen: damals mehr um des Unterrichts, jetzt um der Erziehung willen, für welche die deutsche Familie mehr und mehr die Kraft und

die Liebe verloren hat." (Wiese 1855: 48) Dass Bildungs- und Erziehungsinstitutionen sich nach Lage der Dinge als die besseren Elternhäuser erweisen können,
steht für Wiese Mitte des 19. Jahrhunderts außer Frage:

> „Hat die Familie nach göttlicher Ordnung den Beruf und die Kräfte zur Erziehung,
> so ist es, wo sie das eine wie das andere außer Acht läßt oder zu benutzen außer
> Stande ist, immer noch eine ganz unschätzbare Wohlthat für den Knaben, wenn er
> der tieferen Segnungen einer guten häuslichen Erziehung entbehren soll, in einer öf-
> fentlichen Erziehungsanstalt wenigstens Ordnung, Gehorsam und Pünktlichkeit zu
> lernen, der Verzärtelung entzogen zu werden, den Egoismus brechen oder zurück-
> drängen zu müssen und früh genöthigt zu sein, an einem fest geordneten Gemein-
> schaftsleben und an einem heilsamen Maaß von Oeffentlichkeit Theil zu nehmen."
> (Wiese 1855: 49)

Bis zum Ende des 19. Jahrhunderts entwickelt sich eine überschaubare Aufstel-
lung konsensfähiger Erklärungen, warum ‚die heutige Familie' ihre pädagogischen Funktionen häufig nur noch mangelhaft erfüllen kann. Die Gründe werden
im Spektrum zwischen Armut und Dekadenz milieuspezifisch diagnostiziert: In
den ärmeren Bevölkerungsschichten ergeben sich Erziehungsdefizite aus wirtschaftlichen Notlagen, aus der Berufstätigkeit beider Eltern, dadurch bedingten
Mängeln und Überlastungen, nicht zuletzt aus der Heranziehung der Kinder zum
Familienerwerb. In den gut situierten Bevölkerungskreisen entstehen die pädagogischen Versäumnisse durch Delegation der Erziehung an Kindermägde,
durch die „Affenliebe" verwöhnender Eltern und durch die übermäßige Einbe-
ziehung der Kinder in das gesellige und öffentliche Leben (Tews 1904: 733ff.).
In seinen Grundzügen stützt sich der um 1900 gängige Katalog von Klagen über
die diversen Unzulänglichkeiten der familialen Erziehungs- und Sozialisationsverhältnisse auf die längst zu Stereotypen verfestigten Befunde, mit denen bereits die Moralischen Wochenschriften des frühen 18. Jahrhunderts aufwarteten
(vgl. Herrmann 2003). Im Verbund mit der aufkommenden Zivilisations- und
Großstadtkritik tragen solche Defizitdiagnosen am Ende des 19. Jahrhunderts
dazu bei, dass sich Einrichtungen wie die Landerziehungsheime als andere und
tendenziell bessere Familien empfehlen können.

Der im 19. Jahrhundert zur Genüge erhobene Vorwurf, viele Elternhäuser
entledigten sich nur zu gern ihrer Pflichten, indem sie die Verantwortung für die
Kinder an die Schule delegierten, lässt sich gewissermaßen als gegenläufige
Spielart des Substitutionstheorems verstehen und dem Usurpationstheorem als
eine Art Deditionstheorem gegenüberstellen. Wie eng die Kritik an der usurpie-
renden Macht der staatlichen Schule und die Klage über elterliche Pflichtverges-
senheit beieinander lagen, verdeutlichte Ludwig Wiese in seinen zu Beginn der
1880er Jahre angestellten Überlegungen über die wechselseitige Verstärkung

beider Fehlentwicklungen. Zunächst nahm Wiese die Machtposition der Staatsschule gegenüber dem Elternhaus ins Visier:

„Die Wirkungen des allem Schulwesen in Preußen anhaftenden Charakters als Staatssache dringen auch in das Haus und die Familie ein. Das normale und glückliche Verhältnis einer mit Bewußtsein gepflegten gegenseitigen Ergänzung der häuslichen Erziehung und des Schulunterrichts findet sich selten; nicht leicht wird das Nebeneinander zu einem Miteinander, zu einem Hand in Hand Gehen. Aber in den meisten Häusern lassen die Ansprüche, welche die Schule jetzt gewöhnlich an die Zeit und Kraft des Kindes macht, für eine über äußerliche Gewöhnung hinausgehende Erziehung wenig übrig. Wie oft wird von Eltern die Klage laut: bei den jetzigen Einrichtungen und Anforderungen der Schule gehören uns die Kinder nicht mehr; wir sehen und sprechen sie eigentlich nur bei Tisch. Soweit solche Äußerungen des Unmuths über Eingriffe der staatlich geordneten Schule in das Recht des Hauses begründet sind, würde sich also das Verlangen Fichte's, daß die Kinder, um erzogen zu werden, vom Staat den Eltern entzogen werden müßten, darin erfüllen; auf andere Weise freilich als der Philosoph es wollte." (Wiese 1884: 92f.)

Sodann richtete Wiese seine Vorwürfe an die Adresse des Elternhauses:

„Es steht noch gut, wenn die Eltern betrübt und unmuthig darüber sind; das Übelste ist, wenn solche Empfindungen unter dem Druck der Gewohnheit gar nicht mehr aufkommen. (...) Welche Verbildung muß vorgegangen, oder welche geistige Abstumpfung muß eingetreten sein, wenn Eltern dagegen gleichgültig geworden und wohlzufrieden damit sind, daß ihnen Sorge und Verantwortlichkeit darin von Anderen abgenommen wird! Ist es aber nicht so bei Unzähligen, daß sie zwar für die physische Erziehung und körperliche Ausbildung ihrer Kinder Aufmerksamkeit haben, für die Seele und den Geist aber gern Andere sorgen lassen, und nach der Seite ihrer Pflicht genügt zu haben meinen, wenn sie das Schulgeld bezahlen und was sonst nöthig aufwenden? In der Unruhe und Hast alles Lebens unserer Zeit verbreitet sich die Achtlosigkeit und diese Entwöhnung von den heiligsten Rechten und Pflichten zusehends immer weiter unter den Eltern." (Wiese 1884: 93f.)

Im Zusammenspiel von staatlichem Machtanspruch und elterlicher Bequemlichkeit hatten sich nach Wieses Beobachtung allzu viele Elternhäuser auf die Rolle von Dienstleistungsempfängern einer im Umkehrverhältnis stetig an Einfluß gewinnenden Schule reduziert.

„Indem der moderne Staat sein Oberaufsichtsrecht allmählich dahin ausdehnte, daß er auch die Anordnung und Leitung alles in seinem Interesse wesentlich zur Heranbildung des jungen Geschlechts Gehörigen allein übernahm, hat er nicht wenig dazu beigetragen, daß die Verbindung der Schule mit dem Hause, dessen Fortsetzung sie ihrer Idee nach sein sollte, immer schwächer geworden ist. Im Verlaß auf den Staat

und die Zweckmäßigkeit seiner Anordnungen entwöhnen sich die Eltern immer
mehr der Freiheit und dem Vermögen, bei der Kindererziehung mit selbständigem
Urteil und nach eigener Überzeugung zu handeln: wie Viele auch in den sogenannten gebildeten Ständen würden nichts mit ihren Kindern anzufangen wissen, wenn
der Staat nicht für sie einträte, nicht einmal mit den Mädchen! Daß auch deren Ausbildung, wie sie in den großen öffentlichen Schulen nach Vorschriften der betreffenden Staatsbehörden meist geschieht, bereitwillig gutgeheißen, und nicht als ein Raub
an den Elternrechten und als eine Gefährdung des leiblichen und geistigen Wohles
der Kinder selbst empfunden wird, ist vielleicht der stärkste Beweis, wie weit Verwöhnung und Sorglosigkeit in der Jugenderziehung sich verbreitet haben." (Wiese
1884: 94f.)

3.3 Differenztheorem

In seiner Nürnberger Gymnasialrede vom September 1811 definiert Hegel die
Schule „als Vermittlungsglied zwischen Familie und bürgerlicher Gesellschaft"
(Benner 1977: 99) und als den institutionellen Ort des Übergangs aus der Familie
in die bürgerliche Gesellschaft: „Die Schule steht nemlich zwischen der Familie
und der wirklichen Welt, und macht das verbindende Mittelglied des Uebergangs
von jener in diese aus." (Hegel 1811/2006b: 484) Wie unter Vorwegnahme zentraler Überlegungen der strukturfunktionalistischen Schultheorie von Talcott
Parsons und der in dessen Begriffsystem der pattern variables erfassten idealtypischen Orientierungs- und Handlungsalternativen bestimmt Hegel die Differenz
zwischen Familie und Gesellschaft:

> „Das Leben in der Familie nemlich, das dem Leben in der Schule vorangeht, ist ein
> persönliches Verhältniß, ein Verhältniß der Empfindung, der Liebe, des natürlichen
> Glaubens und Zutrauens; es ist nicht das Band der Sache, sondern das natürliche
> Band des Bluts; das Kind gilt hier darum, weil es das Kind ist; es erfährt ohne Ver-
> dienst die Liebe seiner Eltern, so wie es ihren Zorn, ohne ein Recht dagegen zu ha-
> ben, zu ertragen hat. – Dagegen in der Welt gilt der Mensch durch das, was er leis-
> tet; er hat den Werth nur, insofern er ihn verdient. Es wird ihm wenig aus Liebe und
> um der Liebe willen; hier gilt die Sache, nicht die Empfindung und die besondere
> Person." (ebd.)

Die Notwendigkeit der Schule als staatliche Institution leitet Hegel aus gesellschaftlichen Anforderungen ab, denen die Familie allein nicht mehr genügen
kann.

> „Die Schule nun ist die Mittelsphäre, welche den Menschen aus dem Familienkreise
> in die Welt herüberführt, aus dem Naturverhältnisse der Empfindung und Neigung

in das Element der Sache. In der Schule nemlich fängt die Thätigkeit des Kindes an, wesentlich und durchaus eine ernsthafte Bedeutung zu erhalten, daß sie nicht mehr der Willkür und dem Zufall, der Lust und Neigung des Augenblicks anheimgestellt ist; es lernt sein Thun nach einem Zwecke und nach Regeln bestimmen; es hört auf, um seiner unmittelbaren Person willen, und beginnt nach dem zu gelten, was es leistet, und sich ein Verdienst zu erwerben." (Hegel 1811/2006b: 484f.)

In einer im September des Jahres 1810 gehaltenen Rede vor dem Auditorium des von ihm geleiteten Nürnberger Gymnasiums umreißt Hegel die Aufgabenverteilung zwischen Schule und Elternhaus folgendermaßen:

„Die eigentliche Zucht der Sitten kann nicht der Zweck der Studieninstitute seyn, sonder nur die Bildung der Sitten, und auch diese nicht in dem ganzen Umfange der Mittel. Ein Studieninstitut hat bei seinen Schülern die Zucht nicht erst zu bewirken, sondern vorauszusetzen. Wir haben zu fordern, daß die Kinder schon gezogen in unsere Schule kommen. Nach dem Geiste der Sitten unserer Zeit ist ohnehin die unmittelbare Zucht, nicht, etwa wie den Spartanern, eine öffentliche Sache, eine Veranstaltung des Staats, sonder Geschäft und Pflicht der Eltern; – ausser in Waisenhäusern oder Seminarien, überhaupt in solchen Anstalten, welche die ganze Existenz eines jungen Menschen umfassen. Studienanstalten sind theils Institute des Unterrichts, nicht unmittelbar der Erziehung, theils fangen sie nicht von den ersten Elementen der Bildung, weder der Erkenntniß noch der Sitten, an. Zum Besuche unserer Schulen gehört ruhiges Verhalten, Gewöhnung an fortdauernde Aufmerksamkeit, ein Gefühl des Respects und Gehorsams gegen die Lehrer, ein gegen diese wie gegen die Mitschüler anständiges, sittsames Betragen." (Hegel 1810/2006a: 472)

Für subsidäre Erziehungsaufgaben ist nach Hegel in der Schule wenig Raum, am wenigsten in einer weiterführenden Unterrichtsanstalt wie dem Gymnasium.

„Bei Kindern, in welche die häusliche Erziehung diese Bedingungen nicht pflanzen konnte, sollte unserer Anstalt das Geschäft anheimfallen, erst diese Zucht zu bewirken, die Rohheit zu bändigen, die Zerstreuungssucht zu fixiren, und die Kinder mit dem Gefühle der Achtung und des Gehorsams zu erfüllen, das ihnen die Eltern gegen sich selbst, und also auch gegen die Lehrer, nicht zu geben vermochten. Wir haben zwar bei der weit größern Anzahl jene Eigenschaften, Früchte einer sorgsamen häuslichen Erziehung, oder vielmehr nur eines guten häuslichen Exempels, vorgefunden, und bei den wenigen Beispielen des Gegentheils auch die erfreuliche Wirkung der Schulzucht erfahren. Zugleich aber ist es wesentlich, zu erinnern, daß, indem die Natur einer Studienanstalt einen höhern Zweck in sich schließt, und auf einer höhern Stuffe anfängt, als eine allgemeine Volksschule, die Uebernahme jener ersten Zucht, wo sie versäumt worden, nur als ein Versuch anzusehen ist, und wenn bei Subjecten, welche jene Bedingungen nicht erfüllen, das Besserwerden nicht bald eintritt, und Rohheit, Unbottmässigkeit, Unordentlichkeit nicht bei Zeiten weicht, sie den Eltern zurückgegeben werden müssen, um ihre Pflichten erst an denselben zu vollenden, und daß sie aus der Anstalt zu entfernen sind, deren Unterricht auf einem ungeschlachten Boden nicht gedeihen kann." (ebd.)

Das Kerngeschäft der Schule und damit ihr Verhältnis zur Familie ist in Hegels Konzeption aus den Anfangsjahren des 19. Jahrhunderts klar bestimmt: Als staatliche Institution hat die Schule die nachwachsende Generation, die sie dem unmittelbaren Einflussbereich des Elternhauses schrittweise entzieht, auf den Eintritt in die bürgerliche Gesellschaft vorzubereiten und die zwischen bürgerlicher Familie und bürgerlicher Gesellschaft entstandene Qualifizierungs- und Integrationslücke vorrangig durch Unterricht zu schließen. Mit dem Ausbau des Schulsystems und der wachsenden Bedeutung schulischer Berechtigungen, so scheint es, gewinnt die Unterscheidung zwischen Unterricht und Erziehung und die sie institutionell spiegelnde Aufgabenverteilung zwischen Schule und Elternhaus in den folgenden Jahrzehnten breite Akzeptanz. Die Schule gilt als Ort wissenschaftlich fundierten und professionell erteilten Unterrichts – als Unterrichtsanstalt eben. Das Elterhaus zeichnet für die Erziehung verantwortlich. Soweit der Quellenfundus der Schulprogramme, Jahresberichte und biographischen Zeugnisse den Blick darauf freigibt, ist dieses Konzept für den Alltag der Interaktion zwischen Schule und Elternhaus offenbar das ganze 19. Jahrhundert hindurch bestimmend.

Kritik an dieser Aufgabenverteilung zwischen Schule und Familie lässt sich jedenfalls leichter im pädagogischen Diskurs ausmachen, dort vor allem, wo die von Hegel aufgedeckte gesellschaftliche Notwendigkeit der Schule als Institution zugunsten einer ‚pädagogischen' Funktionsbestimmung ausgeblendet und der Schule über ihre weithin unbestrittene Unterrichtsfunktion hinaus ein Erziehungsauftrag erteilt wird. Weil aber kein Konsens darüber hergestellt werden kann, welcher Art die subsidiären Erziehungsleistungen der Schule sein sollten und wodurch sich etwa der Erziehungsauftrag der Schule von dem der Familie abheben könnte, verschwimmen die Funktionsgrenzen zwischen Schule und Elternhaus in einem undefinierten erzieherischen Überschneidungsbereich. Vor allem aber bleibt das in der pädagogischen Literatur des ausgehenden 19. Jahrhunderts beschriebene Verhältnis zwischen Elternhaus und Schule in dem Maße unklar, wie die Differenz zwischen der Schule als einer gesellschaftlichen Institution und der Schule als einer rein pädagogischen Einrichtung entweder nicht reflektiert oder aber in einer diffusen Vermengung beider Konzepte aufgelöst wird.

Gegen Ende des 19. Jahrhunderts finden sich im Genre der pädagogischen Handbücher und Enzyklopädien allerhand terminologische und argumentative Verrenkungen, um die Familie in ihrer erzieherischen Unersetzlichkeit zu auratisieren und die öffentliche Schule zugleich als eine Art Familienhilfswerk mit wissenschaftlich-professionellem Führungsanspruch gegen die Familie in Szene zu setzen. Und weil nicht unmittelbar eingängig ist, warum denn eigentlich die Schule als Ort fachlichen und didaktischen Expertentums „im Dienste des Hauses" stehen soll, das doch nur „als Laie in der Erziehungsarbeit" agiert, entstehen harmonieverheißende Floskeln wie in der Rede vom Einklang zwischen der „geteilten Erziehungsarbeit" und dem „gemeinsamen Erziehungsziel". Statt eine strikte Trennung zwischen dem erziehenden Elternhaus und der unterrichtenden Schule zu vertreten, zeichnen pädagogische Handbücher um die Jahrhundertwende das diffuse Bild von „derselben Sphäre", in der „das Haus erziehend unterrichtet und die Schule unterrichtend erzieht" (Wigge 1906: 70).

4 Institutionelle Ebene

Die für das deutsche Schulsystem seit dem Beginn seiner Entwicklung charakteristische Konstruktion der Halbtagsschule hat das Verhältnis zwischen Schule und Elternhaus nachhaltig geprägt. Ein System aus wenigen Eliteschulen und exklusiven Internaten wie in England oder Frankreich widersprach zum einen der dezentralisierten kleinräumigen Verwaltungsstruktur des Landes und überforderte zum anderen die begrenzten materiellen Ressourcen des deutschen Bürgertums in der ersten Hälfte des 19. Jahrhunderts. Angewiesen auf eine flächendeckende Versorgung mit öffentlichen Halbtagsschulen, die den Erwerb der zum Erhalt des sozialen Status der Familie notwendigen Bildungsabschlüsse ermöglichten, setzte das Bürgertum in Deutschland dem nicht realisierbaren Besuch von Eliteinternaten das Axiom des naturgegebenen familialen Erziehungsraums als unverzichtbares Pendant zu der auf professionellen Unterricht spezialisierten Schule entgegen. Als institutionelle Grundlage diente die Halbtagsschulorganisation freilich nicht nur dem Votum für eine klare Rollenverteilung zwischen der für Erziehung verantwortlichen Familie und der für Unterricht zuständigen Schule. Das Halbtagsschulsystem lieferte auch den institutionellen Ansatzpunkt für die diffuse Spielart des Differenztheorems, Schule und Elternhaus jenseits unterschiedlicher Aufgabenschwerpunkte in ein ungeklärtes Konkurrenzverhältnis innerhalb einer unscharf bleibenden Schnittmenge erzieherischer Aufgaben zu setzen. Am Ende des 19. Jahrhunderts galt der im Halbtagsschulprinzip angelegte Verbleib der Schulkinder im Elternhaus, der den schichtenspezifischen Sozialisationseinflüssen des Familienmilieus, des Wohnumfeldes und der Gleichaltrigengruppe erheblichen Wirkungsraum beließ, unverändert als erstrebenswerte Norm. Das Elternhaus als Domizil der Schulkinder entsprach dem bildungsbürgerlichen Familienleitbild. Für einen das gesamte 19. Jahrhundert hindurch relevanten Prozentsatz der Schülerschaft an höheren und mittleren Schulen allerdings sah die Realität zumindest während eines Teils der Schulzeit anders aus.

Auf institutioneller Ebene boten die zahlreichen auswärtigen Schüler der höheren und mittleren Schulen seit den Anfangsjahrzehnten des 19. Jahrhunderts fortwährend Anlass, über organisatorische Formen einer Kooperation zwischen Elternhaus und Schule nachzudenken. Für das Jahr 1860 weist die amtliche Schulstatistik Preußens an den höheren Knabenschulen rund 40 % der Schüler als Auswärtige aus. Am Ende des 19. Jahrhunderts liegt ihr Anteil bei immerhin noch gut 30 Prozent. In den gymnasialen Anstalten stellen die Auswärtigen zu diesem Zeitpunkt etwas mehr als ein Drittel der Schüler (vgl. Herrmann/Müller 2003: 163).

Die angemessene Unterbringung von Schülern aus nicht am Schulstandort ansässigen Familien war aus Sicht der Schulen angesichts ihrer nicht selten elementaren Abhängigkeit von auswärtigem Zuspruch zunächst ein Marketing-, und erst dann möglicherweise auch ein Disziplinproblem. Die Eltern entwickelten ihrerseits ein verständliches Interesse daran, ihre Söhne kostengünstig untergebracht und hinreichend beaufsichtigt zu wissen. Die gewissermaßen familienaffinste Problemlösung bestand in der Unterbringung der Schüler bei Lehrern der Schule, exklusiver noch im Haus des Direktors. Zumal wenn auswärtige Schüler bei verheirateten Lehrkräften der Schule wohnten, nahmen solche Domizile den Charakter einer gleichsam schulnahen Ersatzfamilie an, die zwischen Elternhaus und Schule eine Zwischenzone quer zu den Koordinaten der drei im Diskursfeld tonangebenden Theoreme schuf. Einzelbeispiele zeigen, dass daraus dauerhafte persönliche Beziehungen über mehrere Schülergenerationen hinweg entstehen konnten, im Alltag häufig gestützt durch einen aus heutiger Sicht ungemein dichten Briefverkehr. Ihrer großen Zahl wegen bezogen die auswärtigen Schüler indes mehrheitlich andere Wohnquartiere, die von den Schulen genehmigt und kontrolliert werden sollten. Schülerpensionen unterschiedlicher Art und Güte bildeten in vielen Schulstandorten einen wichtigen Nebenerwerbszweig.

Über Jahrzehnte versuchte die Unterrichtsverwaltung, die Aufsichtsproblematik in den Griff zu bekommen. Das Provinzialschulkollegium der Rheinprovinz beispielsweise stellte 1833 unmissverständlich fest: „Schüler, welche ohne geeignete Aufsicht sind, sollen auf Gymn. und ähnlichen Lehranstalten nicht geduldet werden." (Zirkularverfügung des Provinzialschulkollegiums zu Coblenz vom 25. Januar 1833. Zit. nach Wiese 1875: 157) Bei der Aufnahme von Schülern ohne am Ort wohnende Eltern oder Vormünder hatten die Direktoren „sich nachweisen zu lassen, auf welche Weise für die Beaufsichtigung derselben gesorgt ist." (zit. nach Wiese 1875: 157f.) Bei negativem Überprüfungsergebnis sollte die Aufnahme unterbleiben. Mit der Verpflichtung, „die in ihren Klassen befindl. auswärtigen Schüler von Zeit zu Zeit in ihren Häusern zu besuchen", wurden auch die Klassenlehrer systematisch einbezogen (zit. nach Wiese 1875: 158). Unzureichende Aufsichtsbedingungen berechtigten und verpflichteten die Direktoren, „von den Eltern oder Vormündern eine Aenderung dieser Verhält-

nisse binnen einer nach den Umständen zu bestimmenden Frist zu verlangen"
(ebd.). Das Posener Provinzialschulkollegium beklagte 1856 den „Uebelstand,
daß Eltern, nur um eine billige Pension für ihre Söhne zu erlangen, diese zu Leuten ohne allen sittlichen Halt oder doch ohne den rechten Sinn für Erziehung und
Aufsicht ins Haus geben" (Zirkularverfügung des Provinzialschulkollegiums zu
Posen vom 13. Oktober 1856. Zit. nach Wiese 1875: 158). Beschwerden und
Anordnungen dieser Art folgten vorrangig dem Leitgedanken des Differenztheorems, dem Elternhaus obliegende Erziehungspflichten nicht der Schule aufzu-
bürden und Unterrichtsanstalten durch entsprechende Vorkehrungen vor Sozial-
isationsdefiziten des familialen Umfelds zu schützen. Regelungen zur Prävention
und Kontrolle erzieherischer Mängel durch die Schule beinhalteten freilich eine
latente Gratwanderung zwischen den Maximen des Differenztheorems und den
Prämissen des Substitutionstheorems.

Im Verlauf der zweiten Jahrhunderthälfte wuchs die Neigung der Auf-
sichtsbehörden, die schulischen Kontrollbefugnisse über die auswärtigen Schüler
zu erweitern und damit der Schule indirekt oder explizit elterliche Erziehungs-
funktionen zu übertragen. In einer um die „Regelung des Verhältnisses zwischen
Schule und Haus" bemühten Verfügung aus dem Jahre 1875 instruierte das Provinzialschulkollegium der Provinz Sachsen die Schulen seines Ressorts, nach
welchen Grundsätzen eine angemessene Kontrolle ihrer auswärtigen Schüler zu
erfolgen habe:

> „Da die auswärt. Schüler in höherem Grade als die einheimischen der Schule zur Er-
> ziehung anvertraut sind, und die Schule bei denselben einen bedeutenden Theil der el-
> terlichen Rechte und Pflichten übernimmt, so muß sie auch die Mittel haben, diese
> Stellung zu behaupten. Sie hat deshalb nicht allein auf die Gründung von Bürgschaft
> bietenden Pensionaten hinzuwirken und die Eltern so viel als möglich bei der Wahl
> derselben zu berathen (...) sondern sie hat auch (...) in Betreff der Wahl und des Wech-
> sels der Wohnung auswärtiger Schüler ihre Einwilligung sich vorzubehalten und bei
> ungeeigneten Wahlen dieselbe zu verweigern" (Zirkularverfügung des Provinzial-
> schulkollegiums zu Magdeburg vom 11. Februar 1875. Zit. nach Wiese 1875: 154).

Darüber hinaus hatte die Schule „das tägliche Leben der Schüler durch eine vor-
geschriebene Ordnung der Zeiteintheilung zu regeln" und „das häusl. Leben der
auswärt. Schüler durch geeignete und geordnete Beaufsichtigung seitens der
Lehrer zu überwachen" (ebd.). Die lange Reihe einschlägiger Verfügungen und
Verordnungen, die von erheblichem Handlungsbedarf und zugleich von begrenzten Handlungsmöglichkeiten kündeten, lassen auf eine beträchtliche Diskrepanz
zwischen den staatlichen Kontrollvorgaben und den tatsächlichen Verhältnissen
schließen.

Auf einer deutlich höheren Institutionalisierungsstufe als die privaten Schülerpensionen sorgten im 19. Jahrhundert mit höheren Schulen verbundene Alumnate und Internate für die Unterbringung von Schülern, die am Wohnsitz ihrer Eltern kein adäquates weiterführendes Schulangebot vorfanden oder zu einer Schülerklientel gehörten, die von auswärtigen Lehranstalten aus schulpolitischen oder religiösen Gründen umworben oder gezielt rekrutiert wurde. Darunter waren traditionsreiche Internatsschulen, die als überregionale Oberstufenzentren fungierten, um den Priesternachwuchs bemühte katholische Internatseinrichtungen und eine große Anzahl weiterführender Schulen, deren kleine Standorte keine für den Schulbestand ausreichende Zahl einheimischer Schüler hervorbrachte und die daher ein Alumnat einrichteten.

Innerhalb des heterogenen Spektrums der Alumnate und Internate reklamierten die vornehmlich von evangelischen Pfarrern und Pfarrervereinen gegründeten sogenannten Familienalumnate im letzten Drittel des 19. Jahrhundert bereits mit ihrem Namen eine gelungene institutionelle Verknüpfung von Familie und Schule. Mit der Gründung dieser Familienalumnate schuf sich eine Berufsgruppe des bildungsbürgerlichen Milieus Institutionen, die dem Anspruch nach in familienähnlicher Weise die Erziehung der Kinder nach dem Wertesystem der sie entsendenden Elternhäuser gewährleisten sollten. Die erzieherische Zielsetzung und die organisatorische Struktur dieser Institute, mit denen die protestantische Geistlichkeit einem Mangel an entsprechenden Einrichtungen in Selbsthilfe zu begegnen suchte, waren durch eine religiös motivierte Konzeption geprägt. Die Alumnate sollten nicht nur Verpflegung und Beaufsichtigung bieten, sondern das vom evangelischen Pfarrhaus symbolisierte Ideal einer christlichen Familienerziehung bewahren. Als charakteristisches Merkmal ihrer Organisation galt das vom Erziehungsvorbild des evangelischen Pfarrhauses abgeleitete ‚Familienprinzip', das sich in einer begrenzten Schülerzahl, der Leitung durch einen Hausvater und der Betreuung durch eine Hausmutter widerspiegeln sollte. In seiner Programmatik als Substitut des Elternhauses bestätigte das Familienalumnat konzeptionell die funktionale Differenz zwischen Schule und Familie und zugleich die sich wahlweise in Usurpations- oder Deditionsvorwürfen äußernde Furcht vor einer schulisch forcierten Minderung elterlicher Erziehungsrechte.

Ewald Horn, der Leiter der staatlichen Auskunftsstelle des höheren Schulwesens in Berlin, unterschied zwei Grundformen evangelischer Familienalumnate. Der sogenannte „Filder Typ", benannt nach dem Martinstift zu Fild bei Moers, galt als echtes Familienalumnat, weil hier den Statuten gemäß der Leiter und seine Frau „mit den Zöglingen einen gemeinsamen Haushalt und ein familienartiges Zusammenleben" führten (Statut des Martinstifts zu Fild bei Moers. Zit. nach Horn 1911: 42). Der sogenannte „Gütersloher Typ" hingegen unterlief das Familienprinzip insofern, als die Leitung einem Inspektor und einer sogenannten Hausdame übertragen war. Von einer wirklichen Familienerziehung konnte nach Horn dort kaum die Rede sein: „Im besten Falle sind also solche ‚Hausdamen'-Alumnate gute Verpflegungs- und Aufsichtsanstalten und können vorbildlich wirken für andere private Schülerpensionate." (Horn 1911: 43) Gegenüber der anspruchsvolleren Zielsetzung des Filder Typs, „eine erweiterte natürliche Familie" zu schaffen, besaß der Gütersloher Typ – für Horn „eine Verflachung der Idee" des Familienalumnats, „eine schwächliche formale Kopie der Familie" und „ein künstliches Familiengebilde" – den Vorteil der leichteren Realisierbarkeit (Horn 1911: 43f.). „Es gewinnt mehr und mehr den Anschein, als ob man an dieser Form sein Genüge fände: man glaubt den Begriff des Familienalumnats gegeben, wenn ein weibliches Wesen darin die Wirtschaft besorgt." (Horn 1911: 43) Tatsächlich gehörten die etwa 55 Familienalumnate, die bis 1910 entstanden, ganz überwiegend dem sogenannten ‚Hausdamentyp' an.

Mit ihren Familienalumnaten verfolgten die evangelischen Pfarrervereine in erster Linie das Ziel, den Besuch auswärtiger höherer Schulen zu erleichtern. „Sie ruhen natürlich alle auf evangelischer Grundlage," – so Horns Einschätzung – „haben aber keine besondere pädagogische Bedeutung, sondern suchen das Erziehungswerk der Schule, das im Unterricht beruht, durch ein geregeltes häusliches Leben zu unterstützen, damit die Zöglinge den Lernzweck erreichen, der sie überhaupt aus dem Elternhaus in die fremde Stadt geführt hat. Aufgabe der Hausdame ist es: dafür zu sorgen, daß die Knaben sich in dem Schülerheim heimisch fühlen und die Fürsorge der Mutter nicht allzusehr entbehren." (Horn 1911: 46) Die Erziehungsfunktion des Elternhauses wurde an die Alumnate delegiert, wobei die Inanspruchnahme des Familienbegriffs in deren Namensführung zweifellos Legitimationshilfe leistete, galten doch Internate im öffentlichen Meinungsbild günstigstenfalls als „nothwendige Uebel" (Wiese 1855: 47; vgl. Rein 1902: 131f.). Zugleich aber verstanden sich die Familienalumnate als enge Kooperationspartner, wenn nicht sogar als Dienstleister der jeweiligen Schule. Je nachdem ob das Familienalumnat primär als auswärtige Vertretung des Elternhauses oder eher als Zweigstelle der Schule aufgefasst wurde, ergaben sich unterschiedliche Anknüpfungspunkte für die im Diskursfeld auszumachenden Theoreme. Im Blick auf das Verhältnis zwischen Familienalumnat und Schule war Horns Befund jedenfalls eindeutig: „Alle diese im Lande zerstreuten kleinen Familienalumnate sind nur äußerliche Beigaben für die betreffenden Schulen und beeinflussen ihren Organismus in keiner Weise." (Horn 1911: 50) Die Schule blieb in dieser Konstruktion zuständig für den Unterricht, das Elternhaus und in seiner Vertretung das Familienalumnat für die Erziehung. Aber die institutionelle Vereinnahmung des Familienbegriffs in Form des Familienalumnats, das sich als Ersatzfamilie empfahl und als Unterstützungsagentur der Schule fungierte, lief auf eine schulische Indienstnahme des Familienbegriffs hinaus und verschob insofern die Einflussgewichte zwischen Schule und Elternhaus eindeutig zugunsten der Schule.

5 Fazit

Der Einfluss des Elternhauses auf die Schule scheint zumindest im höheren und mittleren Schulsektor nicht zuletzt dort erheblich gewesen zu sein, wo man es bei einem öffentlichen Bildungssystem unter staatlicher Aufsicht zunächst am wenigsten erwarten würde: in Fragen der lokalen schulischen Angebotsstruktur, im Bezug auf Ausbau- und Umwandlungspläne, bei der schultypenbezogenen Lehrplangestaltung einzelner Schulen und offenbar auch bei der Gestaltung der schulischen Leistungsselektion. Das gängige Bild einflussloser und sich den Entscheidungen beamteter Schulautoritäten willig fügender Elternhäuser erscheint in bildungssystemischer Perspektive und damit nicht nur gegenläufiger Fallbeispiele wegen vor allem deshalb revidierungsbedürftig, weil die Mehrzahl der höheren und mittleren Schulen im 19. Jahrhundert keineswegs eine unangefochtene Monopolstellung einnahm, sondern im zeit- und regionaltypisch ausgestalteten Wettbewerb um eine bestandsichernde Schülerzahl und die jeweils bevorzugte Klientel stand.

Die für das 19. Jahrhundert skizzierten Kontinuitätslinien im Diskurs über das Verhältnis von Schule und Elterhaus vermitteln den Eindruck, als habe das pädagogische Denken für diese Thematik eine nur begrenzte Zahl von Argumentationsmustern generiert. Die Koordinaten und Chiffren des Diskurses blieben erstaunlich konstant, und sie verblüffen zudem durch ihre Aktualität. Der pädagogische Diskurs oszillierte um die Problematik der Unterscheidung von Unterricht und Erziehung und ihrer Institutionalisierung sowie insbesondere um die unterschiedlich beantwortete Frage der erzieherischen Aufgabenverteilung zwischen Schule und Familie. Jenseits des pädagogischen Diskurses dürfte sich die Interaktion zwischen Schule und Elternhaus im 19. Jahrhundert schon der Bedeutung schulischer Patente wegen vergleichsweise pragmatisch an der Trennung zwischen unterrichtender Schule und erziehender Familie orientiert haben. Um so bemerkenswerter erscheint es, dass diese gewissermaßen alltagstaugliche Arbeitsteilung vom pädagogischen ‚Mainstream' am Ende des 19. Jahrhunderts rhetorisch verworfen, mit allerlei Rabulistik verdeckt, aber eben doch befürwortet und zugleich mit einem diffusen Erziehungsauftrag an die Schule belastet wird.

Je plakativer sich Familienbegriff und Familienprinzip auf institutioneller Ebene in Szene setzten, um so ‚schulnäher', wenn nicht schulförmiger gerieten die solchermaßen etikettierten Einrichtungen. Das gilt für die ‚Schülerpension' mit Familienanschluss im Hause von Schuldirektoren und Lehrern ebenso wie für die sogenannten Familienalumnate im ausgehenden 19. Jahrhundert. Im Zuge seiner Karriere als Präfixoid (Familienalumnat, Familienprinzip etc.) wurde der Familienbegriff zugleich auf wenige formale Merkmale (begrenzte Schülerzahl, Inspektor, Hausdame) reduziert und im Zuge seiner Inflationierung anschlussfähig an den reformpädagogisch besetzten Begriff der ‚Gemeinschaft' – bis hin zur

Austauschbarkeit. So konnte dann Hermann Lietz in seinen Lebenserinnerungen über das ‚Familienprinzip' des von ihm 1898 gegründeten ersten deutschen Landerziehungsheims in Ilsenburg fabulieren: „Man lebte zusammen wie ein Gutsherr mit seinen Kindern, seinen Geschwistern und Angestellten" (Lietz 1922: 138).

Literatur

Benner, Dietrich (1977): Was ist Schulpädagogik? In: Derbolav (1977): 88-111

Biedermann, Karl (1880/1969): Deutschland im 18. Jahrhundert. Bd. 2: Deutschlands geistige, sittliche und gesellige Zustände im 18. Jahrhundert. Teil 2. Neudruck der 2. Aufl. Leipzig 1880. Aalen: Scientia

Blankertz, Herwig (1982): Die Geschichte der Pädagogik. Von der Aufklärung bis zur Gegenwart. Wetzlar: Büchse der Pandora

Budde, Gunilla-Friederike (1994): Auf dem Weg ins Bürgertum. Kindheit und Erziehung in deutschen und englischen Bürgerfamilien 1840-1914. Göttingen: Vandenhoeck & Ruprecht

Derbolav, Josef (Hrsg.) (1977): Grundlagen und Probleme der Bildungspolitik. Ein Theorieentwurf. München/Zürich: Piper

Fallada, Hans (1955): Damals bei uns daheim. Erlebtes. Erfahrenes und Erfundenes. Stuttgart: Rowohlt

Fichte, J. H. (Hrsg.) (1846/1965): Johann Gottlieb Fichte's sämmtliche Werke. Siebenter Band. (Unveränderter Nachdruck Berlin 1846: von Veit und Comp.) Berlin: de Gruyter

Fichte, Johann Gottlieb (1846/1965): Reden an die deutsche Nation. Elfte Rede. In: Fichte (1846/1965): 428-444

Hegel, Georg Wilhelm Friedrich (2006): Nürnberger Gymnasialkurse und Gymnasialreden (1808-1816). Hrsg. von Klaus Grotsch. Gesammelte Werke. Hrsg. von der Nordrhein-Westfälische Akademie der Wissenschaften. Bd. 10,1: Gymnasialkurse und Gymnasialreden. Hamburg: Meiner

Hegel, Georg Wilhelm Friedrich (1810/2006a): Rede vom 14. September 1810. In: Hegel (2006): 467-480

Hegel, Georg Wilhelm Friedrich (1811/2006b): Rede vom 2. September 1811. In: Hegel (2006): 481-492

Herbart, Johann Friedrich (1888/1964): Sämtliche Werke. Hrsg. von Karl Kehrbach und Otto Flügel. Bd. 3. (Neudruck der Ausgabe Langensalza 1888.) Aalen: Scientia

Herbart, Johann Friedrich (1888/1964): Ueber Erziehung unter öffentlicher Mitwirkung. In: Herbart (1888/1964): 72-82

Herrmann, Ulrich G. (1991): Sozialgeschichte des Bildungswesens als Regionalanalyse. Die höheren Schulen Westfalens im 19. Jahrhundert. Köln/Weimar/Wien: Böhlau

Herrmann, Ulrich G. (2003): Authentizität durch Repetition. Zur Persistenz kleinbürgerlicher Ressentiments des 19. Jahrhunderts in der historiographischen Rekonstruktion der Erziehungs- und Sozialisationsverhältnisse im höheren Bürgertum der Aufklärungsepoche. In: Rustemeyer (2003): 63-93

Herrmann, Ulrich G. /Müller, Detlef K. (2003): Datenhandbuch zur deutschen Bildungsgeschichte. Bd. II.2: Regionale Differenzierung und gesamtstaatliche Systembildung. Preußen und seine Provinzen – Deutsches Reich und seine Staaten, 1800-1945. Göttingen: Vandenhoeck & Ruprecht

Horn, Ewald (Hrsg.) (1911): Führer durch das Höhere Unterrichtswesen in Deutschland mit besonderer Berücksichtigung der Alumnate. Berlin/München: R. Oldenbourg

Lietz, Hermann (1897/1997): Emslohstobba. Roman oder Wirklichkeit? Bilder aus dem Schulleben der Vergangenheit, Gegenwart oder Zukunft? Hrsg., mit einem Nachw. und Anm. versehen von R. Lassahn. Heinsberg: Dieck

Lietz, Hermann (1922): Lebenserinnerungen. Von Leben und Arbeit eines deutschen Erziehers. Hrsg. von E. Meißner. 3. Auflage. Beckenstedt am Harz: Verlag des Land-Waisenheimes

Luserke, Martin (1925): Schule am Meer. Ein Buch vom Wachsen deutscher Jugend geradeaus vom Ursprünglichen bis ins Letzte. Bremen: Angelsachsen Verlag

Oelkers, Jürgen (1989): Reformpädagogik. Eine kritische Dogmengeschichte. Weinheim/München: Juventa

Oelkers, Jürgen (2000): Schulreform und Schulkritik. 2. vollst. überarbeitete Auflage. Würzburg: Ergon

Otto, Berthold (1907): Deutsche Erziehung und Hauslehrerbestrebungen. Ein Reformprogramm. Großlichterfelde: Verlag des Hauslehrers

Rein, Wilhelm (1902): Pädagogik in systematischer Darstellung. Erster Band. Die Lehre vom Bildungswesen. Langensalza: Beyer & Söhne

Rein, Wilhelm (Hrsg.) (1904): Encyklopädisches Handbuch der Pädagogik. Zweite Auflage. 2. Band. Langensalza: Beyer & Söhne

Rein, Wilhelm (Hrsg.) (1906): Encyklopädisches Handbuch der Pädagogik. Zweite Auflage. 4. Band. Langensalza: Beyer & Söhne

Rustemeyer Dirk (Hrsg.) (2003): Erziehung in der Moderne. Festschrift für Franzjörg Baumgart. Würzburg: Königshausen & Neumann

Schwarz, Wilhelm (1910): Festschrift zur fünfzigjährigen Jubelfeier des königlichen Gymnasiums zu Bochum. Bochum: Stumpf

Tews, Johannes (1904): Artikel „Familie und Familienerziehung". In: Rein (1904): 731-756

Wiese, Ludwig (1855): Deutsche Briefe über Englische Erziehung nebst einem Anhang über Belgische Schulen. Zweite Auflage. Berlin: Wiegandt und Grieben

Wiese, Ludwig (Hrsg.) (1875): Verordnungen und Gesetze für die höheren Schulen in Preußen. Zweite, bis zum Jahre 1875 fortgeführte Ausgabe. Berlin: Wiegandt und Grieben

Wiese, Ludwig (1884): Pädagogische Ideale und Proteste. Ein Votum. Berlin: Wiegandt und Grieben

Wigge, Heinrich (1906): Artikel „Haus und Schule". In: Rein (1906): 67-72

„Der aufmerksame Beobachter des modernen großstädtischen Lebens wird zugeben, dass die Familie heute leider nicht mehr den erziehlichen Wert früherer Tage besitzt."[1]

Defizitdiagnosen zur Familie als wiederkehrendes Motiv in deutschen reformpädagogischen Schulentwürfen und Schulreformdiskursen im ersten Drittel des 20. Jahrhunderts

Sabine Reh

1 Einleitung

Gegenwärtig führen Schulen in Deutschland, die sich zu einer Ganztagsschule entwickeln, einen ausgeprägten Legitimationsdiskurs;[2] die Ganztagsschule wird als eine gegenüber den bestehenden Halbtagsschulen ‚andere' Schule vorgestellt (vgl. Kolbe/Reh u. a. 2007, 2008; Kolbe/Reh 2008). Ein Teil der legitimierenden Bilder nährt die Vorstellung von der Ganztagsschule als eines Familienersatzes oder einer Kompensation familiär verursachter Erziehungsdefizite der Kinder (vgl. Fritzsche/Rabenstein in diesem Band). Für Richtung, Chancen und Grenzen gegenwärtiger schulreformerischer Bemühungen zur Etablierung von Ganztagsschulen scheinen Annahmen über Wirkungsfelder von Familie und Schule von besonderer Bedeutung zu sein.

Das Verhältnis zwischen einem modernen, öffentlichen und das heißt schließlich in Deutschland einem staatlichen Schulsystem einerseits und der sich modernisierenden Familie andererseits als verschiedenen Erziehungsinstitutionen

---

1   Krause 1929: 8.
2   Seit Oktober 2005 fördert das BMBF ein Forschungsprojekt „Lernkultur- und Unterrichtsentwicklung in GanztagsSchulen" (LUGS), in dem die Entwicklung in zwölf Ganztagsschulen unterschiedlicher Schulform in den Bundesländern Rheinland-Pfalz, Berlin und Brandenburg über einen Zeitraum von knapp vier Jahren untersucht wird. Der Legitimationsdiskurs und die in ihm gebrauchten Metaphern und Bilder wurden in Vorbereitung zur Untersuchung der Lernkulturentwicklung anhand von Interviews, Gruppendiskussionen und von Protokollen ‚natürlicher' Gespräche in den Schulen, z. B. von Sitzungen verschiedener Gremien, empirisch rekonstruiert. Geleitet wird das Projekt von Fritz-Ulrich Kolbe, Mainz, und Sabine Reh, Berlin, vgl. http://www.lernkultur-ganztagsschule.de.

ist aber schon im gesamten 19. Jahrhundert Gegenstand eines sich entwickelnden pädagogischen Diskurses. Es wurde unterschiedlich beschrieben, diskutiert (vgl. Roth 1999) und es wurden Vorschläge gemacht, das Verhältnis zwischen dem ,Haus', der Familie bzw. den Eltern und der Schule in ein kodifiziertes System der Vertretung zu überführen. Dabei reichen die Positionen von derjenigen Hegels, in der zu Beginn des 19. Jahrhunderts die Sphären von Familie und ,wirklicher Welt' strikt gegeneinander abgrenzt und die Schule zur ,Mittlerin' erklärt wird, in der der Mensch „aus dem Familienkreise in die Welt (…), aus dem Naturverhältnisse der Empfindung und der Neigung in das Element der Sache" (Hegel 1811/1995: 48) herübergeführt werde, bis zu Dörpfelds in den 1860er Jahren entwickelten Idee einer Schulverfassung, der „Freien Schulgemeinde". Hier wird nun – ganz anders als in Hegels Konzeption – bei attestierter ,Partialität' aller Erziehungsinstitutionen die gute Schule als eine vorgestellt, die familienähnlich organisiert sei. Schule müsse sich primär als „Hilfsanstalt des Hauses" begreifen. Das zielt ab auf eine pädagogische Orientierung der Schule am Vorbild familialer Erziehung: „Der Charakterzug der Familienhaftigkeit muss in der Einrichtung und im Leben der einzelnen Schulanstalten deutlich ausgeprägt und durch die Verfassung und Leitung des gesamten Schulwesens anerkannt und geschützt werden" (Dörpfeld 1863: 30; vgl. Wagner-Winterhager 1979: 40). Der Wunsch nach einer solchen ,Familiarisierung' schulischer Verhältnisse lässt sich dabei gleichzeitig zurückverfolgen mindestens bis zu Pestalozzis Plädoyer für die elterliche bzw. mütterliche Liebe als Modell jeder Art von institutionalisierter Erziehung bis zu familiär-patriarchalisch konnotierten Führungsmodellen, wie sie teilweise für die Organisation neu gegründeter Schulen im 18. Jahrhundert erkennbar sind (vgl. Scholz/Reh 2008).

Im Laufe des 19. Jahrhunderts setzte sich im pädagogischen Diskurs eine ,naturalistische' Interpretation der Familie durch, die die ,natürliche' und ,ewige' Grundlage der Gesellschaft sei, ein Gebilde, dem „kraft seiner Naturhaftigkeit eine normative Geltung zukomme" (Marcuse 1987: 738). Auch wenn soziologische Positionen sich heute von naturalisierenden Betrachtungen der Familie verabschiedet haben, wird vor dem Hintergrund des Strukturfunktionalismus Parsonscher Prägung (vgl. z. B. Parsons 1959) sowohl im genetischen Strukturalismus (vgl. Oevermann 2001) wie auch in der Systemtheorie von einer spezifischen (Funktions-)Logik der Familie ausgegangen. Die Familie – sozusagen als Spezialfall funktionaler Differenzierung – wird zu einem Kommunikationssystem, das im Unterschied zur Gesellschaft auf die Inklusion der „Vollperson" gerichtet ist: „Die Familie etabliert sich als der Ort, an dem das Gesamtverhalten, das als Person Bezugspunkt für Kommunikation werden kann, behandelt, erlebt, sichtbar gemacht, überwacht, betreut, gestützt werden kann" (Luhmann 1988: 83). Man könnte formulieren, die Familie wirkt im Gegensatz zur universalistischen Prinzipien folgenden, selektierend und selektiv qualifizierenden modernen Schule (vgl. Parsons 1987; Adick 1992; Luhmann 2002) mehr und mehr als ein ‚privatisierter‘ und ‚intimisierter‘, auf emotionale Sorge gerichteter Kommunikationsraum (vgl. z. B. Gestrich/Krause/Mitterauer 2003: 565ff.), dem die Herstellung und narrative Darstellung von umfassender ‚Ich-Identität‘ und damit die Integration aller Erlebnisse einer Person obliegt.

Eine mit der Durchsetzung der modernen Schule im Laufe des 19. Jahrhunderts im deutschen Kaiserreich notorisch werdende Schulkritik, die sich gegen bestimmte institutionelle Formen und Verfahren der Schule richtete und aus der seit dem Ende des 19. Jahrhunderts eine „eigentliche Bewegung der Schulreform“ hervorging (Oelkers 2004: 789),[3] bezog sich im Diskurs in unterschiedlicher Weise gerade auf ‚Familie‘ und konstruierte Bilder von Familie und des Verhältnisses von Familie und Schule.[4] Diese Konstruktionen, mit denen ‚Familie‘ und ‚Familiarität‘ zu einer Art Chiffre, zu einem Zeichen für unterschiedlich gelagerte modernisierungs- und institutionskritische Positionen im Schulreformdiskurs zwischen 1900 und 1933 wurden, sollen im Folgenden in mehreren Schritten untersucht werden.

2 Pädagogische Diskurse und Sozialgeschichte – einige methodologische Hinweise

Ich will kurz einige einschränkende methodologische Hinweise geben und skizzieren, wie ich vorgehen werde.

1993 beklagte Hanno Schmitt, dass zwar die Kontroversen um die Reformpädagogik unzählige Bücher füllten, aber diese zumeist theoriegeschichtliche bzw. ideologiekritische Auseinandersetzungen um das reformpädagogische Denken darstellten, während eine „Realgeschichte“ reformpädagogischer Praxis in den Versuchsschulen, aber auch im regulären Schulwesen noch fehle. Schmitt schätzt, dass es am Ende der Weimarer Republik ca. 200 Versuchsschulen gab und eine Menge weiterer Schulen, etwa einen Teil der weltlichen oder „Sammelschulen“, d. h. Schulen, an denen kein Religionsunterricht erteilt wurde, die sich

---

3   Ihr Ende fand diese Schulreformbewegung als ein Netzwerk von pädagogischen und bildungspolitischen Akteuren in Schulen und Schulverwaltungen in Deutschland mit der Herrschaft des Nationalsozialismus, gerade weil auf den Nationalsozialismus unterschiedlich reagiert wurde. Teilweise standen Protagonisten in einem bestimmten Umfange nationalsozialistischen Ideen nahe, blieben reformorientierte Schulen unter Vornahme bestimmter Anpassungsleistungen bestehen, teilweise schlossen politisch anders orientierte Vertreter der Schulreformbewegung Schulen und gingen ins Exil (vgl. Oelkers 2004: 797f.).

4   Vgl. etwa auch die Darstellung und Diskussion der Klagen über die Schule seitens der Familien und umgekehrt der Schule über das Versagen der Familien bei Münch 1906.

den Ideen einer „Neuen Schule" verpflichtet fühlten (Schmitt 1993: 21). Deshalb hielt Schmitt die „langwierige und mühsame Archivarbeit" für „unerlässlich"; der Bearbeitung „allseits bekannter Quellen" reformpädagogischer Programmatik unter jeweils aktueller Fragestellung bescheinigte er dagegen, überflüssig zu sein (Schmitt 1993: 25).

Ich bezweifle, dass eine solche Unterscheidung zwischen einer ‚sozialhistorischen Realität' der Schulreform und einer Programmatik, hier dem pädagogischen Verständnis des Phänomens bzw. der Re-Konstruktion des Mythos „Reformpädagogik" (vgl. Tenorth 1994), in dieser Form strikt vorzunehmen und durchzuhalten ist. Ich gehe von einer anderen Unterscheidung aus, nämlich der von unterschiedlichen Ebenen pädagogischer Diskurse. Diese sind in je unterschiedlicher Weise mit Praktiken bildungspolitisch-strategischer Durchsetzung, organisatorischer Umsetzung oder der Gestaltung pädagogischer Situationen gekoppelt. In diesem Sinne geht es bei einer Untersuchung der Diskurse um die Analyse der Möglichkeit, in einer bestimmten Zeit bestimmte Aussagen über Schule und Erziehung machen, sie in bestimmter Weise wahrnehmen, erfahren und beschreiben zu können. Es werden in den Diskursen bzw. auf diesen unterschiedlichen Ebenen aber nicht nur Objektfelder konturiert, sondern auch Subjektpositionen des pädagogischen Sprechens geschaffen[5] und Subjekte adressiert, also etwa der pädagogische Schulreformer und zu pädagogisierende Eltern. Daher sind pädagogische Diskurse gleichsam ‚Akteure' in sozialen Räumen, die sie zugleich mit konturieren.

Pragmatisch, am ‚äußeren Handlungskontext' orientiert, kann unterschieden werden zwischen einem sich etablierenden, als disziplinär zu bezeichnenden Diskurs – etwa in den Handbüchern –, dem bildungspolitisch-pädagogischen Diskurs auf der Ebene programmatischer Schriften über Versuchsschulen und von diesem wiederum kann unterschieden werden der (schulreformerische) Diskurs der Akteure in den Schulen.

Die Diskurse auf den unterschiedlichen Ebenen beeinflussen sich gegenseitig. Beobachtbar sind sozusagen ‚Proliferationen', Wucherungen, von der einen auf die andere Ebene, die Verwendung von Stereotypen, von Bildern und Metaphern, die Wertungen transportieren, von gleichen Argumentationen, Beschreibungen und Erzählungen. Es gibt also Elemente, die vom Diskurs der einen Ebe-

---

5   Diese Formulierung bezieht sich, wie unschwer zu erkennen, auf Foucault (1981) – ohne dass ich an dieser Stelle auf Probleme in der Rezeption von Foucaults Werk, vor allem der „Archäologie des Wissens" (1981), und des Textes „Nietzsche, die Genealogie, die Historie" (2002) für eine methodologische Debatte (vgl. Waldenfels 1991) eingehe und die Diskussion über Ideen-, Begriffs- und Diskursgeschichte in der Historiographie bzw. der internationalen Bildungsgeschichte wiedergebe (vgl. zum ersteren etwa Daniel 2006: 345ff.; zum letzten Popkewitz/ Franklin/Pereyra 2001).

ne in den der anderen übergehen und als solche Wirkungen in der Wahrnehmung entfalten. Dies lässt die Frage, ob die Beschreibung der Elternarbeit im Programm oder im Bericht der Akteure – in denen die gleichen oder ähnliche Formulierungen auftauchen – Konstruktion oder Realität ist, möglicherweise obsolet werden, weil etwa mit programmatischen Formeln eine Realität wahrgenommen und beschrieben wird. Analysiert und in Beziehung zueinander gesetzt werden im vorliegenden Beitrag daher unterschiedliche diskursive Praktiken.

Ich werde im Folgenden zunächst einen kurzen Blick auf die Konstruktionen des disziplinären Diskurses anhand von Texten aus zwei Handbüchern werfen und analysieren, wie hier Familie und das Verhältnis von Familie und Schule dargestellt werden. Diese Texte grenzen gleichzeitig den Zeitraum zwischen etwa 1900 und 1933 ein. Anschließend analysiere ich Aussagen zur Familie in programmatischen Schriften zur ,Neuen Schule'. Dafür wurden Entwürfe ausgewählt, die in besonderer Weise die Frage nach der Idee der Familie und dem Verhältnis zwischen Schule und Familie aufwerfen. Dieses sind zum einen Texte zu frühen Reformversuchen in dieser Zeit, die den institutionellen Zugriff auf die Schüler und Schülerinnen ausdehnten bzw. dieses zu tun planten, und zum anderen Texte über eine „Gemeinschaftsschule", die, weit verbreitet vor allem in den ,Zentren' der Schulreform, etwa Hamburg und Berlin, hier eine besondere Art von ,Sogwirkung' entfalteten (vgl. das zeitgenössische Urteil z. B. bei Rude 1927: 49f.; Karstädt 1928: 350ff.; für die Disziplin z. B. Rödler 1987; Oelkers 1996, 2004; Benner/Kemper 2003) und durch Gemeinschaft zur Gemeinschaft erziehen wollten,[6] mithin eine intensivierte Form gemeinschaftlichen Lebens anstrebten. Im dritten Schritt gerät der Diskurs schulischer Akteure in den Fokus, nämlich neben Arbeitsberichten aus Hamburger Versuchsschulen das Protokollbuch der Lehrerkonferenzen einer der Idee der Gemeinschaftsschule verpflichteten Sammelschule in Harburg,[7] an der schon sehr früh Elternvertreter teilnahmen

---

6   Vgl. zu den unterschiedlichen Lesarten und politischen Konnotationen von ,Gemeinschaft' in den pädagogischen Konzeptionen etwa Neuhäuser 2000.

7   Harburg war bis zum in Kraft Treten des Großhamburg-Gesetzes vom 26. Januar 1937 (vgl. Reichsgesetzblatt 1937. Teil I: 91-94) nicht Teil Hamburgs, sondern gehörte zu Preußen. Damit ist die Schulpolitik Harburgs Teil der preußischen Kulturpolitik und nur begrenzt an den bildungspolitischen Auseinandersetzungen und den Schulreformbestrebungen Hamburgs orientiert. Allerdings liegen mit den hier analysierten Protokollbüchern aus einer Harburger „Sammelschule" – auf deren Existenz mich dankenswerterweise Christian Gotthardt hinwies – also einer Schule, an der kein Religionsunterricht erteilt wurde, besonders interessante Dokumente der Praxis einer reformorientierten Schule vor. Sie war dem Gedanken der Gemeinschaftsschule verpflichtet, arbeitete nicht unter den besonderen Bedingungen, wie etwa die Hamburger Versuchsschulen es konnten, und war zwar mit einer weltanschaulich ausgesuchten Elternschaft konfrontiert, der gegenüber sie sich aber dennoch als eine pädagogisch reformorientierte Schule immer wieder zu positionieren hatte; vgl. zu den Berliner „Sammelschulen" ähnliche Beobachtungen von Hansen-Schaberg 2000.

– ein Diskurs also, in dem die schulische Adressierung der Familie als pädagogische Adressierung der Eltern beobachtet werden kann.

3   Disziplinäre Konstruktionen des Verhältnisses von Familie und Schule

Mit den folgenden Aussagen beziehe ich mich auf Artikel zu Familie, Familienerziehung und zum Verhältnis von Familie und Schule in dem kurz nach Jahrhundertbeginn in der zweiten Auflage von Wilhelm Rein herausgegebenen „Encyklopädischen Handbuch der Pädagogik"[8] und in verschiedenen Bänden des Ende der zwanziger Jahre von Herman Nohl und Ludwig Pallat herausgegebenen „Handbuchs der Pädagogik",[9] die jeweils den Stand einer mit ihnen sich konstituierenden Disziplin darstellen.

1. Zwischen 1900 und 1930 ändert sich grundsätzlich an der Einschätzung der Familie als einer Art Urgrund sittlichen und gesellschaftlichen Lebens und als natürlicher Erziehungsinstitution, insofern sie ein ursprüngliches Leben repräsentiert, nichts.

Die Familie sei „naturgemäß zur Erziehung der Jugend berufen" (Wigge 1906: 67). Was der „große pädagogische Vorzug" dieser kleinsten aller erzieherischen Gemeinschaften ist, nämlich ihre „Unmittelbarkeit und Lebensfrische", erklärt Tews genauer (Tews 1904: 731): „Da ist nichts Theorie, sondern alles Praxis. Das Kind sieht seine Vorbilder, die oft allerdings recht unvollkommen sind, in allen Lagen des Lebens vor sich; (...) Da ist nichts Gemachtes, sondern alles

---

8   Auch die zweite Auflage des „Encyklopädischen Handbuchs der Pädagogik", das sich an Lehrer, Mitglieder der Schulverwaltung und Laien wendete und beanspruchte, das Wissen auf eine „wissenschaftliche Höhe zu bringen", folgt noch dem im 19. Jahrhundert beobachtbaren Versuch, eine wissenschaftliche Pädagogik als „Systementwurf" zu formulieren (Tenorth 2004: 355ff.). Ich beziehe mich hier auf Artikel in Bänden, die zwischen 1904 und 1910 erschienen sind und deren Autoren, wie hier Tews, häufig selbst Lehrer und als Schulpolitiker, etwa im Deutschen Lehrerverein tätig waren.

9   Das „Handbuch der Pädagogik" spiegelt einen expliziten Wissenschaftsanspruch und macht gleichzeitig deutlich, dass auch in der Zeit der Weimarer Republik der Begriffsraum der Pädagogik nicht ausschließlich nach theorieimmanenten Kriterien organisiert, sondern an praktischen Aufgaben gewonnen war (vgl. Tenorth 2004: 366ff.). Auch hier waren Autoren noch vielfach ‚Praktiker' bzw. in der Bildungs- und Sozialverwaltung tätig. Ich beziehe mich hier auf Deiters 1928 und Wolff 1928 aus dem vierten Band „Die Theorie der Schule und der Schulaufbau", auf Busemann 1929, Krieck 1929 und Mennicke 1929 aus dem zweiten Band „Die biologischen, psychologischen und soziologischen Grundlagen der Pädagogik" und auf Gierke 1929 und Offenberg 1929 aus dem fünften Band „Sozialpädagogik" des Handbuches von Nohl/Pallat.

volle Wirklichkeit" (ebd.). Wir sehen als Gegenbild zu einer naturalisierenden Betrachtungsweise der einen Organismus darstellenden „gesunden" Familie (ebd.) die künstliche Schule aufscheinen. Die Familie wird rhetorisch in einer metonymischen Kette assoziiert mit handwerklichem Lernen mit ,Kopf und Herz' und einem Leben außerhalb der Großstadt.

Busemann formuliert noch 1929 ähnlich: „Die natürliche Erziehungsstätte des Kindes ist die Familie" (Busemann 1929: 312). Mennicke spricht von der Familie als der „natürlichen Erziehungsgemeinschaft" (Mennicke 1929: 286), Krieck von der der Natur am nächsten stehenden Sozialform, der „sozialen Urform" und ihrer erzieherischen Aufgabe als einer „Urfunktion" (Krieck 1929: 258). Offenberg schreibt, dass die Familie immer noch die mit „Keim- und Kulturkraft" beseelte, „tragende Kraft" der Gesellschaft sei, die wir „durch Jahrtausende verspüren" und die „aus der Kraft der Natur, ihr gelebtes Leben, dessen Tiefen begrifflich kaum fassbar sind", atmet (Offenberg 1929: 29). Dass die Familie als Grundlage des gesellschaftlichen Lebens angesehen ist, wird deutlich, wenn die bedrohliche Lage beschrieben wird: „Eine Familie, die sich aus eigenem seelischen Bestand nicht mehr erhalten kann, lebt und stirbt nicht sich allein, sie wirkt nicht neutral, sondern unbedingt gesellschaftszerstörend" (Offenberg 1929: 34).

2. Die Beschreibung der Realität der Familien als daran gemessen unzureichend ist ebenfalls durchgehend zu beobachten, wobei die Beschreibungen ein wenig differieren. Neben stark kulturkritisch-konservativen Stimmen, die in ganz allgemeinen Verfallsdiagnosen den Niedergang familiärer Lebensformen in der Großstadt, der die Unmittelbarkeit und Lebendigkeit der Natur fehle, bedauern, stehen präziser erscheinende Beschreibungen des Verlustes einer spezifisch familiären Qualität des Pädagogischen, von Innigkeit und Gemeinschaftlichkeit einerseits und von Autorität andererseits, die vor allem Familien bestimmter sozialer Milieus fehle.

1904 heißt es: „Leider kann die heutige Familie ihre pädagogischen Funktionen vielfach nur noch in mangelhafter Weise ausüben" (Tews 1904: 733). Wigge erklärt dieses:

> „Die Kraft des Mannes wird absorbiert durch die Arbeiten, welche sein eigener Zweck ihn zu leisten verpflichtet, und die Kräfte der Frau verzehren sich zumeist in hauswirtschaftlichen Sorgen oder ebenfalls in Berufs- und Lohnarbeiten, so dass daneben (...) für eine Emporbildung der Kinder zu der von der Kulturgesellschaft geforderten Höhe wenig Kraft und Raum bleibt, ganz abgesehen davon, dass es den Eltern an der dazu nötigen Fähigkeit gebricht" (Wigge 1906: 67).

1929 scheint „die innere Haltlosigkeit der Familie" noch bedrohlicher, weil dies
vor dem Hintergrund der kulturellen und sozioökonomischen Entwicklungen in
der Weimarer Republik zu einer „typischen Zeiterscheinung geworden" sei. Die
Arbeiterfamilie z. B. sei keine wahre Familie, der Vater hier kein richtiger Vater,
weil er so viel arbeite, die „Seele der Frau" unterliege dem „Anprall der Not"
(Offenberg 1929: 34). Es müsse dafür gesorgt werden, dass die Familien wieder
den „Lebensgesetzen" folgen (Offenberg 1929: 36). Mennicke konstatiert, es
habe zudem in allen Gesellschaftsschichten eine Individualisierung gegeben,
Verzärtelung und Missbrauch seien gleichzeitig beobachtbar, insgesamt sei „der
pädagogische Bezug" in den Familien „gelockert"; von pädagogischer Entfremdung ist die Rede (Mennicke 1929: 284f.).

*3. Zu den als problematisch beschriebenen Verhältnissen in den Familien wird
die Arbeit in der Schule in vielfältiger Weise in Beziehung gesetzt:*

▪   *als eine, die den Familien fremd gegenüber stehe;*
▪   *als zu reformierende, die sich an den Merkmalen familiärer Erziehung zu
    orientieren habe – und das hieß am natürlichen, durch das Leben vorgege-
    benen Rhythmus des Lernens und an den familiären, emotionalisierten Be-
    ziehungen;*
▪   *als Ergänzung, die es nötig macht, mit der Familie eng und aufeinander
    abgestimmt zusammen zu arbeiten oder als möglicher, wenn auch nicht
    vollständiger Ersatz der Familie;*
▪   *als Erziehungsinstitution für die Eltern.*

Das Verhältnis zwischen Schule und Familie wird generell als ein ausgesprochen
schlechtes beschrieben, zum Teil wird eine Unterschiedlichkeit der Legitimati-
onsprinzipien der Erziehungsinstitutionen herausgestellt, z. B. von Krieck (1929).
Deiters Interpretation zufolge entstand ein Problem zwischen staatlicher Schule
und dem Elternhaus, den Familien, weil ein entscheidendes Merkmal der Modernität der Schule, das Leistungsprinzip, einen eigenen, autonomen Maßstab von
Selektion ausbilde, der sich mit Elterninteressen an der Entwicklung und Allokation ihrer Kinder nicht notwendig decke. Das Verhältnis zwischen Haus und
Schule sei „kühl", es gebe keinen Willen zur Zusammenarbeit (Deiters 1928: 19).
     Daraus werden verschiedene Schlussfolgerungen gezogen. Es wird eine
Familiarisierung des schulischen Lebens, etwa durch eine Angleichung von Eltern und Lehrpersonen gefordert:
     „Hier muss der Lehrer väterliche, die Lehrerin mütterliche, beide zusammen famili-
     enhafte Kräfte entfalten. Väterlich wirkt der Lehrer in dem selbstlosen, persönlichen
     Bemühen, dem Kinde die heimatliche Umwelt zu erschließen (...). Die mütterliche

Aufgabe der Lehrerin liegt in der Herausarbeitung der Kräfte des Hegens und Pflegens" (Offenberg 1929: 38).

Eine schon sehr früh vorgetragene Forderung ist die nach einer engeren Zusammenarbeit. Wigge (1906) schreibt, Haus und Schule müssten „in völliger Gemeinsamkeit und Einheit" handeln. Mit einem Bruch zwischen diesen seien viele Probleme von Kindern in der Schule zu erklären. Mennicke (1929) stellte ausdrücklich die Möglichkeit des Ersatzes der Familie durch die Schule heraus, die den Charakter einer sozialen Lebensgemeinschaft annehmen müsse.

Wenn herausgestellt wird, dass Familie und Schule enger zusammenwirken müssen, dass eine „Harmonie zwischen Schulerziehung und häuslicher Erziehung" herzustellen sei, so soll dieses durch Aufklärung und Belehrung des Elternhauses geschehen. Durch Vorträge der Lehrer über Erziehungsfragen auf den Elternabenden könne der Lehrer „orientierend und korrigierend auf die häusliche Erziehung" einwirken (Wigge 1906: 70). Deiters schreibt: „Es ist Aufgabe der Pädagogen von Beruf und Berufung, die Elternschaft zu einem tieferen Verständnis für erzieherische Fragen anzuleiten. (...) Und das ist im Allgemeinen der Weg, zu einer gemeinsamen Arbeit von Schule und Haus zu gelangen" (Deiters 1928: 24). Wolff spricht von dem Ziel einer Umwandlung des im engeren Sinne politischen Willens, gekennzeichnet etwa als Einsatz für sozialdemokratische Ziele in der Bildungspolitik, in „einen wahrhaft pädagogischen Elternwillen", dem es um das im Mittelpunkt stehende Kind, um Erziehung im Sinne der Verwirklichung der Bedürfnisse der Kinder gehe (Wolff 1928: 49). Auch hier scheint das Ziel die Erziehung der Elternschaft zu sein.

4   Schulreformprogrammatik und -legitimation: Kritik der Familien, das Ziel der ‚Familiarität' und Familienerziehung

Die programmatischen Texte, die als Grundlage der folgenden Analyse ausgewählt wurden, schlagen ausdrücklich neue Schulgründungen vor bzw. beschreiben solche und legitimieren sie in Broschüren, Büchern und Reihen zur „Neuen Schule" (z. B. Hilker 1924; Karsen 1924; Deiters 1925; Rude 1927). Sie enthalten vielfach Berichte bildungspolitischer und pädagogischer Akteure, dienten der Propagierung der Gedanken der Schulreformbewegung und schufen diese mit. Entscheidendes Differenzierungskriterium für die Erstellung dieses Corpus programmatischer Texte ist die strategische Bedeutung des Veröffentlichungsortes und der Rezeption.

4.1 Die Zeit der Schule verlängern – Landerziehungsheime und Tagesheimschulen

Entwürfe einer neuen, später wird gesagt, einer reformpädagogisch orientierten institutionellen Erziehung aus der Zeit um 1900, öffentlichkeitswirksam inszeniert durch die Lietzschen Landerziehungsheime, sahen ausgedehnte Aufenthalte in den Institutionen vor. Unter Bezugnahme auf die Landerziehungsheime wurde zudem die Gründung von Schulen vorgeschlagen und teilweise auch betrieben, die bis nachmittags Betrieb haben sollten: Halbinternate, Tagesschulen, Stadtrandschulen, Waldschulen – welch unterschiedlichen Namens auch immer (vgl. Ludwig 1993).

Auf dieser Ebene können schon früh Kern und Grenze des Diskurses um Familie und Schule markiert werden. Während Hermann Lietz in der nun schon bekannten Weise zwar die zeitgenössische Familie kritisiert, um dann aber Familienhaftigkeit und die Zusammenarbeit mit den Familien gleichzeitig positiv herauszustellen, bilden Wynekens und Ottos Texte die Grenzen des Diskurses um das Verhältnis von Schule und Familie. Mussten für Otto die Familien eine versagende Schule ersetzen[10], so will Wyneken den Familien – den konkreten, gegenwärtig für ihn erkennbaren sowenig wie den Familien generell – Erziehung nicht überantworten.[11] Wyneken spricht davon, dass die Jugend sich selbst erleben können muss:

> „Das ist zunächst in der Familie ausgeschlossen. Diese ist auch gar nicht darauf angelegt, eine geschichtlich so neue Forderung erfüllen zu können. (…) Ließe sich nicht mit mindestens dem gleichen Recht, wie der Satz von den Eltern als den geeignetsten Erziehern, der gegenteilige verfechten, nämlich dass es für niemanden schwieriger sei, Kinder vernünftig und objektiv zu erziehen, als für die eigenen Eltern, und dass gerade sie also prinzipiell nicht erziehen dürften?" (Wyneken 1919a: 12).

Familienhaftigkeit, die von Wyneken mit „Gemütlichkeit" gleichgesetzt ist (Wyneken 1919b: 15), wird als Prinzip der Schulgemeinde abgelehnt und an deren Stelle „Kameradschaft" gesetzt.

---

10   Berthold Otto argumentiert in seinem Buch „Vom königlichen Amt der Eltern", in dem er an der hohen Bedeutung der Eltern bzw. der Familie festhält, dass die Aufgaben der versagenden Schule von den Familien übernommen werden müssten und zwar nicht erziehliche, sondern diejenigen der intellektuellen oder geistigen Förderung. Er weist den Eltern die Pflicht zu, überall dort, wo die Schule versage, einzugreifen und das zu leisten, was die Schule eigentlich leisten müsse, aber tatsächlich nicht leiste: die freie geistige Entwicklung der Kinder zu fördern (vgl. Otto 1906: 83).

11   Eltern spielen im Folgenden auch im Abschnitt über die Verfassung „Von der Freien Schulgemeinde" keine Rolle (vgl. Wyneken 1919a: 13-17).

Obwohl auch bei Lietz die Familien Objekt einer Beschreibung in Katastrophen- und Untergangsrhetorik sind (vgl. Lietz 1897/1997), werden sie bei ihm aber gleichzeitig angesprochen als diejenigen, die mit der gegenwärtigen Schule unzufrieden sind, für die gesprochen werden muss, die, fragte man sie, sich gegen die gegenwärtigen Schulen aussprechen würden und die als Subjekte der Wahl neuer Schulen adressiert werden (vgl. Lietz 1898/1967: 17). Lietz spricht sowohl von einer „Ergänzung" wie auch von einem „Ersatz für das Elternhaus"; er rechtfertigt seine Reformschulen, indem er eine diskursive Bestätigung des grundlegend natürlichen Charakters der Familie liefert:

> „Niemals hatte ich bezweifelt, dass die Eltern vor allen andern zur Erziehung ihrer Kinder berechtigt und verpflichtet sind; niemals auch, dass die Familie des Elternhauses an sich auch der günstigste Schauplatz für die heranwachsenden Kinder ist" (Lietz 1913/1967: 42).

Der Bezug auf den „Familien-Charakter", auf ‚Familiarität', bedeutet also Herstellung einer geschlechts- und altersgemischt zusammengesetzten Gemeinschaft und gewissermaßen eine die Organisation von Unterricht verändernde Setzung auf liebende oder mindestens stark emotionalisierte Beziehungen zwischen Schülern und Lehrern. Als wichtigstes Erziehungsmittel wird die Liebe zum Kinde genannt, die selbstverständlich in der reinsten Form als elterliche bzw. mütterliche Liebe anzutreffen sei (vgl. Lietz 1913/1967: 44). Schule wird da zur „neue[n], zweite[n] Heimat, eine[r] Stätte, an die es gern zurückdenkt (...), weil das Kind dort Menschen findet, die es lieb haben möchten und können" (Lietz 1913/1967: 45).

Ähnlich wie Lietz selber schlugen nach der Jahrhundertwende einige Autoren vor, „Waldschulen" (vgl. Krause 1929) oder „Tagesschulen" am Rande der Großstädte einzurichten, so etwa Edert (1914) für Kiel und Kapff (1906) für Stuttgart; beide Schulen wurden in dieser Form nicht eingerichtet.[12] Die geforderte zeitliche Ausdehnung des institutionellen Zugriffs auf Kinder und Jugendliche wurzelt legitimatorisch nicht nur in konservativ-kulturkritischer Feststellung familiärer Defizite, sondern versucht sich auch als Bestandteil einer ‚modernen' Bevölkerungspolitik zu etablieren (z. B. König 1910). Die Konstatierung erziehlicher und gesundheitlicher Mängel hat weniger die wirklich internatsmäßig betriebenen Heime beeinflusst, die zumeist für die Kinder bürgerlicher Gruppierungen vorgesehen waren, von Beginn an allerdings die Idee ganztägiger Beschulung als einer für nur bestimmte, bedürftige Kinder diskursiv

---

12 Möglicherweise hat Elemente dieser Konzeption aber eine andere, später, also in der Zeit der Weimarer Republik gegründete Reformschule in einem anderen Stadtteil Stuttgarts aufgenommen. Das bedarf anhand des vorhandenen Schularchivs noch genauerer Untersuchungen.

verankert. Relativ schnell war die Debatte um die Ausdehnung der täglichen Schulzeit so von einem Abwertungsdiskurs gegenüber bestimmten Familien begleitet (vgl. Reh 2008). Im Rahmen des deutschen pädagogischen Diskurses[13], der – wie dargestellt – einen Gegensatz zwischen Familien und Schule konstruiert, war die einfache Ausweitung schulischer Zeit mit dem hohen Anspruch einer erziehlichen Beeinflussung nicht ohne Kommentar möglich – erschien doch gleichzeitig die Familie immer der Grund jeder wahren und richtigen Erziehung und der Modellfall auch noch gelungener institutionalisierter Erziehungsarrangements (vgl. Scholz/Reh 2008).

Wie die „Tagesschule" schon als Reflex darauf zu verstehen gegeben wird, verdeutlicht Ederts Argumentation: „Wirkliche erziehliche Einwirkung ist nur bei ständigem, regem Verkehr zwischen Lehrer und Schüler möglich, wie z. B. im Internat. Gegen Internate (Landerziehungsheim) spricht aber der Grundsatz, dass die Erziehung in der Familie durch keine Anstalt zu ersetzen ist. Die Tagesschule vereinigt die Vorteile beider Systeme. Sie gewährleistet tatkräftige Erziehung seitens des Lehrers, ohne das Kind dem Hause zu entfremden" (Edert 1914: 2). Ähnlich wie bei Kapffs (1906) Planungen in Stuttgart sollte die Schule am Stadtrand liegen und eigentlich familiäre Aufgaben übernehmen:

> „Wir übernehmen die Aufgabe, die in dieser hastenden Zeit die Eltern vor Überlastung mit Arbeit (oder Vergnügen) nicht mehr leisten können, und jeden Charakter, jede Begabung wollen wir individuell behandeln. Die Wirklichkeit entspricht nicht überall diesem Ideal. Aber so viel ist sicher: Wirkliche erziehliche Einwirkung ist nur bei ständigem, regem Verkehr zwischen Lehrer und Schüler möglich, wenn sie miteinander arbeiten und feiern, lachen und weinen, Lust und Leid teilen, wenn sie Kameraden und Freunde sind" (Edert 1914: 3).

Für eine Ausweitung des gegen die ‚natürliche Erziehungs-Ordnung' gerichteten ‚zeitlichen Zugriffs' auf die Kinder ist ein hoher legitimatorischer Aufwand zu betreiben:

> „Das ist nicht zu bestreiten: Die durch die Tagesschule geschaffene Ordnung entspricht nicht dem ursprünglichen Ideal eines Familienlebens, wo Vater und Mutter selbst Zeit und Muße hatten, sich in hingebender Weise der Erziehung ihrer Kinde zu widmen. (…) Die Schule ist das Sekundäre; sie muss sich den gegebenen Ver-

---

13 Das scheint eine besondere Situation in Deutschland zu sein, vergleicht man die Diskussion um die tägliche Schulzeit etwa mit der in England, wo die Arbeiterkinder, die „Halftimer", in der zweiten Hälfte des 19. Jahrhunderts diejenigen waren, die nur drei Stunden unterrichtet werden konnten, weil sie – so vielfältige Argumentationen – mehr nicht schafften, während hier die besser Gestellten sich das Internat und damit die – hoch bewertete – täglich lange Schulzeit leisten konnten (vgl. Silver 1977). Insgesamt zu international unterschiedlichen Zeitregimen in Kinderbetreuung und -beschulung Hagemann 2006.

hältnissen anpassen. Betrachten wir aber die wirklichen Verhältnisse des großstädtischen Familienlebens, nicht die idealen, dann bedeutet die Tagesschule nicht einen Eingriff in das Familienleben, sondern eine Förderung desselben" (Edert 1914: 31).

4.2 Gemeinschaftsschulen

Als „Gemeinschaftsschulen" wurden unter anderem in Hamburg, Berlin und Bremen nach 1919 neu gegründete reformpädagogische Versuchsschulen bezeichnet (vgl. z. B. Karstädt 1928). In Vorbereitung der Gründung solcher Schulen – in Hamburg schon vor dem Ersten Weltkrieg –, aber auch im Zuge ihrer Praxis entstanden Texte und Berichte, die die Arbeit, etwa gegenüber der Schulverwaltung, propagierten und legitimierten. In diesen kann untersucht werden, in welchem Zusammenhang das Thema Familie und Eltern auftaucht.

In Hamburg war das Verhältnis zwischen Schule und Elternhaus – auch und gerade im Bereich der Volksschulen – schon vor dem Ersten Weltkrieg vergleichsweise gut und ausgebaut.[14] Gleichzeitig scheint die Idee einer neuen Schule, wie sie hier begegnet, nicht eng gekoppelt zu werden an das Thema ‚Familie' oder den Bezug darauf. Als Beleg kann hier etwa ein Brief Frieda Traegers (1919)[15] angeführt werden, den sie als Sprecherin der Hamburger Lehrer-Vereinigung „Gesellschaft der Freunde des vaterländischen Schul- und Erziehungswesens" auf die Bitte eines Kollegen zur Erläuterung des Programms der Hamburger Schulen schreibt. Sie erwähnt hier – wie übrigens auch Deiters (1925) in seinen Ausführungen zu den weltanschaulichen Grundlagen der Gemeinschaftspädagogik[16] – das Familien- und Eltern-Thema in keiner Form. Anders wird es in den Beschreibungen der Arbeit der neu gegründeten Versuchsschulen, etwa in den Berichten für die Hamburger Oberschulbehörde, in denen geradezu stereotyp herausgestellt wird, dass die Schulgemeinschaft die der Lehrer, Schüler und Eltern sei. Gleichzeitig wird auch hier die Qualität der Schulen belegt mit dem Hinweis, sie funktionierten wie eine Familie. Offensichtlich gibt

---

14 Vgl. etwa den Artikel von Götze „Elternhaus und Schule", der 1922 in der Frauenbeilage der sozialdemokratischen Zeitung „Das Hamburger Echo" erschien; gefunden in der Akte 361-2 V Oberschulbehörde V 208a Band 2 des Hamburger Staatsarchivs (StAHbg). Die archivalischen Quellen werden im Beitrag ausschließlich in den Fußnoten nachgewiesen.

15 Vgl. den Brief in der Akte 612-5/20 458 „Schriftwechsel und Drucksachen über Versuchsschulen 1905-1929" im Staatsarchiv Hamburg (StAHbg).

16 Deiters erläutert den Gemeinschaftsgedanken – ein „Ringen um die Gemeinschaft" sei Zeichen der Epoche – unter ausdrücklichem Bezug auf Tönnies' Unterscheidung zwischen ‚Gemeinschaft' und ‚Gesellschaft', bezieht sich aber auch an dieser Stelle, anders als Tönnies, nicht auf Familie, sondern „Stamm", „Dorf" und die „Stadt früher geschichtlicher Epochen" (Deiters 1925a: 6f.).

es im pädagogischen Diskurs der existierenden Reformschulen neben dem Bezug auf ‚das Kind' auch den auf ‚die Familie', mit der die Qualität pädagogischer Prozesse metaphorisch erfasst werden kann: „Der Verkehr zwischen Lehrern und Schülern und zwischen Schülern untereinander ist wie in einer guten Familie. Der Lehrer ist der Führer, der sich nicht vordrängt. Strafen und Schelten scheint man nicht zu kennen", steht im Bericht der Versuchsschule Tieloh-Süd 1926 in Hamburg.[17] Es geht, so weiter im Bericht, um die familiäre Führung, eine familiäre Ordnung des Gemeinschaftslebens und auch wieder um die Qualität emotionalisierter Beziehungen, die „liebevolle Beschäftigung mit dem einzelnen Kind", Schüler sollen wie Geschwister, Lehrer und Schüler wie Eltern und Kinder miteinander umgehen.

Rude (1927) führt immer wieder genannte Formen der Schaffung einer „organischen" (Rude 1927: 104) Gemeinschaft von Lehrern, Schülern und Eltern auf: Besuche im Elternhaus, Durchführung von Elternsprechstunden, Elternbesuche im Unterricht, Eltern als Gäste bei Schulfeiern, Veranstaltung von Elternabenden und Wahl bzw. Arbeit von Elternbeiräten (vgl. Rude 1927: 101ff.). Gerade die unterschiedslose Nennung dieser doch im Hinblick auf die Form der Partizipation sehr verschiedenen Arten der Zusammenarbeit von Schule und Familie zeigt, dass zwischen familiärer Vertraulichkeit und Öffentlichkeit schon programmatisch kaum differenziert wird. Dieser Eindruck wird bestätigt, verfolgt man, wie Eltern als Vertreter der Familien in den Arbeitsberichten der Versuchsschulen nun auch in ganz neuen, anderen Kontexten auftauchen:

a. Eltern wurden weniger als solche, die ihre Kinder verwahrlosen lassen, vielmehr als wirtschaftlich Schwache gesehen, für die nun auch, gemeinsam mit den Schülern und Schülerinnen „an den Nachmittagen und des Sonntags Heimstätten" geschaffen werden mussten, wo gespielt, gearbeitet, geschwommen und anderer Sport getrieben werden konnte und Jugend, Lehrer und Eltern zusammen zur ‚Schulgemeinde', die Schulen zu ‚Lebensstätten' wurden (Heyn 1924: 227).

b. Eltern waren ein unsicherer Faktor für, so würde man das heute sagen, Schulentwicklung; es mussten Gesinnungsgemeinschaften hergestellt werden: „Um die erstrebte Gemeinschaft zu schaffen, mußten wir vorerst die Eltern auf unsere Grundsätze und Ziele einstellen; denn vielgestaltig war unsere Elternschaft. (…) Und nur ein verhältnismäßig kleiner Teil hatte das Wesen der neuen Erziehung innerlich erfaßt" (Gemeinschaftsbericht 1924: 245). Beklagt wurde, dass „die Einstellung des Willens der Eltern (…) eine sehr schwierige Aufgabe war, dass viele Eltern, auch pädagogisch interessierte Eltern (…) dem Neuen und

---

17   In der Akte 612-5/20 458 „Schriftwechsel und Drucksachen über Versuchsschulen 1905-1929" im Staatsarchiv Hamburg (StAHbg).

seiner Beurteilung durch Hinz und Kunz nicht gewachsen" waren.[18] Unterschieden wurde zwischen Eltern mit ‚pädagogischem Willen' und anderen, die ihre Kinder aus den Schulen nahmen oder sie die Schulen nur aus gewissermaßen unlauteren Gründen besuchen ließen.

c. Eltern wurden Gegenstand und Objekt einer spezifischen Arbeit, der ‚Elternarbeit' und schließlich sogar erzogen, um die rechte pädagogische Einstellung zu erreichen: „So konnten wir selten unsere Kinder am Nachmittag zusammen rufen, um sie der Straße und dem so oft unpädagogisch eingestellten Elternhause, das wir immer mit erziehen müssen, zu entziehen" (Gemeinschaftsbericht 1924: 246). Zusammenarbeit und Belehrung erzielten Erfolge: „Die häufige Zusammenarbeit brachte Eltern und Lehrer zu intensivem Gedankenaustausch, der bei den Eltern in überraschend kurzer Zeit Verständnis und Billigung des Neuen erzielte" (ebd.). „In einer Arbeitsgemeinschaft von Eltern und Lehrern (Beteiligung zuletzt 53 Personen) werden einmal in der Woche abends Fragen häuslicher Erziehung besprochen."[19] Ähnlich berichtet Kreuziger über eine Schule in Berlin, die versuche, Gemeinschaftsschule zu werden und sich auch in besonderer Weise um die Zusammenarbeit mit den Eltern bemühe: „Die Eltern verhalten sich zunächst noch meist hörend, das ganze Gebiet der pädagogischen Fragen ist ihnen noch Neuland. Oft wurden Fragen gestellt, hin und wieder griff ein Vater, eine Mutter in die Debatte ein. Wenn's auch nicht immer in die Tiefe ging, immer war das heiße Bemühen zu spüren, an die Probleme heranzukommen. So ist das Bedürfnis nach pädagogischen Arbeitsgemeinschaften der Eltern entstanden, die vorläufig freilich noch in den Anfängen stecken geblieben sind" (Kreuziger 1925: 87). In Auseinandersetzung mit der pädagogischen Arbeit der Schule, etwa mit den „Charakteristiken" (die statt Zeugnissen über die einzelnen Schüler und Schülerinnen geschrieben werden), würden die Eltern pädagogisch gebildet: „Die Gegenberichte, zu denen wir die Eltern anhalten, erziehen sie selbst vielfach erst zu Erziehern."[20]

d. Eltern waren ‚opferbereite Mithelfende'; gesprochen wird wortwörtlich von der „opferwilligen Mitarbeit" oder der „opferfreudigen Beteiligung der Ge-

---

18   Bericht der Schule Berliner Tor 29 von 1921 an die Oberschulbehörde, in der Akte 612-5/20 458 „Schriftwechsel und Drucksachen über Versuchsschulen 1905-1929" im Staatsarchiv Hamburg (StAHbg).

19   Bericht der Schule Berliner Tor 29 von 1921 an die Oberschulbehörde, in der Akte 612-5/20 458 „Schriftwechsel und Drucksachen über Versuchsschulen 1905-1929" im Staatsarchiv Hamburg (StAHbg).

20   Bericht der Schule Telemannstraße 10 von 1921 an die Oberschulbehörde, in der Akte 612-5/20 458 „Schriftwechsel und Drucksachen über Versuchsschulen 1905-1929" im Staatsarchiv Hamburg (StAHbg).

samtelternschaft".[21] Ob es um die Schulfeier oder die Reparatur der Einrichtungen, also die handwerkliche Mitarbeit ging: Eltern halfen mit – Väter als Handwerker, Mütter beim Nähen oder Essen zubereiten. Gesprochen wird von einer „unbesoldeten freiwilligen Mitarbeit" der Elternschaft. Mütter und Lehrerinnen nähten zusammen, machten Geschenke für bedürftige Eltern, Eltern stellten Wohnräume zur Verfügung, fuhren mit zu den Landschulheimaufenthalten. Fast wörtlich die gleichen Formulierungen finden wir in fast allen Berichten aus Versuchsschulen – und zwar unabhängig davon, ob sie als Berichte an die Schulverwaltung geschickt wurden oder Mitteilungen an die Elternschaft darstellten, z. B. in Elternzeitschriften abgedruckt wurden, wo ebenfalls „für ihre fleißige Mitarbeit" gedankt wird.[22]

In dieser Darstellung der Zusammenarbeit von Schule und Familie bzw. Elternhaus ist eine Darstellung traditioneller Werte der Familienerziehung und eine Verfestigung traditioneller Geschlechterrollen impliziert. Interessant ist in dieser Hinsicht der Bericht einer Lehrerin einer der Versuchsschulen in Hamburg, der Schule Telemannstr. 10, der in der Frauenbeilage der sozialdemokratischen Zeitung „Das Hamburger Echo" unter dem Titel „Meine Mütter und ich" veröffentlicht wurde. Die Autorin beschreibt zunächst, dass sich um die schulischen Belange der Kinder vor allem die Frauen kümmern: Von 20 Eltern ihres Klassenelternabends waren 18 Mütter, führt sie als Beispiel an. Die größer werdende Gruppe der „hilfsbereiten Mütter" halfen angesichts großer Schülerinnengruppen auf Bitten der Lehrerin z. B. beim Handarbeitsunterricht. Anschaulich schildert dies die Lehrerin-Autorin:

> „Hier muss ich auch an die Mutter denken, die mit großer Opferfähigkeit für ein Kind sorgt, das immer wieder verlaust, zerlumpt und schmutzig in die Schule kommt. Sie hat tagelang genäht, gewaschen und geplättet, dass das Kind sauber und ordentlich an dem Landheimaufenthalt der Klasse teilnehmen konnte. Sie will sogar versuchen, das Kind dauernd sauber zu halten, was noch unendlich viel schwerer ist. Vielleicht gelingt ihr auch noch die Erziehung der unordentlichen Mutter. Was gibt es in der Schule alles zu tun, wo Frauen mit ihrer großen Mütterlichkeit zupacken können. (…) Ich könnte noch manches von der Opferbereitschaft mancher Mütter sagen."[23]

---

21 So im Bericht der Schule Telemannstraße 10 für die Oberschulbehörde über das Schuljahr 1923/24, Akte 361-2 V Oberschulbehörde V 208a Band 2 im Staatsarchiv Hamburg (StAHbg).

22 So in einer Bremer Elternzeitung; zitiert in einem Aufsatz von Kraker über die Pädagogisierung der Eltern in der deutschen Reformpädagogik (vgl. Kraker 2000: 248).

23 Gefunden in der Akte 361-2 V Oberschulbehörde V 208a Band 2 des Hamburger Staatsarchivs (StAHbg).

Insgesamt können die Analysen des Diskurses über die Gemeinschaftsschulen folgendermaßen zusammengefasst werden: Wir finden hier deutlich seltener einen legitimatorischen Bezug auf die in der Erziehung versagenden Eltern, eher einen auf die Besonderheit eines Lernens in ‚Gemeinschaft‘, die die Eltern einschließt. Im Zuge der Etablierung der Versuchsschulen wird das Verhältnis zu Eltern und damit auch das Thema Familie tatsächlich praktisch ausgesprochen relevant: Die Schulen sind in unterschiedlicher Weise auf die Zusammenarbeit mit den Eltern angewiesen. Eltern werden dann entweder pädagogische Gesinnungsgenossen, opferwillige Mitarbeiter oder zu Erziehende und damit zu Adressaten eines selbst schon pädagogischen Bezuges.

4.3 Adressierung der Eltern – Das Protokollbuch der Lehrerkonferenzen der Sammelschule I in Harburg

In dem Protokollbuch der Harburger Sammelschule I, in dem die handschriftlichen Protokolle aller Lehrerkonferenzen dieser Schule zwischen 1923 und 1934 niedergeschrieben sind[24] und auf die ich mich im folgenden beziehe, kann man verfolgen, wie sich die Zusammenarbeit mit dem bzw. den Vertretern des Elternbeirats gestaltet,[25] wie diese an den Sitzungen beteiligt sind, wie über deren Beteiligung an der Konferenz geschrieben wird, was bzw. welche Elemente der Mitarbeit der Eltern thematisch werden. Die Schule hat 1924 über ihre Ziele beschlossen und sie folgendermaßen formuliert: „Die neue Schule will wachsen lassen freudig wirkende Glieder lebendiger und sich weitender Gemeinschaft. Darum dient sie dem Gedanken der Arbeits- und Gemeinschaftsschule." Deutlich wird in den Protokollen, dass Kontakt bestand zu Versuchsschulen, z. B. werden die Leipziger und die Magdeburger Versuchsschulen von einzelnen Kollegen im Auftrag der Schule besucht und es wird darüber auf den Konferenzen berichtet. Die Harburger Sammelschule I formuliert also deutlich einen reformorientierten pädagogischen Anspruch.

Die auf den Sitzungen und Konferenzen anwesenden Eltern bzw. Beiratsmitglieder sind allesamt Männer. Das Verhältnis, die Ansprache, die Rede über sie, ist zunächst emphatisch und insgesamt gleichberechtigt. Wenn es um politische bzw. enger bildungspolitische Stellungnahmen und Maßnahmen geht, übernimmt die Konferenz z. B. Beschlussvorlagen des Beirats der Eltern. Der Elternbeirat unterstützt die Lehrer bei ihrem Protest gegen die Schuladministration,

---

24   In der Akte 362-3/44 „Sammelschule I (Maretstraße) 4 Band I" im Staatsarchiv Hamburg (StAHbg).

25   Durch Ministerialerlass vom 5. November 1919 waren in Preußen Wahl bzw. Einsetzung von (beratenden) Elternbeiräten in allen Schulen angeordnet worden (vgl. Wolff 1928: 48).

z. B. gegen Entlassungen. Schon in der sechsten der zunächst sehr zahlreichen, etwa wöchentlich bzw. 14-tägig stattfindenden Konferenzen erscheinen Vertreter des vorläufigen Elternbeirats. Das Protokoll verzeichnet:

> „Zunächst begrüßt Herr Schulze die neuen Lehrkräfte und besonders den Elternrat. Der Obmann weist auf die besondere Denkwürdigkeit dieser Konferenz hin, die darin ihre besondere Bedeutung hat, dass zum 1. Male wohl in Harburg und weit darüber hinaus der Elternrat als Gast teilnimmt an einer amtlichen Konferenz. Es sei ein Versuch, von welchem beide Teile, Lehrer und Eltern, nur dann volles Gelingen erwarten dürften, wenn volles Vertrauen gegen Vertrauen bewiesen würde."

Hier wird auf Vorbehalte rekurriert. Gleichzeitig berichtet der Schulleiter darüber, dass der vorläufige Elternbeirat Kommissionen gebildet habe, „die mit den verschiedenen Aufgaben betraut werden, die sich durch den Aufbau der Schule ergeben", und in die Mitglieder des Kollegiums entsendet werden. Es gibt fünf Ausschüsse, nämlich für Lehrmittel, für Bücherei, für Werkunterricht, für Gesundheitspflege und für „Spiel und Sport". Der Elternvertreter – folgt man dem Protokoll – diskutiert mit und seine Vorschläge werden akzeptiert bzw. er formuliert überhaupt solche, etwa den Wunsch nach einem Referat über „Schulstrafen", den Wunsch nach einem neuen Namen der Schule (ein Vorschlag, der allerdings abgelehnt wird) oder nach Informationen über beantragte Fürsorge-Erziehung einzelner Schüler. Mit diesem Problem sind die Konferenzen mehrfach befasst und es wird deutlich, dass die Lehrer die „häuslichen Verhältnisse" der Schüler, die Familien, prüfen bzw. darüber Erkundigungen einziehen.

Schon in dieser Zeit beschaffen die Eltern auch finanzielle Mittel bzw. stellen Kredite bereit für die Anschaffung von Lehrmitteln. Eltern sind die ganze Zeit über beteiligt an der Arbeit der Schule durch Sammlungen, Spenden, durch Mitarbeit bei Festen und – vor allem – bei der Organisation eines Landheims. Je länger die Schule existiert, desto weniger treten die Eltern in den Protokollen allerdings in Erscheinung – angefangen damit, dass sie als Anwesende nicht mehr aufgeführt werden und dennoch anscheinend anwesend sind, namentlich z. B. durch die Dokumentierung von Redebeiträgen auszumachen sind. Wenn etwas zur Sprache kommt, ist es mehr und mehr nur noch die materielle und praktische Mitarbeit, für die einmal auch ausdrücklich gedankt wird.

In einer der Sitzungen, bei der die Elternvertreter nicht anwesend sind, am 18. August 1924, gibt es Hinweise auf entstehende Probleme zwischen Professionellen und Laien: „Zu der Anfrage vom Elternbeirat, ob und warum einige Klassen nicht mit nach Neugraben [Schulheim; S.R.] gingen (die betreffenden Kinder sähen sich dadurch zurückgesetzt), bemerkt Herr Maack, er ‚weise alles energisch zurück, was wie eine Bevormundung seitens der Elternschaft aussehe'." Deutlich gibt es nun gegenüber mindestens einem Teil der Eltern angesichts von Angriffen auf die Schule auch Misstrauen; vermutet wird, sie würden Schlechtes über die Schule berichten: „Seitens des Kollegiums wird betont, dass wir bei allen vorkommenden Abmeldungen aufmerksam prüfen müssen, ob nicht auch die Stellungnahme der Eltern zum Schulbetrieb zur Abmeldung führt." Zunehmend – so scheint es – müssen die Lehrer sich nun um bestimmte, die Elternmitarbeit betreffende Dinge selbst kümmern, z. B. darum, dass Elternabende durchgeführt werden, Elternvertreter gewählt oder Listen für die Beiratswahlen aufgestellt werden. Anscheinend hatte sich mit dem Ausscheiden der ersten Generation von Eltern deren Interessenlage und in Folge auch diejenige der Elternvertreter verändert, möglicherweise waren Eltern nun weniger an der Durchsetzung solcher politischen Ziele wie das der Einrichtung weltanschaulich freier Schulen interessiert, möglicherweise aber galten diese nun auch als erreicht und andere Fragen traten in den Vordergrund. Neben Berichten über die Einrichtung bzw. Durchführung von pädagogischen Elternabenden und einer hier geplanten Information der Eltern über pädagogische Fragen wird schließlich 1929 im Protokoll ausdrücklich formuliert, dass die Eltern zu erziehen seien: „Sie [die Eltern; S.R.] müssen dazu erzogen werden, dass sie den Heimbetrieb (des Schulheimes, S.R.) nicht stören."

Während zu Beginn der Arbeit der Sammelschule I in Harburg die Eltern als politische Partner, als Gesinnungsgenossen in einem vergleichsweise gleichberechtigten Nebeneinander mit den Lehrern und Lehrerinnen auf den Konferenzen erscheinen, wenn es etwa darum geht, bildungspolitische Ziele durchzusetzen, werden sie im Laufe der Zeit, im Laufe einer gewissen Konsolidierung der schulischen und professionellen Arbeit, in der Hauptsache noch angesprochen als Laien, als Helfende und als zu Erziehende – und stellen damit das Konzept einer partnerschaftlichen Zusammenarbeit, die eben keine politische, sondern eine pädagogische sein soll, wie es etwa programmatisch Kreuziger (1925) fordert, interessanterweise gerade in Frage.

5   Fazit

In der Schulkritik und im deutschen Schulreformdiskurs im ersten Drittel des 20. Jahrhunderts gibt es einen doppelten Bezug auf ‚Familie'. Diese dient einerseits als eine der Legitimationsfiguren der als notwendig erachteten Schulreform, insofern unterstellt wird, die (‚realen') Familien leisteten die ihnen zugeschriebenen Aufgaben nicht, funktionierten also nicht so, wie es sein solle, und sie wird andererseits als ‚Familiarität' in vielen Schulentwürfen zum Modell, zum Idealbild einer reformierten Schule. Dieser doppelte Bezug ist in besonderer Weise dort auszumachen, wo für solche Schulen geworben wird, mit denen der institutionelle Zugriff auf die Kinder und Jugendlichen zeitlich ausgedehnt werden sollte, die im pädagogischprogrammatischen, aber auch im disziplinären Diskurs (vgl. etwa Ludwig 1993) als Vorläufer einer ‚modernen' Ganztagsschule reklamiert werden. Der Schulreformdiskurs nimmt auf unterschiedlichen Ebenen klare Abwertungen gegenüber Familien und Eltern vor: als Grund für Reform, weil sie versagen oder als Notwendigkeit für eine über die Schüler und Schülerinnen hinausgehende Erziehung und Pädagogisierung des gesellschaftlichen Lebens – weil Eltern nicht verstehen, worum es in der Schulreform geht.

Wenn man in Deutschland über die Reform von Schulen sprach oder schrieb, musste man auch über Familie und Familienerziehung sprechen. ‚Familie' und ‚Familiarität' wurden im deutschen Schulreformdiskurs dadurch zu einer wirkmächtigen Chiffre, gerade weil sie sich mit unterschiedlichen Bedeutungen, wie sie der pädagogische Diskurs bereitstellt, füllen ließen. Als Chiffre für die Qualität von Schule – Liebe, Natürlichkeit, Leben, patriarchalische Führung – verhindert sie vor allem den positiven Bezug auf die ‚Künstlichkeit' des Unterrichts im Sinne der Institutionalisierung eines systematisierten Lernens und teilweise auch auf das Prinzip von Gemeinschaft als einer (politisch-demokratisch verstandenen) Öffentlichkeit in diesem Diskurs. In dieser Form wurde die Chiffre „Familie" auch zu einer bis heute wirkenden Hypothek des Schulreformdiskurses über Ganztagsschulen in Deutschland, weil sie immer wieder neu den Bezug auf den Unterricht als ein Kerngeschäft der Schule erschwert.

Literatur

Adick, Christel (1992): Die Universalisierung der modernen Schule: eine theoretische Problemskizze zur Erklärung der weltweiten Verbreitung der modernen Schule in den letzten 200 Jahren mit Fallstudien aus Westafrika. Paderborn/München/Wien/Zürich: Schöningh
Amlung, Ullrich/Haubfleisch, Dietmar/Link, Jörg/Schmitt, Hanno (Hrsg.) (1993): Die alte Schule überwinden. Reformpädagogische Versuchsschulen zwischen Kaiserreich und Nationalsozialismus. Frankfurt a.M.: dipa
Anshen, Ruth Nanda (Ed.) (1959): The Family: Its Function and Destiny. New York: Harper & Row
Apel, Hans Jürgen/Grunder, Hans-Ulrich (Hrsg.) (1995): Texte zur Schulpädagogik. Weinheim/München: Juventa
Benner, Dietrich/Kemper, Herwart (2003): Theorie und Geschichte der Reformpädagogik. Teil 2: Die Pädagogische Bewegung von der Jahrhundertwende bis zum Ende der Weimarer Republik. Weinheim/Basel: Beltz
Benner, Dietrich/Oelkers, Jürgen (Hrsg.) (2004): Historisches Wörterbuch der Pädagogik. Weinheim/Basel: Beltz
Bukow, Wolf-Dietrich/Ottersbach, Markus (Hrsg.) (1999): Die Zivilgesellschaft in der Zerreißprobe. Opladen: Leske + Budrich

Busemann, Adolf (1929): Die Bedeutung des Milieus für den Zögling. In: Nohl/Pallat (1929a): 308-338

Coelen, Thomas/Otto, Hans-Uwe (Hrsg.) (im Druck): Handbuch Ganztagsbildung. Wiesbaden: VS Verlag

Daniel, Ute (2006): Kompendium Kulturgeschichte. Theorien, Praxis, Schlüsselwörter. 5. durchgesehene und aktualisierte Auflage. Frankfurt a.M.: Suhrkamp

Deiters, Heinrich (Hrsg.) (1925): Die Schule der Gemeinschaft. Leipzig: Quelle & Meyer

Deiters, Heinrich (1925): Die weltanschaulichen Grundlagen der Gemeinschaftspädagogik. In: Deiters (1925): 1-15

Deiters, Heinrich (1928): Die Lebensform der Schule. In: Nohl/Pallat (1928): 3-47

Dietrich, Theo (Hrsg.) (1967): Die Landerziehungsheimbewegung. Bad Heilbrunn: Klinkhardt

Dörpfeld, Friedrich Wilhelm (1863): Die freie Schulgemeinde und ihre Anstalten auf dem Boden der freien Kirche im freien Staate. Beiträge zur Theorie des Schulwesens. Gütersloh: C. Bertelsmann

Edert, Eduard (1914): Die Tagesschule. Die Schule der Großstadt. Der Plan ihrer Ausführung in Kiel. Leipzig/Berlin: Druck und Verlag von G.B. Teubner

Ewald, Francois/Waldenfels, Bernhard (Hrsg.) (1991): Spiele der Wahrheit: Michel Foucaults Denken. Frankfurt a.M.: Suhrkamp

Foucault, Michel (1981): Die Archäologie des Wissens. Frankfurt a.M.: Suhrkamp

Foucault, Michel (2002): Nietzsche, die Genealogie, die Historie. In: Foucault (2002): 166-191

Foucault, Michel (Hrsg.) (2002): Dits et Ecrits. Schriften. Bd. II: 1970-1975. Frankfurt a.M.: Suhrkamp

Gemeinschaftsbericht (1924): Die Dresdner Versuchsschule. In: Hilker (1924): 232-251

Gestrich, Andreas/Krause, Jens-Uwe/Mitterauer, Michael (2003): Geschichte der Familie. Stuttgart: Alfred Kröner

Gierke, Anna Ernestine Therese von (1929): Jugendwohlfahrtswesen und Schule. In: Nohl/Pallat (1929b): 41-63

Hagemann, Karen (2006): Between Ideology and Economy: The ‚Time Politics‘ of Child Care and Public Education in the Two Germanys. In: Social Politics 13. Heft 1. 217-260

Hansen-Schaberg, Inge (2000): Demokratische Bestrebungen von Lehrerinnen und Lehrern an den weltlichen Schulen und Lebensgemeinschaftsschulen in Berlin. In: Neuhäuser/Rülcker (2000): 89-114

Hegel, Georg Wilhelm Friedrich (1811/1995): Gymnasialrede am 2. September 1811. In: Apel/Grunder (1995): 46-53

Heyn, August (1924): Die Gartenarbeitsschule Neukölln. In: Hilker (1924): 221-231

Hilker, Franz (Hrsg.) (1924): Deutsche Schulversuche. Berlin: C. A. Schwetschke & Sohn

Horkheimer, Max/Fromm, Erich u. a. (1987): Studien über Autorität und Familie. Forschungsberichte aus dem Institut für Sozialforschung. Lüneburg: Dietrich zu Klampen

Kapff, Ernst (1906): Die Erziehungsschule. Ein Entwurf zu ihrer Verwirklichung auf Grund des Arbeitsprinzips. Stuttgart: Julius Hoffmann Verlag

Karsen, Fritz (1924): Die neuen Schulen in Deutschland. Langensalza: Julius Beltz

Karstädt, Otto (1928): Versuchsschulen und Schulversuche. In: Nohl/Pallat (1928): 333-364

König, Karl (1910): Die Waldschulen. In: Rein (1910): 63-111

Kolbe, Fritz-Ulrich/Reh, Sabine/Fritzsche, Bettina/Idel, Till-Sebastian/Rabenstein, Kerstin (2007): Ganztagsschule als Schule entwickeln. Eine Studie zu Lernkultur und Unterrichtsentwicklung an Ganztagsschulen. In: Pädagogik 59. Heft 5. 82-87

Kolbe, Fritz-Ulrich/Reh, Sabine/Fritzsche, Bettina/Idel, Till Sebastian/Rabenstein, Kerstin (Hrsg.) (2008): Ganztagsschule als symbolische Konstruktion. Analysen und Falldarstellungen in schultheoretischer Perspektive. Wiesbaden: VS Verlag (im Druck)

Kolbe, Fritz-Ulrich/Reh, Sabine (2008): Ganztagsschule und Reformpädagogik – eine kritische Diskursgeschichte. In: Coelen/Otto (im Druck)

Kraker, Monika (2000): Die Pädagogisierung der Eltern in der demokratischen Reformpädagogik. In: Neuhäuser/Rülcker (2000): 223-258

Kramer, Rolf-Torsten/Helsper, Werner/Busse, Susann (Hrsg.) (2001): Pädagogische Generationsbeziehungen. Opladen: Leske + Budrich

Krause, Wilhelm (1929): Die Höhere Waldschule Berlin-Charlottenburg. Ein Beitrag zur Lösung des Problems ‚Die neue Schule‘. Berlin: Wiegandt & Grieben

Kreuziger, Max (1925): Die Schule der Gemeinschaft in ihrem Verhältnis zu Familie und Staat. In: Deiters (1925): 81-89

Krieck, Ernst (1929): Die soziale Funktion der Erziehung. In: Nohl/Pallat (1929a): 255-280

Lietz, Hermann (1897/1997): Emlohstobba. Roman oder Wirklichkeit? Bilder aus dem Schulleben der Vergangenheit, Gegenwart und Zukunft? Herausgegeben, mit einem Nachwort und Anmerkungen versehen von Rudolf Lassahn. Heinsberg: Dieck

Lietz, Hermann (1898/1967): Der Gründungsaufruf. In: Dietrich (1967): 15-17

Lietz, Hermann (1913/1967): Ein Rückblick auf die Entstehung, Eigenart und Entwicklung der D.L.E.H nach fünfzehn Jahren ihres Bestehens. In: Dietrich (1967): 41-57

Luhmann, Niklas (1988): Sozialsystem Familie. In: System Familie. Forschung und Therapie 1. Heft 1. 75-91

Luhmann, Niklas (2002): Das Erziehungssystem der Gesellschaft. Frankfurt a.M.: Suhrkamp

Ludwig, Harald (1993): Entstehung und Entwicklung der modernen Ganztagsschule in Deutschland. Bd. 1 und Bd. 2. Köln/Weimar/Wien: Böhlau

Marcuse, Herbert (1987): Autorität und Familie in der deutschen Soziologie bis 1933. In: Horkheimer u. a. (1987): 737-752

McCann, Phillip (Ed.) (1977): Popular education and socialization in the nineteenth century. London: Methuen & Co Ltd

Mennicke, Carl (1929): Die sozialen Lebensformen als Erziehungsgemeinschaften. In: Nohl/Pallat (1929a): 281-299

Münch, Wilhelm (1906): Eltern, Lehrer und Schulen in der Gegenwart. Berlin: Alexander Duncker

Neuhäuser, Heike (2000): Ambivalenzen der Beziehung von Gemeinschaftserziehung und Demokratie – das Beispiel Alice und Otto Rühle. In: Neuhäuser/Rülcker (2000): 165-192

Neuhäuser, Heike/Rülcker, Tobias (Hrsg.) (2000): Demokratische Reformpädagogik. Frankfurt a.M. u. a.: Peter Lang

Nohl, Herman/Pallat, Ludwig (Hrsg.) (1928): Handbuch der Pädagogik. Band 4. Die Theorie der Schule und der Schulaufbau. Langensalza: Beltz

Nohl, Herman/Pallat, Ludwig (Hrsg.) (1929a): Handbuch der Pädagogik. Band 2. Die biologischen, psychologischen und soziologischen Grundlagen der Pädagogik. Langensalza: Beltz

Nohl, Herman/Pallat, Ludwig (Hrsg.) (1929b): Handbuch der Pädagogik. Band 5. Sozialpädagogik. Langensalza: Beltz

Oelkers, Jürgen (1996): Reformpädagogik. Eine kritische Dogmengeschichte. 3. vollständig bearbeitete und erweiterte Auflage. Weinheim/München: Juventa

Oelkers, Jürgen (2004): Reformpädagogik. In: Benner/Oelkers (2004): 783-806

Oevermann, Ulrich (2001): Die Soziologie der Generationenbeziehungen und der historischen Generationen aus strukturalistischer Sicht und ihre Bedeutung für die Schulpädagogik. In: Kramer u. a. (2001): 78-128

Offenberg, Maria Elisabeth (1929): Die sozialpädagogische Bedeutung der Familie und die Familienfürsorge. In: Nohl/Pallat (1929b): 29-38

Otto, Berthold (1906): Vom königlichen Amt der Eltern. Leipzig: R. Voigtländer

Parsons, Talcott (1959): The Social Structure of the Family. In: Anshen (1959): 241-274

Parsons, Talcott (1987): Die Schulklasse als soziales System. In: Plake (1987): 102-124

Plake, Klaus (Hrsg.) (1987): Klassiker der Erziehungssoziologie. Düsseldorf: Schöningh

Popkewitz, Thomas S./Franklin, Barry M./Pereyra, Miquel A. (Eds.) (2001): Cultural History and Education. New York/London: RoutledgeFalmer

Prüß, Franz/Kortas, Susanne/Schöpa, Matthias (Hrsg.) (2008): Die Ganztagsschule – von der Theorie zur Praxis. Weinheim/München: Juventa (im Druck)

Reh, Sabine (2008): Die Ganztagsschule in Deutschland – eine Schule für alle? Zu einer Geschichte programmatischer Schulentwürfe. In: Prüß u. a. (im Druck)

Reichsgesetzblatt 1937. Teil I. Hrsg. vom Reichminsterium des Innern. Berlin 1937

Rein, Wilhelm (Hrsg.) (1904): Encyklopädisches Handbuch der Pädagogik. Band VIII. 2. Auflage. Langensalza: Beyer & Mann

Rein, Wilhelm (Hrsg.) (1906): Encyklopädisches Handbuch der Pädagogik. Band VII. 2. Auflage. Langensalza: Beyer & Mann

Rein, Wilhelm (Hrsg.) (1910): Encyklopädisches Handbuch der Pädagogik. Band VI. 2. Auflage. Langensalza: Beyer & Mann

Rödler, Klaus (1987): Vergessene Alternativschulen. Geschichte und Praxis der Hamburger Gemeinschaftsschulen 1919-1933. Weinheim/München: Juventa

Roth, Hans-Joachim (1999): Familie und Schule – Pädagogische Antagonismen als Mittel der Intergration in Zivilgesellschaften. In: Bukow/Ottersbach (1999): 290-309

Rude, Adolf (1927): Die Neue Schule und ihre Unterrichtslehre. Band 1: Die Neue Schule. Osterwieck/Harz und Leipzig: Zickfeldt

Schmitt, Hanno (1993): Topographie der Reformschulen in der Weimarer Republik: Perspektiven ihrer Erforschung. In: Amlung u. a. (1993): 9-31

Scholz, Joachim/Reh, Sabine (2008): Verwahrloste Familien – Familiarisierte Schulen. Zum Verhältnis von Schule und Familie in den Diskursen der deutschen Schulgeschichte seit 1800. In: Kolbe u. a. (2008): im Druck

Silver, Harold (1977): Ideology and the factory child: attitudes to half time education. In: McCann (1977): 141-166

Tenorth, Heinz-Elmar (1994): „Reformpädagogik" – erneuter Versuch, ein erstaunliches Phänomen zu verstehen. In: Zeitschrift für Pädagogik 40. Heft 4. 585-604

Tenorth, Heinz-Elmar (2004): Erziehungswissenschaft. In: Benner/Oelkers (2004): 341-382

Tews, Johannes (1904): Familie und Familienerziehung. In: Rein (1904): 731-756

Wagner-Winterhager, Louise (1979): Schule und Eltern in der Weimarer Republik. Untersuchungen zur Wirksamkeit der Elternbeiräte in Preußen und der Elternräte in Hamburg 1918-1922. Weinheim/Basel: Beltz

Waldenfels, Bernhard: Michel Foucault: Ordnung in Diskursen. In: Ewald/Waldenfels (1991): 277-297

Wigge, Heinrich (1906): Haus und Schule. In: Rein (1906): 67-72

Wolff, Georg (1928): Die rechtlichen Beziehungen der Schule zu Familie, Gemeinde, Kirche und Staat. In: Nohl/Pallat (1928): 48-36

Wyneken, Gustav (1919a): Der Gedankenkreis der freien Schulgemeinde. Jena: Eugen Diederichs

Wyneken, Gustav (1919b): Schule und Jugendkultur. Jena: Eugen Diederichs

„Häusliches Elend" und „Familienersatz": Symbolische Konstruktionen in Legitimationsdiskursen von Ganztagsschulen in der Gegenwart

Bettina Fritzsche, Kerstin Rabenstein

1 Einleitung

> „ich denke dass es in unserer Gesellschaft auch einfach ja die notwendige Alternative die Ganztagsschule das ist zwar traurig aber das ist so [I: warum] weil diejenigen die keine Arbeit haben sind mit sich beschäftigt diejenigen die Arbeit haben haben so viel Arbeit dass sie keine Zeit für ihre Kinder haben (...) es ist traurig dass wir die Pflichten der Eltern übernehmen müssen aber wenns uns gut geht oder gut gehen soll dann müssen wir das tun weil sonst haben wir nur Konflikte ich denke das wird zunehmen"[1]

Die aktuelle Umstellung zahlreicher Halbtagsschulen auf Ganztagsbetrieb ist in der hier zitierten Aussage der Schulleiterin einer brandenburgischen Grundschule aufgrund einer allgemeinen Erosion des Sozialen notwendig geworden, die ein Versagen der Erziehungsinstitution Familie mit sich bringt. Insbesondere problematische Entwicklungen am Arbeitsmarkt werden als Gründe angeführt, dass Eltern ihren eigentlichen Pflichten nicht mehr nachkommen können. Die Schule selbst wird durch diese gesellschaftliche Misere in Mitleidenschaft gezogen, sie ist jedoch auch bereit, sich ihrer neuen Verantwortung zu stellen. Im Rahmen eines Forschungsprojekts sind uns in den Diskursen der Akteure an Ganztagsschulen derartige Begründungsmuster einer kompensatorischen Funktion der Schule gegenüber der Familie, die für eine Umstellung der Schulen auf einen ganztägigen Schulbetrieb herangezogen werden, immer wieder begegnet.

Dies überrascht insbesondere, wenn man den Blick auf die öffentliche Debatte um die Einführung von Ganztagsschulen in Deutschland richtet. Einer Analyse des bundesweiten Pressediskurses zufolge avanciert die Ganztagsschulfrage nach der Veröffentlichung der PISA-Ergebnisse 2001 zu einem zentralen

---

1 Da das gesprochene Wort nicht den Regeln der Schriftsprache folgt, transkribieren wir die Interviews ohne Interpunktion zu setzen und ohne grammatikalische Korrekturen vorzunehmen.

bildungspolitischen Thema und erfährt dabei eine überwiegend positive Berichterstattung (vgl. Kuhlmann/Tillmann 2008). In der bis dahin zwischen den Parteien äußerst kontrovers geführten Diskussion entwickelt sich außerdem durch Abrücken der CDU von ihrer ursprünglich ablehnenden Haltung zu Ganztagsschulen ein breiter Konsens für einen flächendeckenden Ausbau der Ganztagsschulen, der schließlich in das 2003 unterzeichnete Investitionsprogramm „Zukunft Bildung und Betreuung" des Bundes mündet, mit dem insgesamt 4 Milliarden Euro für den Auf- und Ausbau von Ganztagsschulen bereit gestellt werden.[2] Die seitens der Politik formulierten Begründungen für die Entwicklung des Ausbaus von Ganztagsschulen in Deutschland lassen Ganztagsschule dabei keineswegs als ein notwendiges Übel erscheinen. Nach den Ergebnissen der PISA-Studie werden Ganztagsschulen vielmehr als adäquate bildungspolitische Aktivität dargestellt, um eine Förderung unterschiedlicher Schülergruppen, also sowohl der Begabten als auch von Kindern mit Benachteiligungen, zu ermöglichen. Weiterhin spielen familienpolitische Gründe, wie etwa die Vereinbarkeit von Familie und Beruf besonders für Frauen zu erleichtern, und sozialpolitische Argumente, wie z. B. die Chancen von Kindern aus bildungsfernen Milieus zu verbessern, eine große Rolle (vgl. z. B. Holtappels 2005: 8ff.). Auch aus reformpädagogischer Perspektive werden Gründe angeführt, wie etwa die, dass Ganztagsschulen mehr Möglichkeiten für informelle Bildungsprozesse bieten als Halbtagsschulen und Kindern und Jugendlichen eher einen Zugang zum schulischen Lernen eröffnen, da sie weniger lebensfern seien.

Zu bedenken ist nun aber, dass der Aufbau von Ganztagsschulen in Deutschland einem Traditionsbruch gleichkommt. Wie Hagemann und Gottschall (2002) ausführen, hat es Forderungen nach Einführung von Ganztagsschulen zwar in Deutschland schon seit Beginn des 20. Jahrhunderts gegeben, diese Initiativen konnten sich jedoch nie flächendeckend durchsetzen. Als Hauptursache hierfür benennen die beiden Autorinnen Strukturmerkmale des deutschen Sozialstaats wie die politisch getrennten Zuständigkeiten für Kinderbetreuung und Bildung, den verfassungsrechtlich festgelegten Vorrang der Familie bei der Kindererziehung, die Dreigliedrigkeit des Schulsystems sowie die unterschiedlichen Professionalisierungsgrade und Statusdifferenzen zwischen den Berufsgruppen der Lehrer und der Erzieher. Im internationalen Vergleich lässt sich die Tradition der Halbtagsschule somit als „deutscher Sonderweg"[3] bezeichnen: In

---

2   http://www.bmbf.de/de/1125.php vom 1.10.2007.

3   So auch die These des Forschungsprojektes „Das deutsche Halbtagsmodell: Ein Sonderweg in Europa? Eine Analyse der Zeitpolitiken öffentlicher Bildung im Ost-West-Vergleich (1945-2000)", das die Gründe für und die Konsequenzen von unterschiedlichen Politiken hinsichtlich der Zeitstruktur von Kindergarten, Vorschule und Grundschule vergleichend analysiert. Das Projekt wird seit Februar 2005 von der Volkswagen-Stiftung für drei Jahre gefördert und von

vielen europäischen und außereuropäischen Ländern ist die Ganztagsschule, wenngleich auch in sehr unterschiedlicher Form, die historisch gewachsene oder in den letzten Jahrzehnten eingeführte Normalform von Schule (vgl. Coelen 2005; 2008).

Unsere im Folgenden vertretene These ist, dass entgegen der seitens der Politik und in der Presse formulierten selbstverständlichen Annahme, dass Ganztagsschulen die geeignete Lösung verschiedener schulischer und sozialpolitischer Probleme darstellen, die Akteure an neuen Ganztagsschulen einem hohen Druck ausgesetzt sind, gegenüber Eltern und Schülern eine derartige schulische Entwicklung zu rechtfertigen. Dass Kinder und Jugendliche länger als bisher in der Schule verweilen, muss von der Schule begründet werden, wobei offensichtlich die Vorstellung vorherrscht, dies sei nur dann legitim, wenn die Schule gravierende Defizite kompensiere und dabei anders oder besser sei als bisher (vgl. Kolbe u. a. 2007: 82). Bei zwei Dritteln der insgesamt zwölf von uns untersuchten Ganztagsschulen stießen wir auf Legitimationsdiskurse, denen zufolge die Ganztagsschule Aufgaben einer zunehmend defizitären Familienerziehung übernehmen müsse. Ein Bezug zu den Ergebnissen der PISA-Studie, das heißt zu strukturellen, im deutschen Schulsystem zu suchenden Ursachen für das schlechte Abschneiden etwa von Kindern mit Migrationshintergrund wird von den schulischen Akteuren hingegen kaum hergestellt.

Im Zentrum unserer folgenden Ausführungen steht die Analyse der so vielfältig auffindbaren Defizitkonstruktionen familiärer Erziehung und der Auswirkungen, die diese auf die Vorstellungen der schulischen Akteure bezüglich des Sinns von Ganztagsschulen haben. Ausgemacht haben wir im Wesentlichen zwei solcher Vorstellungen von, wie wir sagen, symbolischen Konstruktionen von ‚Ganztag': Die an einigen Schulen zu findenden symbolischen Konstruktionen kreisen um die Vorstellung, den Schülerinnen und Schülern im Rahmen einer Emotionalisierung und Familiarisierung der Schule kompensatorisch einen sozialen Nahraum bereitzustellen, in dem auch erzieherische, in der Familie nur mehr unzureichend wahrgenommene, Aufgaben übernommen werden. An anderen Schulen konnten wir hingegen vermehrt symbolische Konstruktionen ausmachen, die auf die Notwendigkeit rekurrieren, in der Ganztagschule die durch die in den Familien ausbleibende Gestaltung der Freizeit der Kinder erzeugten Anregungs- und Lerndefizite der Schülerinnen und Schüler zu kompensieren. Abschließend diskutieren wir unsere Ergebnisse im Kontext schultheoretischer Perspektiven auf das Spannungsverhältnis von Schule und Familie. Wir beginnen nun mit einer Darstellung des Projekts, in dessen Rahmen wir unsere Daten gewonnen haben.

Prof. Dr. Karen Hagemann, Prof. Dr. Christina Allemann-Ghionda und Prof. Dr. Konrad H. Jarausch geleitet.

2   Methodische Vorbemerkung

Die im Folgenden zugrunde gelegten Interviewsequenzen stammen aus der ersten Phase eines Forschungsprojekts zur „Lernkultur- und Unterrichtsentwicklung in Ganztagsschulen"[4], das seit Beginn des Schuljahres 2005/2006 mit einer Laufzeit von vier Jahren durchgeführt wird (vgl. Kolbe u. a. 2008c). An der Studie sind insgesamt zwölf Ganztagsschulen aus den drei Bundesländern Berlin, Brandenburg und Rheinland-Pfalz beteiligt. Neben unterschiedlichen Schulformen wurden der Stand der Entwicklung des ganztagsschulspezifischen Vorhabens, unterschiedliche Modelle von Ganztagsschule, das soziale Umfeld der einzelnen Schulen berücksichtigt, sodass ein breites Spektrum von Schulen in das Forschungssample des Projektes aufgenommen werden konnte. Sechs der zwölf Schulen sind Grundschulen, zwei Gymnasien, zwei weiterführende Schulen sowie zwei Förderschulen. Der Großteil der Schulen hat erst in den letzten vier Jahren auf den Ganztagsbetrieb umgestellt. Vertreten sind sowohl Schulen in offener und in gebundener Form sowie in Rheinland-Pfalz auch in teilgebundener Form. Während die Berliner Schulen – jeweils zur Hälfte im ehemaligen Ost- und im Westteil der Stadt liegend – eher großstädtisch geprägt sind, befinden sich die beteiligten Ganztagsschulen aus Rheinland-Pfalz und Brandenburg in der Mehrzahl im ländlichen Raum (vgl. Schütz/Weide 2008).

Im Mittelpunkt der Untersuchung steht die Rekonstruktion der Interaktionen und Praktiken der schulischen Akteure im Unterricht und in erweiterten ganztagsschulspezifischen Lern- beziehungsweise Freizeitangeboten. Gefragt wird nach einer möglicherweise mit der Umstellung auf den ‚Ganztag' verbundenen Transformation der Lernkultur dieser Angebote beziehungsweise der Schulen. Grundlage für deren Analyse sind in ausgewählten Unterrichtsangeboten und erweiterten Lernangeboten (z. B. Hausaufgabenbetreuung, AGs, Arbeitsstunden) beziehungsweise Freizeitangeboten und anderen Ganztagselementen (z. B. Mittagessen) aufgenommene Videografien.[5] Ergänzend dazu werden die kooperative Entwicklungsarbeit, die Lehrende und anderes pädagogisches Personal in Teams bezüglich der untersuchten Unterrichts- und Lernangebote leisten, sowie die Sichtweisen der Schülerinnen und Schüler auf ihre Erfahrungen in den untersuchten Unterrichts- und Lernangeboten rekonstruiert. Entsprechend des rekonstruktionslogischen Forschungsansatzes des Projekts werden qualitative Erhebungs- und Auswertungsverfahren eingesetzt.

Die im Folgenden präsentierten Ergebnisse der Studie basieren auf der ersten Untersuchungsphase, in der es uns darum ging, uns sukzessive einen Einblick

---

4   Vgl. auch www.lernkultur-ganztagsschule.de.
5   Vgl. für die theoretische Konzeptionierung von Lernkultur Kolbe u. a. 2008b und für erste Rekonstruktionen Idel 2007; Breuer/Schütz/Weide 2008; Rabenstein/Reh 2008.

in die Schulen, ihre Vorstellungen vom ‚Ganztag' und ihren Ganztagsbetrieb zu
erarbeiten. Dazu haben wir eine Reihe unterschiedlicher Daten erhoben, wie
narrative Interviews und Gruppendiskussionen mit der Schulleitung und weiteren
Lehrern, Beobachtungsprotokolle und Audioaufnahmen von Sitzungen etwa der
Steuergruppe, von Elternabenden, von Festen sowie anderen besonderen Anläs-
sen. Die an diesen Daten gewonnenen ersten Ergebnisse dienten uns zum einen
als Grundlage für die Entscheidung, in welchen Lerngruppen und Angeboten wir
die Erhebungen der Hauptphase durchführen wollten. Zum anderen interessierten
uns die in den Interviews mit den Akteuren zum Tragen kommenden symbolischen Konstruktionen von ‚Ganztag' genauer.

In den Einzelinterviews und Gruppendiskussionen wurden die ausgewählten
schulischen Akteure, speziell die Schulleitungen und andere im ‚Ganztag' engagierte Pädagoginnen und Pädagogen, aufgefordert, die Geschichte der Schule
beziehungsweise ihre Entwicklung zur Ganztagsschule ausführlich zu erzählen.
In der Auswertung des so gewonnenen Materials interessierte uns, wie der Ganztagsschule ‚Geschichten erzählend' von den Interviewten Sinn verliehen wird.
Aus dem transkribierten Material wählten wir somit entsprechende Passagen aus
und werteten diese mithilfe rekonstruktiver Interpretationsverfahren aus. Unter
Bezug auf die Objektive Hermeneutik (vgl. Wernet 2000) konnten wir somit
latente Sinnstrukturen des Gesagten herausarbeiten und unter Bezug auf die
Dokumentarische Interpretation (vgl. Bohnsack 2007) zentrale Orientierungsmuster der Sprechenden. Die Vorstellungen, die von den schulischen Akteuren
in Bezug auf den Sinn von ‚Ganztag' entwickelt werden, nennen wir „symbolische Konstruktionen von Ganztag". Dazu haben wir zunächst die in den meisten
Fällen recht langen Eingangserzählungen der Akteure über die Geschichte ihrer
Schule und solche Passagen, in denen Vorstellungen von Ganztagsschule thematisiert werden, interpretiert. Wir fragen also danach, wie der Weg der Schule zur
Ganztagsschule geschildert wird, wie die Entwicklung zur Ganztagsschule legitimiert wird und welche Vorstellungen von Ganztagsschule beziehungsweise
davon, was sie sein und leisten kann und soll, entwickelt werden. Da diese symbolischen Konstruktionen von ‚Ganztag' eine entscheidende Rahmung für die
Entwicklung der Lern- und Unterrichtskultur an den beforschten Ganztagsschulen bilden, haben wir sie für jede Schule detailliert rekonstruiert (vgl. Kolbe u. a.
2008a).

Wie bereits angeführt, konnten wir feststellen, dass die Akteure an den
Schulen ein gesteigertes Legitimationsbedürfnis haben und den Schritt zur Ganztagsschule mit Hilfe zahlreicher Argumente zu rechtfertigen suchen. Im Folgenden gehen wir zunächst auf Legitimationsdiskurse ein, die unterstellen, Ganztagsschule könne in umfassender Weise Defizite der Familie als primärer
Sozialisationsinstanz kompensieren. Implizit wird hier der Anspruch erhoben,
Schülern und Schülerinnen einen emotionalen Nahraum bereitzustellen. Damit

wird Ganztagsschule nicht nur als Bildungsinstitution, sondern im erhöhten Maße auch als Erziehungsinstanz oder Familienersatz entworfen. Die zweite Legitimationsfigur, die anschließend dargestellt wird, zielt eher darauf ab, familiär verschuldete Bildungsdefizite der Kinder auszugleichen. Von Ganztagsschulen wird in diesem Zusammenhang erwartet, ein pädagogisch gestaltetes, verschultes Freizeitangebot bereitzustellen, durch das Schülerinnen und Schüler auch nachmittags etwas lernen und Bildungsdefizite ausgleichen können. In unserer Darstellung greifen wir auch auf die Rekonstruktionen unserer Kollegen und Kolleginnen – insbesondere Christopher Bechthold, Till-Sebastian Idel, Sabine Reh und Joachim Scholz – zurück, die wir an dieser Stelle versuchen, zusammenfassend und in Bezug auf unsere Fragestellung pointiert wiederzugeben.[6]

3   Ganztagsschule als emotionaler Nahraum und als Erziehungsinstanz

Der Anspruch an Schule, den familiären Nahraum zu ersetzen und zur Erziehungsinstanz zu werden, wird im Folgenden an zwei Beispielen vorgestellt: zum einen der Rekonstruktion einer Passage aus einem Interview mit dem Schulleiter der rheinland-pfälzischen Grundschule Schloss Burgdorf (vgl. Fritzsche u. a. 2008) und zum anderen der Rekonstruktion einer Passage aus einer Gruppendiskussion an der Knuspel-Schule, einer ebenfalls in Rheinland-Pfalz gelegenen Förderschule (vgl. Bechthold u. a. 2008).

In seiner Erzählung der Geschichte der Entwicklung seiner Schule zur Ganztagsschule charakterisiert der Schulleiter der Grundschule Schloss Burgdorf, Herr Bommer, diese als positiven und progressiven Weg, der allerdings zwischenzeitlich einmal ins Stocken kam. Von politischer Seite aus sei seine Schule „wieder zurück geschoben worden Richtung Hort". In der im Folgenden zitierten späteren Passage aus dem Interview geht der Schulleiter noch einmal explizit auf seine kritische Perspektive auf das Modell einer mit Hortbetreuung kombinierten Halbtagsschule ein, welches er für seine Schule als Rückschritt empfand (vgl. Fritzsche u. a. 2008):

> „weil das würde ein Rückschritt sein keine Hausaufgaben von vielen Kindern desolate Verhältnisse (.) kein sag ich mal Raum wo sie sich wohlfühlen am Nachmittag"

Die Funktion von Schule wird hier mit Bezug auf ein Konstrukt des bedürftigen Schülers aus verwahrlosten familialen Umständen charakterisiert. Nach Ansicht des Schulleiters sind einerseits ohne Ganztagsschule die Hausaufgaben nicht

---

6   Vgl. für die folgenden und für weitere Rekonstruktionen zu symbolischen Konstruktionen von Ganztag Kolbe u. a. 2008a.

garantiert; hier geht es also um den Pol kognitiver Lern- und Bildungsarbeit. Andererseits würde den Kindern aufgrund der „desolaten Verhältnisse", aus denen viele kommen, der „Raum" fehlen, „wo sie sich wohlfühlen am Nachmittag". Über den engeren Anspruch von Schule hinaus, Ort fachlichen Lernens zu sein, wird das Ziel formuliert, den sozialisatorisch bedeutsamen primären emotionalen Anerkennungsraum der Familie, der bei vielen Schülern und Schülerinnen als beschädigt oder gar zerstört unterstellt wird, zu ersetzen. Angesichts des heraufbeschworenen Zerfalls der Familie als Halt gebendem Sozialisationsraum muss Schule nicht nur auf den ganzen Tag ausgeweitet werden, stattdessen muss sie für das Selbst der Schülerinnen und Schüler jene Qualitäten besitzen, die eigentlich der Familie in ihrer primären Sozialisations- und Erziehungsfunktion eigen sind. Lehrerinnen und Lehrer rücken insofern als signifikante Andere an die Stelle der Eltern und Schule wird als eine Art Zuhause, als Gemeinschaft familialer Sorge konstruiert. Plädiert wird also nicht nur für eine rein zeitliche Ausweitung von Schule, sondern zugleich für eine Verschiebung der schulischen Grenzen auf einer inhaltlichen und sozialen Ebene: Der Schule, als zentraler Instanz sekundärer Sozialisation, werden die Aufgaben umfassender emotionaler Stützung und Stabilisierung des Schülers zugeteilt, wodurch sie die Konturen primärer Sozialisation erhält.

In einer Gruppendiskussion mit Lehrerinnen und Lehrern der Knuspel-Förderschule loben die Teilnehmenden einhellig die im Rahmen der Umstellung auf Ganztagsbetrieb verbesserten Unterrichts- und Förderbedingungen und die heilsamen Auswirkungen auf das Miteinander von Schülern und Schülerinnen einerseits und Lehrern und Lehrerinnen andererseits. Dabei würdigt ein Lehrer bei seiner Einschätzung insbesondere die Bedeutung des Mittagessens, das von den Kindern unter Lehreraufsicht in der neu errichteten Mensa eingenommen wird (vgl. Bechthold u. a. 2008):

> „also vernünftiges Mittagessen (.) ist für viele dat sehen se schon wenn die ohne Frühstück in die Schule kommen (.) ja ist für viele was GANZ Wichtiges wo's halt ja auch um Erziehung geht (.) ja (?) also wie isst man was isst man warum isst man das"

Die hier gewählte Formulierung „vernünftiges Mittagessen" berücksichtigt zwei Gesichtspunkte: denjenigen der körperlichen Nahrungsaufnahme zum einen, zum anderen soll die einzunehmende Mahlzeit Vernunftansprüchen genügen. Beachtet man, dass dem „Mittagessen" in unserem Kulturkreis per se ein gehobener Anspruch anhaftet – Snacks wie ein Schokoriegel verdienen noch nicht die Bezeichnung „Mittagessen" – so wirkt die Formulierung „vernünftiges Mittagessen" hier noch anspruchssteigernd. Das Mittagessen wird als Element einer spezifischen Lebensführung ausgezeichnet und dabei nicht etwa lustorientiert begründet. Der Sprechakt rekurriert implizit auf eine bürgerliche Form deutschen Speisens.

In der Bezeichnung „vernünftiges Mittagessen" schwingt im Kontext Schule nicht nur ein gesundheitspädagogischer, sondern auch ein sozialpädagogischer Erziehungsanspruch mit. Neben dem an vielen Schulen fest installierten Ritual des gemeinsamen Frühstücks gerät nun auch das Mittagessen als schulische Gestaltungsaufgabe in den Blick.

Diese Mahlzeit wird durch die ganztagsschulische Institutionalisierung aus der Privatsphäre der Familie in die Verfügungsgewalt der Schule geholt. Indem hier außerdem das Mittagessen mit dem Vernunftbegriff verbunden wird, stellt der Sprecher gewisse Ansprüche an sich selbst und das Handeln der Kollegen. Denn für ein Schulessen generell kann der Begriff „vernünftig" auf mehreren Ebenen gelesen werden: In Bezug auf die körperliche Gesundheit kann vernünftig ‚nahrhaft' bedeuten, mit Blick auf die meist beschränkten finanziellen Ressourcen der Klientel kann eine hochwertige und doch bezahlbare Mahlzeit als vernünftig bezeichnet werden und für die Schüler und Schülerinnen soll ein vernünftiges Essen vor allem schmackhaft sein. Die Formulierung „wenn die ohne Frühstück in die Schule kommen" unterstellt gleichzeitig eine Mangelversorgung der Schüler und Schülerinnen. Auch das Postulat des „vernünftigen" schulischen Mittagessens erscheint somit gegen die private Alltagskultur abgesetzt, die implizit als weniger vernünftig abgewertet wird. Zwischen dem Konzept des Lehrerkollegiums einerseits und den familiären Essgewohnheiten in den Elternhäusern andererseits ist damit ein Spannungsfeld eröffnet.

Es wird also eine Verschulung des Mittagessens angestrebt, wobei es explizit um mehr als um Tischmanieren geht. Beim schulischen Mittagessen soll neben der Sozialerziehung („wie isst man") und der Gesundheitserziehung („was isst man") auch eine Inhaltsebene vermittelt werden („warum isst man das"). Vorausgesetzt bleibt, dass die entsprechende Kompetenz in den Familien nicht vermittelt wird.

Zusammengefasst kann man sagen, dass die anhand dieser Passage rekonstruierte symbolische Konstruktion von ‚Ganztag' auf der Idee einer Kompensation familiärer Defizite beruht und letztlich mit einer Destabilisierung des Arbeitsbündnisses zwischen Schule und Elternhaus verbunden ist. Indem mit der Einführung des schulischen Mittagessens gleichzeitig die habituellen Unterschiede zwischen beiden Gruppen konstituiert werden, kommt es in der Überschneidung der Sphären von Schule und Familie paradoxerweise zu einer Distanzierung.

Sowohl an der Grundschule Schloss Burgdorf als auch an der Knuspel-Förderschule wird insofern der Anspruch erhoben, die als mangelhaft wahrgenommene Erziehungskompetenz der Familien zu kompensieren. Während der

Schulleiter der Grundschule seinen Schülerinnen und Schülern einen sozialen Nahraum bereitstellen möchte, und Schule als Ort konstruiert, an dem diese sich wohl fühlen sollen, sehen sich die Protagonisten der Förderschule in der Rolle, Aufgaben der Fürsorge, der Erziehung und der Vermittlung kultureller Sitten zu übernehmen. Es lässt sich allerdings vermuten, dass derartige symbolische Konstruktionen von ‚Ganztag' das Risiko einer ideellen Überforderung bergen.

4 Ganztagsschule als anregungsreiches und gehaltvolles Freizeitangebot

Im Folgenden erläutern wir den Anspruch der Schulen für eine anregungsreiche und wertvolle Freizeitgestaltung der Schülerinnen und Schüler zu sorgen, die in den Familien – so die Defizitkonstruktion – ansonsten fehlt. Dazu stellen wir die Rekonstruktionen zweier Interviewpassagen aus Schulleiterinterviews dar, zum einen der Bocuse-Grundschule in Berlin (vgl. Fritzsche u. a. 2008) und zum zweiten der brandenburgischen Spree-Schule, einem Gymnasium (vgl. Rabenstein u. a. 2008).

Der Schulleiter der Bocuse-Schule schlägt gleich am Anfang seiner Erzählung der Geschichte seiner Schule den Bogen von der Entstehung einer Schule, die Wert auf den Gedanken einer Gemeinschaft legt, hin zu einer Ganztagsschule. Im Zusammenhang mit der Frage nach der Einführung einer gebundenen Ganztagsschule, die sich dem Kollegium dann irgendwann stellte, kommt er darauf zu sprechen, was diese längere verpflichtende Aufenthaltszeit der Kinder in der Schule legitimieren könnte (vgl. Fritzsche u. a. 2008):

> „und ich habe gleich von Anfang an sagte ich ja mit der Schülerclubclubbegründung (...) versucht freizeitorientierte Angebotsstrukturen in Schule zu implementieren weil ich denke dass das auch ein-ein Aspekt ist der hier an unserm Standort vielen Kindern gut tut als bewusste Abgrenzung zu dem was sie an in Anführungsstrichen häuslichem Elend erwartet oder unbeschäftigt-Sein"

Näher zu interpretieren ist nun das, was der Schulleiter „freizeitorientierte Angebotsstrukturen" nennt. Als Legitimation für Ganztagsschule führt er nicht einfach Freizeit im Sinne einer vergnügten, unterhaltsamen oder spielerischen Beschäftigung an, sondern solche Angebote, die nur freizeit*orientiert* sind, also noch etwas anderes beinhalten, vermutlich solche als pädagogisch wertvoll angesehene Beschäftigungen. Das Wort „Angebotsstrukturen" verweist darauf, dass ein Konzept vorhanden ist, dass die Angebote geplant, durchdacht und organisiert werden müssen, wie der Schulleiter entsprechend der Gepflogenheiten der Schulentwicklungsliteratur sagt: sie müssen „implementiert" werden.

Wieso diese zusätzlichen Angebote während eines verlängerten Aufenthaltes für notwendig befunden werden, führt der Schulleiter dann weiter aus: Die Verlängerung der Aufenthaltszeit soll „gut" tun. Es geht also um eine positive Wirkung, jedoch nicht um besseres oder mehr Lernen, sondern darum, dass es „gut" tun soll, wie es einem „gut tut", an der frischen Luft zu sein. Die alternative Freizeitplanung durch die Schule könne als „bewusste Abgrenzung" zum „häuslichen Elend", das die Kinder außerhalb der Schule erwartet, wirken. Die Kennzeichnung des häuslichen Elends als „in Anführungsstriche" gesetzt kann dabei zweierlei bedeuten: Es könnte als Versuch gelesen werden, trotz eines starken, verallgemeinernden Vorwurfs an die Eltern politisch korrekt bleiben zu wollen. Möglich ist, dass eine – vielleicht auch nur leichte – Dramatisierung der Situation bewusst gemacht wird. Der Schulleiter unterstellt ein „unbeschäftigt-Sein" der Kinder in ihrer Freizeit, das durch pädagogisch geplante und als sinnvoll erachtete Beschäftigung in der Ganztagsschule ersetzt werden soll. Freizeitorientierte Beschäftigung ist pädagogisch reflektiert, scheint sinnvoll – jedenfalls ist Freizeit besser so zu verbringen als unbeschäftigt zu sein, als Zeit zu vertun.

Zusammenfassend heißt das, dass ein neues, zu institutionalisierendes Modell, das der Verlängerung einer ‚Aufenthaltszeit' in der Schule, notwendig erscheint. Begründet wird die Reduktion von pädagogisch unbeaufsichtigter Freizeit als Ausweitung schulischer Aufgaben mit den häuslichen Defiziten in einem bestimmten sozialen Milieu.

Der Schulleiter der Spreeschule vergisst im Interview zunächst von der Entwicklung der Schule zur Ganztagsschule zu berichten. Auf Nachfrage skizziert er dann den schulischen Entscheidungsprozess. Die folgende Sequenz ist dem Teil des Interviews entnommen, in dem er seine Position zur Ganztagsschule von der Position seines Stellvertreters abgrenzt (vgl. Rabenstein u. a. 2008).

> „aber die Praxis zeigt eben dass viele Kinder am Nachmittag sich selber überlassen sind und eher vorm Fernseher rumhängen und deshalb trotzdem keine Hausaufgaben machen weil die Eltern noch berufstätig sind beziehungsweise sich um die Probleme der Kinder manchmal nicht kümmern und demzufolge ja so ein son son ich will nicht sagen Verwahrlosungsprozess in der Schülerschaft eingetreten ist aber doch so ein Vernachlässigungsprozess und wir glauben dass wir über Ganztagsbetreuung das so ein bisschen auffangen können (…) ist es der richtige Weg um um Kinder in Betreuung zu bringen und um die Qualität damit der-der Bildung und Ausbildung zu erhöhen"

Zu Beginn der Sequenz setzt sich der Schulleiter zunächst ab von der – wie man den vorangehenden Passagen entnehmen könnte – Theorie eines selbstständigen und sich selbst disziplinierenden Schülers, der der Schulleiter nun das entgegensetzt, was die „Praxis zeigt". In der Praxis sind die Pädagogen an der Schule mit

den Defiziten der häuslichen Realität der Schülerinnen und Schüler konfrontiert:
Als Folge eines Vernachlässigungsprozesses in den Familien der Kinder und
Jugendlichen kommt ein Mangel an Disziplin in der Schülerschaft zum Vor-
schein. Die Schülerinnen und Schüler verfügen laut den Aussagen des Schulleiters nicht mehr über die entsprechende Disziplin, nach Schulschluss selbstständig die Hausaufgaben zu erledigen, was von ihm als ein notwendiges Moment
(gymnasialen) Unterrichts und Lernens vorausgesetzt wird. Als Reaktion auf
diesen Mangel führt die Spreeschule nun das Ganztagsangebot ein, als dessen
primäres Ziel der Schulleiter die Sicherstellung einer auf den Nachmittag ausge-
weiteten Betreuung der Schülerinnen und Schüler nennt, einer Betreuung, durch
die auch diszipliniertes Arbeiten und die Erledigung von Hausaufgaben gewährleistet werden soll.

Auch in dieser Sequenz wird also die Nachmittagsgestaltung der Kinder als
defizitär beschrieben; sie werden sich selbst überlassen und schlagen die Zeit tot,
die sie ja hätten, aber nicht nutzen, um pädagogisch sinnvolle Arbeiten zu verrichten wie etwa Hausaufgaben. Als Grund hierfür werden – auch das wiederholt
sich – die veränderten Möglichkeiten der Eltern genannt, die sich um ihre Kinder
nicht kümmern können, weil sie anderweitig absorbiert sind. Die Dramatisierung
der Situation als Verwahrlosungsprozess schwächt der Schulleiter dann zwar ab
und spricht von einem Vernachlässigungsprozess, an dem defizitären Blick auf
die Familien ändert sich damit jedoch nur graduell etwas. Die hier zu erwarten-
den Probleme werden zu kompensieren versucht mit einer „Ganztagsbetreuung".
Das Wort „Betreuung" zielt im Unterschied dazu eher auf eine zeitlich befristete
Zuständigkeit für diejenigen, die betreut werden. Die Kinder zu betreuen, erhebt
den Anspruch, dass sie in der Schule betreut ihre Zeit besser und sinnvoller
verbringen können als „wenn sie sich selbst überlassen werden".

5   ‚Ganztagsschule als Familie' in Konkurrenz zur Familie: Widersprüche und ihre Folgen

In beiden dargestellten Begründungsfiguren zur Einführung von Ganztagsschulen werden den Schülerinnen und Schülern Defizite zugeschrieben, die im Rahmen der Familie entstanden seien und im Zuge der Ganztagsbetreuung kompensiert werden sollen: Konstatiert wird, dass die familiäre Sozialisation entweder
auf der emotionalen Ebene oder auf der Lern- und Leistungsebene nicht ausreiche, um die von der Schule erwarteten Voraussetzungen zu schaffen, so dass die
Ganztagsschule nun leisten soll, was der Familie nicht mehr zugetraut wird. Die
Vorstellung, Schule müsse Aufgaben übernehmen, bei denen die Eltern versagen, ist durchaus nicht neu. So wird in der „Braunschweigischen Schulordnung"

von 1753 die Notwendigkeit der Einführung von Schule auf eine Weise begründet, die auffällig an die eingangs zitierte Argumentation der Schulleiterin einer brandenburgischen Ganztagsschule („es ist traurig dass wir die Pflichten der Eltern übernehmen müssen") erinnert:

> „Schulen sind also notwendig, und ihre Notwendigkeit gründet sich teils auf die Unfähigkeit einiger Eltern, das zu tun, was sie doch zu tun schuldig sind" (zit. nach Fölling-Albers/Heinzel 2007: 301).

Der Wunsch, schulische Verhältnisse mögen sich familiarisieren, um Defizite der Familien zu kompensieren, lässt sich – wie Sabine Reh in ihrem Beitrag in diesem Band ausführt – auf Pestalozzis Plädoyer für die mütterliche Liebe als Vorbild für institutionalisierte Erziehung zurückführen und ist als symptomatisch für den Schulreformdiskurs in Deutschland anzusehen (vgl. auch Scholz/Reh 2008). Rehs Beurteilung der symbolischen Verwertung der Chiffre ‚Familie' in diesem Diskurs als Hypothek der deutschen Schulreformtradition, welche bis heute ihre Wirkkraft entfalte, scheint sich auch im Blick auf die Diskurse von Akteuren neuer Ganztagsschulen zu bestätigen. Gemeinsam ist diesen Diskursen, dass sie das mit der Einführung der Schulpflicht entstandene Spannungsverhältnis zwischen Schule und Familie auf eine Distanz und Trennung zwischen Familie und Schule zurückführen und eine unterstellte Erosion der Familie als Herausforderung für ein kompensatorisches Handeln der Schule im Sinne der Ausweitung der pädagogischen Betreuung in Form von Ganztagsschulen entwerfen (vgl. Busse/Helsper 2004: 443; Busse/Helsper 2007: 322; Fölling-Albers/Heinzel 2007: 300).

Auf die Widersprüchlichkeit, die mit einer Konstruktion von Ganztagsschule als Familie einhergeht, finden sich in den Diskursen der Akteure dann allerdings auch Hinweise, wenn beispielsweise – wie in der folgenden Interpretation eines Interviewausschnitts – die eigene Familie mit ins Spiel kommt (vgl. Fritzsche u. a. 2008). Eine von uns interviewte Ganztagsschul-Lehrerin formuliert (vgl. ebd.):

> „dass ich gerne mit Kindern den ganzen Tag zusammen bin (...) und so ne Idee eigentlich schon hatte Internat ist was ganz Tolles (lachen) lässt sich aber mit ner Familie eigentlich schlecht vereinbaren und Ganztagsschule eigentlich lässt sich auch nich ‚so gut' (lachend) mit ner Familie vereinbaren"

Mit der Formulierung „dass ich gern mit Kindern den ganzen Tag zusammen bin" unterläuft die Sprecherin zunächst einmal die institutionellen Erwartungen an die Lehrerrolle. In der Institution Schule sind Lehrer nicht einfach mit den Kindern zusammen, sondern sie haben einen sehr spezifischen Auftrag, sie sind in der Schule um die Kinder zu erziehen (vgl. Luhmann 2002). Zugleich legt die Lehrerin in ihrer Darstellung eine ganz spezifische Motivation, sich für die Ganztagsschule zu engagieren, nahe: Sie betont die Begeisterung für ein Zusammensein mit Kindern, das wenn überhaupt nur als ein familiäres zu denken ist.

Mit der Reihung, die die Sprecherin im Folgenden benutzt – den ganzen Tag und Internat – bringt sie ihre persönliche Meinung in Verbindung mit der reformpädagogischen Tradition der Ganztagsschule. Während die geäußerte Vorstellung – über den ganzen Tag mit Kindern zusammen sein – ein möglicherweise gegen die Institution Schule gerichtetes Bild eines familiär-unspezifischen Zusammenseins mit Kindern ist, kehrt dann mit dem Bezug auf Internate die pädagogische Institution zurück. Internate stehen auch für einen totalen Zugriff auf die zu Erziehenden, der zwar aus dem Bild der Familie entwickelt wurde (also der Gedanke des Internats in reformpädagogischer Tradition), aber zugleich als Gegenentwurf zur bestehenden Schule und zur bestehenden Familie gelten kann. Geradezu folgerichtig wird im Interview-Text dann auf einen Widerspruch zur Familie hingewiesen. Wenn wir hier nun davon ausgehen, dass es nicht generell um die Vereinbarkeit von Familie und Beruf geht oder die Familie der Befragten, kann verallgemeinernd folgender Zusammenhang hergestellt werden: Internat, aber auch die Ganztagsschule, ist mit Familie – egal ob die der Pädagoginnen und Pädagogen oder die der Schülerinnen und Schüler – nur schlecht vereinbar. Die Konstellation ist äußerst widersprüchlich: Die in der Schule Tätigen schätzen eine familienähnliche Situation mit Kindern und finden Internate deswegen eine besonders gute Lösung, die aber in der Konsequenz in Widerspruch, zumindest in Konkurrenz zu den real bestehenden Familien treten kann.

Aus strukturfunktionalistischer Perspektive ist der Anspruch, die Aufgaben von Schule auszuweiten, durchaus kritisch zu betrachten, ist es doch gerade die Strukturdifferenz von Schule und Familie, die das sozialisatorische Potenzial von Schule ausmacht (vgl. Parsons 1968): Während das Rollenhandeln in den Familien durch partikularistische Orientierungen gekennzeichnet sei, kann die Konfrontation mit familienexternen Rollen in der Schule Grundlage für den Erwerb allgemeiner Grundorientierungen sein. Eine Schule, die es sich zur Aufgabe macht, ihren Schülern einen emotionalen Nahraum bereitzustellen, kann der bei Parsons formulierten Sozialisationsfunktion, welche auf die Einübung von universalistischen Prinzipien (Leistungsdenken und Selektion) abzielt, kaum konsequent gerecht werden. Der in der Schule bereitgestellte öffentliche Raum kann aus Sicht der Schülerinnen und Schüler gerade den Vorteil haben, dass er eine Erweiterung gegenüber dem familialen Binnenraum bietet und neue Freiheitsgrade eröffnet (vgl. Tyrell 1985). Die in reformpädagogisch orientierten Diskursen beklagte Kluft zwischen Schule und Leben kann insofern – auch für Ganztagsschulen – aus strukturfunktionalistischer Warte durchaus sinnvoll sein.

Versuche, wie sie im gegenwärtigen Ganztagsschuldiskurs (und auch früher schon, vgl. Minsel 2007; Rupp/Smolka 2007) zu beobachten sind, die Differenzen von Familie und Schule zu verringern und den Bildungsauftrag von Schule zugunsten diffuser Aufgabenzuweisungen in den Hintergrund zu rücken, können problematische Folgen für alle Beteiligten haben (vgl. Kolbe u. a. 2007).[7] Soll Ganztagsschule beispielsweise Kindern auch in umfassender kompensatorischer Weise einen emotionalen Nahraum bieten, könnten sich Lehrerinnen und Lehrer in verschärfter Weise mit dem nicht zu erfüllenden Anspruch konfrontiert sehen, zugleich als emotionale Bezugsperson, die alle Kinder individuell behandelt, und als Lehrerin bzw. Lehrer, die alle nach denselben, universalistischen Leistungsansprüchen bewertet, zu agieren. Die Verschärfung dieser für pädagogisches Handeln konstitutiven Antinomie (vgl. Helsper u. a. 2001: 45f.) birgt somit die Gefahr der Überforderung, anstatt den Professionellen Spielräume innerhalb eines notwendig konfliktreichen professionellen Handlungsfeldes zu eröffnen. Werden Familien beziehungsweise Eltern außerdem als defizitär wahrgenommen, wird ein positiver Bezug seitens der Professionellen auf diese erschwert und das Arbeitsbündnis zwischen Schule und Familie belastet. Dieser größeren Distanz gegenüber den Familien auf der einen Seite könnte in der familiarisierten Ganztagsschule auf der anderen Seite ein erhöhter Anspruch an die Schüler gegenüber stehen, viele Facetten ihrer Persönlichkeit in der Schule einzubringen und dort nicht nur sachbezogene, sondern auch emotionale, spezielle Beziehungen zuzulassen. Die Möglichkeit, als Schülerinnen und Schüler in der Schule einfach ‚nur' Qualifikationen zu erwerben, indem sie ihrem ‚Beruf' im Sinne einer ihnen gestellten Aufgabe (vgl. Wünsche 1993) nachgehen, würde ihnen damit tendenziell verwehrt werden.

Derartige Verwirrungen über den Auftrag von Ganztagsschulen und Überforderungen ihrer Akteure sowie ihres Klientels können unseres Erachtens verhindert werden, indem eine Überfrachtung der neuen Schulform mit diffusen Ansprüchen vermieden und eine eindeutige Aufgaben- und Arbeitsteilung zwischen unterschiedlichen Angeboten und unterschiedlichen Anbietern angestrebt wird. Ganztagsschule würde somit nicht als Familienersatz gefasst, sondern als Ort der systematischen Ermöglichung von sachbezogenen Lernprozessen in Form ganztägiger Bildungsangebote für Heranwachsende (vgl. auch Idel u. a.

---

7   Wir gehen hierbei davon aus, dass die sich in den Interviews dokumentierenden Diskurse der Professionellen praktische Relevanz für die konkreten Schulentwicklungsprozesse haben und dass die aufgeführten Begründungen dafür, ein ganztägiges Angebot zu organisieren, auch für die weitere Durchführung und Gestaltung der Angebote strukturierend wirken. So zeichnet sich in unserer noch nicht abgeschlossenen Untersuchung der Praktiken und Interaktionen der Lernenden und Lehrenden derzeit ab, dass sich in den Schulen – analog zu den unterschiedlichen Vorstellungen von ‚Ganztag' – unterschiedliche Lernkulturen beobachten lassen. Eine frühere Rekonstruktion der lokalen Entwicklung ganztägiger Schulangebote in Rheinland-Pfalz in den Jahren 2002 bis 2004 hat gezeigt, welche prägende Kraft den bis dahin praktizierten, also den kollektiv geteilten, etablierten pädagogischen Handlungsmustern und Deutungen für die lokale Entwicklungsarbeit zukommt (vgl. Kolbe 2004; Kunze/Kolbe 2006).

2008). In der Konsequenz wäre es Aufgabe der Schule, den Schülern Bildungsangebote ihren Voraussetzungen entsprechend zu eröffnen, statt zu erwarten, die
Familie hätte die Aufgabe, Voraussetzungen entsprechend der Vorstellungen der
Schule zu schaffen. Der Blick der Professionellen wäre dann auf mögliche Antworten auf die strukturellen Probleme des Schulsystems in Deutschland beziehungsweise daraus resultierende Schwierigkeiten gerichtet, für alle Schüler gleichermaßen adäquate und fördernde Lernangebote zu eröffnen – wie es etwa die
Ergebnisse der PISA-Studie nahe legen könnten – anstatt die Ursachen für Lern-
probleme der Schüler vorrangig in den Elternhäusern zu suchen.

Die Ausweitung der Aufgaben der Schule in die umgekehrte Richtung – als
Bestrebung einer Bildung der Familien – wie sie in der kürzlich erschienen Publikation zu „Ganztagsschule – eine Chance für Familien" (Wissenschaftlicher Beirat für Familienfragen 2006) formuliert wird, lässt sich demnach auch anfechten.
Hier wird anknüpfend an Defizitdiagnosen, dass die Qualität der Familienerziehung durch aktuelle gesellschaftliche Veränderungen wie unsichere Beschäfti-
gungsperspektiven und die Erosion verbindlicher Beziehungen in Mitleidenschaft
gezogen sei (vgl. Wissenschaftlicher Beirat für Familienfragen 2006: 31f.), als
Ziel für eine ganztägige Bildung, Betreuung und Erziehung die Stärkung der
elterlichen Erziehungskompetenz zum Konzept erklärt. Anders formuliert: Der
Schule wird ein Bildungsanspruch nicht nur ihrer Schüler, sondern auch in Bezug
auf deren Familien übertragen. Ein solcher Gedanke der Unterstützung der Familien als Aufgabe von Ganztagsschule wird dabei von den Autorinnen und Autoren
als spezifisch für die deutsche Bildungsdebatte charakterisiert, da in europäischen
Nachbarländern Schule vorrangig als Institution der formalen Bildung betrachtet
wird, die für soziales Lernen und Stärkung der Familien nicht zuständig sei.
Ganztägige Schule, so wird kritisiert, sei in anderen Ländern keine „andere"
Schule, sondern lediglich ein Mehr an Schule (Wissenschaftlicher Beirat für Familienfragen 2006: 56). Mit diesem Konzept von Ganztagsschule wird aber ebenso unterstellt, Eltern seien heutzutage weniger zur Erziehung in der Lage als früher. Ob und wie eine Stärkung ihrer Kompetenzen vor dem Hintergrund einer
solchen Entmündigung greifen soll, bleibt allerdings offen.

Zusammenfassend lässt sich festhalten, dass die auch in den anderen Beiträgen dieses Bandes erörterte historische Tradition eines konfliktreichen Zu-
sammenhanges zwischen Familie und öffentlicher institutioneller Erziehung in
Deutschland somit eine Kontinuität, beziehungsweise eine Neuauflage in gegenwärtigen Diskursen zur Einführung der Ganztagsschule findet. Abzuwarten
bleibt, ob bei allen angesprochenen problematischen Aspekten dieser aktuellen
Diskurse die Einführung der Ganztagsschule nicht langfristig auch die Chance
bietet, sowohl die Familie als auch die Schule von überzogenen Erwartungen zu
entlasten und zu klareren Aufgabenverteilungen zwischen beiden Institutionen zu
gelangen.

Literatur

Appel, Stefan/Ludwig, Harald/Rother, Ulrich/Rutz, Georg (Hrsg.) (2006): Jahrbuch Ganz-
    tagsschule 2007. Schwalbach/Ts.: Wochenschau Verlag
Appel, Stefan/Ludwig, Harald/Rother, Ulrich/Rutz, Georg (Hrsg.) (2008): Jahrbuch Ganz-
    tagsschule 2008. Lernkultur. Schwalbach/Ts.: Wochenschau Verlag
Bechtold, Christopher/Krause, Angelika/Scholz, Joachim/Schütz, Anna (2008): Erweite-
    rung der schulischen Aufgaben im Ganztagsangebot von Förderschulen und deren
    Legitimation. In: Kolbe u. a. (2008a) (Im Druck)
Bohnsack, Ralf (2007): Rekonstruktive Sozialforschung. Einführung in qualitative Me-
    thoden. 6. Auflage. Opladen & Farmington Hills: Barbara Budrich
Breuer, Anne/Schütz, Anna/Weide, Doreen (2008): Zeit überbrücken, Zeit verlieren, Zeit
    verschwenden? Zum Umgang mit Zeit in freien Lernsituationen. In: Zeitschrift für
    Grundschulforschung 1. Heft 1. S. 37-48
Busse, Susanne/Helsper, Werner (2004): Schule und Familie. In: Helsper/Böhme (2004):
    440-464
Busse, Susanne/Helsper, Werner (2007): Familie und Schule. In: Ecarius (2007): 321-341
Coelen, Thomas (2005): Synopse ganztägiger Bildungssysteme. Zwischenschritt auf dem
    Weg zu einer Typologie. In: Otto/Coelen (2005): 191-218
Coelen, Thomas (2008): Debatten über Schulzeit in europäischen Ländern. In: Kolbe u. a.
    (2008a) (Im Druck)
Ecarius, Jutta (Hrsg.) (2007): Handbuch Familie. Wiesbaden: VS Verlag für Sozialwis-
    senschaften
Fölling-Albers, Maria/Heinzel, Friederike (2007): Familie und Grundschule. In: Ecarius
    (2007): 300-320
Fritzsche, Bettina/Idel, Sebastian/Reh, Sabine/Labede, Julia/Altmann, Stefanie/Breuer,
    Anne/Klais, Sabrina/Lahr, Evelyn/Surmann, Antonia (2008): Legitimation des
    Ganztags an Grundschulen – Familiarisierung und schulisches Lernen zwischen Un-
    terricht und Freizeit. In: Kolbe u. a. (2008a) (Im Druck)
Grasshoff, Gunther/Höblich, Davina/Idel, Till-Sebastian/Kunze, Katharina/Stelmaszyk,
    Bernhard (Hrsg.) (2007): Reformpädagogik trifft Erziehungswissenschaft. Schriften-
    reihe des Pädagogischen Instituts der Johannes Gutenberg-Universität Mainz, Bd.
    III. Mainz: Logophon
Hagemann, Karen/Gottschall, Karin (2002): Die Halbtagsschule in Deutschland: Ein
    Sonderfall in Europa? In: Aus Politik und Zeitgeschichte. Beilage zur Wochenzei-
    tung „Das Parlament", B 41/2002. 12-22
Helsper, Werner/Böhme, Jeanette (Hrsg.) (2004): Handbuch der Schulforschung. Wiesba-
    den: VS Verlag für Sozialwissenschaften
Helsper, Werner/Böhme, Jeanette/Kramer, Rolf-Torsten/Lingkost, Angelika (2001):
    Schulkultur und Schulmythos. Gymnasien zwischen elitärer Bildung und höherer
    Volksschule im Transformationsprozess. Opladen: Leske + Budrich
Höhmann, Katrin u. a. (Hrsg.) (2005): Entwicklung und Organisation von Ganztagsschu-
    len. Anregungen, Konzepte, Praxisbeispiele. Dortmund: IFS-Verlag
Holtappels, Heinz-Günter (2005): Ganztagsschulen entwickeln und gestalten. Zielorien-
    tierungen und Gestaltungsansätze. In: Höhmann u. a. (2005): 7-44

Idel, Till-Sebastian (2007): Die Buchstabendose oder: wie aus Kindern Schüler werden –
    Exemplarische Ethnographie eines reformpädagogischen Rituals. In: Grasshoff u. a.
    (2007): 281-296
Idel, Till-Sebastian/Reh, Sabine/Fritzsche, Bettina/Brehler, Ylva (2008): Freizeit – Zum
    Verhältnis von Schule, Leben und Lernen. In: Kolbe u. a. (2008a) (Im Druck)
Kolbe, Fritz-Ulrich (2004): Schulentwicklungsforschung als Prozessforschung. Rekon-
    struktive empirische Bildungsforschung am Beispiel der Einführung ganztägiger
    Schulangebote. In: Sozialer Sinn. Zeitschrift für hermeneutische Sozialforschung 5.
    Heft. 3. 477-505
Kolbe, Fritz-Ulrich/Reh, Sabine/Fritzsche, Bettina/Idel, Till-Sebastian/Rabenstein, Kers-
    tin (2007): Ganztagsschule als Schule entwickeln. Eine Studie zu Lernkultur- und
    Unterrichtsentwicklung an Ganztagsschulen. In: Pädagogik 59. Heft 5. 82-87
Kolbe, Fritz-Ulrich/Reh, Sabine/Fritzsche, Bettina/Idel, Till-Sebastian/Rabenstein, Kers-
    tin (Hrsg.) (2008a): Ganztagsschule als symbolische Konstruktion. Analysen bil-
    dungspolitischer und pädagogischer Diskurse aus schultheoretischer Perspektive.
    Wiesbaden (Im Druck)
Kolbe, Fritz-Ulrich/Reh, Sabine/Fritzsche, Bettina/Idel, Till-Sebastian/Rabenstein, Kers-
    tin (2008b): Lernkultur. Überlegungen zu einer kulturwissenschaftlichen Grundle-
    gung qualitativer Unterrichtsforschung. In: Zeitschrift für Erziehungswissenschaft
    11. Heft 1. 125-143
Kolbe, Fritz-Ulrich/Reh, Sabine/Idel, Till-Sebastian/Rabenstein, Kerstin/Weide, Doreen
    (2008c): LUGS – ein Forschungsprojekt zur Lernkultur- und Unterrichtsentwicklung
    in Ganztagsschulen. In: Appel u. a. (2008): 30-41
Kuhlmann, Christian/ Tillmann, Hans-Jürgen (2008): Der öffentliche Diskurs in Deutsch-
    land nach PISA – Ganztagsschule ohne Alternative. In: Kolbe u. a. (2008a) (Im
    Druck)
Kunze, Katharina/Kolbe, Fritz-Ulrich (2006): Reflexive Schulentwicklung als professio-
    nelle Entwicklungsaufgabe. Ausgewählte Ergebnisse der wissenschaftlichen Be-
    gleitstudie zur Entwicklung der Ganztagsschule in Angebotsform in Rheinland-
    Pfalz. In: Appel u. a. (2006): 255-263
Luhmann, Niklas (2002): Das Erziehungssystem der Gesellschaft. Frankfurt a.M.: Suhr-
    kamp
Melzer, Wolfgang (Hrsg.) (1985): Eltern-Schüler-Lehrer. Zur Elternpartizipation an Schu-
    len. München/Weinheim: Juventa
Minsel, Beate (2007): Stichwort: Familie und Bildung. In: Zeitschrift für Erziehungswis-
    senschaft 10. Heft 3. 299-316
Otto, Uwe/Coelen, Thomas (Hrsg.) (2005): Ganztägige Bildungssysteme. Innovationen
    durch Vergleich. Münster: Waxmann
Parsons, Talcott (1968): Sozialstruktur und Persönlichkeit. Frankfurt a.M.: Europäische
    Verlagsanstalt
Rabenstein, Kerstin/Kolbe, Fritz-Ulrich/Steinwand, Julia/Hartwich, Kerstin (2008): Feh-
    lende gymnasiale Arbeitshaltung der Schüler. Legitimationsfiguren an Gymnasien.
    In: Kolbe u. a. (2008a) (Im Druck)
Rabenstein, Kerstin/Reh, Sabine (2008): Über die Emergenz von Sinn in pädagogischen
    Praktiken. Möglichkeiten der Videographie im ‚Offenen Unterricht'. In: Koller,

Christoph (Hrsg.) (2008): Sinnkonstruktionen und Bildungsgang. Opladen & Far-
    mington Hills: Barbara Budrich (Im Druck)
Rupp, Marina/Smolka, Adelheid (2007): Von der Mütterschule zur modernen Dienstleis-
    tung. Die Entwicklung der Konzeption von Familienbildung und ihre aktuelle Be-
    deutung. In: Zeitschrift für Erziehungswissenschaft 10. Heft 3. 317-333
Scholz, Joachim/Reh, Sabine (2008): Verwahrloste Familien – Familiarisierte Schulen.
    Zum Verhältnis von Schule und Familie in den Diskursen der deutschen Schulge-
    schichte seit 1800. In: Kolbe u. a. (2008a) (Im Druck)
Schütz, Anna/Weide, Doreen (2008): Das Forschungssample „LUGS" und die Rahmen-
    bedingungen der bildungspolitischen Vorgaben. In: Kolbe u. a. (2008a) (Im Druck)
Tyrell, Hartmann (1985): Gesichtspunkte zur institutionellen Trennung von Familie und
    Schule. In: Melzer (1985): 81-99
Wernet, Andreas (2000): Einführung in die Interpretationstechnik der objektiven Herme-
    neutik. Opladen: Leske + Budrich
Wissenschaftlicher Beirat für Familienfragen (2006): Ganztagsschule. Eine Chance für
    Familien. Wiesbaden: VS Verlag für Sozialwissenschaften
Wünsche, Konrad (1993): Tabus über den Schülerberuf. In: Zeitschrift für Pädagogik 39.
    Heft 3. 369-381

Familie, Politik und Beratung

Strukturelle Gefährdungen der Familie im Blick der Forschung zu Beginn des 20. Jahrhunderts

Sabine Andresen

1 Einleitung: Familie als Objekt der Politik

Die Familie ist auch im Wohlfahrtsstaat für soziale Risiken besonders anfällig. Nicht nur aus der Familiendynamik an und für sich und auch nicht aus einzelnen gesellschaftlich bedingten Risiken allein resultiert ihre Schwäche. Die Gefährdung von Familien besteht in der Anhäufung riskanter Bedingungen, die auf die Gestaltung des Familienlebens sowie auf die Entscheidungs- und Handlungsfreiheit ihrer Mitglieder erheblichen Einfluss ausüben. Gerade die historische Forschung zeigt die Kontinuität von Problemlagen sowie deren Auswirkungen auf Kinder. Diese bemerkenswerte Beständigkeit familiärer Belastungsfaktoren korrespondiert insbesondere in Krisensituationen mit einem Schuld zuweisenden politischen Zugriff auf Familien. Das heißt, strukturelle Defizite werden übergangen und die Kritik auf die inneren Prozesse der Familie gelenkt. So geraten dann beispielsweise die Erziehungsleistungen, die Haushaltsführung, die Gattenliebe in den Blick, wohingegen die sozialen Rahmenbedingungen des Familienlebens wie die Arbeitsverhältnisse der Eltern, das Verhältnis von Schule und Familie, das familiäre Zeitbudget, die materielle Situation, die Wohnung und das Wohnumfeld u. a. als gegeben hingenommen werden. Familie ist im nationalen Wohlfahrtsstaat grundsätzlich auch ein Objekt politischer Interessen und Familienpolitik im hohen Maße von der jeweiligen Arbeitsmarktpolitik abhängig. Darüber hinaus ist eine Stärkung der Familienpolitik häufig mit einer Schwächung der Kinder- und Jugendpolitik verbunden, so kann die zweifellos notwendige Orientierung der Kommunen an familienfreundlichen politischen Maßnahmen auch eine Schwächung beispielsweise der Mitbestimmungsmöglichkeiten von Kindern und Jugendlichen in der Kommune nach sich ziehen.

Dem gegenüber stellt sich im Kontext der historischen Familienforschung die Frage, welche Erkenntnismöglichkeiten die sozialwissenschaftliche Forschung ausweist, ob diese Erkenntnisse im Sinne eines Transfers Eingang in die nationale Politik gefunden haben und wenn ja, wie dies geschehen ist. Die wichtige Analyse des Wissens- oder gar Kulturtransfers im Kontext der historischen Familienforschung kann in diesem Beitrag nicht weiter verfolgt werden. Allerdings ist davon auszugehen, dass Transferforschung (vgl. u. a. Werner/Zimmermann 2004) eine fruchtbare Methode für die historische Familienforschung in der Erziehungswissenschaft sein könnte. In dem vorliegenden Beitrag geht es zunächst lediglich um den Beginn einer Kartographie sozialwissenschaftliches Wissens über Familie zu Beginn des zwanzigsten Jahrhunderts, unter Berücksichtigung des sozialen Kontextes. Dies scheint angesichts der aktuellen Familienpolitik mit ihren bundespolitischen Schwerpunkten auf Vereinbarkeit von Familie und Beruf u. a. durch das Elterngeld, durch Betreuungsmöglichkeiten für Kinder unter drei Jahren und durch das Investitionsprogramm „Zukunft Bildung und Betreuung" mit der Förderung von Ganztagsschulen sowie mit einzelnen landespolitischen Maßnahmen wie der nordrhein-westfälischen Umstrukturierung von Kindertagesstätten in so genannte Familienzentren, die, sozialräumlich orientiert, Beratungs- und Unterstützungsleistungen für die ganze Familie erbringen sollen, notwendig.

Im Vordergrund steht hier demnach die historische Rekonstruktion von Forschungsansätzen, in denen Familien in ihrer strukturellen Abhängigkeit untersucht wurden. Verbunden damit ist die Frage, ob und wie dabei insbesondere auch die Sozialisations- und Erziehungspotenziale der Familie unter widrigen sozialen Bedingungen eine kritische Reflexion erfuhren.

Folgende erste These liegt diesen Ausführungen zugrunde: Die hier herangezogenen sozialwissenschaftlichen Studien als erste Anknüpfungspunkte einer Kartographie liefern eine Art Gegenbild zu den politischen Sichtweisen auf Familie. Das heißt nicht, dass die beteiligten Wissenschaftlerinnen und Wissenschaftler gänzlich ideologiefrei waren, aber sie bemühten sich im Unterschied zu eher populistischen Debatten über Familie um die konsequente Berücksichtigung des sozialen Kontextes. Die Gefährdung der Erziehungs- und Fürsorgeleistungen der Familie, ihre „Erschütterung", um das Vokabular von Alice Salomon und Marie Baum zu zitieren, erscheint in diesen Studien nicht primär als das Versagen einzelner, sondern als ein Resultat komplexer und reziproker Zusammenhänge.

Die zweite These bezieht sich auf die eingangs benannte Kontinuität der Probleme, mit denen Familien im nationalen Wohlfahrtsstaat konfrontiert sein können bzw. auf die Kontinuität der Schwachstellen in der deutschen Familienpolitik: Als Schwachstellen können die Annahme der Vollständigkeit der Familie, die hierarchische Arbeitsteilung, das Mutterbild, die Verknappung von Zeit, das öffentliche Misstrauen gegenüber den Erziehungsleistungen der Familie sowie die Selektion und Segregation gelten. Ihre Bedeutung für die Familie als Institution und Lebensform sowie für die einzelnen Generationen und Mitglieder zeigt sich bis in die Gegenwart. Dies hat jüngst die UNICEF-Studie „Child poverty in perspective: An overview of child well-being in rich countries" (UNI-

CEF 2006) über die Bedingungen des Aufwachsens von Kindern deutlich gemacht. Folgende Dimensionen als Kategorien für Wohlbefinden wurden untersucht: materielle Lage, Gesundheit und Sicherheit, Bildung, Beziehung zu Eltern und Freunden, Risiken im Alltag und subjektives Wohlbefinden von Kindern.

Diese Dimensionen bildeten auch den Ausgangspunkt für die deutsche Teilstudie, die Hans Bertram durchgeführt hat. Bertram betont ebenfalls die Kontinuität der Probleme des Aufwachsens in Deutschland. Eine wirksame Lösung dieser sattsam bekannten Schwierigkeiten werde u. a. dadurch verhindert, dass man an deutlich überkommenen Familienbildern und Rollenvorstellungen festhalte (vgl. Bertram 2008). Insbesondere kritisiert Bertram das Beharren auf dem Mutterbild der Industriegesellschaft, mit dem sich heutige junge Frauen und Mütter als Maßstab für ihr Handeln konfrontiert sehen. Aus dieser Perspektive werde der berufstätigen Mutter häufig vorgeworfen, sie kümmere sich nicht ausreichend um ihre Kinder (vgl. Bertram 2006: 3).

Bertram schlägt angesichts der erfolgreicheren Politik in anderen Ländern, insbesondere in den demokratischen Wohlfahrtsstaaten (vgl. Esping-Anderson 1990), einen integrativen Policy Mix vor, welcher neben Beziehungen innerhalb der Familie auch eine verlässliche Umwelt für Kinder sicherstellt, indem nicht nur Familien auf eine neue ökonomische Basis gestellt, sondern gleichzeitig durch ein angemessenes Verhältnis von Zeit-, Geld- und Infrastrukturpolitik Fragmentierungen bisheriger Unterstützungsleistungen überwunden werden (vgl. Bertram 2006: 11ff.). In seiner Forderung nach einer verlässlichen Lebensumwelt bezieht sich Bertram auf die bioökologische Perspektive von Urie Bronfenbrenner (vgl. 2005). Dieser beschreibt die kindliche Entwicklung als einen zunehmend komplexeren Prozess der wechselseitigen Beziehungen zwischen Personen und Umwelt. Für einen gelingenden Prozess sollte das Kind die Möglichkeit haben, neben der engeren Familienumwelt darüber hinaus seine Umwelt zu entdecken (vgl. Bertram 2006: 6). Auch für die historische Familienforschung bietet Bronfenbrenners Ansatz einen fruchtbaren theoretischen Rahmen. Im Folgenden soll deshalb die maßgeblich seit den 1970er Jahren in den USA entstandene bioökologische Perspektive Bronfenbrenners skizziert werden, um die darin sichtbar werdenden zentralen Problemlagen herauszustellen (Teil 2). Davon ausgehend werden an zwei sozialwissenschaftlichen Zugängen zur Familie erste Ansätze der Kartographie für das frühe zwanzigste Jahrhundert bis in die Anfangsphase der nationalsozialistischen Herrschaft entwickelt. Zunächst geht es um die Thematisierung von Armut und Familie durch die Fabian Society und deren Rezeption in Deutschland, die von der Sozialwissenschaftlerin und Kinderarbeitsaktivistin Helene Simon initiiert wurde (Teil 3). Im zweiten Fall steht die Untersuchung der Familie, ihrer Potenziale, aber insbesondere auch ihrer Gefährdungen unter modernen Bedingungen im Mittelpunkt. Unter dem pro-

grammatischen Titel „Bestand und Erschütterung der Familie der Gegenwart",
haben Alice Salomon und andere zu Beginn der 1930er Jahre ein ambitioniertes
Forschungsprojekt ins Leben gerufen (Teil 4).

2   Zur bioökologischen Analyse der Familie

Kurt Lüscher, der Bronfenbrenner durch die Herausgabe zentraler Aufsätze 1976
im deutschsprachigen Raum bekannt gemacht hat, stellt das große Interesse
Bronfenbrenners an der Sozialisation von Kindern heraus. Bronfenbrenner habe
Sozialisation als gesellschaftliche Aufgabe verstanden, und insofern war seine
Grundfrage: „Was können wir tun, um den kommenden Generationen bessere
Bedingungen der persönlichen und sozialen Entfaltung zu schaffen" (Lüscher
1976: 6)? Herauszustellen ist, dass in den Argumentationen des US-
amerikanischen Psychologen und Sozialisationsforschers Bronfenbrenner der
spezifische historisch-gesellschaftliche Kontext stets mit in die Betrachtung
einbezogen wurde. Insbesondere für seine Analysen der Familie nimmt er diese
Kontextualisierung vor, indem die Familie als ein System, das selbst in eine
mehrstufige Umwelt eingebettet ist, betrachtet wird. Für diese Überlegungen
knüpft Bronfenbrenner auch an die Arbeiten des Sozialpsychologen Kurt Lewin
an (vgl. Marrow 1977).
    Bronfenbrenners bioökologisches Verständnis von Sozialisation befasst sich
zum einen mit dem Verhältnis von Anlage und Umwelt und zum anderen mit der
Untersuchung, wie der Haushalt zusammengesetzt und wie Familie organisiert
ist, in welcher Beziehung die Familie zur Verwandtschaft und zur übrigen Umwelt steht. Dieses seien die grundlegenden Faktoren, die Pflege, Erziehung und
Sozialisation des Kindes bestimmten. Sein bioökologisches Modell umfasst die
Reziprozitäten von Personen, Prozessen, Kontexten und der Zeit. Angesichts
einer in den 1970er Jahren wieder stärker dominierenden Anlageorientierung der
Forschung, kommt es bei Bronfenbrenner zu einer eindeutigen Positionierung:
„Um zum Ausdruck zu gelangen, benötigen genetische Unterschiede erst eine
entsprechende vielschichtige und anregende Umwelt" (Bronfenbrenner 1976b:
52). Gleichwohl hält ihn dieses Urteil nicht davon ab, sich für eine evolutions-
theoretische Betrachtung einzusetzen und er übernimmt von Charles Darwin die
Vorstellung des Netzwerkes des Lebendigen (vgl. Lüscher 1976: 25), was v. a.
auch John Dewey und andere Pragmatisten angeführt hatten.
    In verschiedenen Beiträgen wird deutlich, dass nach Bronfenbrenner die
Kernfamilie die besten Voraussetzungen für eine positive Entwicklung von Kindern vorhalte, weshalb sie umfassend gesellschaftlich und strukturell zu unterstützen sei. In einem eindrucksvollen Artikel „Wer kümmert sich um unsere

Kinder?" (Bronfenbrenner 1976a) arbeitet er die entscheidenden Parameter einer Gefährdung der Familie und ihres Potenzials heraus: Relevant v. a. bezogen auf die Ressourcen für ein gelingendes Aufwachsen sind das Alter der Mütter, ihr Schulabschluss, die Wohnverhältnisse der Familie sowie ihre Unvollständigkeit v. a. durch die unterschiedlich motivierte „Fahnenflucht" der Väter (Bronfenbrenner 1976a: 153). Es gelingt ihm mit der bioökologischen Perspektive, die Vernetzung der Familie und die daraus resultierenden Risiken deutlich zu markieren. Sie fokussiert die wachsende Reziprozität von Beziehungen und Interaktionen, bei denen die Familie eine wichtige Rolle einnimmt:

> „Especially in its early phases, but also throughout the life course, human development takes place through processes of progressively more complex reciprocal interaction between an active, evolving biopsychosocial human organism and the persons, objects, and symbols in its immediate external environment (…). Examples of enduring patterns of proximal process are found in feeding and comforting a baby, playing with a young child, child-child activities, group or solitary play, reading, learning new skills, athletic activities, problem solving, caring for others in distress, making plans, performing complex tasks, and acquiring new knowledge and knowhow." (Bronfenbrenner/Morris 1998: 996)

Veränderungen in der alltäglichen Umwelt des Kindes vermögen Unterschiede in der Entwicklung hervorzubringen, die alltägliche Umwelt versteht Bronfenbrenner als „soziale Ökologie menschlicher Entwicklung" (Bronfenbrenner 1976c: 203). Hier sind drei Schichten, die sich überlagern, relevant: Die oberste Schicht bildet die unmittelbare Umgebung des Kindes wie das familiäre Haus, die Schule, Wohnumgebung usw. Dabei sind die räumliche und stoffliche Anordnung, die Personen mit ihren verschiedenen Rollen und Beziehungen zum Kind sowie die Tätigkeiten und deren soziale Bedeutung, die diese Personen ausüben zu unterscheiden. Die zweite Schicht formt und begrenzt die unmittelbare Umwelt, und sie setzt sich aus zwei Systemen zusammen: Aus dem sozialen Netzwerk mit seinen eher informellen Strukturen sowie aus den Institutionen mit ihren klar festgelegten Zielen und Regeln. Zu ihnen gehören Institutionen des Gesundheits-, Erziehungs- und Sozialwesens. Die dritte Schicht schließlich bildet das ideologische System,

> „das die sozialen Netzwerke, Institutionen, Rollen, Tätigkeiten und ihre Verbindungen mit Bedeutungen und Motiven ausstattet. Welchen Platz und Stellenwert Kinder und Jugendliche in dieser Ideologie einnehmen, ist von besonderer Wichtigkeit für die Frage, wie ein bestimmtes System einschließlich der Gesellschaft als Ganzes die junge Generation und die für ihre Erziehung Verantwortlichen behandelt." (Bronfenbrenner 1976c: 204)

Bronfenbrenner geht in den 1970er Jahren von Auflösungserscheinungen in Familien aus. Diese lassen sich vor dem Hintergrund seiner wissenschaftlichen Herangehensweise analysieren. Dabei geht es ihm auch darum, populistische Schuldzuschreibungen durch empirische Erkenntnisse zu unterbinden. Eltern allein für Probleme verantwortlich zu machen, hieße, den sozialen Zusammenhang, in dem Familien leben, außer Acht zu lassen (vgl. Bronfenbrenner 1973/1976: 182). Auflösungsprozesse der Familie kämen durch das Zusammenspiel von materieller Verarmung, Nachteilen in der Gesundheitsvorsorge, in den Wohnverhältnissen, der Bildung der Eltern, insbesondere der Mütter und der elterlichen und institutionellen Fürsorge zustande. Insbesondere für die schulische Leistungsfähigkeit bildeten die Unvollständigkeit der Familie, eine Überbelegung der Wohnung und ein niedriger Bildungsstand des Familienoberhauptes die zentralen Risikofaktoren.

Diese Faktoren kennzeichnen eine Kontinuität hinsichtlich der Bedingungen des Aufwachsens und der Grenzen der Familie auch im deutschen Wohlfahrtsstaat. Die von Bronfenbrenner theoretisch ausgeloteten und v. a. empirisch überprüften drei Schichten seines Modells und ihr Zusammenwirken im Hinblick auf das gelebte Leben einzelner Familienmitglieder bieten einen konstruktiven Ansatz für die historische Familienforschung, weil im Sinne einer archäologischen Herangehensweise die Einbettung der Familie in Netzwerke, Strukturen und Ideologien freigelegt werden kann. Die im Folgenden vorgestellten Familienstudien geben Hinweise auf ökologische Sozialisationsbedingungen, und sie bieten sowohl einen Einblick in die Rahmenbedingungen familiären Aufwachsens als auch in die Beständigkeit politischer Schwachstellen.

3   Familie und Armut im Blick der Forschung

Die Entstehung und Etablierung deutscher Sozialstaatlichkeit ließe sich auch mit dem bioökologischen Modell Bronfenbrenners ausdifferenzieren. Dabei käme den frühen sozialwissenschaftlichen Studien über Familie, aber auch über Schulspeisung, Kinderarmut und -arbeit die Aufgabe zu, die obere Schicht der alltäglichen Umwelt annähernd abzubilden. Ebenso bieten sie neben anderen Informationen auch Hinweise auf die zweite Schicht der informellen Netzwerke und Institutionen. Nicht wenige historische Analysen verweisen zudem auf die Kontinuität in der dritten Schicht, dem ideologischen System insbesondere hinsichtlich des Rollenverständnisses.[1]

---

1   Vgl. jüngst für die USA u. a. Bennetts 2007.

Das ökonomisch und politisch aufgeschlossene Bürgertum ebenso wie die Arbeiterbewegung, Berufsverbände und soziale Bewegungen wie die Frauen- oder Jugendbewegung schufen in Deutschland Ende des 19. Jahrhunderts mit Vereinen und anderen Zusammenschlüssen effektive und teils machtvolle Diskussions- und Aktionsräume, in denen gerade auch das ideologische System mit formiert wurde.

In einer offensiven Auseinandersetzung mit den sozialen Verhältnissen, mit den Risiken für einzelne und für die Familie fällt insbesondere die erste Generation ausgebildeter und studierter Frauen wie Helene Simon, Rosa Kempf, Marie Bernays oder Marie Baum auf (vgl. Andresen 2006). Sie entwickelten ein Professionsverständnis, das erstens fallorientiert war, zweitens auf einer wissenschaftlichen Ausrichtung und empirischen Interessen und drittens auf einem politischen Engagement beispielsweise in Parteien, Vereinen oder sozialen Bewegungen basierte. Aus solchen Kontexten heraus entwickelten sich auch sozialkritische Diskussionen über das Verhältnis von familiärer und öffentlicher Verantwortung für die junge Generation, etwa an der Frage der Schulspeisung (vgl. Simon 1909).

Der zentrale Ausgangspunkt für sozialwissenschaftliche Analysen über Familien war das Problem der Armut. Armut wurde als soziale Herausforderung begriffen, ihre Folgen betrachtete man in dem Wechselspiel von Arbeit, Schule und Familie. Dafür bieten die Ansichten und Schriften der Fabian Society aufschlussreiche Anhaltspunkte (vgl. Fabian Essays 1889). Sie wurden von der deutschen Sozialdemokratin und Sozialwissenschaftlerin Helene Simon aufgegriffen und in die Debatte über Armut und die Verantwortung für Heranwachsende eingebracht. Simon ging 1896 nach England, um Soziologie und Volkswirtschaft zu studieren und arbeitete sich in die Werke von Robert Owen und Mary Wollstonecraft ein. Als Mitglied der „Fabian Society" bekam sie einen Einblick in die englischen Debatten über Arbeiter- und Kinderschutz, Frauenwahlrecht, gemeinnützigen Wohnungsbau und den Ausbau von Schulen (vgl. Andresen 2003). Sie versuchte, die Vorstellungen und sozialpolitischen Lösungsvorschläge der Fabians auf deutsche Verhältnisse zu übertragen. Dabei konzentrierte sie sich auf Familien und Kinder, entwickelte anhand sozialer Maßnahmen wie der Schulspeisung systematische Gedanken zur Sozialreform, die sich auch auf eine Entlastung von Familien bezog. Ihre zentrale sozialpolitische Forderung zielte auf die Abschaffung der Armenpflege zugunsten einer präventiv ausgerichteten Sozialpolitik. Diese sollte Verelendung verhindern und rechtzeitig Vorsorge treffen, um die Kräfte der Selbsthilfe innerhalb der Familien zu stärken und die Menschenwürde der Familienmitglieder zu bewahren. Die Forderung nach präventiven Maßnahmen zog die Überzeugung nach sich, dass sozialwissenschaftliche Analysen die Praxis anleiten müssten. Ein erklärtes Ziel der Fabians ebenso wie Helene Simons war die Schaffung von Grundlagen für eine präventive Politik.

Die sozialwissenschaftliche Armutsforschung zu Beginn des zwanzigsten Jahrhunderts unternahm somit auch Familienforschung und sie stellte Fragen nach den unterschiedlichen Folgen von Armut für Kinder, für ungelernte Jugendliche oder für Mütter. Für den deutschen Kontext stellte Simon heraus, welche Bedeutung die Arbeitslosigkeit der Mutter insgesamt für den Zusammenhalt der Familie und für die Bewältigungsstrategien der einzelnen Mitglieder hat (vgl. Simon 1909). Der fehlende oder unterbrochene Zugang der Mütter zur Berufstätigkeit sowie ihre Qualifizierung werden bereits im ersten Drittel des zwanzigsten Jahrhunderts als wesentliche Quelle für Kinderarmut ausgewiesen. Das heißt, an den sozialwissenschaftlichen Interpretationen Simons wird die sozialpolitische Schwachstelle sichtbar: Mütter, die aus dem Erwerbsleben ausgeschlossen werden, stellen für ihre Kinder bzw. für die gesamte Familie ein erhöhtes Armutsrisiko dar.

Verbunden mit dem Anliegen einer genauen Analyse sozialer Probleme war für die Fabians die Frage nach den Möglichkeiten und Bedingungen des sozialen Fortschritts. Für die Fabians Beatrice und Sidney Webb lagen diese in einer Gemeinsinnorientierung von Staatsbürgern sowie in der systematischen Forschung über soziale Phänomene und in der öffentlichen Diskussion der Ergebnisse.

> „Wir können der Unterstützungspolitik die uns unser Mitgefühl im 17., im 18. und 19. Jahrhundert aufzwang, gegenwärtig mit gutem Gewissen und sonder Härte entraten. Die Fortschritte der Wissenschaft, der staatlichen und kommunalen Organisation gestatten zum erstenmal in der Geschichte, an die Stelle der verschiedenen Arten bloßer Unterstützung Maßnahmen zur Verhütung der verschiedenen Ursachen der Armut und der Behandlung jedes nicht verhütbaren Falles zu setzen, gestatten zum erstenmal eine allumfassende Fürsorge ohne schädlichen Einfluß auf Persönlichkeit und nationale Willenskraft." (Webb/Webb 1912/²1929: 174)

Die Webbs kritisierten in ihrer Schrift „Das Problem der Armut" von 1911 (engl.), die von Helene Simon 1912 ins Deutsche übersetzt wurde, insbesondere die dramatischen Wohnverhältnisse vieler Familien. In einem politischen Kampf gegen die akute Wohnungsnot sahen sie ein zentrales Kriterium präventiver Politik im Hinblick auf Gesundheit, Zeugung, Erziehungskraft, Intelligenz und Sittlichkeit. Jede Familie, so die beiden Autoren, bräuchte materielle und ideelle Räume, um ein Heim gestalten zu können. Armut in ihrer „heutigen Gestalt" äußere sich nämlich nicht nur materiell: „Ist doch die Eigentümlichkeit der Armut neuzeitlicher Stadtgemeinden, daß sie nicht nur Nahrungsnot, mangelnde Kleidung und Obdachlosigkeit einbegreift, sondern auch geistigen Tiefstand"

(Webb/Webb 1912/²1929: 3). In dicht bevölkerten modernen Städten bedeutete sie neben drohender Erkrankung, frühem Tod durch ständige Entbehrung zumeist auch die Erniedrigung der Seele. Um eine Art „Kultur" der Armut zu verhindern, bedürfe es familien-, sozial- und bildungspolitischer Maßnahmen, mit denen Armut systematisch bekämpft werden könne. Darüber hinaus plädierten sie für eine dynamische Armutsforschung, um insbesondere die Folgen von Armutserfahrungen bei Kindern ermessen zu können. Dem lag die Annahme von den nachhaltigen Folgen früher Armutserfahrungen für den Einzelnen sowie für das politische Gemeinwesen zugrunde:

> „Daß man einer großen Anzahl zukünftiger Staatsbürger gestattet, in eine solche Verfassung zu geraten, sei es auch nur für wenige Kinderjahre, ist milde ausgedrückt nicht der Weg, sie mit 21 Jahren als gesunde, der Selbsterhaltung fähige Personen auszuheben." (Webb/Webb 1912/²1929: 41f.)

In diesem Zusammenhang ging es explizit um eine neue Verhältnisbestimmung von öffentlicher Verantwortung für das Aufwachsen und elterlicher Verantwortung. Die Fabians relativierten das Recht der Eltern zugunsten einer öffentlichen Verantwortung, angesiedelt bei den örtlichen Schulbehörden und der Schulpflege. Allein der Schulbesuch ist für sie ein deutliches Indiz dafür, dass die Erziehung der Kinder nicht allein in den Familien läge, sondern Eltern mehr oder weniger genötigt seien, ihre Kinder schulfähig zu halten: So müssten Eltern gegebenenfalls unter Androhung von Strafen ihr Kind morgens in die Schule schicken, sie müssten es wecken, ankleiden und waschen und müssten dafür sorgen, dass es sich in einem geeigneten Zustand befindet.

> „In der Tat kann die Erziehung der Eltern zur Regelmäßigkeit, Selbstaufopferung und Selbstbeherrschung durch die Volksschule nicht hoch genug veranschlagt werden. Die ganz neue Pflicht: der Schüler Köpfe, Körper und Kleidung frei von dem einst allgemeinen Ungeziefer zu halten, ist nur eine von vielen erfolgreichen Erhöhungen des ‚Nationalminimums der Kinderpflege', das durchzuführen die eigentliche Aufgabe der örtlichen Schulbehörden ist." (Webb/Webb 1912/²1929: 175)

Im Sinne politisch-pädagogischer Aufklärung forderten die Fabians auch den Kampf gegen die Unwissenheit von Eltern als präventive Maßnahme gegen Armut und Verwahrlosung. Diese Forderung einer Elternbildung war auch in der Reformpädagogik, etwa bei Ellen Key, sehr populär. Die Argumentation der Fabians zielte erstens auf die pädagogische Schulung von Eltern, zweitens auf den Ausbau sozialpolitischer Maßnahmen zur Hebung des sozialen Niveaus und drittens auf eine Bündelung von Zuständigkeiten und Kompetenzen auf Seiten der Schulbehörden.

Zusammenfassend lässt sich zeigen: Helene Simon und das Ehepaar Webb als prominente Mitglieder der Fabian Society ging es in ihren Reformvorschlägen um öffentliche Kontrolle der Familienerziehung als präventive Maßnahme und um sozialpolitische Strategien zur Einbindung der Familie in einen umfassenden Unterstützungs- und Beratungskontext. Dieses Vorgehen bezeichnete Siddy Wronsky im Vorwort der 2. Auflage als „Sozialhygiene" (Wronsky 1929).

Die Verschränkung beider Maßnahmen gründete auch auf sozialwissenschaftlichen Analysen, aber mit diesen war das Streben nach dem sozialen Fortschritt über einen anderen Umgang mit Familien verbunden. Hier zeigt sich am englischen Beispiel, das von Helene Simon in die deutsche Diskussion übertragen wurde, wie kulturelle Verständnisse die Aufgaben- und Verantwortungsteilung zwischen den Eltern und den öffentlichen Institutionen wie Schule und den Stützungssystemen prägen.

4   Untersuchungen über „Bestand und Erschütterung der Familien"

In diesem Abschnitt geht es um Untersuchungen, in denen die Frage nach den Ressourcen und Potenzialen sowie nach den Risiken von Familien unter veränderten gesellschaftlichen Rahmenbedingungen und normativen Orientierungen verfolgt wurde. Die Deutsche Akademie für Soziale Frauenarbeit maßgeblich unter Alice Salomon hatte hierzu ein umfassendes Forschungsvorhaben begonnen. Die beteiligten Wissenschaftlerinnen und Wissenschaftler begannen 1930 mit dieser äußerst ambitionierten Reihe über „Bestand und Erschütterung der Familien in der Gegenwart" (vgl. Salomon u. a. 1930). Die hier erschienenen Bände liefern zahl- und facettenreiche Informationen über Familien gegen Ende der Weimarer Republik, sie geben aufgrund der Forschungsfragen Hinweise auf die zeitgenössischen Diskurse über Familie sowie auf die damit verbundenen Phänomene und sie verweisen auf die Rezeption internationaler Familienforschung bei deutschsprachigen Sozialwissenschaftlerinnen und -wissenschaftlern. Darüber hinaus ist es durchaus aufschlussreich, mit welchen Methoden die Beteiligten zu ihren Daten und Interpretation gelangten (vgl. auch Andresen 2007b).

Eine der führenden Figuren, Alice Salomon, charakterisiert im ersten Band die drei Forschungsebenen, auf denen die Akademie in Kooperation mit den Universitäten Heidelberg, Leipzig und Kiel, unterschiedlichen Berufsorganisationen, dem Deutschen Archiv für Jugendwohlfahrt und der Centrale für private Fürsorge tätig werden will: Die Studien sollen erstens monographisch sein, um „Gesamtbilder" einzelner Familien mit ihren „sozialen Gesundheits- oder Krankheitserscheinungen" darstellen zu können. Zweitens sind differenztheoretische Forschungsvorhaben vorgesehen, um Teilprobleme zu untersuchen und um angemessen die Leistungen von Familien darzustellen. Drittens geht es auch um die Erhebung statistischer Daten und damit um eine Perspektive, die „das Gesamtproblem in extensiver Weise beleuchtet, die Erscheinungen von ihrem ziffernmäßigen und deshalb vereinfachten Ausdruck zu verstehen sucht" (Salomon 1930: 10). Die besondere Stärke und Aussagekraft der Studien liegt insgesamt in ihrer Fallorientierung.

An Themen hat es nicht gemangelt, auch nicht an ehrenamtlich tätigen Forscherinnen und Forschern. Eröffnet wird die Reihe mit 182 Familienmonographien, die das „Familienleben der Gegenwart" (vgl. Salomon u. a. 1930) wiedergeben sollen. Bearbeitet werden aber u. a. auch Themen über „Familienverhältnisse von Kindern in Kindergärten, Horten und Tagesheimen", über den „Jugendlichen in der Großstadtfamilie", über den „Rhythmus des Familienlebens", über „Familienverhältnisse geschiedener und eheverlassener Frauen" oder über „Erwerbstätige Mütter in vaterlosen Familien" (vgl. Salomon u. a. 1930).

In der Einführung zur Gesamtreihe benennt Alice Salomon ein eklatantes Forschungsdesiderat, und sie verweist auf die besonderen Schwierigkeiten, die mit Familienforschung teilweise bis heute verbunden sind:

> „Die Forschungen wurden unternommen, weil die Bedeutung der Familie für das soziale Leben heiß umstritten ist, und weil man über Bestand und Erschütterung, Leistungen und Versagen der modernen Familie nichts weiß. Was die Literatur in unübersehbarer Fülle über die *moderne* Familie als kulturelle Gruppe zusammengetragen hat, beschränkt sich im wesentlichen auf Meinungen, Auffassungen, Behauptungen, Werturteile, die aber nicht auf Tatsachen oder Feststellungen von umfassender Bedeutung beruhen." (Salomon 1930: 5)

Zwar gäbe es historische, anthropologische, biologische, rechtswissenschaftliche und auch ökonomische Studien, letztere insbesondere durch den Verein für Sozialpolitik, aber kaum soziologische, pädagogische oder fundierte psychologische Untersuchungen. Zu den relevanten, wenn auch zum Teil kritisierten Autorinnen und Autoren zählt Salomon u. a. Friedrich Engels, Johann J. Bachofen, Marianne Weber und Franz Müller-Lyer. Sie problematisiert aber insbesondere den Feldzugang, der Forschungen im Kontext Familie erschwere: Erstens behindere der Anspruch auf Privatheit und Intimität den Zugang zum Forschungsfeld und zweitens seien die Aussagen der Familienmitglieder prinzipiell durch „Gefühlsmomente getrübt" (Salomon 1930: 5).

Der Autorin geht es zunächst auch um die Reflexion über Familie als Institution und sie verweist darauf, dass diese als eine extrem umstrittene Einrichtung angesehen würde. Sie interpretiert die gesellschaftlichen bzw. kulturellen Auseinandersetzungen über den Status der Familie primär als Kennzeichen einer gesellschaftlichen Entwicklung. Zwei Pole charakterisierten, so Salomon, das Diskussionsfeld: Der erste betone die Bedeutung der Familie für jede staatliche und nationale Wohlfahrt, der andere hingegen plädiere für neue und besser geeignete Institutionen. Angesichts dieser strittigen Lage, die sich für Salomon nicht ideologisch lösen lässt, verlangt die Sozialwissenschaftlerin neue Forschungen und die Erzeugung von Wissen, damit Kultur- und Sozialpolitik planvoll wirken können.

Davon ausgehend tritt eine der wesentlichen Fragen hervor: Salomon beschreibt dies mit dem Entwicklungsbegriff, den sie auf Familie und familiäre Gemeinschaft anwenden will und mit Überlegungen, in welchem Verhältnis Gemeinschaftsinteressen zu Individualinteressen im Zuge der Modernisierung stehen:

> „Es geht also um die Aufhellung der Frage, ob die vorhandenen Formen des Gemeinschaftslebens nur überkommene Reste früherer sozialer Verfassungen sind, die mit Wahrscheinlichkeit schwinden werden, oder ob ein Umbildungsprozeß des Gemeinschaftslebens vorhanden ist, der die Familie auf Grund anderer Momente als in früherer Zeit erhält und sie auf neue Weise festigen kann." (Salomon 1930: 11)

Diese Grundfrage charakterisiert auch die im weitesten Sinne phänomenologische Herangehensweise im ersten Band über „das Wesen der modernen Familie" anhand von Fallgeschichten. In den 182 Familienmonographien werden typische Ausschnitte aus dem sozialen Leben verschiedener Familien rekonstruiert.

Methodisch griffen die Autorinnen auf das Verfahren zurück, Familien aus sozialräumlich bestimmten Gruppen und aus repräsentativen Regionen (Stadt und Land) auszuwählen. So gliedert sich auch die Darstellung: Vorgestellt werden Familien, die man in einer Berliner Grundschulklasse, aus einer Klasse eines Kindergärtnerinnen- und Hortnerinnenseminars (hier haben die Schülerinnen Selbstdarstellungen ihrer Familien verfasst), aus einem Berliner Haus, in einer Siedlung einer norddeutschen Stadt und aus einer Straße einer Vorstadtsiedlung untersucht hat. Die einzelnen Monographien folgen einem spezifischen Schema: Auf etwa anderthalb bis zwei Seiten pro Familie werden in der Studie monographisch skizzierte Angaben über die wirtschaftliche Lage, den Gesundheitszustand, die Wohnverhältnisse, Ernährung, und schließlich über die „geistige Lage" und v. a. über die Erziehungsstärke gemacht. Daraus resultiert eine Einschätzung zum Zusammenhalt der Familie. Durch die theoretisch und methodisch begründete Ausdifferenzierung erhält man Einblick in den Entstehungsprozess einer sozialwissenschaftlichen Sprache, die sich um Artikulationsmöglichkeiten familiären Zusammenlebens bemüht.

Mit diesem Vorgehen sollte sichergestellt werden, das „Familienleben der mittleren Schichten" zu erfassen, weil von dieser Gruppe im Vergleich zu Arbeiterfamilien oder zu den sozial hilfebedürftigen Familien wenig bekannt sei (Salomon 1930: 12). Außerdem gehen die Verfasserinnen indirekt auch davon aus, dass gerade in den mittleren Schichten die Position bzw. der Status in gesell-schaftlichen Krisenzeiten gefährdet sei, so dass sich gerade hier Auflösungsten-denzen in der Familie durch strukturell bedingte Prozesse besonders deutlich zeigten (vgl. Bourdieu u. a. 1997/2005).

Die Autorinnen orientieren sich an den im 19. Jahrhundert entstandenen Studien über die europäische Arbeiterschaft des Franzosen Pierre Guilleaume F. Le Play, die die Situation der Familien zum Ausgangspunkt hatten und nach der Qualität der Institution Familie fragten. Der französische Sozialreformer hatte eine Art qualitative monographische Familienforschung geprägt, um darüber gesellschaftstheoretisch Position beziehen zu können. Le Play hatte mehrfach die europäischen Länder bereist und seine Daten u. a. mit einer Art teilnehmender Beobachtung erhoben. Familie definierte er als Element sozialer Kontinuität angesichts des raschen Wandels insbesondere im Zuge der Industrialisierung. An diesem Zugang setzen Alice Salomon und Marie Baum an:

> „Unsere Forschung geht nicht von vorhandenen Schwierigkeiten aus. Sie will Ge-sundheit und Krankheit, Kraft und Schwäche, Ordnung und Unordnung der Institu-tion der Familie in ihrem Verhältnis zueinander aufdecken. Sie gibt Querschnitte des Vorhandenen, nicht Längsschnitte der Einwirkungen. Sie will nicht Handwerkszeug für eine ‚Behandlung' geben, nicht zeigen, wie auf die Beseitigung von Schwierig-keiten eingewirkt wurde oder eingewirkt werden sollte. Sie stellt vielmehr die Vor-frage nach der Leistungsfähigkeit der Familie als Institution, und erst wenn Klarheit darüber geschaffen, könnte die Zweckmäßigkeit individualisierender oder allgemein sozialpolitischer oder kulturpolitischer Einwirkungen bewertet werden." (Salomon 1930: 14)

In einem zentralen Punkt grenzen sich die Sozialwissenschaftlerinnen kritisch von Le Play ab: Im 19. Jahrhundert, so der Franzose, ließ sich die Stabilität der Familie noch an ihrem Besitz einerseits und der grundlegenden patriarchalen Struktur, also der Orientierung an der Autorität des Vaters andererseits, messen. Degeneration war so die Folge eines Verlustes von Besitz und Macht des Man-nes. Beides, so Salomon und Baum, sei für die moderne Familie und für die Einschätzung ihrer Leistungen nicht mehr angemessen. Die Autorinnen betonen stattdessen, dass die Qualität der Eltern-Kind-Beziehung zentral sei:

> „In diesem Zusammenhang der Generationen liegt das zukünftige Schicksal der Fa-milie und ihre Bedeutung für das Gesellschaftsleben umschlossen. Von der Gestal-tung dieser Beziehungen hängt Festigkeit, Lockerung, Auflösung der Familie noch mehr ab als von den Beziehungen der Gatten zueinander." (Salomon 1930: 17)

Hier wird demnach eine modernisierungstheoretisch aufschlussreiche Frage verfolgt: Die Autorinnen gehen von einer zunehmenden Individualisierung –

dem großen Phänomen, das in dieser Zeit sozialwissenschaftliche Aufmerksamkeit erfuhr – aus und diese wurde ihrer Studie und Rezeption nach durch die Befreiung von patriarchalen Ordnungen und Autoritäten befördert. Dabei stellt sich für die modernen individualisierten Menschen die Frage, ob sie aus der Verflechtung von Eltern und Kindern noch Befriedigung erlangen.

Aus diesen modernisierungstheoretischen Überlegungen leiten Salomon und Baum Kriterien ab, mit deren Hilfe sie die Festigkeit und Geschlossenheit der modernen Familie überprüfen wollen. Der Bestand der Familie wird durch folgende Merkmale erwirkt:

1. Die Familie und die einzelnen Mitglieder verstehen sich nicht nur als Verbrauchsgemeinschaft, sondern als Erwerbsgemeinschaft, in der es zu einer konstruktiven Arbeitsteilung der Geschlechter und Generationen kommt.
2. Das Verhältnis der Ehegatten ist durch eine innere Verbundenheit gekennzeichnet, und sie haben einen Kern gemeinsamer Interessen.
3. Als Elternpaar eint sie eine Erziehungsidee und sie arbeiten an ihrer Erziehungskraft gegenüber den Kindern.

Letzteres zielt auf Kompetenzen von Eltern, die sich in der Erziehung nicht mehr auf Autorität und Gehorsam ausruhen können. Stattdessen müssen Eltern ihre Kinder zu Selbsttätigkeit und Verantwortung, zu Initiative und Tatkraft und zur Entscheidungsfähigkeit erziehen.

„Aber bei aller Ausrichtung auf selbständige Lebensführung erzieht sie [die Familie, S.A.] die Kinder im Geist der gegenseitigen Hilfe, der Hilfe für die schwachen Glieder (kleine Geschwister, Alte, Kranke), die nicht nur unter dem Druck elterlicher Autorität, sondern mit innerer Zustimmung geleistet werden soll." (Salomon 1930: 19)

Auffällig ist in diesen Überlegungen das Abwägen von Rechten und Pflichten innerhalb der Familie. Die Autorinnen betonen nämlich, dass mit den Pflichten beispielsweise gegenüber jüngeren Geschwistern für die älteren Kinder auch Rechte einhergehen, etwa in Entscheidungen einbezogen zu werden oder die Freiheit zu erhalten, die Familie zu verlassen, ohne ihren Rückhalt zu verlieren. Das heißt, sozialwissenschaftlich plädieren sie für die Förderung unterschiedlicher Rollen innerhalb der Familie, so dass sich diese nicht als „gierige Gemeinschaft", die Zeit und Raum für die soziale Mobilität ihrer Mitglieder rigide kontrolliert (Laub-Coser 1984/1999; Andresen 2007a), erweist.

Ob und wie Familien zur Erfüllung dieser Kriterien in der Lage sind, hängt nicht vom Willen der erwachsenen Mitglieder ab, sondern vom sozialen Kontext, von der bioökologischen Umwelt der Familie, wie Bronfenbrenner dies bezeichnen würde. Die ökologische Umwelt unterscheidet sich jedoch erheblich, und das zeigen die Einzelstudien der Reihe eindrucksvoll. Hier werden bis heute drängende Probleme familien- und sozialpolitischen Handelns sichtbar. Ein eindrucksvolles Beispiel ist die elfte Studie der Reihe, in der es um die soziale Umwelt von Alleinerziehenden, ihren Kindern und den Familienzusammenhalt geht (vgl. Lüdy o.J.).[2] Elisabeth Lüdy hat in „Erwerbstätige Mütter in vaterlosen Familien" die Ergebnisse einer Umfrage aus dem Winter 1927/28 dargelegt und interpretiert. In dieser Studie wurden insgesamt 184 Mütter mit 358 Kindern erfasst. Mitte der 1920er Jahre waren mehr als 40% der Alleinerziehenden verwitwet, davon ein großer Anteil Kriegerwitwen. 28% waren ledige Mütter und 13% betrug der Anteil der geschiedenen Mütter. In dieser Untersuchung wird die Umwelt der Familien von Alleinerziehenden mit ihrem strukturell bedingten Risikopotenzial offen gelegt. Besonderes Augenmerk liegt auf den Möglichkeiten der Mütter, kontinuierlich einer Erwerbstätigkeit nachzugehen. „Die Frau, die nach Jahren der Berufsentfremdung oder berufsungewohnt erst in späten Jahren in das Wirtschaftsleben eintritt, ist auf einfache und gering entlohnte Arbeit angewiesen" (Lüdy o.J.: 18). Die familienbedingte Unterbrechung einer eigenen Erwerbsarbeit bei den Frauen führte demnach bereits Ende der 1920er Jahre zu eklatanten Armutsrisiken für die Kinder in der Familie, insbesondere nach einer Trennung oder nach dem Tod des Partners. Entscheidend für die Fragestellung hier ist jedoch, dass nicht nur das Phänomen eine historische Kontinuität aufweist, sondern dass bereits ein sozialwissenschaftlich überprüftes Wissen darüber zur Verfügung stand. Ebenso weist Lüdy auf die enorme und sich gesundheitlich z. T. dramatisch auswirkende Mehrfachbelastung der Alleinerziehenden hin. In vielen ihrer Fälle werden Ursachen für die gesundheitliche Beeinträchtigung eindrucksvoll geschildert. Vor allem wird der Teufelskreis der Verarmung transparent, weil Erkrankungen der Mutter in den meisten Fällen weitere Lohneinbußen mit sich bringen. Hier verweist die Verfasserin auch auf die Notwendigkeit, die staatliche Unterstützung, die Fürsorge ausschließlich vom Wohl des Kindes her zu organisieren.

Ausgehend von den Kriterien einer weitgehend gelingenden Familiengestaltung, überprüft Lüdy auch die Erziehungskompetenz von Alleinerziehenden. Erschöpfung und Überbelastung der Mütter schränke zwangsläufig ihre Erziehungskompetenz ein:

> „Sie ist nicht mehr Erzieherin, sondern nur noch Ernährerin der Kinder, die (...) bei fünf bis höchstens sechs Stunden Schlaf den Haushalt in Ordnung hält, abends die Essens- und sonstigen Vorbereitungen für den kommenden Tag trifft, damit dann die Kinder wieder allein wirtschaften können. Für die geistige Führung reichen die

---

2   Das mir vorliegende Exemplar ist mit folgender Widmung versehen: „Frau Siddy Wronsky in dankbarer Verehrung. Jerusalem, 22. September 1947."

Kräfte der Mutter nicht mehr aus, so daß die innere Verbindung zu den Kindern fehlt." (Lüdy o.J.: 43) Die Verfasserin verweist auf ein nur schwer lösbares Problem, das aktuell mit der Rhetorik über Vereinbarkeit in den Blick gekommen ist. Eine möglichst kontinuierliche und qualifizierte Erwerbstätigkeit der Mütter ist auch in Wohlfahrtsgesellschaften als Armutsprävention unabdingbar. Zugleich besteht aber die Notwendigkeit der Fürsorge für abhängige Familienmitglieder, Kinder, Jugendliche, alte Menschen, und der Erziehung und Zuwendung gegenüber den Heranwachsenden. Die Forschungen im Umfeld von Alice Salomon messen gerade der Erziehungskraft der Eltern eine große Bedeutung für den Zusammenhalt der Familie bei. An der Situation der Alleinerziehenden wird jedoch bereits 1930 deutlich, dass dieses Dilemma nur politisch gelöst werden kann und nicht in den Privatraum der Familie gehört. Die Privatisierung struktureller Probleme, das einseitige Verpflichten der Einzelnen ohne unterstützende Maßnahmen, ohne die Bereitstellung von Rahmenbedingungen, die es der Familie in komplexen und mobilen Gesellschaften ermöglichen, ihre Pflichten als Eltern überhaupt auszuüben, ist demnach nicht erst eine Herangehensweise unter der Programmatik eines globalen Neoliberalismus. Die eingangs entfaltete These der Kontinuität politischer Schwachstellen gegenüber der Familie lässt sich insbesondere in diesem Zusammenhang weiter entfalten. Die hier in Ansätzen rekonstruierten sozialwissenschaftlichen Sichtweisen auf Familie aus dem ersten Drittel des letzten Jahrhunderts zeichnen eine Art ,Gegenbild', und sie legen strukturelle Defizite und die Kontinuität von Problemen in und für Familien frei. Die Entwicklung einer Kartographie sozialwissenschaftlichen Wissens in den Anfängen wohlfahrtsstaatlicher Politik einerseits und die Orientierung an Bronfenbrenners Ansatz für historische Familienforschung andererseits könnten zu aufschlussreichen Ergebnissen führen.

Literatur

Andresen, Sabine (2003): Kindheitskonzepte zwischen Sozialpolitik und Sozialpädagogik. In: Zeitschrift für Sozialpädagogik 1. Heft 3. 226-240
Andresen, Sabine (2006): Sozialpolitik als Schmelztiegel des Wilhelminismus. In: Oelkers u. a. (2006): 161-180
Andresen, Sabine (2007a): Soziale Spaltung und soziale Mobilität. Herausforderungen der Erziehungswissenschaft. In: Casale/Horlacher (2007): 32-43
Andresen, Sabine (2007b): Familien und die „schicksalhafte Art des Daseins". Sichtweisen auf Familie unter den Bedingungen der modernen Großstadt. In: Andresen u. a. (2007)
Andresen, Sabine/Pinhard, Inga/Weyers, Stefan (Hrsg.) (2007): Erziehung. Ethik. Erinnerung. Micha Brumlik zum 60. Geburtstag. Weinheim/Basel: Juventa

Bennetts, Leslie (2007): Feminine Mistake. Are we giving up too much? New York: Voice Hyperio

Bertram, Hans (2006): Zur Lage der Kinder in Deutschland: Politik für Kinder als Zukunftsgestaltung, http://www.unicef.org/irc. (04.06.2008).

Bertram, Hans (2008): Mittelmaß für Kinder. Der UNICEF-Bericht zur Lage der Kinder in Deutschland. München: C.H. Beck

Bourdieu, Pierre u. a. (1997/2005): Das Elend der Welt. Zeugnisse und Diagnosen alltäglichen Leidens an der Gesellschaft. Studienausgabe. Konstanz: UTB

Bronfenbrenner, Urie (1973/1976): Entwicklungspsychologie und Sozialpolitik. In: Bronfenbrenner (1976): 168-198

Bronfenbrenner, Urie (1976a): Wer kümmert sich um unsere Kinder. Neufassung. In: Bronfenbrenner (1976): 131-167

Bronfenbrenner, Urie (1976b): Anlage und Umwelt. Eine Neuinterpretation der vorliegenden Ergebnisse. In: Bronfenbrenner (1976): 33-57

Bronfenbrenner, Urie (1976c): Ökologische Sozialisationsforschung – Ein Bezugsrahmen. Neufassung. In: Bronfenbrenner (1976): 199-220

Bronfenbrenner, Urie (1976): Ökologische Sozialisationsforschung. Hrsg. v. Kurt Lüscher. Stuttgart: Klett

Bronfenbrenner, Urie (Ed.) (2005): Making Human Beings Human. Bioecological Perspectives on Human Development. Thousand Oaks/London/New Dehli: Sage Publications

Bronfenbrenner, Urie/Morris, Peter (1998): The ecology of developmental processes. In: Damon/Lerner (1998): 993-1028

Casale, Rita/Horlacher, Rebekka (Hrsg.) (2007): Bildung und Öffentlichkeit. Jürgen Oelkers zum 60. Geburtstag. Weinheim/Basel: Juventa

Damon, William/Lerner, Richard M. (Ed.): Handbook of child psychology. Vol 1. Theoretical models of human development. 5th edition. New York: John Wiley

Esping-Anderson, Gösta (1990): The three worlds of welfare capitalism. Cambridge: Polity Press

Fabian Essays in Socialism (1889): By G. Bernard Shaw, Sidney Webb, William Clarke, Sidney Olivier, Annie Besant, Graham Wallas and Hubert Bland. London: Walter Scott

Laub-Coser, Rose (1975/1999): „Bleib daheim, kleine Sheba". Über Positionierung, Mobilität und sozialen Wandel. In: Laub-Coser (1999): 104-113

Laub-Coser, Rose (1984/1999): Der gierige Charakter der Gemeinschaft. In: Laub-Coser (1999): 114-131

Laub-Coser, Rose (1999): Soziale Rollen und soziale Strukturen. Wien/Graz: Nausner & Nausner

Lüdy, Elisabeth (o.J.): Erwerbstätige Mütter in vaterlosen Familien. Band XI der Reihe „Bestand und Erschütterung der Familie in der Gegenwart". Berlin: hrsg. v. der Deutschen Akademie für soziale und pädagogische Frauenarbeit

Lüscher, Kurt (1976): Weg zur ökologischen Sozialisationsforschung. Eine Einführung. In: Bronfenbrenner (1976): 6-32

Marrow, Alfred J. (1977): Kurt Lewin – Leben und Werk. Stuttgart: Klett

Oelkers, Jürgen/Casale, Rita/Horlacher, Rebekka/Larcher Klee, Sabina (Hrsg.) (2006): Rationalisierung und Bildung bei Max Weber. Beiträge zur Historischen Bildungsforschung. Bad Heilbrunn: Klinkhardt

Salomon, Alice (1930): Einführung. In: Salomon/Baum/Niemeyer (1930): 7-22

Salomon, Alice/Baum, Marie/Niemeyer, Annemarie (1930): Das Familienleben in der Gegenwart. 182 Familienmonographien. Deutsche Akademie für soziale und pädagogische Frauenarbeit. Forschungen über „Bestand und Erschütterung der Familie in der Gegenwart". Band 1. Berlin: Verlag F. A. Herbig

Simon, Helene (1909): Die Schulspeisung. In: Schriften des deutschen Vereins für Armenpflege und Wohltätigkeit. Heft 89. Leipzig

Unicef (2006): Innocenti Research Centre: Child poverty in perspective: An overview of child well-being in rich countries, A comprehensive assessment of the lives and well-being of children and adolescents in the economically advanced nations, http://www.unicef.org/irc. (04.06.2008).

Webb, Beatrice/Webb, Sidney (1912/²1929): Das Problem der Armut, übersetzt von Helene Simon. Jena: Diederichs

Werner, Michael/Zimmermann, Bénédicte (Hrsg.) (2004): De la comparaison à l'histoire croisée. Paris: Editions du Seuil

Wronsky, Siddy (1929): Vorwort zur zweiten Auflage von Beatrice und Sidney Webb. In: Webb/Webb (1912/²1929): III-XVI

„Lehret sie, dass sie nicht um ihrer selbst willen sind" Frühkindliche Sozialisation im Nationalsozialismus

Miriam Gebhardt

1 Einleitung

Die Stellung der Familie im Nationalsozialismus vermag immer noch Illusionen zu erzeugen, wie jüngst die umstrittenen Äußerungen einer Nachrichtensprecherin gezeigt haben.[1] Man darf das zwar nicht ungestraft sagen, aber insgeheim gedacht wird es doch: Die Haltung zur Familie und besonders die zur Mutterschaft im 3. Reich gehört auf die vermeintliche Habenseite, ähnlich wie der Kampf gegen Arbeitslosigkeit, der Autobahnbau oder die Solidarität in der Volksgemeinschaft. Robert G. Moellers Eindruck scheint immer noch zuzutreffen, wonach „nicht zuletzt aufgrund der familienförderlichen Maßnahmen wie Ehestandsdarlehen, Familienunterstützungen und Steuervorteile für kinderreiche Familien" (Moeller 1997: 34) die NS-Ideologie der 1930er Jahre einer gewissen Verklärung unterliege. Auf diese Weise werden nicht nur die Schicksale der Verfolgten ausgeblendet, sowie die von Deutschland zu verantwortenden Folgen des Krieges für Familien und Kinder zahlreicher Völker – sondern es entsteht der Eindruck, das Geschehen in den deutschen Familien sei eine von Gesellschaft und Politik losgelöste Veranstaltung gewesen. Dieser der bürgerlichen Familienideologie zugrunde liegenden These einer kategorialen Trennung von Familie und öffentlichem Raum sitzt nicht nur der öffentliche Diskurs auf; schon frühzeitig haben auch Wissenschaftler die Familie und besonders die Mütter von einer Verstrickung in den Nationalsozialismus exkulpiert, und auch heute noch findet sich in Einzelstudien die These, wonach die Familie im Nationalsozialismus (lediglich) in eine „strukturelle Krise" geraten sei; womit nichts anderes gemeint ist, als dass die Gefährdungen und Verwundungen dieses ansonsten gesunden Mikrosystems *von außen* kamen, durch ein Eindringen des Staates bzw. durch existentielle Risiken wie Krieg, Vertreibung und Mangel.[2] Die buchstäblich hausgemachten Probleme in der Familie entziehen sich auf diese Weise jedem Zugriff.

---

1   Zu den Äußerungen der ehemaligen Nachrichtensprecherin Eva Herman siehe Spiegel online vom 7.9.07: www.spiegel.de/kultur/gesellschaft/0,1518,504561,00.html.
2   Schelsky hat sich in einem erstmals 1953 erschienenen Text über die Familie folgendermaßen geäußert: „Wenn man sieht, in welchem Maße auch die moderne Familie die Folgen eines

Insbesondere die Familiensozialisation in der NS-Zeit ist, von einigen wenigen alltagsgeschichtlichen Mosaiksteinchen abgesehen, ein blinder Fleck im Gesamtbild der deutschen Geschichte des 20. Jahrhunderts geblieben.[3] Im Folgenden wird der Versuch unternommen, den Vorhang ein Stück weiter zu öffnen und die Aufmerksamkeit auf gewisse ideologische Grundkomponenten der familialen Sozialisation in der NS-Zeit zu lenken. Zum einen auf die zeittypischen grundlegenden Vorstellungen vom Kind, der Anthropologie, und darauf, was sich für die Erziehungspraxis daraus ableitete; zum anderen, schon aufgrund der anhaltenden Diskussion einer vermeintlichen Privilegierung von Mütterlichkeit im Nationalsozialismus, auf Fragen der Beziehungsgestaltung zwischen Eltern und Kind.

Dabei die frühkindliche Sozialisation die Hauptrolle spielen zu lassen, hat verschiedene Vorteile: Grundsätzlich ist die Frühsozialisation der Ort, an dem die basalen Selbstbilder wirken und Werthaltungen eingeübt werden (vgl. Trommsdorf 1989; Keller 2003); seit dem späten 19. Jahrhundert hat man darüber hinaus der ersten Lebenszeit eine immer zentralere Rolle beigemessen (vgl. Gestrich 1999; Cunningham 2006; Wong 2004; Schulz 2003); im Übergang zur Elternschaft wurde (und wird) ein Moment der erzieherischen Verhaltensunsicherheit vermutet, weshalb Interventionen besonders gerne frühzeitig ansetzen; schließlich sind die Vorstellungen zur frühkindlichen Sozialisation ein Barometer für Wandel, denn gerade hier stoßen festere Strukturen, über die intergenerationelle Transmission in der Familie verfestigt, mit gegenwärtigen Interessenlagen und Erfahrungen zusammen. Nimmt man den seit dem späten 19. Jahrhundert immer größer werdenden Alleinzuständigkeitsanspruch der Eltern/Mutter für die ersten drei Lebensjahre hinzu, dann ist, wenn es um die Familiensozialisation gehen soll, die Erforschung der frühesten Phase sicherlich besonders relevant.[4]

---

plötzlichen und völligen Zusammenbruchs der staatlichen und wirtschaftlichen Ordnung, wie er in Deutschland stattfand, für die einzelne Person abzufangen vermochte und wie sie bereit und fähig war, gesamtgesellschaftliche Funktionen, die ihr eine moderne Wirtschafts- und Staatsververfassung längst geraubt zu haben schien, wieder zu übernehmen, so wird man die Einschätzung dieser Institution als Stabilitätsrest in unserer Gesellschaftskrise berechtigt finden" (Schelsky 1954/1960: 13). Von einer Unwandelbarkeit der Familienbeziehungen im NS sprachen zuletzt auch Mouton (2007: 149ff.) und Herzog (2005: 41) sowie Budde (2004: 71).

3   Vgl. Rosenbaum u. a. (2002: 134), die darauf hingewiesen haben, dass der Alltag gerade der Kinder „in einem hohen und nicht trennbaren Maße mit Politischem verwoben" gewesen sei.

4   Die im Bürgertum gebräuchliche Unterstützung durch Personal sowie die Hilfe in der NS-Zeit durch sog. Pflichtjahrmädel tat der elterlichen Verantwortungshoheit keinen Abbruch (vgl. Becher 1995).

2   Forschungsprobleme und -perspektiven zur nationalsozialistischen Frühsozialisation

Im Großen und Ganzen war es bislang Psychologen bzw. psychologisch oder psychoanalytisch fundierten Arbeiten vorbehalten, an dem Bild der heilen Familienbeziehungen in der NS-Zeit zu rütteln. Das wissenschaftliche Paradigma der kollektiven und individuellen pathologischen Auswirkung traumatischer Kindheitserfahrungen und die Hoffnung auf eine wissenschaftliche Vorhersagbarkeit menschlichen Verhaltens ließ eine Konfrontation mit der Frage nach den Erziehungsstilen und sonstigen Rahmenbedingungen der Frühsozialisation während des Nationalsozialismus notwendig erscheinen (vgl. Burnham 1988). Gleich nach dem Krieg hatte man im Kontext von Tests der Information Control Division des amerikanischen Militärregiments in Deutschland erste psychiatrische Gutachten der deutschen Familie erstellt, in der Hoffnung, so etwas über die ideologische Verlässlichkeit deutscher Funktionsträger herauszufinden. Bertram Schaffner von der Columbia University erstellte auf der Grundlage von Hausbesuchen und Befragungen die Diagnose, dass deutschen Familienbeziehungen ein konsequent patriarchales Modell zugrunde liege, in dem die Mutter selbst in Erziehungsfragen nur als Repräsentantin des Vaters agieren dürfe, offen gezeigte Zärtlichkeit verpönt sei, und das Kind von Beginn an durch ein striktes Regelwerk an Disziplin, Fleiß, Pflichterfüllung, Gehorsam, Ordnungsliebe, Reinlichkeit, starre Männlichkeits- und Weiblichkeitsideale, Familienloyalität, Passivität gegenüber den Stärkeren und Nationalstolz gewöhnt werde (vgl. Schaffner 1948: 15ff.). Daraus schlussfolgerte der psychiatrische Gutachter, dass eine Entnazifizierung der Deutschen nur erfolgreich sein könne, wenn sie speziell bei der väterlichen Gewalt und dem kindlichen Gehorsam ansetze (vgl. Schaffner 1948: 111ff.).

Bekanntlich sind die unter dem Oberbegriff Autoritarismusforschung laufenden Studien in ihrer prospektiven Aussagekraft enttäuschend geblieben. Aber auch aus Sicht der Geschichtswissenschaften hat sich das zugrunde liegende Paradigma als heuristisches Instrument nicht bewährt. Auf die Probleme der klassisch psychoanalytischen Grundannahmen des Autoritarismuskonzepts für die historische Forschung wurde mehrfach hingewiesen: Das von der klassischen Psychoanalyse gestellte Menschenbild, wonach ein überzeitlich und überkulturell ablaufender Inkorporierungsprozess der elterlichen Autorität mit einer neuralgischen Stelle während der ödipalen Phase zu bestimmten Sozialisations- bzw. Autoritätstypen führe, wird den historiographischen Vorstellungen von Entwicklung und Wandel nicht gerecht (vgl. Oesterreich 1996; Gebhardt 2004).

Unabhängig davon fand, getragen von der angelsächsischen und amerikanischen psychoanalytischen Schulenbildung, ein Theoriewechsel statt, den man als Schwenk vom Primat der väterlichen Autorität auf das Primat des mütterlichen

Bindungsverhaltens beschreiben könnte (vgl. Gebhardt 2004; Kagan 2000: 119ff.). Die Bindungstheorie hatte auf die Beschäftigung mit dem Nationalsozialismus und der NS-Familiensozialisation ebenfalls eine produktive Wirkung. Die Abwendung vom ödipal-autoritären und die Hinwendung zu präödipal-bindungstheoretischen Denken ermöglichte, dass erstmals Fragen nach den konkreten Bedingungen der frühkindlichen Sozialisation in der NS-Zeit gestellt werden konnten.

Als Quelle bot sich dafür die berühmte Schrift der Ratgeberautorin und Nationalsozialistin Johanna Haarer, „Die deutsche Mutter und ihr erstes Kind", an. Der Bestseller, der von 1934 bis 1987 in 1,7 Millionen Exemplaren verkauft wurde (die Hälfte davon bis 1945), lieferte mehr als genug Anhaltspunkte dafür, dass die normativen Vorstellungen der Frühsozialisation einem idealen Bindungsverhalten entgegen liefen. Die Interpretation lag nahe, das nationalsozialistische Sozialisationsmodell habe es von Anfang an darauf angelegt, eine allzu enge familiäre Bindung zu verhindern, um Kinder leichter loseisen und für die eigene Sache: Hitlerjugend, Partei, Armee, einspannen zu können (vgl. auch Mühlfeld/Schönweiss 1989: 11). So liest etwa Gregor Dill alle Vorstellungen zur Mutter- und Säuglingsversorgung in der NS-Zeit auf diese möglichen ideologischen Intentionen hin, wenn er ausführt:

> „Die Abkehr von der Schmerzlinderung unter der Geburt, die Verlängerung der postnatalen Nahrungskarenz, die Verschärfung der Stillpropaganda sowie die Rückkehr zum strengen Stillrhythmus verweisen formal auf eine zeitliche Parallelität mit dem Aufstieg des Nationalsozialismus und bedeuteten nicht nur an heutigen, sondern auch an zeitgenössischen Maßstäben gemessen eine Bedrohung für die Entstehung enger und glücklicher Mutter-Kind-Beziehungen." (Dill 1999: 32)

Diese bindungstheoretische Argumentation ist für historisch und kulturwissenschaftlich arbeitende Disziplinen leider nicht ohne Pferdefuß. Denn die besonders von Sigrid Chamberlain und Ute Benz vertretene These kann nur dann überzeugen, wenn man die erwähnten Maßnahmen zur Versorgung der Mütter und Babys selbstredend als schädlich für eine natürliche und essentielle Mutter-Kind-Bindung akzeptiert.[5] Begreift man jedoch die Bindungstheorie selbst als ein historisches und kulturelles Konstrukt, wird es problematisch: Die Bindungstheorie war und ist eine der einflussreichsten Paradigmen der psychoanalytischen Entwicklungspsychologie seit den 1940er Jahren. Ihre Überzeugungskraft ist so groß, dass sie in der Gegenwart weder benannt noch begründet werden muss, sie gehört zum Common Sense. Sie ist aber ebenfalls ein Kind ihrer Zeit, genauso

---

5   Vgl. Chamberlain 1997; Benz 1988, 1991; Benz/Benz 2001. Eine Weiterführung der psycho-
    analytischen Lektüre von Haarer bei Brockhaus 2007.

wie Freuds Entwicklungstheorie. Sie als Maßstab für die Beurteilung der historischen Interaktionen zwischen Mütter und Kindern anzulegen, ist u. a. aus folgenden Gründen fragwürdig:

1. Unterstellt wird eine natürliche, kulturell konstante Anthropologie, die Mütter und Kinder auf ein bestimmtes Bindungsverhalten quasi programmiert. Diese in Deutschland erst seit den 1970er Jahren populäre Vorstellung eines biologisch fundierten rechten Weges ist durch Kulturvergleiche und historische Arbeiten vielfach widerlegt worden (vgl. Kagan 2000; Keller 2003; Cunningham 2006).

2. Die von Dill, Benz und Chamberlain u. a. an Haarers Schriften gemachten Beobachtungen einer streng reglementierten und körperfernen Versorgung und Interaktion von Säuglingen und Kleinkindern sind auffällig. Man kann sogar weiter gehen und zeigen, dass tatsächlich restriktive Regeln aufgestellt wurden, wie viele Minuten am Tag sich Mütter mit ihren Kindern beschäftigen sollten, wie weiter unten noch ausgeführt wird. Allerdings sind alle die erwähnten Neuerungen in der Säuglingsversorgung älteren Datums und müssten im Kontext der internationalen Verbreitung der ‚psychologisch-naturwissenschaftlichen Revolution' in den einschlägigen Disziplinen seit dem späten 19. Jahrhundert gesehen werden (vgl. Gebhardt 2007). Seit damals hatte sich in der westlichen Welt nicht nur immer mehr der Fokus auf die erste Lebenszeit gerichtet, was ein Erfolg des evolutionistischen Paradigmas war – seither hatte sich auch über die Verbreiterung des Expertendiskurses besonders durch Ratgeber und Zeitschriften dieses Wissen mehr und mehr zumindest in der gebildeten Schicht, der Sozialisationsavantgarde, etablieren können.[6] Meine Untersuchung des Wissensdiskurses zur frühkindlichen Versorgung und Erziehung zeigt, dass diese Wissensverbreiterung in zwei Schüben vonstatten ging, einem ersten um 1910, einem zweiten zu Beginn der 30er Jahre. Eine prominente Rolle hat dabei in Deutschland in der Tat die Nationalsozialistin Johanna Haarer gespielt, der es gelang, einen Bestseller und Longseller zu landen (vgl. Haarer 1934 ff.). Sie stand jedoch nicht allein und war vor allen Dingen alles andere als originell: Alle ihrer Ratschläge kann

---

6   Trotz der wenigen internationalen Vergleichsmöglichkeiten muss wohl angenommen werden, dass sich die Vorstellungen der frühkindlichen Erziehung zu dieser Zeit stark ähnelten. Cunningham zitiert eine Empfehlung des United States Children's Bureau für Eltern, nicht mit ihren Babys zu spielen, auch wenn dies hart erscheine. Der amerikanische Begründer des Behaviorismus, John Watson, hat schon zur Beginn des Jahrhunderts gefordert, dass Kleinkinder „niemals" umarmt und geküsst werden oder auf dem Schoß sitzen dürften. Eine englische Expertin führt im Jahr 1937 aus: „Die führenden Fachleute – englische, ausländische und amerikanische – stimmen alle darin überein, dass eine Regelmäßigkeit der Gewohnheiten das erste ist, was man im Leben erwerben muss. Das Erreichen einer perfekten Regelmäßigkeit, angefangen mit ‚Füttern und Schlafen nach der Uhr', ist das Fundament für den vollständigen Gehorsam" (zit. nach Cunningham 2006: 250ff.).

man so oder ähnlich bereits bei Czerny nachlesen, der kurz nach der Jahrhundertwende für die Kinderheilkunde die maßgebliche Instanz geworden war (und es für ein halbes Jahrhundert blieb). Sie stehen schwerlich mit dem Aufstieg des Nationalsozialismus in Verbindung.[7]

3. Die inkriminierten Vorstellungen zur Versorgung und Erziehung von Säuglingen und Kleinkindern wirkten in Deutschland lange nach. Wie eine Analyse des Diskurses zur Frühsozialisation erbracht hat, verharren die Vorstellungen bezüglich der Maßnahmen und Interaktionsformen bis in die 1960er, teilweise sogar in die 1970er Jahre hinein (vgl. Gebhardt 2007a). Diesen Befund bestätigen auch wissenschaftshistorische Arbeiten zur Kinderheilkunde und zur Entwicklungspsychologie (vgl. Eger-Keil 1991; Heßling 1998). Man wird aber für die 1950er und 1960er Jahre nicht ernsthaft von einer intendierten Entfremdung von Mutter und Kind sprechen wollen. Es muss wohl auch in der familienfreundlichen Adenauer-Ära Gründe gegeben haben, die für die Beibehaltung der Vorstellungen zur Frühsozialisation sprachen.

Aus diesem Grund scheint mir ein weniger voraussetzungsreiches heuristisches Modell zur Untersuchung der historischen Frühsozialisation diesem entwicklungstheoretischen und letztlich für die klinische Praxis konstruierten bindungstheoretischen Modell vorzuziehen zu sein. Eine Möglichkeit ist die Untersuchung der kulturellen Konstrukte, die den Vorstellungen zur Frühsozialisation zugrunde lagen, insbesondere der „Ethnotheorie" oder des Menschenbildes und der Kontrollvorstellungen, also der Vorstellungen von der Mensch-Umwelt-Beziehung, die sich nicht in so oder so interpretierbaren Techniken erschöpften, sondern den größeren Sinnzusammenhang darstellten. Die oben aufgezählten Methoden: Nahrungsrhythmisierung, Schmerzabhärtung, Begrenzung der Interaktion mit dem Kind auf das Notwendigste, aber auch Vermeidung von Verwöhnung und Ächtung von Einzelkindern, passen in ein kulturelles Deutungsmuster, das über intentionalistische Begründungen hinausgeht und eine Kohärenz der lang anhaltenden Phase in der Sozialisationsgeschichte erklärt. Deshalb hat die diesem Aufsatz zugrunde liegende Studie die Theoriebildungen zur Frühsozialisation selbst untersucht. In den Blick kam dadurch das *Wissen* um die Aufgaben der Frühsozialisation und zwar als Ergebnis eines Zirkulationsprozesses zwischen Expertise (wissenschaftlicher und nichtwissenschaftlicher Art) und den Eltern, die beim Erziehen außerdem noch von den Deutungen der eigenen lebensgeschichtlichen Erfahrungen und denen der Herkunftsfamilie und des sozialen Umfelds zehren. Vor dem Gesamtbild des diskursiven Wissens um Versorgung und Erziehung von Kleinst- und Kleinkindern wurde danach gefragt, wie Eltern unter dem

---

7   Schon Czerny war es wichtig gewesen zu betonen, bei den geforderten Nahrungspausen
     handele es sich „nicht bloß um eine für die Ernährung wichtige Maßregel, sondern tatsächlich
     um die erste Erziehung zur Beherrschung des Willens" (Czerny 1908: 26).

Eindruck der genannten Deutungsmächte das Wissen verarbeiteten und gegebenenfalls modifizierten. Quellengrundlage dafür waren Elterntagebücher, die als Scharnier zwischen der Expertise und den lebensweltlichen Erfahrungen verstanden werden können.[8] Die auch als Baby-, Erziehungs-, Mütter- oder Entwicklungstagebücher bezeichneten Texte dokumentieren aufgrund ihres stark normierten Charakters, der durch modellhaft vorformulierte und nur auszufüllende Tagebuchvorlagen mit geformt wurde, einerseits das in den Familien medial angekommene Wissen um Frühsozialisation; andererseits vermag die Analyse der individuellen Ausdehnung der normativen Genregrenzen, der Verarbeitungen und subjektiven Deutungen, den Dissonanzen und Abweichungen auf die Spur zu kommen. Auf diese Weise entsteht ein Bild der gesellschaftlichen Normen und kulturellen Deutungsmuster, aber auch der individuellen Aneignung und Modifikation in derjenigen gesellschaftlichen Zielgruppe, die über die zeitlichen und finanziellen Ressourcen verfügte, um sich ausgiebig mit der Erziehungs- und Weitergabethematik befassen zu können, und die sich in ihrer sozialen Zusammensetzung für modellbildend im 20. Jahrhundert hielt.[9] Bis an die tatsächliche historische Erziehungs*praxis* reicht auch dieser Weg nicht; aber doch so nah heran wie irgend möglich.

3   Frühsozialisation als Hilfe zur ‚Lebensbemeisterung'

Die oben erwähnte Studie von Bertram Schaffner brachte als Ergebnis das Bild eines normativ extrem strukturierten Aufwachsens unmittelbar nach dem Krieg zu Tage. Je früher ein Kind Disziplin lerne, desto früher werde es „adjusted to that life", so die herrschende Auffassung der befragten Deutschen (Schaffner 1948: 42). Dies war, das geht aus der Analyse der einschlägigen Fach- und Expertenliteratur hervor, tatsächlich bereits in der Versorgung des Säuglings angelegt; und zwar durch eine genaue Einhaltung von festen Zeitnormen für die Ernährung und Verdauung, Schlafen und Wachen, Ruhe und Anregung. Für wichtig befunden wurden diese Regeln, um das Kind an das Leben zu gewöhnen. Die Betonung der Umwelt für die Sozialisation war zwar geradezu charakteristisch für das fortschrittliche Denken in der Entwicklungspsychologie seit der Weimarer Zeit gewe-

---

8   Für das Habilitationsprojekt zur frühkindlichen Sozialisation im 20. Jahrhundert wurden insgesamt 71 Elterntagebücher erhoben, die meisten davon sind im Privatbesitz und wurden durch Anzeigen in überregionalen Zeitungen und Zeitschriften rekrutiert, ein kleiner Teil stammt aus dem Deutschen Tagebuchmuseum in Emmendingen.

9   Vgl. Tenorth 2000: 183ff. Fast alle der Elterntagebücher stammen aus akademisch gebildeter Feder. Die Berufe der Autorinnen und Autoren, bzw. die der Ehemänner, waren auffällig häufig verteilt auf den kaufmännischen und auf den Bildungssektor.

sen.[10] Das hat sich aber in den 1930er Jahren immer mehr zugespitzt zu einer symbolischen Deutung der geschilderten Pflege- und Interaktionsnormen als Sozialisation in eine feindlich und übermächtig wahrgenommene Welt, zu der das Individuum in einem ängstlichen und prekären Verhältnis stand.

Das Leben begann in einem „ruhigen Dämmerzustand". Wie ein Zombie, subcortikal und beziehungsunfähig, liege der Säugling „mit weit geöffneten Augen regungslos da" (Eger-Keil 1991: 47). Er ist der Umwelt hilflos ausgeliefert, wird ohne die vermittelnde Hilfe der Erwachsenen damit nicht fertig. Er kann weder seinen Körper noch seine Sinnesorgane beherrschen. Erst allmählich, durch organische Reifung, wird er den Einflüssen der Außenwelt etwas entgegenzusetzen lernen.[11]

In diesem Zustand der Bewusstlosigkeit wurden weder kognitive noch emotionale oder sensitive Fähigkeiten vermutet. Lebensäußerungen wie das Weinen des Kindes (= ‚Schreien') waren schicksalhaft, kräftigten die Lungen. Sie mussten nicht auf einer psychologischen Ebene gedeutet werden. Zwischen fünf und sieben Wochen alte Säuglinge schreien, so die Belehrung der berühmten Entwicklungspsychologin und einflussreichen Ratgeberautorin Hildegard Hetzer, bis zu vier Stunden am Tag, „ohne dass das beunruhigend ist" (Hetzer 1946: 17). Man überlasse das Kind, wenn man überzeugt ist, dass kein ernst zu nehmender Grund, den der Erzieher beseitigen kann, vorliegt (feste Wicklung, unzureichende Nahrung, Krankheit), „ruhig seinem Schicksal" (ebd.). Wenn sich das Kind in dem Moment, in dem man es auf den Arm nimmt, beruhige, sei dies lediglich auf „die Lageveränderung und die Berührung" (ebd.) zurückzuführen, und keineswegs als ein Hinweis auf ein emotionales Bedürfnis zu werten (vgl. Hetzer 1946: 17).

Grundannahme dieser Säuglingsanthropologie war außerdem, dass das Kind den Umweltreizen gegenüber hilflos ausgesetzt sei. Daher die konstante Forderung nach Ruhe und räumlicher Trennung in der Säuglingspflege. Die zeitgenössischen Experten sahen es als wichtig an, das Kind nicht länger als für die Fütterung und Körperpflege notwendig zu beachten. Hetzer hatte genaue Zeitvorstellungen, wie viele Minuten am Tag das sein dürften[12], während Haarer es so formulierte:

---

10 Vgl. Fries 1996: 71. Die Entwicklungspsychologinnen der Wiener Schule, Hildegard Hetzer und Charlotte Bühler, hatten, inspiriert durch Bühlers USA-Aufenthalt am Child Welfare Institute of Teachers College in New York und über den Austausch mit Thorndice und Gesell, diese Vorstellung von Sozialisation, die nicht vom Individuum, sondern von der Gemeinschaft her kommt, bereits in den zwanziger Jahren entwickelt.

11 Nach Haarer ist das Neugeborene und der Säugling im ersten Vierteljahr ein „praktisch unbewegliches kleines Bündel", das allmählich geistig erwache (Haarer 1934: 204).

12 Hetzer gibt hier ganz genaue Zeitvorgaben: Im ersten halben Jahr darf man sich am Stück mit seinem Kind nur 5 bis 10 Minuten beschäftigen. Im zweiten Halbjahr darf die Zeitspanne auf 10 bis 15 Minuten erweitert werden. „Man wird dem Kinde auch zulächeln oder ihm zusprechen, sobald man bei den täglichen Geschäften im Haus an seinem Bettchen vorbeikommt, ihm antworten, wenn es einen anlallt oder anlächelt", aber „(...) nie über die bereits bespro-

„Von vornherein mache es sich die ganze Familie zum Grundsatz, sich nie ohne Anlaß mit dem Kinde abzugeben. Das tägliche Bad, das regelmäßige Wickeln und Stillen des Kindes bieten Gelegenheit genug, sich mit ihm zu befassen, ihm Zärtlichkeit und Liebe zu erweisen und mit ihm zu reden. Doch hüte sie sich vor allzu lauten und heftigen Bekundungen mütterlicher Gefühle (...)." (Haarer 1934: 144)

Waren dies Maßnahmen zur Trennung von Mutter und Kind? Ich glaube, dahinter stand eine darwinistische Vorstellung von der Sozialisation als ‚Lebensbemeisterung'. Als Schlusswort fasste Haarer diese ihre Interpretation des Mensch-Welt-Verhältnisses folgendermaßen zusammen: „Wir haben an die früheste Zeit unserer Kindheit keine Erinnerung – sie setzt erst in späteren Jahren ein. Trotzdem ist es wahrscheinlich, dass gerade die allerersten Eindrücke, der erste Zusammenstoß mit der Außenwelt, die erste Auseinandersetzung mit einem anderen Ich, die erste Notwendigkeit, etwas zu tun, was man gerade nicht mag, oder etwas nicht tun zu dürfen, was man gerade mag, entscheidend sind fürs ganze spätere Leben" (Haarer 1934: 238). Die Kulturpsychologie bezeichnet dieses Verhältnis als Kontrollorientierung: Kulturen können zu der Überzeugung neigen, dass Menschen durch ihr eigenes Handeln ihre Umwelt beeinflussen, oder dazu, dass sie sich in Zielen und Handeln auf die Gegebenheiten der Umwelt einstellen müssen.[13] Die frühe Abschottung des Kindes war der Versuch, das Einstürmen der Welt zunächst auf ein Mindestmaß zu reduzieren und fein auszutarieren, da diese Welt als übermächtig und noch nicht zu bewältigen gedeutet wurde. Hetzer formulierte das so:

„Das Kind ist vom ersten Tage seines Lebens an vor Aufgaben der Lebensbemeisterung gestellt. (...) Ein Übermaß an Forderungen, die der Erwachsene zulässt, ist dabei ebenso schädlich für eine gesunde Entwicklung wie eine zu geringe Beanspruchung der kindlichen Kräfte. Überall dort, wo sich Erziehungsschwierigkeiten einstellen, wird der Erzieher seine Anforderungen an das Kind einer genauen Prüfung zu unterziehen haben." (Hetzer 1941: 39)

Es ist also ein feines Mischungsverhältnis von Abschirmung und Konfrontation vonnöten in der frühkindlichen Sozialisation. Verwöhnung und Verzärtelung sind Feinde der ‚Lebensbemeisterung', sie werden nicht mehr wie im 19. Jahr-

---

chene Zeit von 5 bis 15 Minuten hinaus. Im allgemeinen sollte sich immer nur eine Person gleichzeitig mit dem Kind beschäftigen, da es ein Spiel zu dritt noch zu sehr verwirrt" (Hetzer 1946: 26).

13 Vgl. Trommsdorff 1989: 102ff. Danach würden bei primären Kontrollüberzeugungen die Sozialisationsvorstellungen einer Kultur eher die Durchsetzung individueller Ziele in einer konflikthaften und selbstwertbedrohenden Interaktion fördern, während bei sekundären Kontrollüberzeugungen eher Gehorsam und Anpassung in einer an gemeinschaftlichen Zielen ausgerichteten Kultur betont würden.

hundert medizinisch gedeutet, etwa als der körperlichen Abhärtung und Wider-
standsfähigkeit dienlich, sondern psychologisch: Wird ein Kind auf der anderen
Seite zu sehr vor der Welt geschützt, zeigt es sich später der Sozialisationsaufga-
be nicht gewachsen. Denn die Hauptaufgabe der seelischen Pflege des Kindes sei
es, so Hetzer:

> „daß wir dem Kinde helfen, zu der Welt, in die es hineingestellt ist, in das richtige
> Verhältnis zu kommen. Die Umwelt strömt vom ersten Lebenstage an von allen Sei-
> ten auf das Kind, dessen Kräfte noch unentwickelt sind (...) Das Kind braucht Ruhe
> vor den Ansprüchen der Umwelt (...) es muss ihm alles ferngehalten werden, was es
> nicht bewältigen kann". (Hetzer 1941)

Gleichzeitig muss man es am wirklichen Leben teilhaben lassen, soweit es in
seinen Kräften steht.

> „Nicht das abgeschlossene Kinderzimmer, in das nur das eindringen darf, was für
> das Kind für förderlich erachtet wird, und in dem es vom Leben abgeschnitten ist, ist
> der Lebensraum, in dem es am besten gedeiht, sondern seine Spielecke in der vom
> Leben des Hauses durchfluteten Wohnstube." (Hetzer 1941)

Folgende Erziehungsregeln gehörten in diesen Kontext: Etwa das Problem der
Schmerzbewältigung. Bei Haarer ging es nicht um die Vermeidung von Schmerzen, sondern um deren Überwindung:

> „Nicht einmal Äußerungen des Schmerzes beachtet man sehr. Selbstverständlich
> fällt das Kind, das stehen und gehen lernt, viel, stößt sich des öfteren und schreit und
> weint dann. Natürlich braucht mancher kleine Jammer seinen Trost. Grundverkehrt
> aber ist es, das Kind bei jeder Kleinigkeit mit Äußerungen des Mitleids zu über-
> schütten. Die Mutter, die hier vielleicht zweifelt, mache einmal den Versuch: Das
> Kind, das bei irgendeinem kleinen Schmerz nicht unnötig bedauert wird, schreit nur
> etwa halb so lang." (Haarer 1934: 237)

Oder der Umgang mit schwächlichen Kindern: Dazu Hetzer:

> „Man muss sich bei ihnen schon im Säuglingsalter wie auch später vor jeder Ver-
> weichlichung und Verzärtelung hüten und muss ohne Anwendung von Gewalt mit
> viel Geduld versuchen, sie schrittweise an die ‚Rauheiten des Lebens' zu gewöhnen,
> sie abzuhärten. Die Leichtverletzbarkeit, die ein Kind schicksalhaft als Anlage mit-
> bringt, ist kein Hindernis, sich im Leben zu behaupten." (Hetzer 1946: 29)

Mit der Deutung der Sozialisation als ‚Lebensbemeisterung' erklären sich auch
die expliziten Erziehungsaufgaben in der frühesten Kindheit. Die erste zentrale
Aufgabe war, wie schon beschrieben, die Ordnung, die Eingewöhnung in den

zeitlich geordneten und regelmäßigen Ablauf des täglichen Geschehens. Die streng rhythmisierte Säuglingspflege, die erste, nur auf den Körper des Kindes einwirkende Erziehung, sollte der als übermächtig empfundenen Welt eine überschaubare Struktur abringen.

Das ‚Leben' wird als Gegensatz zum Kind, zum Individuum, gedeutet, das ihm ausgeliefert, von ihm hoffnungslos überfordert ist, und allenfalls lernen kann, es eines Tages zu bemeistern. So wie der Erwachsene dem kulturellen Wandel nicht gewachsen ist, der Erzieher den Sozialisationsaufgaben nicht ohne professionelle Hilfe beikommt, der Säugling am Anfang nicht einmal seine eigenen Sinne beherrscht und den eigenen Tränen noch keine Bedeutung verleihen kann, so ist am Ende das Individuum das potentielle Opfer der allgemeinen Umstände. Diese Übertragung der Eigenwahrnehmung im Bezug zu den gesamtgesellschaftlichen Verhältnissen auf die Beziehung des Kindes zur Umwelt wurde natürlich in der Regel nicht offen gelegt. Nur ganz selten verweisen einzelne Äußerungen zur Erziehung im Elternhaus auf diese Zusammenhänge. In einer Zeitungsbeilage, in der sich regelmäßig Experten über die Erziehung im Elternhaus äußerten, stand im Juli 1932:

> „Ruhe um das Kind! (...) Je aufgeregter die Zeitläufe sind, je näher und höher die Wogen des harten Wirtschaftskampfes gegen unseren häuslichen Kreis anrollen, umso wichtiger ist es, Wellenbrecher um die Kinderstube zu bauen!" (Anonym 1932: o. S.)

4 Deutungen des Sozialisationsprozesses in Elterntagebüchern

Das Elterntagebuch wird hier nicht als ‚Spiegel' oder subjektiver Ausblick auf eine diskursive Totalität gelesen, wie das häufig beim historiographischen Umgang mit Selbstzeugnissen der Fall ist (vgl. Gebhardt 2006; Funck/Malinowski 1999; Günther 2001), sondern als eine historische, vorgeformte, auch von Experten angeleitete und von Vorfahren erprobte Institution, die Teil der sozialen Praxis in einer zumeist akademisch ausgebildeten Schicht war. Sie hatte sich im späten 18. und frühen 19. Jahrhundert herausgebildet und diente im bürgerlichen Zeitalter vor allem der Beobachtung der kindlichen Entfaltung und der Biographisierung des Lebenslaufes.[14] Seit dem frühen 20. Jahrhundert und verstärkt seit den 1930er Jahren hatte sie sich von einem Beobachtungs- und biographieerzeugenden Medium mehr und mehr zu einem Kontrollinstrument bei der Umsetzung der neuen naturwissenschaftlich-psychologisch fundierten Normen zur Frühsozialisation entwickelt. Es kamen neue käuflich zu erwerbende Tagebuchvorlagen

---

14 Zur Vorgeschichte: Diele 2000; Schmid 2000; Wallace/Franklin/Keegan 1994.

auf den Markt, die gleichzeitig Erziehungsratgeber waren und helfen sollten, die Erfüllung der normativen Vorgaben für die Versorgung und Erziehung von Säuglingen und Kleinkindern zu steuern.[15] Auch der nationalsozialistische Staat machte sich dieses Potential zunutze. So gab der Reichsbund der Standesbeamten Deutschlands neben dem „Ahnenpass" und dem „Familienstammbuch" auch das „Buch der Kindheit" heraus, das nicht nur von Politpropaganda strotzte, sondern auch, eben mit den auszufüllenden Blankoseiten, ein Kurzprogramm der Frühsozialisation bot.[16]

Abgesehen davon hat der Nationalsozialismus die Elterntagebücher nicht nur auf Umwegen erreicht: Die meisten der Autorinnen und Autoren der für diese Auswertung zugänglichen Quellen identifizierten sich mit der Ideologie so stark, dass sie ihren Überzeugungen auch im Elterntagebuch Ausdruck verliehen. Sobald die Kinder im sprachmächtigen Alter waren, wurden entsprechende Zitate wiedergegeben. „Wenn sie das Hitlerbild an der Wand sieht, sagt sie gleich ,dolf' und dann ganz gedehnt ,heil'", schrieb eine Mutter aus München im Jahr 1934 über ihr eineinhalbjähriges Kind (Gertrud 1933: Sept. 1934). „Eine neue Errungenschaft ist für Dich der deutsche Gruß. Da er Dir meist begegnet ist von Leuten in Uniform, bleibst du gestern vor einem Soldaten stehen mit dem freudigen Ausruf: ,Der Hitler! '" (Annette 1936: 2.5.1938), berichtete eine andere Mutter über ihre Zweijährige. Die Väter von Rainer und von Hans-Jürgen waren enthusiastische Anhänger des Nationalsozialismus, verfolgten (zunächst) euphorisch die Frontverläufe und glaubten bis zum Schluss an die Sache. In ihren Augen bescherte Hitler ihren Kindern eine bessere Zukunft. „Der Führer hat damit nicht allein Deutschland, sondern ganz Europa und die alte Kultur vor der jüdischen Weltherrschaft gerettet (...). Du wächst zusammen mit Erdmute friedlich und ungeschoren auf und wirst später von der Größe der Zeit erfahren" (Rainer 1938: 12.10.1941). Und im Jahr 1943:

> „Du musst diese Dinge später einmal nachlesen: ein Wille geht durch das Volk, der Krieg wird auf jeden Fall für uns siegreich beendet. Die Opfer werden und sind zwar groß, aber sie müssen gebracht werden, um Deutschland, das Reich und unsere Rasse zu erhalten. Der Jude wütet gegen uns, verkörpert durch die sowjetische Bestie und den amerikanischen Börsenjobber. – In dieser großen Zeit wurde nun Dir und deiner Schwester Erdmute ein Brüderchen geboren." (Rainer 1938: 28.2.1943)

---

15 Vgl. „Babys Tagebuch" 1917; „Tagebuch" 1934.
16 „Das Buch der Kindheit" (o. J.). Verlag für Standesamtswesen G.m.b.H. in Berlin. Seit wann dieses unters Volk gebracht wurde, ist nicht bekannt, immerhin konnte sich diese Institution über das Jahr 1945 hinaus am Leben erhalten (vgl. Das Buch der Kindheit, Verlag für Standesamtswesen Frankfurt, Berlin, Hamburg, München, im Privatbesitz, ausgefüllt im Jahr 1964).

Es gab also, unabhängig von allen Sozialisationspraktiken, ganz unsubtile Versuche der nationalsozialistischen Indoktrination in der frühesten Kindheit in der Familie, noch bevor die jeweiligen Parteiorganisationen überhaupt Zugriff bekamen.

Wichtig ist indes die Frage, inwieweit die beschriebene Anthropologie und Kontrolltheorie in das Gesamtbild gehörte und letztlich die Erziehungspraxis leitete. Eine Mutter, Lehrerin aus Dresden, begann schon während ihrer Schwangerschaft im Jahr 1936 mit großem Aplomb ihr „Tagebuch von einem neuen Menschen" zu schreiben. Kinder seien das Wunder dieser Welt, und dieses Tagebuch solle dem Kind einstmals „unverfälscht" zeigen, was es seinen Eltern bedeutete, und wie sein Leben begann:

> „(...) das eine sei dir gewiß, du bist entstanden aus dem großen einen Willen zur Schaffung eines gesunden Nachwuchses. (...) Wenn dich das Leben einst fest anfasst, dann zürne uns nicht, dass wir dich in eine schwere Zeit getan, denn heute ist es möglich, dir auch die Kraft zum Kampf mitzugeben." (Annette 1936: 27.1.1936)

Diese Einleitung scheint direkt inspiriert vom „Jahrhundert des Kindes" der schwedischen Erfolgsautorin Ellen Key, die den deutschen Diskurs zu Beginn des 20. Jahrhunderts stark beeindruckt und ein vitalistisches und darwinistisches Menschenbild dem bürgerlich-christlichen entgegengesetzt hatte mit dem Ziel eines den Gesetzen der Vererbung gehorchenden Prozesses der ‚Selbstpurifizierung' der Menschen (vgl. Rülcker 1999).

Die Warte der Schreibenden ist eindeutig nicht mehr die einer Mutter etwa im späten Kaiserreich. Die Schreibperspektive des bürgerlichen Zeitalters war die der gerührten Erwachsenen gewesen, die Zeugen davon wurden, wie das Kind allmählich einem vernünftigen (bürgerlichen) Menschen ähnlicher würde. Die Mutter von 1936 hatte dagegen eine klare Vision von dem, was sie mit der Aufzucht ihres Kindes erreichen wollte: Gesundheit, Tapferkeit, Kraft und Stärke waren die primären Attribute, die sie sich für ihre Tochter wünschte. In beinahe jedem Satz drückte sich schon in der Schwangerschaft dieses darwinistische und vitalistische Menschenbild aus. „Kämpfen sollst Du (....) ganz gleich ob Du Junge oder Mädel bist, kämpfen um die größtmögliche Vollkommenheit. Und wenn Du Junge bist, dann sollst Du wissen, dass Dein Vater gerade jetzt Soldat sein wollte." (Annette 1936: 27.1.1936). Bei der Entbindung, bei der sie selbst „bis zuletzt tapfer" geblieben sei, habe sie bereits gehofft: „Möge der neue Mensch tapfer im Leben stehen." (Annette 1936: 11.9.1936). Und schon beim ersten Anlegen habe die Tochter „ganz tapfer getrunken" (ebd.).

Offenkundig steht dahinter ein Verständnis von Sozialisation, durch die eine antagonistische Person-Welt-Beziehung ‚bemeistert' werden sollte. Schon zwei Stunden nach der Rückkehr der Mutter aus der Klinik habe festgestanden, dass die Neugeborene „eine ganz Wilde" (Annette 1936: 11.9.1936) zu werden versprach. „Vollkommen aus der Windel gestrampelt mit dem Kopf am Bettgiebel und ein Ärmchen und ein Beinchen durchs Gitter, das war das Bild, was sich uns bot. Der Erfolg: Ich musste Dich mit einer Windel festbinden." (Annette 1936: 11.9.1936). Das Kind musste an das Leben herangeführt werden, notfalls mit Gewalt. Das Schreien wurde dabei gewissermaßen zum Gradmesser. „Am 10.9. warst du zum 1. Mal still beim Baden. Während dieses 1. Berichtes, den ich für dich schrieb, hörte ich schreien [sic] ununterbrochen" (ebd.). Im Alter von vier Wochen war eine Zwischenetappe erreicht, das Kind „ganz gut an Ordnung gewöhnt" (Annette 1936: 24.9.1936). Andere Voraussetzungen, das „Dasein" zu „meistern", waren gute Laune[17], Furchtlosigkeit[18] und Unempfindlichkeit. „Empfindlich bist Du auch nicht, wenn Du Dich mal an den Kopf stößt, was schon einige Male passiert ist." (Annette 1936: 15.2.1937). Immer wieder erwähnte die Mutter als positive Eigenschaften Vitalität und Tatkraft. „Munter und tatkräftig schreitest in die Welt, alles Zerbrechliche muß man Dir wegräumen." (Annette 1936: 7.3.1937).

Nach einem vierwöchigen Kuraufenthalt der Mutter, den die Tochter in einem Heim verbrachte, erhielt die Schreibende ein Kind zurück, das so gar nicht mehr die erwünschten Eigenschaften aufwies:

> „Aber was war aus unserem kleinen, lachenden Wildfang geworden: ein kleines verschüchtertes Heultrinchen. Deine Mutti kanntest Du nicht. Du warst vollkommen erkältet (...) und so geschwächt, dass Du keinen Schritt allein gehen konntest. Du getrautest Dir nichts anzufassen." (Annette 1936: 29.12.1937)

Der Kriegsbeginn verstärkte den Erziehungswillen der Mutter noch weiter. Sie nahm ihn zum Anlass, einmal mehr die Hoffnung auszudrücken, dass ihre Tochter auch in Zukunft tapfer bleibe und den Gefahren „fest ins Auge" blicke (Annette 1936: 2.9.1939). Programmatisch blieb das Müttertagebuch im Übrigen bis zum Schluss im Jahr 1950. Nur dass sich das Koordinatensystem für sie änderte. Der letzte Eintrag der Mutter lautete: „Ich möchte das Tagebuch schließen in der Hoffnung, dass Du mal im Leben die marxistisch leninistische Weltanschauung in Wort und Tat vertrittst. Deine Mutter." (Annette 1936: 10.9.1950).

Die Haltung dieser Mutter zum Kind war, wie auch in anderen Fällen aus dieser Zeit, von der Angst vor der potentiellen kindlichen Tyrannei bestimmt. Zeichen des aufkeimenden ‚Willens' beim Kind registrierte sie mit der zeittypischen Ambivalenz: einerseits war der Wille Merkmal einer gesunden Entwick-

---

17   „Dein Motto heißt jetzt lachen, lachen und nochmals lachen. Wenn Du so bleibst, dann meisterst Du Dein Dasein." (Annette 1936: 18.1.1937).

18   „Du hast auch vor nichts Angst. Du fasst Katzen und Maikäfer an." (Annette 1936: 24.6.1938).

lung, andererseits eine Herausforderung an die Eltern, sofort dagegen anzukämp-
fen. „Jetzt merkt man schon, dass auch in Dir ein Wille lebt. Vor allem beim
Essen. Da gibt's jetzt oft Kampf." (Annette 1936: 21.5.1937). „Tyrannisieren
will uns unsere kleine Annette auch schon, das Mordsgeschrei, wenn sie das
Wattepaket nicht haben darf. Da heißts nun aber aufgepasst, dass nicht so ein
keiner Trotzkopf daraus wird." (Annette 1936: 5.11.1937). Schon im Alter von
vier Wochen wurde der Säugling als Gegenspieler gesehen, die unbedingt von
der Mutter gewonnen werden musste, damit das Kind am Ende die ‚Machtprobe'
nicht gewänne. Austragungsfeld war, wie sollte es anders sein, die vom Exper-
tendiskurs empfohlene Rhythmisierung beim Essen.

> „Und gestern sollte das der erste Versuch sein, wer stärker ist, deine Mutter oder du?
> Von 16 Uhr ab, als ich mich auf die Bank setzte, schriest du. Ich hätte nur aufstehen
> brauchen und weiter verfahren, und du wärst ruhig gewesen, das wusste ich. Ich tat
> es nicht, sondern ließ dich schreien. Der Erfolg: nach einer halben Stunde hörtest du
> auf, stecktest den Daumen in den Mund und blicktest munter umher." (Annette
> 1936: 24.9.36)

Das Motiv der Machtprobe mit wenigen Tagen oder Wochen alten Kindern zieht
sich durch die Tagebücher jener Zeit. Es finden sich exakt die von Haarer und
Konsorten kolportierten Bilder von einem Säugling, der ohne feste Zucht und
Ordnung aus dem Ruder liefe.

Eine Zusammenfassung all dessen, was ein ideales Baby für jene Zeit war,
beschreibt folgende Passage aus einem anderen Tagebuch.

> „G. ist seit 14 Tagen wegen Karls Krankheit in Gauting. Sie lässt sich aber durch die
> Übersiedlung nicht im geringsten in ihren Gewohnheiten stören. Sie kann schon ihre
> große Zehe in den Mund stecken. Nachts schläft sie immer sehr schön durch. Sie er-
> freut sich eines sehr guten Appetits, was ihr auch ganz gut anschlägt. Sobald sie ihr
> Brüderchen sieht, lacht sie übers ganze Gesicht." (Gertrud 1933: 13.12.1933)

Aus diesen wenigen Zeilen lassen sich die Konstanten eines Idealbildes destilie-
ren: Unempfindlichkeit gegen die sich verändernde Umwelt, Unabhängigkeit
von gefühlsmäßigen Banden, hohe Soziabilität, Konsequenz bezüglich der in-
korporierten Regeln (i. e. Tagesrhythmus). Dazu war ein „Musterbaby" (Gertrud
1933: Pfingsten 1934) schmerzunempfindlich, oft als „Tapferkeit"[19] umschrieben
(etwa beim Zahnen, Impfen und kleinen Unfällen[20]), vital und selbstgenügsam
(vgl. Gertrud 1933: Sept. 1934). Unter Vitalität fasse ich nicht nur Gesundheit
und Lebendigkeit, also Kategorien, die in den Zeiten der noch nicht vergessenen

---

19 Gertrud 1933: April 1936: „Jede Art von Schmerzen unterdrückt sie tapfer."
20 Vgl. Gertrud 1933: z. B. 12. August 1934, 20. Juli 1935, April 1939, Frühjahr 1941.

hohen Säuglingssterblichkeit und der existentiellen Bedrohungen immer noch wichtig waren, sondern auch Vorstellungen von psychischer Robustheit, sichtbarer Kraft und Wehrhaftigkeit. Auch wenn das Wort „arisch" nicht fällt, zeugen die körperlichen Attribuierungen zuweilen von einem entsprechenden Gedankengut. Nicht nur Jungen wurden an ihrer Kraft und Vitalität gemessen, auch Mädchen sollten sich einem entsprechenden Idealbild nähern. So schrieb die Mutter von Erdmute zum ersten Geburtstag ins Tagebuch: „Erdmute ist bisher das Urbild des gesunden deutschen Kindes. Hoffentlich bleibt es so! Blond, stämmig, blauäugig und immer artig und freundlich, freut sich ein Jeder über sie." (Erdmute 1940: 12.10.1941). Nationalsozialistische Größenphantasien speisten auch die Erziehungsvorstellungen des Vaters von Hans-Jürgen: „Jede grosse Zeit erfordert grosse und harte Menschen, gross im Können, im Charakter und im Glauben. Deine Zeit wird Grosses von Dir verlangen. Hierzu wollen wir Dich vorbereiten und Dich erziehen, damit Du stark wirst an Leib und Seele" (Hans-Jürgen 1939: 1. Eintrag), schrieb er im Jahr 1939 seinem Erstgebornen ins Tagebuch. „Stämmig", „rote Pausbäckchen", „kräftig", „eine schöne braune Farbe", „flachsblond", „groß und kräftig", „ein ganz ansehnlicher und stämmiger Kerl" (Rainer 1938: 15.9.1939): Auch der Vater von Rainer konnte sich in seinen Notizen gar nicht genug tun mit körperlichen Attribuierungen seines Sohnes. Die Gehversuche beschreibt er als „breitbeiniges Anmarschieren", und in derselben Tagesnotiz lobte er die „machtvollen Kämpfe" und den „Angriffsgeist" der deutschen Wehrmacht (Rainer 1938: 15.9.1939). Gratifiziert wurde schon im Kleinkindalter körperliche ‚Wehrhaftigkeit', wie in folgender Passage sichtbar. „Wenn es Meinungsverschiedenheiten zwischen den beiden gibt, so kommt Truderl nie heulend angelaufen, sondern verteidigt sich tapfer. Sie haut dann Walter eine mitten ins Gesicht, so dass der ganz verblüfft ist, und beißt, wenn sie am Unterliegen ist." (Gertrud 1933: 20.7.1935).

Anders als in früheren Tagebüchern fanden sich in den 1930er Jahren mehrere Beispiele von Kindern, die früh für längere Zeit weggegeben wurden, und zwar nicht nur im Kreis der Verwandtschaft, sondern auch in Institutionen. Für unsere Fragestellung ist interessant, wie die Trennungen im Tagebuch verarbeitet wurden. Daraus kann auf die Haltung zum Kind geschlossen und ganz konkret auf die Frage eingegangen werden, ob die NS-Frühsozialisation, wie behauptet, eine Erziehung zur Bindungslosigkeit war. Die Anlässe für Trennungen waren unterschiedlich. Mal wurden gesundheitliche Probleme der Mutter, mal Überlastung, mal ein ausgeprägtes Bedürfnis nach Reisen und eigenen Aktivitäten, mal erzieherische Gründe angegeben. Annette wurde im Alter von 15 Monaten für vier Wochen ins Kinderheim gegeben, solange ihre Mutter zur Erholung war. „Ich habe mich in den 4 Wochen unbeschreiblich nach Dir gesehnt nach Deinem herzlichen Lachen nach Deinem Geplauder", trug die Mutter dazu ein und war dann entsetzt über das „kleine verschüchterte Heultrinchen", das sie zurück bekam (Annette 1936: 29.12.1937). Im Kindergartenalter hatte sich diese Schwäche offenbar ausgewachsen, denn die Mutter trug stolz in ihr Tagebuch ein: „Kindergarten steht augenblicklich im Mittelpunkt Deines Erlebens. Ganz selbstverständlich und unbekümmert bleibst gleich am 1. Tag dort. Du passt Dich ja von jeher schnell an Deine Umgebung an." (Annette 1936: 23.1.1940). Gertrud kam im Alter von sechs Monaten aufgrund von Krankheit und Tod des Vaters zu ihren Großeltern, später wurde sie im Rahmen der Kinderlandverschickung noch einmal von der Mutter getrennt. Die Einträge der Mutter waren entsprechend sporadisch. Sie hielten ohne große innere Beteiligung die Fakten der kindlichen Entwicklung fest. Nur einmal fragte sich die Mutter nach einem Besuch ihres Kindes: „Ob sie schon merkt, dass ihre Mutti nicht bei ihr bleiben kann?" (Gertrud 1933: Januar 1934).

In einem anderen Fall wurde immer abwechselnd ein Zwilling bei Verwandten untergebracht, ebenso das dritte Kind. Die Mutter war äußerst aktiv und genoss in den Kriegsjahren ein sozial und kulturell angefülltes Leben.

> „Mutti war recht unternehmenslustig u. verschwenderisch in jener Zeit u. fuhr nach Baden-B. zu W. in ihrem wunderschönen Heim zu besuchen [sic] u. viel Schönes zu genießen, das die Stellung von Herrn W. uns bot: Theater, Konzerte, Opernbesuche, Einladungen u. Spaziergänge wechselten miteinander ab." (Sigrid und Helene 1939: 1941)

Sie nutzte auch die Möglichkeit, ihre Kinder in einem Kindertagesheim unterzubringen:

> „Da war alles auf's beste u. Modernste eingerichtet. Große Tagessäle, deren Wände ganz mit Märchenbildern bemalt waren, kleine Möbel, Waschbecken, (...) mittags gab es Tee oder Milch zum mitgebrachten Vesper, viele gut geschulte Tanten sorgten und spielten für u. mit Euch. (....) Sobald Traudel stubenrein war, durfte auch sie mitkommen (...)." (ebd.)

Sie begriff die frühen Trennungen als Gewinn für sich selbst und für die Kinder.

> „Aber der kl. Vetter freundete sich schwer mit Euch an, er wollte immer bei seiner Mutter sein, während ihr durch das bewegte Leben, das ihr seit Geburt zwischen C. und V. führen mußtet, gar nicht an Eure Mutter anhingt. Ich konnte Euch überall mitnehmen, ihr wart überall gleich zu Hause und spieltet mit den jeweiligen Kindern ohne nach Mutti zu schreien." (Sigrid und Helene 1939: Anfang 1941)

In einem anderen Fall gab eine Mutter ihre knapp vierjährige Tochter in ein Kinderheim, trotz der Zwangsarbeiterin, die ihr als Haushaltshilfe zur Verfügung stand. Die Motive waren offensichtlich erzieherische und gesundheitliche:

> „Sie hat auch nie Appetit, jeden Bissen muß man ihr reinquälen, dabei ist sie so un-
> ruhig und schläft zu wenig. (...) Wir wollen jetzt versuchen, sie in ein gutes Kinder-
> heim im Gebirge zu buchen. Dann habe ich auch Last mit ihren Füßen. Sie hat star-
> ken Knickfuß und klagt oft über Fußschmerzen." (Brita 1938: 15.11.1942)

Als es soweit war, trug die Mutter ein, sie sei nun gespannt auf den Erfolg der
erhofften Generalsanierung. Alle acht Tage erhielt sie Nachricht über ihr „Erge-
hen". Auf diesem Weg wurde sie darüber informiert, dass die Tochter nach den
ersten acht Tagen mäßigen Appetit gehabt habe, zu den anderen Kindern noch
„gar keinen Kontakt, ohne Aufforderung spielt sie nicht mit. Nach 2 Wochen ist
der Appetit sehr gut. Brita ißt schnell alles auf. Sie fängt an, aus sich herauszu-
gehen und sich den anderen Kindern anzuschließen. Leider macht sie öfter das
Bett naß" (Brita 1938: 21.3.1943). Interessant nun, wie die Mutter diese Nach-
richten kommentierte:

> „Ja, das ist eine schlimme Geschichte! Ich hoffe, sie wird es sich dort abgewöhnen.
> Manchmal, wenn Arne schläft, habe ich doch Sehnsucht nach meiner ‚Großen'.
> Wenn ich Arne nicht hätte, hätte ich Brita gar nicht weggeben können. Aber Arne ist
> ja jetzt auch schon recht lebendig." (Brita 1938: 21.3.1943)

Als sie ihre Tochter nach acht Wochen wieder zurück erhalten hatte, machte sie
folgende Bilanz auf.

> „Sie hat zwar nur 2 ½ Pfund zugenommen, aber ihr Gesamtbefinden und Aussehen
> ist wohler und frischer als vorher. Auch der Appetit hat sich gebessert. Besonders
> aber in erzieherischer Hinsicht scheint es Brita gut getan zu haben. Sie hat gelernt,
> sich selbst an und auszuziehen und kann sich allein waschen und auch das Bettnäs-
> sen ist Gottseidank verschwunden." (Brita 1938: 3.5.1943)

Es kann nicht verwundern, dass Tochter Brita als Erwachsene mit bitteren Ge-
fühlen an diese Episode zurückdenkt, zumal sich kaum leugnen lässt, dass zumindest auf der Ebene des Textes die Mutter dem Sohn zugewandter war.[21] Die
unsentimentale, manchmal geradezu positive Haltung der Eltern zu befristeten
Trennungen vom Säugling und Kleinkind war indes nicht nur ihre Erfahrung.
    Kann man aber daraus auf eine laxe oder sogar fehlende gefühlsmäßige
Bindung an das Kind schließen, wie das in der Forschung nahe gelegt wird? Im
Gesamtbild würde ich das verneinen. Die verstärkte Ausrichtung auf das Kind

---

21   Zur Nachwirkung des Tagebuchs hat Brita einen Nachtrag angefertigt. Die Bevorzugung des
     Sohnes ergibt sich aus mehreren Textstellen. Sie gründete sich wohl auch darauf, dass die Mut-
     ter ihn als „richtigen kleinen Kraftmeier" sah, also weniger Anlass zur Sorge bei ihm sah (vgl.
     Eintrag vom 14.10.1943).

seit dem frühen 20. Jahrhundert mit den gestiegenen Anforderungen an die Sozialisationsleistungen der Eltern hatte meines Erachtens nicht nur negative Folgen wie größere Kontrolle und Normierung der frühkindlichen Entwicklung, sondern auch positive – ein paradoxer Befund – denn sie führte zu mehr Hinwendung und Zuwendung. Die Elterntagebücher beschäftigten sich sehr intensiv mit den Belangen des Kindes, nicht nur auf rationale oder instrumentelle Weise. Die Kinder wurden nicht nur für eine Volksgemeinschaft zugerichtet, sondern meistens in ihrer Einzigartigkeit gefeiert. Diesen allgemeinen Trend veranschaulicht das Tagebuch des Vaters von Hans-Jürgen, Berufsschullehrer einer norddeutschen Mittelstadt und Parteifunktionär. Er hat das Tagebuch mit der Widmung „Du, unser Junge!" (Hans-Jürgen 1939: 18.7.-24.8.1941) eigenhändig getippt und allein durch die Regelmäßigkeit und Fülle der Eintragungen ein stupendes Interesse an seinem Erstgeborenen bewiesen. Dazu scheint in zahlreichen Formulierungen auf, dass dem Vater sehr viel an einer Beziehung zu dem Jungen lag, und er gefühlsmäßig alles andere als unabhängig von ihm war. Nach der Wiederkehr seines zweijährigen Sohnes von einem Aufenthalt bei den Großeltern schrieb er enttäuscht in das Tagebuch:

> „Auf das Wiedersehen hatte ich mich schon seit Tagen gefreut. Endlich ist es soweit. Beim Einrollen des Zuges sehe ich Dich schon mit der Mutti an der Haltestelle der Kleinbahn. Und nun ist der ‚grosse Augenblick' da. Die Mutti freut sich unbändig wie ich selbst. Von Dir hatte ich ein lautes Jauchzen erwartet. Aber nur ein schüchternes ‚Papi' bringst Du hervor, um Dich dann gleich mit anderen Dingen Deiner Umgebung zu beschäftigen. Nicht einmal zu mir auf den Arm willst Du, wovon Du vorher nie genug haben konntest. So sind Kinder!" (Hans-Jürgen 1939: 18.7.-24.8.1941)

Dass das emotionale Verhältnis zu Kleinkindern in dieser Zeit kompliziert war, kann nicht bezweifelt werden. Ein Indiz dafür neben den oben beschriebenen Härten und Indifferenzen ist die Sprache, die oft, wenn es um Gefühle ging, ins Uneigentliche rutschte. So benutzte nicht nur der Vater von Hans-Jürgen das distanzierende Mittel der Anführungszeichen, wenn er kindliche Sprache und vor allen Dingen emotionale, zärtliche Wörter verwendete, wie etwa im gerade zitierten Beispiel, in dem er seine eigene Hoffnung und Sehnsucht bezogen auf den „großen Augenblick" des Wiedersehens abschwächte.[22] Auch die harten Erziehungsmethoden dieses Vaters, die konstante emotionale Erpressung des Kindes mit der sich aufopfernden Mutter, das Männlichkeitsideal – all das spricht für ein

---

22 Ein anderes Beispiel uneigentlicher Sprache: „(...) nachdem Du des Morgens im Bett mit Deinem Papi richtig ‚geschmust' hattest, wofür ich Dir vorher das ‚Rührei' aus der ‚Buxe' besorgte, (...) „daneben bleibt mir immer noch mal ein Stündchen Freizeit, um mit Dir zu ‚schmusen'" (Hans-Jürgen 1939: 14.12.1941-4.1.1942).

facettenreiches und ambivalentes Konzept von Elternliebe, dennoch lässt sich von einer Erziehung zur Bindungslosigkeit, die angeblich NS-typisch war, nicht sprechen.

Fazit

Die anthropologischen Vorstellungen, die der Frühsozialisation zugrunde lagen, hatten sich deutlich entfernt von dem Bild der vernunftgeleiteten Reifung im Sinne der bürgerlichen Sozialisationsidee hin zu einer Idee von einem erstrebten idealtypischen Körper, kräftig, wehrhaft, schmerzunempfindlich, vital, und hin zu einer unabhängigen, aber gleichzeitig soziablen und tatkräftigen Persönlichkeit. Es erweist sich, dass die Person-Umwelt-Beziehung als feindselig gesehen wurde. Das Kind musste lernen, mittels der genannten Attribute die Welt zu bemeistern. Anhand von drakonischen Regeln der Bedürfnisrhythmisierung und -kontrolle, die in Machtproben durchgesetzt wurden, lernte schon der Säugling, dass es in dieser Welt nicht um ihn und seine Bedürfnisse gehen würde. In der Beziehung zwischen Eltern und Kind spielte das Bild des kindlichen Tyrannen eine konstitutive Rolle, was sich auf die Erziehungsziele und -methoden auswirkte. Trotzdem ist die These einer gewollten Beziehungs- und Bindungslosigkeit nicht allein tragfähig. Zwar wurden Trennungen manchmal recht kaltherzig auch nur der elterlichen Entlastung und Zerstreuung oder der Erziehung des Kindes halber in Kauf genommen. Aber auf der anderen Seite der Bilanz standen die oft intensive Beschäftigung und Zuwendung auch von Vätern und die gelegentlich aufblitzende emotionale Abhängigkeit der Eltern von ihren Kindern, die sich etwa in der Enttäuschung darüber äußerte, dass von Seiten des Kindes die unterkühlte, rationale Art des Umgangs erwidert wurde. So beschwerte sich Annettes Mutter, die ihre Tochter immer wieder in Betreuungsinstitutionen gegeben hatte, darüber, dass sich ihre Tochter nicht sehr anhänglich zeige. „(...) wenn Du ein Zusammensein mit ihr dem Zusammensein mit Mutter und Bruder vorziehst, dann geh schon. Aber weh tut es Mädel, ob Du mir überhaupt jemals im Leben von Innen heraus etwas zu sagen hast?" (Annette 1936: 22.4.1946). Dieser Satz deutet an, welches Maß an enttäuschter Sehnsucht die Normerfüllung der Frühsozialisation in der NS-Zeit für alle Beteiligten mit sich bringen konnte.

Quellen und Literatur

Ungedruckte Tagebücher

Annette (1936): „Das Tagebuch von einem neuen Menschen". Leipzig: Deutsches Tagebucharchiv. Mutter Lehrerin
Brita (1938). Göttingen. Vater Arzt
Gertrud (1933). München. Vater Arzt
Hans-Jürgen (1939). Minden/Westfalen. Vater Berufsschullehrer
Rainer (1938). Affersleben. Vater Händler
Sigrid und Helene (1939). Schwenningen/Schwarzw. Vater gehobener Verwaltungsbeamter

Literatur

Anonym (1932): Erziehung im Elternhause. Vom Wesen der Erziehung. Juli 1932. o. S.
Babys Tagebuch (1917): Merkblätter und die Grundzüge der Säuglingspflege. Herausgeben von Irene Moro-Drasch. Erstauflage 1917. Graz: Leykam-Verlag
Becher, Jutta (1995): Kindermädchen in bürgerlichen Familien des Zweiten Deutschen Kaiserreichs (1871-1918). In: Berg u. a. (1995): 191-212
Benz, Ute (1988): Brutstätten der Nation. ‚Die deutsche Mutter und ihr erstes Kind' oder der anhaltende Erfolg eines Erziehungsbuches. In: Dachauer Hefte. Studien und Dokumente zur Geschichte der nationalsozialistischen Konzentrationslager 4. Heft: 144-163
Benz, Ute (1991): Frühe Kindheit im Nationalsozialismus. Der Mythos Mutter im Hitlerreich und seine Folgen. In: Psychosozial 14. Heft 3. Nr. 47. 30-42
Benz, Ute/Benz, Wolfgang (Hrsg.) (2001): Deutschland, deine Kinder. Zur Prägung von Feindbildern in Ost und West. München: DTV
Berg, Christa/Herrmann, Ulrich/Lundgreen, Peter (Hrsg.) (1995): Jahrbuch für Historische Bildungsforschung. Bd. 2. Weinheim/München: Juventa
Brockhaus, Gudrun (2007): Lockung und Drohung – die Mutterrolle in zwei Ratgebern der NS-Zeit. In: Gebhardt/Wischermann (2007): 49-68
Budde, Gunilla Friederike (2004): Alles bleibt anders. Die Institution der ‚Familie' zwischen 1945 und 1975 im deutsch-deutschen Vergleich. In: Oppen/Simon (2004): 69-98
Burnham, John C. (1988): Paths into American Culture. Psychology, Medicine, and Morals. Philadelphia: Temple University Press
Chamberlain, Sigrid (1997): Adolf Hitler, die deutsche Mutter und ihr erstes Kind: über zwei NS-Erziehungsbücher. Gießen: Psychosozial
Cunningham, Hugh (2006): Die Geschichte des Kindes in der Neuzeit. Düsseldorf: Artemis und Winkler
Czerny, Adalbert (1908): Der Arzt als Erzieher des Kindes. Vorlesungen. Leipzig/Wien: Deuticke
Das Buch der Kindheit (o. J.). Verlag für Standesamtswesen G.m.b.H. in Berlin

Diele, Heidrun (2000): „Man kann sich nun immer mehr mit ihr abgeben ... " Tagebuch eines Vaters über seine 1794 geborene Tochter. In: Zeitschrift für Biographiefor-schung. Oral History und Lebensverlaufsanalysen 13. Heft 1. 125-146

Dill, Gregor (1999): Nationalsozialistische Säuglingspflege. Eine frühe Erziehung zum Massenmenschen. Stuttgart: Enke

Eger-Keil, Patricia (1991): Vom autistischen Säugling zum kompetenten Interaktionspart-ner – ein Wandel auch innerhalb der psychoanalytischen Entwicklungspsychologie. In: Psychosozial 14. Heft 2. Schwerpunktthema: Säuglinge und ihre Eltern. 44-57

Fries, Mauri (1996): Mütterlichkeit und Kinderseele. Zum Zusammenhang von Sozialpä-dagogik, bürgerlicher Frauenbewegung und Kinderpsychologie zwischen 1899 und 1933 – ein Beitrag zur Würdigung Martha Muchows. (= Beiträge zur Geschichte der Psychologie. Bd. 11). Frankfurt a.M. u. a.: Lang

Funck, Marcus/Malinowski, Stephan (1999): Geschichte von oben. Autobiographien als Quelle einer Sozial- und Kulturgeschichte des deutschen Adels in Kaiserreich und Weimarer Republik. In: Historische Anthropologie. Kultur. Gesellschaft. Alltag 7. Heft 2. 236-270

Gall, Lothar/Schulz, Andreas (Hrsg.) (2003): Wissenskommunikation im 19. Jahrhundert. Stuttgart: Franz Steiner

Gebhardt, Miriam (2004): Frühkindliche Sozialisation und historischer Wandel. In: Tel Aviver Jahrbuch für deutsche Geschichte XXXII. Geschichte und Psychoanalyse. Göttingen: Wallstein. 258-273

Gebhardt, Miriam (2006): Der Fall Clara Geißmar, oder von der Verführungskunst weib-licher Autobiographik. In: Heinsohn/Schüler-Springorum (2006): 233-249

Gebhardt, Miriam (2007): Haarer meets Spock – frühkindliche Sozialisation und gesell-schaftlicher Wandel seit 1933. In: Gebhardt/Wischermann (2007): 87-104

Gebhardt, Miriam/Wischermann, Clemens (Hrsg.) (2007): Familiensozialisation seit 1933 – Verhandlungen über Kontinuität (= Studien zur Geschichte des Alltags. Bd. 25). Stuttgart: Franz Steiner

Gebhardt, Miriam (2007a): ‚Ganz genau nach Tabelle' – Frühkindliche Sozialisation in Deutschland zwischen Normerfüllung und Dissonanzerfahrungen der Eltern 1915–1965. In Jahrbuch für Historische Bildungsforschung, Bd. 13, Bad Heilbrunn: Klinkhardt, S. 239-266.

Gestrich, Andreas (1999): Geschichte der Familie im 19. und 20. Jahrhundert (= Enzyklo-pädie deutscher Geschichte. Bd. 50). München: Oldenbourg

Günther, Dagmar (2001): And now for something completely different. Prolegomena zur Autobiographie als Quelle der Geschichtswissenschaft. In: Historische Zeitschrift 272. 25-61

Haarer, Johanna (1934ff.): Die deutsche Mutter und ihr erstes Kind. Lindau: Verlag Klei-ne Kinder und München: Lehmann

Heinsohn, Kirsten/Schüler-Springorum, Stefanie (Hrsg.) (2006): Deutsch-jüdische Ge-schichte als Geschlechtergeschichte. Studien zum 19. und 20. Jahrhundert. Göttin-gen: Wallstein

Herzog, Dagmar (2005): Politisierung der Lust. Sexualität in der deutschen Geschichte. München: Siedler

Heßling, Jörg (1998): Die Haltung zu Kindern in der deutschen Kinderheilkunde von 1877–1980. Herzogenrath: Murken-Altrogge

Hetzer, Hildegard (1941): Erziehungsfehler. Dritte Auflage. Lindau: Verlag Kleine Kinder und München: Don Bosco

Hetzer, Hildegard (1946): Seelische Hygiene! Lebenstüchtige Kinder! Richtlinien für die Erziehung im Kleinkindalter. Siebte Auflage. Lindau: Verlag Kleine Kinder

Kagan, Jerome (2000): Die drei Grundirrtümer der Psychologie. Weinheim/Basel: Beltz

Keller, Heidi (1989): Handbuch der Kleinkindforschung. Berlin: Springer

Keller, Heidi (Hrsg.) (2003): Handbuch der Kleinkindforschung. Bern: Huber

Keller, Heidi (2003): Das Säuglingsalter aus kulturpsychologischer Sicht. In: Keller (2003): 353-380

Keller, Heidi (2008): Die soziokulturelle Konstruktion impliziten Wissens in der Kindheit. In: Trommsdorf/Kornadt (2008): 703-734

Lipp, Carola/Meiners, Uwe/Röhrbein, Waldemar/Spieker, Ira (Hrsg.) (2002): Volkskunde in Niedersachsen. Regionale Forschungen aus kulturhistorischer Perspektive. Referate der Tagung vom 28.2. bis 2.3. 2001 im Museumsdorf Cloppenburg. Niedersächsisches Freilichtmuseum. Cloppenburg: Museumsdorf Cloppenburg

Moeller, Robert G. (1997): Geschützte Mütter. Frauen und Familien in der westdeutschen Nachkriegspolitik. München: DTV

Mouton, Michelle (2007): From Nurturing the Nation to Purifying the Volk. Weimar and Nazi Familiy Policy, 1918-1945. Cambridge u. a.: Cambridge University Press

Mühlfeld, Claus/Schönweiss, Friedrich (1989): Nationalsozialistische Familienpolitik. Familiensoziologische Untersuchung der nationalsozialistischen Familienpolitik. Stuttgart: Enke

Oesterreich, Detlev (1996): Flucht in die Sicherheit. Zur Theorie des Autoritarismus und der autoritären Reaktion. Opladen: Leske + Budrich

Oppen, Maria/Simon, Dagmar (Hrsg.) (2004): Verharrender Wandel. Institutionen und Geschlechterverhältnisse. Berlin: Edition Stima

Rosenbaum, Heidi/Doetzer, Oliver/Friedreich, Sigrid Anna (2002): Zum Stellenwert biographischer Forschung in der Sozialgeschichte von Familie und Kindheit – am Beispiel des Projekts ‚Kinderalltag im Nationalsozialismus'. In: Lipp u. a. (2002): 127-140

Rülcker, Tobias (1999): Das Jahrhundert des Kindes? Ellen Key, die deutsche Pädagogik und die widersprüchliche Realität von Kindheit im 20. Jahrhundert. In: Das Jahrhundert des Kindes? Jahrbuch für Pädagogik 1999. Frankfurt a.M.: Lang. 17-32

Schaffner, Bertram (1948): Father Land. A Study of Authoritarianism in the German Family. New York: Columbia University Press

Schelsky, Helmut (1954/1960): Wandlungen der deutschen Familie in der Gegenwart. Darstellung und Deutung einer empirisch-soziologischen Tatbestandsaufnahme. Zweite Auflage. Stuttgart: Enke

Schmid, Pia (2000): Väter und Forscher. Zu Selbstdarstellungen bürgerlicher Männer um 1800 im Medium empirischer Kinderbeobachtungen. In: Feministische Studien 18. Heft 2. 35-48

Schulz, Andreas (2003): Der „Gang der Natur" und die „Perfektibilität" des Menschen. Wissensgrundlagen und Vorstellungen von Kindheit seit der Aufklärung. In: Gall/Schulz (2003): 15-39

Tagebuch. Herausgegeben von Hildegard Hetzer und Hans Piorkowski. 2. Auflage 1934, 3. Auflage 1959. Lindau am Bodensee: Verlag Kleine Kinder

Tenorth, Heinz-Elmar (2000): Geschichte der Erziehung. Einführung in die Grundzüge ihrer neuzeitlichen Entwicklung. 3. überarb. und erw. Auflage. Weinheim/München: Juventa

Trommsdorff, Gisela (Hrsg.) (1989): Sozialisation im Kulturvergleich (=Der Mensch als soziales und personales Wesen. Bd. 10). Stuttgart: Enke

Trommsdorff, Gisela (1989): Sozialisation und Werthaltungen im Kulturvergleich. In: Trommsdorff (1989): 97-121

Trommsdorf, Gisela/Kornadt, Hans-Joachim (Hrsg.) (2008): Theorien und Methoden der kulturvergleichenden Psychologie. Göttingen u. a.: Hogrefe

Wallace, Doris B./Franklin Margery B./Keegan, Robert T. (1994): The observing eye: a century of Baby Diaries. In: Human Development 37. 1-29

Wong, James (2004): Sapere Aude: Critical Ontology and the Case of Child Development. In: Canadian Journal of Political Science 37. No. 4. 863-882

Der Erfolg des Scheiterns und das Scheitern des Erfolgs. Die Bedeutung der Familie für die politische Sozialisation: Potsdam 1957

Gerhard Kluchert, Rüdiger Loeffelmeier

1   Einleitung: Familie und politische Sozialisation im ‚Erziehungsstaat'

Welche Bedeutung der Familie für die politische Sozialisation der nachwachsenden Generation zukommt, ist eine in der sozialwissenschaftlichen Forschung häufig untersuchte und dabei nach wie vor umstrittene Frage (vgl. die Überblicke bei Geißler 1996; Hopf/Hopf 1997). Als höchst bedeutsam für den Erhalt bzw. den Charakter der politischen Ordnung wird die Familie einerseits von konservativen Staatstheoretikern des 19. Jahrhunderts wie Wilhelm Riehl, auf der anderen Seite des politischen Spektrums aber auch von den Vertretern der Kritischen Theorie betrachtet. Diese Auffassung geht Hand in Hand mit der Überzeugung, dass entscheidende Weichenstellungen hinsichtlich der für das politische Denken und Handeln ausschlaggebenden Grundorientierungen schon in der Kindheit erfolgen. Das wiederum wird von anderen bestritten, die der Adoleszenz größere Bedeutung beimessen oder sogar davon ausgehen, dass erst im Erwachsenenleben die wesentlichen Lernprozesse stattfinden. Die einschlägige empirische Forschung hat allerdings – bei aller Lückenhaftigkeit – doch zahlreiche Belege dafür erbringen können, dass die Familie sowohl für das Entstehen bestimmter politischer Einstellungen (Parteipräferenzen, Dispositionen zur Teilnahme am politischen Leben) als auch für das Entstehen ‚vorpolitischer' Orientierungen (Autoritarismus, Konventionalismus etc.) und entsprechender Persönlichkeitsmerkmale (Selbstvertrauen, Konfliktfähigkeit, Ambiguitätstoleranz etc.) eine wesentliche Rolle spielt (vgl. Geißler 1996: 56ff.).

Die Frage nach der Bedeutung der Familie für die politische Sozialisation stellt sich noch einmal in anderer und schärferer Form in politischen Systemen, die einen umfassenden Anspruch auf die Erziehung der nachwachsenden Generation erheben, wie dies etwa für die beiden deutschen Diktaturen des 20. Jahrhunderts gilt, die nicht von Ungefähr als ‚Erziehungsstaaten' oder ‚Erziehungsdiktaturen' bezeichnet worden sind (vgl. Tenorth 1998). Das Bestreben der Verantwortlichen richtete sich in diesen Systemen auf eine möglichst lückenlose Kontrolle der schon bestehenden Erziehungseinrichtungen, auf die Ausdehnung des Einflusses von Staat und Partei auf dem Erziehungsfeld und entsprechend auf die Zurückdrängung staats- und parteiferner Sozialisationsinstanzen. Diesem Zweck diente neben der Indienstnahme der Schule und der Ausbreitung vorschulischer und schulbegleitender Einrichtungen vor allem die Etablierung staatlicher Kinder- und Jugendorganisationen mit einem systemkonformen Freizeitangebot. Angestrebt wurde auf diese Weise letztlich die Identität von Erziehung und Sozialisation (vgl. Kluchert 1999).

Wie weit die genannten Systeme mit diesem Bestreben erfolgreich gewesen sind, ist in der sozialisationsgeschichtlichen Forschung umstritten. Fundierte ‚Wirkungsanalysen' liegen – zumindest für die Zeit des Nationalsozialismus und für die ersten Jahrzehnte der DDR – kaum vor. Dies ist kein Wunder, begegnen einschlägige Bemühungen doch großen quellenmäßigen und methodischen Problemen. Für die Zeit des Nationalsozialismus hat Wolfgang Klafki versucht, die entscheidenden Faktoren „für die politisch-moralische Grundorientierung" der Heranwachsenden durch eine Analyse von ca. 50 autobiographischen Texten zu bestimmen (Klafki 1991: 165). Auf der Basis dieser Dokumente meinte er, die Familie als die ausschlaggebende Instanz für jene ‚Grundorientierung', „mindestens bis zur Pubertät" (ebd.), ausmachen zu können, und zwar sowohl im Falle ‚pronazistischer' wie im Falle ‚distanzierter' oder ‚antinazistischer' Einstellungen. Eine weitgehende oder gar vollständige Lösung von den familiären Orientierungen sei dem gegenüber selten festzustellen. Wo sie vorkomme, scheine „*das Verselbständigungsmotiv der in die Pubertät eintretenden Jungen oder Mädchen* eine entscheidende Rolle gespielt zu haben" (Klafki 1991: 166; Hervorhebung im Original).

Die differenziertesten Befunde zur politischen Sozialisation in der frühen DDR verdanken wir den Analysen, die Dieter Geulen auf der Basis von Interviews und Gruppendiskussionen mit 35 Angehörigen der ‚Intelligenz' aus den Geburtskohorten 1940, 1950 und 1960 durchgeführt hat (vgl. Geulen 1998). Demnach variiert die Bedeutung der Familie mit der Kohorte: Für die um 1940 Geborenen ist sie am größten, weshalb, wie Geulen ausführt, „das Verhältnis zum neuen DDR-Staat auch bei pragmatischem Sich-Anpassen eine gewisse Distanz behielt" (Geulen 1998: 325). Bei den zehn Jahre später Geborenen stellt er hingegen eine stärkere Abwendung vom Herkunftsmilieu und eine Hinwendung zum DDR-Staat fest, bei den um 1960 Geborenen wiederum eine deutlich geringere Bedeutung der Familie überhaupt, was er darauf zurückführt, „daß die staatlichen Instanzen schon in der Kindheit dieser Kohorte einen relativ großen Raum einnahmen und das Familienleben aufgrund der Berufstätigkeit beider Eltern erheblich reduziert war" (Geulen 1998: 326). Dem stehen allerdings die Befunde jugend- und familiensoziologischer Untersuchungen aus dem letzten Jahrzehnt der DDR gegenüber, die „einen überraschend großen, ungebrochenen Einfluß der Familie auf den Sozialisationsprozeß der heranwachsenden Generation aufzeigen", und zwar in Bezug „auf Einstellungen, Wertmuster, Lebensorientierungen und Verhaltensweisen der Jugendlichen" (Lemke 1991: 99; vgl. auch Geißler 1996: 62ff.). Ein umfassender Durchgriff auf die Familienerziehung, so fasst Lemke die Ergebnisse dieser Studien zusammen, sei ganz offensichtlich nicht geglückt, die familiale Sozialisationsleistung auch nicht durch die der öffentlichen Einrichtungen zurückgedrängt worden.

Wie immer man die – nicht ohne weiteres zu vereinbarenden – Ergebnisse dieser Untersuchungen gewichten mag: Übereinstimmung herrscht zumindest in dem Punkt, dass die Familie auch (und vielleicht gerade) in den beiden deutschen Diktaturen für den Erwerb der politisch relevanten Einstellungen und Verhaltensmuster durch die Heranwachsenden von Bedeutung war. In welchem Maße und in welcher Art dies der Fall war, bedarf jedoch ganz offensichtlich weiterer Klärung. Dazu beizutragen ist die Absicht der folgenden Ausführungen.

2 Das Exempel: der Abiturjahrgang 1957 der Humboldt-Oberschule in Potsdam

Gegenstand der Untersuchung ist der Abiturjahrgang 1957 einer Potsdamer Oberschule. Seine Mitglieder sind überwiegend im Jahr 1939, manche 1938 geboren. Ihre frühe Kindheit fällt also zusammen mit der Zeit des Krieges, sie haben in ihren ersten Lebensjahren Bedrohung durch den Bombenkrieg, Evakuierung, Abwesenheit, manchmal auch Verlust des Vaters, schließlich Flucht und Vertreibung, materielle Not und Hunger erlebt. Sie sind teilweise noch kurz vor, zumeist jedoch unmittelbar nach dem Ende des Krieges eingeschult worden, haben während der sowjetischen Besatzungszeit und in der frühen Phase der DDR acht Jahre lang die Grundschule besucht, haben dort zur Zeit des Juniaufstands 1953 ihre Abschlussprüfung abgelegt, sind dann zur Oberschule gewechselt und haben an dieser ein halbes Jahr nach dem Ungarnaufstand im Frühjahr 1957 ihre Reifeprüfung abgelegt.

Dieser kurze Überblick über den kollektiven Lebenslauf dieses Abiturjahrgangs lässt schon erkennen: Sind die ersten Kindheitsjahre wesentlich geprägt vom Krieg und von der Katastrophe des nationalsozialistischen Herrschaftssystems, so ist die gesamte Schulzeit von jenen einschneidenden wirtschaftlichen, gesellschaftlichen und politischen Umwälzungen begleitet, welche im Osten Deutschlands von den neuen Machthabern nach 1945 initiiert und vorangetrieben wurden und welche die Existenzbedingungen gerade der traditionellen Klientel der höheren Schulen, des Wirtschafts- und Bildungsbürgertums, der mittleren Beamten und Volksschullehrer, der Handwerker und der kleinen Kaufleute, grundlegend veränderte. Diese Umwälzungen betrafen neben den Bedingungen der Berufsausübung, den Besitz-, Einkommens- und Wohnverhältnissen auch die

Ausbildung des Nachwuchses: Nicht nur wurde in der ‚antifaschistisch-demokratischen Schulreform' des Jahres 1946 das alte dreigliedrige Schulsystem durch eine achtjährige Einheitsgrundschule ersetzt und die höhere Schule dadurch auf vier Jahre verkürzt, die Bildungseinrichtungen wurden auch als Instrumente zur Entmachtung der alten bürgerlichen Eliten und zur Heranbildung einer neuen, wesentlich der Arbeiter- und Bauernklasse entstammenden ‚sozialistischen' Elite genutzt (vgl. Anweiler 1988: 21ff.; Geißler 1990). Dies geschah einerseits durch gezielte Bildungswerbung unter den bislang ‚bildungsfernen' Klassen, durch Bereitstellung finanzieller Hilfen und durch Organisation pädagogischer Unterstützung; andererseits durch soziale Quotierungen beim Übergang auf die Oberschule und beim Zugang zum Studium, die auf die Durchsetzung proportionaler Chancengleichheit und die Relativierung des Leistungskriteriums hinausliefen.

Dies bedeutet, dass Familien aus bürgerlichen Schichten die herkömmlichen Wege zum Erhalt ihres sozialen Status gerade im Bildungsbereich zunehmend gefährdet sahen und in manchen Fällen nun sogar versperrt fanden. Hinzu kam seit Ende der 1940er Jahre eine von Staat und Partei forcierte Auseinandersetzung mit ‚bürgerlichen Ideologien' sowie insbesondere mit der christlichen Religion, die zu massiven Diskriminierungen der Kirchenmitglieder und zur Relegation von Angehörigen der Jungen Gemeinde, den Jugendgruppen der evangelischen Kirche, von den Oberschulen führte (vgl. Geißler 2000: 354ff.). Letztere wurden zwar im Gefolge des ‚Neuen Kurses', der von der kurz nach Stalins Tod um die Stabilität ihres Lagers fürchtenden Sowjetführung angeordnet worden war, wieder zurückgenommen, der weltanschauliche Kampf wurde jedoch mit anderen Mitteln – wie der Einführung und Durchsetzung der Jugendweihe als sozialistischem Konfirmationsersatz – fortgesetzt. Angesichts derartiger Zumutungen wählte ein Teil der bürgerlichen Eliten den Weg in den Westen (vgl. Weber 1985: 218). Jene, die blieben, fanden sich vor die Notwendigkeit von Anpassungsleistungen und in eine permanent spannungsvolle Situation gestellt. Für den Nachwuchs der von der Staatsmacht umworbenen Arbeiter- und Bauernklasse hielt dieselbe (Bildungs-)Politik auf der anderen Seite das Angebot bereit, sich auf den Weg des sozialen Aufstiegs zu begeben, durch Übernahme von Funktionen im Jugendverband aktiv am Aufbau der neuen Ordnung mitzuwirken und sich so einen Platz in den Reihen der neuen sozialistischen Elite zu sichern. Das Verhältnis zwischen Familie und – vor allem durch Schule und Jugendorganisation repräsentiertem – Staat war so gerade in der Umbruchszeit der 50er Jahre in hohem Maße konfliktträchtig und die Schulzeit des Abiturjahrgangs 1957 für seine Angehörigen aus allen Klassen gerade in dieser Hinsicht mit großen Herausforderungen verbunden. Exakt aus diesem Grund scheint es aber auch besonders lohnend, an seinem Beispiel der Frage nach der Bedeutung der Familie für die politische Sozialisation nachzugehen.

Trotz intensiver Bemühungen der bildungspolitisch Verantwortlichen um eine Vereinheitlichung des Schulwesens gestalteten sich die Verhältnisse an den Schulen der DDR in den 50er Jahren noch sehr unterschiedlich. Massive Probleme verwaltungstechnischer wie personeller Art ließen den Schulen einen im Vergleich zu späteren Zeiten großen Spielraum (vgl. Geißler 2000: 403ff.). Der Zugriff der staatlichen Schulverwaltung erfolgte sporadisch und häufig ‚kampagneartig', die SED-Gruppen waren an vielen Schulen noch nicht fest verankert, die FDJ-Leitungen in den Städten und Kreisen kümmerten sich wenig um die Oberschulen, und die Zusammensetzung der Kollegien wies hinsichtlich fachlicher Kompetenz und pädagogisch-weltanschaulicher Haltung große Differenzen auf. In dieser Situation hingen die an einer Oberschule herrschende Atmosphäre und der Grad ihrer ideologischen Ausrichtung stark von der Person des Schulleiters ab. Bei deren Auswahl waren politisch-weltanschauliche Kriterien zwar maßgebend, doch ließ auch die selbstverständlich vorausgesetzte Mitgliedschaft in der SED, wie die Praxis erwies, Raum für sehr unterschiedliche Interpretationen der eigenen Amtspflichten und für unterschiedliche Amtsführung.

Dies zeigt sich auch an der Schule, welcher der im Folgenden untersuchte Abiturjahrgang 1957 entstammt: der Humboldt-Oberschule in Potsdam. Unter den Schulen der Stadt genoss sie den Ruf einer ‚liberalen' Anstalt (vgl. Rupprecht/Hentze 2001: 122ff.). Sie verdankte diesen Ruf nicht zuletzt ihrem Leiter: einem Pädagogen, der schon in der Weimarer Republik an der reformorientierten und notorisch ‚linken' Rütlischule in Berlin-Neukölln tätig gewesen war, sich in den Jahren von NS-Herrschaft und Krieg im Widerstand und im „Nationalkomitee Freies Deutschland" bewährt hatte und an dessen sozialistischer Grundhaltung kein Zweifel bestehen konnte, der jedoch zugleich in den 24 Jahren seiner Tätigkeit als Leiter der Humboldt-Oberschule stets Eigenständigkeit bewies, keine harte schulpolitische Linie verfocht und dafür umso mehr auf die Qualität der schulischen Ausbildung achtete. Dem entsprechend haben denn auch die im Voranstehenden beschriebenen Konflikte an der Humboldt-Oberschule einen milderen Charakter angenommen als an Anstalten, die zu dieser Zeit bereits von ‚linientreuen' Neulehrern geleitet wurden.

Der Abiturjahrgang 1957 der Humboldt-Oberschule war stark besetzt, eine Folge vor allem der Zusammenlegungen, die im Zuge der Schulreform vorgenommen wurden und die von den zehn höheren Schulen, über welche die Landes- und spätere Bezirkshauptstadt Potsdam noch Ende der 40er Jahre verfügte, lediglich drei überleben ließen (von denen eine weitere mit Einführung der 10-klassigen polytechnischen Oberschule Ende der 50er Jahre aufgegeben wurde). Der Jahrgang umfasste sechs Klassen, von denen vier dem neusprachlichen A-Zweig (mit Russisch als erster, Englisch oder Französisch als zweiter und Latein als dritter Fremdsprache), zwei dem mathematisch-naturwissenschaftlich orientierten B-Zweig angehörten. Unter den 117 zur Reifeprüfung Angemeldeten

tierten B-Zweig angehörten. Unter den 117 zur Reifeprüfung Angemeldeten –
von denen 111 mit Erfolg abschlossen – waren 71 Mädchen und 46 Jungen,
Beleg für die frühe und starke Bildungsmobilisierung unter der weiblichen Jugend in der DDR. Vor allem im neusprachlich orientierten A-Zweig dominierten
die Mädchen mit 54 zu 19 klar, im B-Zweig waren die Verhältnisse ausgeglichen-
er: Hier standen 27 Jungen 17 Mädchen gegenüber.

Die soziale Zusammensetzung der Abiturientenschaft ist nicht zweifelsfrei
zu bestimmen, einmal, weil die Angaben zu den väterlichen (oder mütterlichen)
Berufen in einigen Fällen nicht hinlänglich präzise gefasst, zum anderen, weil
vielfach die Väter im Krieg gefallen oder nach dem Krieg gestorben waren und
die Mütter nun einen Beruf ausübten, der dem ‚ursprünglichen' Status der Familie nicht entsprach – oder einen anderen Mann geheiratet hatten, für den dies
zutraf. Unter solchem Vorbehalt lässt sich sagen, dass die Abiturienten des Jahrgangs 1957 etwa zu gleichen Teilen aus Familien von Arbeitern (36), Angestellten (36) und Akademikern (34) stammten, wobei letzteren allerdings auch Lehrer
(6) und Ingenieure (5) zugerechnet sind, ohne dass klar ist, ob es sich hier
durchweg um akademisch Ausgebildete gehandelt hat. Außerdem finden sich
unter den Vätern auch einige Selbstständige (7) und Bauern (4).[1] Der Anteil der
Arbeiter- und Bauernkinder lag demnach bei etwa einem Drittel: Dies bewegte
sich einerseits deutlich unter der vom Ministerium für die Oberschulzulassung
festgelegten Quote von mindestens 60% (vgl. Geißler 2000: 320ff.), andererseits
ebenso deutlich über dem in den 20er und 30er Jahren erreichten Anteil (vgl.
Kluchert 2006: 646). Bedenkt man zudem, dass die Stadt Potsdam auch in der
Nachkriegszeit über wenig Industrie, dafür aber über viel Verwaltung verfügte –
von den insgesamt knapp 60.000 Berufstätigen, die im Jahr 1955 gezählt wurden, waren lediglich etwa 14.000 in Industrie und Handwerk, fast 18.000 dagegen in Volksbildung, Kultur und staatlicher Leitung beschäftigt (vgl. Autorenkollektiv 1986: 183) –, ist man doch geneigt, den genannten Anteil an
Abiturienten aus den ‚bildungsfernen' Klassen für beachtlich und die Politik der
gezielten Bildungsförderung und des Elitewechsels für wirksam zu halten.

3 Das Material und die Fragen

Die politische Sozialisationsforschung wählt bei der Untersuchung ihres Gegen-
stands unterschiedliche methodische Zugänge. Dominiert in der gegenwartsbe-

---

1 Die Angaben in den Unterlagen (vgl. zur genaueren Beschreibung den folgenden Abschnitt)
legen eine Klassifizierung nach Berufsgruppen nahe. Lediglich im Falle der ‚Akademiker'
wurde auf den Bildungsabschluss zurückgegriffen, da hier die Zuordnung zu einer Berufsgruppe vielfach schwer möglich ist.

zogenen systematischen Sozialisationsforschung seit langem die hoch standardisierte Fragebogenuntersuchung mit Erzeugung und Auswertung von Massendaten (vgl. Geißler 1996: 56ff.), so bildet in der historischen Sozialisationsforschung die Beschäftigung mit sog. ‚Ego-Dokumenten' und deren hermeneutische Interpretation immer noch den Königs-, jedenfalls den am häufigsten genutzten Weg. Dieser Weg wird auch im Folgenden beschritten; eine Besonderheit liegt jedoch darin, dass die herangezogenen biographischen Dokumente im vorliegenden Fall (anders als in den Untersuchungen von Klafki und Geulen) seriellen Charakter tragen und dass sie durch Fremdbeschreibungen ergänzt werden.

Das Material für die Untersuchung entstammt den Prüfungsakten der Humboldt-Oberschule in Potsdam.[2] Im Zentrum stehen die von den Abiturienten im Vorfeld der Reifeprüfung unter der Überschrift „Darstellung meiner Entwicklung" angefertigten Lebensläufe. Sie bildeten die Grundlage für die ebenfalls in die Auswertung einbezogenen Beurteilungen, die von den Klassenlehrern im Auftrag des ‚Pädagogischen Rates', der um den Vorsitzenden des Elternbeirats erweiterten Lehrerkonferenz (vgl. Geißler 2000: 346 u. Anm. 1535), verfasst wurden. Ausschnitte aus diesen Beurteilungen wurden wiederum unter den Rubriken „Gesamtverhalten" und „Gesellschaftliche Tätigkeit" in die Reifezeugnisse übernommen – auch diese liegen vor. Schließlich sind in den Akten – allerdings nur für eine der Klassen – auch noch die von der FDJ-Grundeinheit, d. h. den leitenden FDJ-Mitgliedern der Klasse, angefertigten „Gesellschaftlichen Beurteilungen" enthalten.

Die grundsätzlich handschriftlich angefertigten Lebensläufe umfassen im Durchschnitt etwa fünf Seiten, wobei sich, wenig überraschend, die Klassen des neusprachlichen Zweigs als schreibfreudiger erweisen als die des mathematisch-naturwissenschaftlichen – und die Mädchen schreibfreudiger als die Jungen. Im Einzelnen schwankt der Umfang zwischen zwei und acht Seiten. Die Vorgaben für ihre Anfertigung sind nicht erhalten, der relativ einheitliche Aufbau gestattet jedoch diesbezüglich Rückschlüsse. So waren die Reifeprüflinge offensichtlich gehalten, über ihr ganzes bisheriges Leben zu berichten und dabei auf die häuslichen Verhältnisse ebenso einzugehen wie auf den schulischen Werdegang – samt Lieblingsfächern und speziellen Interessengebieten –, die außerschulischen Aktivitäten und die weiteren beruflichen Wünsche und Pläne. Ausführlich berichten

---

2 Diese befinden sich im Schularchiv des heutigen Humboldt-Gymnasiums, dessen Schulleitung an dieser Stelle nochmals für die großzügig erteilte Erlaubnis zur Nutzung gedankt sei. Die Auswertung erfolgte zunächst im Rahmen des DFG-geförderten Projekts „Schule und Sozialisation in unterschiedlichen politischen Kontexten" (vgl. dazu Kluchert 2006: 644, Anm. 3). In diesem Zusammenhang sind die Reifeprüfungsakten des Jahrgangs 1957 – zusammen mit denen der Jahrgänge 1950 und 1964 – von Rüdiger Loeffelmeier auch bereits auf den Zusammenhang von sozialer Herkunft und Bildungskarrieren untersucht worden (vgl. Loeffelmeier 2006).

sollten sie ferner über ihre Erlebnisse im Krieg, wohl um vor diesem Hintergrund
die Notwendigkeit des Einsatzes für den Frieden und damit für die neue Staats-
ordnung umso deutlicher hervortreten zu lassen, und über ihr Engagement in der
Kinder- und Jugendorganisation, den Jungen Pionieren und der FDJ, sowie ihre
Beteiligung an der ‚gesellschaftlich nützlichen Arbeit‘. Auch die Beurteilungen
der Klassenlehrer zeigen einen weitgehend übereinstimmenden Aufbau: Sie
beziehen sich auf die familiären Verhältnisse, auf Persönlichkeitsmerkmale,
Leistungsvermögen und Verhalten im Unterricht, auf das Verhalten innerhalb
des ‚Klassenkollektivs‘ und gegenüber den Erwachsenen, auf das gesellschaftliche Engagement, spezifische Interessen und schließlich auf den Berufswunsch
der Prüflinge. Dabei waren die Gutachter verpflichtet, zu diesen Berufs- und vor
allem den Studien(fach)wünschen befürwortend oder ablehnend Stellung zu
nehmen. Die Beurteilungen durch die Klassenlehrer besaßen gerade dadurch –
und als Teil der den universitären Auswahlkommissionen vorliegenden Unterlagen – großes Gewicht.

Die autobiographischen Darstellungen in den Lebensläufen müssen im Kontext dieses Produktions- und Verwertungszusammenhangs gesehen und interpretiert werden. So ist davon auszugehen, dass die Scheiberinnen und Schreiber sehr
genau wussten, was von ihnen an Einstellungen und Verhaltensweisen erwartet
wurde, was sie also herauszustellen, was besser zu verschweigen hatten, was als
Ausweis erwünschter politischer Gesinnung ihrem Fortkommen dienlich, was
schädlich war. Andererseits hatten sie aber auch in Rechnung zu stellen, dass sie
den begutachtenden Lehrern seit längerem bekannt waren, dass diese also zumindest hinsichtlich ihrer Leistungen und ihres Verhaltens in der Schule, in Teilen wohl auch in der Jugendorganisation eigene Eindrücke besaßen, welche den
Spielraum der Abiturienten bei der Konstruktion ihres Lebenslaufs einschränk-
ten. Im ganzen wird man so in politischen Dingen bei all denen, die den Entwicklungen in der DDR skeptisch oder ablehnend gegenüberstanden, eher zu-
rückhaltende Formulierungen als kritische Bemerkungen, vielleicht auch das
eine oder andere Lippenbekenntnis erwarten können. Und ‚politisch‘ waren in
diesem Kontext eben nicht nur Stellungnahmen zum Reden und Handeln der
Staats- und Parteiführung, sondern auch Äußerungen über ‚private‘ Angelegenheiten wie den Beruf von Vater und Mutter, die eigene Lieblingslektüre und die
Freizeitbeschäftigungen; und ‚politisch‘ waren vor allem die Aussagen zur Kin-
der- und Jugendorganisation und zur eigenen Stellung in der Klassengemein-
schaft – Themen, denen die Abiturienten, anders als bei Fragen der ‚großen‘
Politik, nicht vollständig ausweichen konnten.

Was die im vorliegenden Zusammenhang zentrale Frage nach der Bedeutung der Familie für die politische Sozialisation angeht, sind am ehesten Hinweise auf die politisch-weltanschauliche Einstellung und Betätigung von Eltern oder

Geschwistern zu erwarten, daneben möglicherweise auch noch Hinweise zu Ausmaß und Wegen elterlicher Einflussnahme und eigener Erfahrungsverarbeitung. Eine Beschreibung des – für die vorpolitischen Orientierungen in der Forschung als wichtig erachteten – Familienklimas dürfte sich hingegen kaum finden lassen. Dem entsprechend sucht sich die folgende Darstellung einer Antwort auf die Frage nach der Bedeutung der Familie für die politische Sozialisation in zwei Schritten zu nähern: Zunächst wird eine Verknüpfung von sozialstrukturellen Daten mit Angaben zu Mitgliedschaft und Mitarbeit in der FDJ vorgenommen. In einem zweiten Schritt werden dann zunächst die politischen Einstellungen der Abiturienten genauer herausgearbeitet, wobei sich die Analyse auf die ‚Extremgruppen' der dem System distanziert Gegenüberstehenden und der das System aktiv Unterstützenden konzentriert. Für beide Gruppen wird schließlich versucht, den Einfluss der Familie – in Konkurrenz zu oder im Zusammenwirken mit anderen Sozialisationsinstanzen – auf die Genese dieser Einstellungen zu bestimmen und, soweit möglich, Aussagen über die Vermittlungswege (Vorbild, Gespräche etc.) zu treffen.

Mit ihrer Konzentration auf einen kurzen Zeitraum, einen einzelnen Ort und eine kleine Personengruppe zielt die folgende Analyse nicht auf umfassende Erklärungen; vielmehr hat sie in erster Linie explorativen Charakter: Sie will am Beispiel erkunden, welchen Erkenntniswert das hier genutzte Material im Hinblick auf die Frage nach der Bedeutung der Familie für die politische Sozialisation besitzt.[3] Dass es dabei mit der Verwendung der Begriffe ‚Erfolg' und ‚Scheitern' seine Schwierigkeiten hat, ist im Titel dieses Beitrags schon angedeutet und soll in den weiteren Ausführungen noch deutlicher werden.

4 Pro und Contra

4.1 Soziale Herkunft und politische Haltung – erste Verknüpfungen

Stellt man zunächst auf der Basis der in den Unterlagen vorfindlichen Angaben eine Verbindung zwischen der sozialen Herkunft der Abiturienten und ihrem Engagement in der FDJ her, gelangt man zu folgenden Befunden:

Bei ca. zwei Drittel der Angehörigen des Abiturjahrgangs 1957 der Potsdamer Humboldt-Oberschule (82 von 117) lässt sich auf der Grundlage des Materials zum Zeitpunkt der Reifeprüfung mit Sicherheit eine Mitgliedschaft in der FDJ feststellen. Dabei weist die Verteilung über die Schulklassen bemerkenswerte

---

3   Abiturientenlebensläufe sind in der bildungshistorischen Forschung schon mehrfach herangezogen, allerdings dabei kaum systematisch – und schon gar nicht mit Blick auf die hier interessierende Frage – ausgewertet worden (vgl. z. B. Lietz/Overesch 1997; Oyen 2005).

Unterschiede auf: Während vier der sechs Klassen in der Nähe des Durchschnitts liegen, sind in einer Klasse sämtliche Schülerinnen und Schüler, in einer anderen nur ein Drittel in der FDJ organisiert. Gründe für diese auffällige Differenz sind zunächst nicht zu erkennen: So gehören beide Klassen dem neusprachlichen Zweig an, und in beiden Klassen ist die zweite Fremdsprache Französisch; allerdings ist die Klasse mit dem geringen Anteil an FDJ-Mitgliedern zugleich die mit dem bei weitem höchsten Anteil an Kindern aus Akademikerfamilien (50%).

Die hier sich andeutende Verbindung wird bestätigt, wenn man die Gruppe der Nichtmitglieder ins Auge fasst: Auch hier sind die Akademikerkinder deutlich überrepräsentiert. 16 der insgesamt 35 Nichtmitglieder stammen aus dieser sozialen Schicht, nur drei sind dem gegenüber Arbeiterkinder. Ein ähnliches Bild ergibt sich, wenn man die andere Extremgruppe betrachtet: Jene, bei denen die Übernahme von Funktionen innerhalb des Jugendverbands nachweisbar ist, die also zu den ‚Aktivisten' gehören. Unter diesen finden sich nur wenige Kinder aus Akademikerfamilien (5 von 27, drei davon aus Lehrerfamilien), dagegen 13 Arbeiter- und Bauernkinder und acht Kinder aus Angestelltenfamilien.

Die lockere Verknüpfung der sozialstatistischen Angaben mit den Angaben über Mitgliedschaft und Funktionsübernahmen in der FDJ bestätigt so zunächst die auch dem Alltagsverstand nahe liegende Vermutung, dass die Familie allein auf Grund ihrer sozialen Verortung einen ganz wesentlichen Einfluss auf die politische Haltung der Heranwachsenden genommen hat: Dass also jene, die vom System begünstigt wurden und als deren Repräsentant die herrschende Partei auftrat, sich auch tatsächlich weit stärker für dieses engagierten, während die Nachkommenschaft der vormaligen gesellschaftlichen Elite deutlich zurückhaltender blieb.

4.2 Die Distanzierten

Bei dem Bemühen, diesen noch sehr groben Befund anhand der Lebensläufe und Gutachten zu präzisieren, stößt man zunächst auf die Tatsache, dass die meisten Selbstdarstellungen einen ausgesprochen ‚unpolitischen' Charakter tragen. Explizite Stellungnahmen sind kaum zu finden, und zwar nicht nur solche gegen Elemente der neuen Ordnung, was noch einleuchtend sein mag, sondern auch solche dafür. Einschlägig deutbare Aussagen in Bezug auf Schule und Unterricht sind an den Fingern einer Hand abzuzählen und auch zu den politischen Verhältnissen im Allgemeinen bleiben sie rar. Die Ausführungen zu den eigenen Erlebnissen im Krieg sind zwar häufig recht ausführlich und man gewinnt aus ihnen ein sehr anschauliches Bild vom Ausmaß der Bedrohung, des Verlusts und der Not, denen viele Angehörige dieses Jahrgangs bereits in frühester Kindheit ausgesetzt waren. Politisch kommentiert oder getönt – und sei es auch nur im Sinne eines Bekenntnisses zum Frieden (das dann zugleich als Bekenntnis zum ‚Friedensstaat' DDR gewertet werden könnte) – sind nur ganz wenige. Was die Haltung zur Kinder- und Jugendorganisation angeht, belassen es selbst langjährige Mitglieder häufig bei der Benennung dieser Tatsache und einiger damit verbundener Aktivitäten und Erlebnisse. Ausführlich eingegangen wird hingegen auf die eigene Stellung zum Klassenkollektiv, auf die Fähigkeit und Bereitschaft zur Einordnung wie zu aktiver Mitarbeit und in diesem Zusammenhang auch zum Einsatz für gesellschaftliche Belange (etwa bei der Erntehilfe). Die Ausführlichkeit der Angaben zu diesem Punkt und das erkennbare Bemühen, sich als ein ‚gemeinschaftstaugliches' Mitglied des Kollektivs zu präsentieren, dürften wohl nicht nur instrumentell zu verstehen und d. h. nicht nur auf die Erkenntnis zurückzuführen sein, dass es sich hier um eine der zentralen Verhaltenserwartungen der politisch und pädagogisch Verantwortlichen handelte. Vielmehr könnte die Länge der einschlägigen Mitteilungen auch darauf hindeuten, dass auf diese Verhaltenserwartung bereitwillig eingegangen worden ist, weil sie von den jungen Leuten anerkannt und geteilt wurde.

Von diesem einen Punkt abgesehen, halten sich die Reifeprüflinge des Jahrgangs 1957 in politischer Hinsicht jedoch weitgehend bedeckt; sie sind offensichtlich um eine möglichst nüchterne, an den ‚Fakten' orientierte Darstellung bemüht, ohne dass gesagt werden könnte, ob es sich hierbei um das Resultat einer bewussten Entscheidung oder um den selbstverständlichen Ausdruck einer inneren Haltung (der ‚Sachlichkeit') handelt. Von diesem vorherrschenden Bild gibt es nun aber eine Reihe von bemerkenswerten Abweichungen, die sich idealtypisch in zwei Gruppen teilen lassen: die ‚Distanzierten' und die ‚Aktivisten'. Zunächst zu ersteren.

„Vielleicht kann ich noch sagen, daß ich mich dazu bekenne und sehr bewegt bin von dem Erlebnis der Zugehörigkeit zur Jungen Gemeinde."[4] Mit diesem bemerkenswerten Satz schließt eine Abiturientin der Klasse 12 A2, also einer Klasse aus dem neusprachlichen A-Zweig, die ‚Darstellung ihrer Entwicklung'. Ebenso bemerkenswert ist ihr Berufswunsch: Sie möchte Theologie studieren. Die Schreiberin ist Teil einer kleinen, vier weitere Abiturientinnen und einen Abiturienten umfassenden Gruppe, die sich dezidiert zu ihrem Christsein und zur Mitarbeit in der evangelischen Jungen Gemeinde, in einem Fall auch in der katholischen Pfarrjugend bekennt. „Sehr gern bin ich im Mädelkreis der Jungen Gemeinde", so heißt es in einem anderen Lebenslauf. „Was mir diese Gemeinschaft lieb macht, ist das Zusammengehörigkeitsgefühl zwischen Menschen, die sich bei all ihrem Tun bewußt sind, was es bedeutet, ein rechter Christ

---

4   Auf eine namentliche Zuordnung der Zitate wird im vorliegenden Zusammenhang aus datenschutzrechtlichen Gründen verzichtet.

zu sein. Das soll nun nicht heißen, daß wir in der Jungen Gemeinde schon alle rechte Christen sind, sondern vielmehr, daß wir uns bemühen, es zu werden. Dazu wird uns in diesem Kreis der Weg gewiesen." (Abiturientin, Klasse 12 A2) Angesichts der unverhohlenen Gegnerschaft der in der DDR herrschenden Kräfte zu Christentum und Kirche und der – gerade auch Schüler und Studenten berührenden – Kirchenkampf-Maßnahmen der vorangegangenen Jahre zeugen solche Ausführungen von ausgesprochenem Bekennermut. Belassen es die beiden gerade zu Wort Gekommenen aber immerhin noch bei dem Hinweis auf ihre kirchlichen Bindungen, geht ein anderes Mitglied dieser Gruppe einen Schritt weiter und kritisiert offen die staatliche Jugendorganisation und die Politik der SED:

> „In den letzten drei Jahren", so schreibt er, „begann ich, mich auch mit Politik zu beschäftigen. Angeregt dazu wurde ich vor allem durch die Widersprüche in unseren Zeitungen, auch habe ich gute Vergleichsmöglichkeiten zur Geschichte. Einen großen Eindruck machten auf mich die Zeitungsmeldungen über die Rehabilitierungen.[5] Es bleibt mir unverständlich, warum diese unschuldigen Menschen hingerichtet oder eingekerkert wurden. Ich gehöre keiner Organisation an. Im Jahre 1953 hatte ich die Absicht, in die F.d.J. [!] einzutreten. Infolge der Zwischenfälle mit der Jungen Gemeinde[6] aber habe ich meinen Entschluß geändert. Da die meisten Mitglieder der F.d.J., die ich kenne, nicht auf Grund ihrer Überzeugung, sondern um anderer Dinge willen in die Jugendorganisation eintreten, der [muss heißen: steht, G.K./R.L.] auch heute noch für mich ein Beitritt zur F.d.J. außer Debatte." (Abiturient, Klasse 12 A3)

Beim Schreiber dieser Zeilen ist der Einfluss der Familie auf die politische Einstellung unschwer zu fassen: Der Vater ist Pfarrer und promovierter Ethnologe, war bis ins erste Kriegsjahr als Missionar in Ostafrika tätig und hat dem Sohn diesen Berufswunsch vererbt. Auch ein zweites Mitglied dieser Gruppe der christlich geprägten ,Distanzierten' entstammt einem Pfarrhaus, bei den anderen – zwei ebenfalls aus akademischem Elternhaus, die katholische Abiturientin dagegen ,Arbeiterkind' – ist elterlicher Einfluss nicht direkt nachzuweisen. Wieweit von den Elternhäusern neben einem christlichen Glauben – oder als Teil von ihm – auch die Bereitschaft und der Mut weitervermittelt worden sind, sich zu diesem auch dort zu bekennen, wo davon Nachteile für die eigene Person zu befürchten sind, lässt sich auf der Basis des vorliegenden Materials erst recht nicht entscheiden.

---

5   Gemeint ist hier die Rehabilitierung ehemaliger Parteiführer wie Anton Ackermann und Franz Dahlem im Zuge der Entstalinisierungsmaßnahmen nach dem XX. Parteitag der KPdSU im März 1956 (vgl. Weber 1985: 282).

6   Angespielt wird hier auf die von der FDJ getragene Kampagne gegen die Junge Gemeinde im März und April 1953, die zur Relegation zahlreicher Oberschüler führte (vgl. Weber 1985: 230f.).

Es sind jedoch nicht nur Abiturienten mit christlich-religiösem Hintergrund, die in den Lebensläufen ihrer Distanz zum bestehenden System Ausdruck verleihen. Auch die Erfahrung von Benachteiligungen aus sozialen oder politischen Gründen wird zum Anlass für Absetzbewegungen. So hatte eine Abiturientin erleben müssen, dass ihr Antrag auf Zulassung zur Oberschule zunächst abgelehnt worden war, obwohl sie die Abschlussprüfung der Grundschule „mit Auszeichnung" bestanden hatte:

„Ich war enttäuscht. Zwar war die Absage damit begründet, daß keine Plätze an den Oberschulen mehr frei seien. Ich aber dachte anders. Sollten wirklich bei der Schülerauswahl für die Oberschule die Leistungen so wenig berücksichtigt und nur die Pioniere angenommen werden? Auch an unserer Schule war kurz vor Schuljahresschluß stark für die FDJ geworben worden. Was aber sollte mich dorthin ziehen. An unserer Schule gab es wohl Pioniere, aber keine Pionierarbeit. Sollte ich nur in die Organisation eintreten, um einen gesicherten Platz in der Oberschule zu erhalten? Dann wüßte ich nie, ob meine Leistungen auch den Anforderungen, die in der Oberschule gestellt werden, entsprochen hätten. So blieb ich außerhalb der Organisation." (Abiturientin, Klasse 12 A2)

Dank des Einsatzes von Eltern anderer ebenfalls betroffener Schüler wird die Schreiberin schließlich doch zum Besuch der Oberschule zugelassen. Auch dort verweigert sie sich den Anwerbungsversuchen der FDJ und besteht auf unpolitischer Beurteilung: „Ich hoffe auch heute, wie vor vier Jahren, nur auf Grund meiner Leistungen in die Universität aufgenommen zu werden, um dort Medizin zu studieren."

Bleibt im Falle dieser Abiturientin der familiäre Einfluss auf ihre widerständige Haltung unausgeleuchtet, so tritt er in einem anderen Fall umso deutlicher hervor. Auch diese Schreiberin berichtet von massiver Werbung für die Pionierorganisation in den letzten Grundschuljahren und von ungleicher Behandlung von Mitgliedern und Nichtmitgliedern; und auch sie wollte nicht in den Jugendverband eintreten,

„ohne bereit zu sein, mich mit Überzeugung für ihn einzusetzen. Das konnte ich nicht, da die ersten Maßnahmen der neuen Regierung einschneidend in unser Privatleben eingegriffen hatten. Der Betrieb meines Vaters wurde im Zuge der Reformen enteignet. Diese Enteignung wurde auf Grund von Direktiven vorgenommen, die für uns nicht zutrafen. Mein Vater, der den Beweis für die Ungerechtigkeit der Maßnahmen bringen wollte, wurde inhaftiert, und in der Zwischenzeit wurden sämtliche Vermögenswerte vom ‚Amt für Volkseigentum' übernommen. Dadurch wurde unsere Familie aus einer gesicherten Existenz in eine völlige Mittellosigkeit gestürzt." (Abiturientin, Klasse 12 A2)

Der Vater wird nach elfmonatiger Haft vor Gericht gestellt und freigesprochen, die Enteignung wird jedoch aufrechterhalten, der Vater findet keine Arbeit mehr und geht schließlich nach Westberlin. „Diese ganzen Vorgänge veranlaßten mich, immer wieder über die Zusammenhänge nachzudenken. Zu alle dem kam, daß ich nicht in dem Ruf stehen wollte, in den Verband eingetreten zu sein, um die Prüfung zu bestehen und die Oberschule besuchen zu können." So bleibt die Schreiberin außerhalb und muss erleben, dass ihr Aufnahmegesuch für die Oberschule zweimal unter Hinweis auf mangelnde Leistungen abgelehnt wird, obwohl andere mit schlechteren Zensuren zugelassen werden. Erst der ‚Neue Kurs' vom Juni 1953 ebnet auch ihr schließlich den Weg an die Oberschule.

Die Familie, genauer: der Vater wird in diesem Fall in zweifachem Sinne bedeutsam für die politische Sozialisation der Tochter: Zum einen werden die aus der ‚Klassenlage' des Vaters resultierenden schlechten Erfahrungen mit den Herrschenden für die Tochter zum Anlass, selbst zu diesen in Distanz zu gehen und sich von den Jungen Pionieren fern zu halten; zum anderen scheint sie aber auch die Art, auf das Vorgehen der Staatsmacht zu reagieren, direkt vom Vater zu übernehmen. Wie dieser besteht sie auf der Gültigkeit formal-rechtlicher Regelungen und klagt ihr Recht ohne Rücksicht auf den möglichen Preis weiterer Nachteile vehement ein. Es passt dazu, dass in ihrer Darstellung – wie im Lebenslauf der zuvor genannten Abiturientin – mit Nachdruck auf all jene Missstände hingewiesen wird, die für die (Grund-)Schule der frühen DDR charakteristisch sind: der Lehrermangel, der die Erfüllung des Lehrplans unmöglich gemacht habe, die häufige Ablösung der Schulleiter, in den Klassen das Zusammensein mit „überalterten Kindern und Flüchtlingen, die andere Interessen hatten und die nebenher um ihre Existenz kämpfen mußten". Die deutliche Kritik an den Zuständen in der Grundschule mag hier zwar auch dazu dienen, die eigenen, nicht ganz befriedigenden Leistungen in der Oberschule zu entschuldigen; in jedem Fall lässt sie aber erkennen, dass die Schreiberin, ihrem Vater gleich, nicht gewillt ist, ein Blatt vor den Mund zu nehmen.

Es ist aufschlussreich, dass alle hier zu Wort Gekommenen – mit Ausnahme des Missionarssohns – derselben Schulklasse entstammen: jener bereits erwähnten Klasse mit wenigen FDJ-Mitgliedern und hohem Anteil an Akademikerkindern. Genau wie die von allen betonte Bindung an die Junge Gemeinde bzw. die katholische Pfarrjugend könnte dies ein Indiz dafür sein, dass neben dem Elternhaus auch die Peergroup einen wichtigen Einflussfaktor für die politische Einstellung und das politische Verhalten bildet. Sind in einer Klasse mehrere ‚Dissidenten' zusammen, können sie sich wechselseitig stützen und dafür sorgen, dass ein Klassenklima entsteht, in dem sich die Zurückhaltung gegenüber den politischen Anforderungen, ja sogar die Äußerung abweichender Meinungen als mögliche Verhaltensformen etablieren können. Dies setzt wiederum voraus, dass die

Klassen- und die Schulleitung bereit sind, die Entstehung eines solchen Klimas zu tolerieren. Für den Klassenlehrer ist diese Haltung durch die Beurteilungen belegt. So bescheinigt er einer der Abiturientinnen, die sich zu ihrem Christsein und der Mitarbeit in der Jungen Gemeinde bekennen, sie zeige „großes Interesse an allen gesellschaftlichen Fragen. Sie bildet sich eine eigene Meinung, kann Tatsachen des politischen Lebens in Zusammenhänge einordnen und diese in fortschrittlichem Sinn beurteilen." Für den gewünschten Beruf – Kinderärztin – wie für das Studium sei sie auf Grund ihrer Fähigkeiten und Verhaltensweisen „hervorragend geeignet", weshalb der Pädagogische Rat sie „ganz besonders" empfehle (Beurteilungen, Klasse 12 A2). Solches war also noch möglich an einer DDR-Oberschule acht Jahre nach der Staatsgründung.

4.3 Die Aktivisten

„1948 durfte ich der Organisation der Jungen Pioniere beitreten, und die Arbeit als Gruppenleiter und im Freundschaftsrat [dem Leitungsorgan auf der Schulebene, G.K./R.L.] bereitete mir viel Freude. Als Junger Pionier erlebte ich viel Schönes. Mit vielen anderen durfte ich 1950 nach Bad Saarow, während der Weltfestspiele 1952 in die Pionierrepublik der Wuhlheide fahren. Dort war es herrlich! Wie eine große Familie lebten wir deutschen Pioniere mit den Pionieren der vielen anderen Länder zusammen. (...) Als gute Schülerin und Pionier wurde ich nach Abschluß der Grundschule zum Besuch der Oberschule zugelassen. Vom 9. Schuljahr an besuchte ich die Humboldt-Oberschule in Potsdam. Ich weiß, daß ich das nur der unermüdlichen Arbeit unserer Regierung zu verdanken habe, die bestrebt ist, die Jugend, und besonders die Arbeiterjugend, zu fördern und ihnen alle Möglichkeiten der Weiterentwicklung zu erschließen." (Abiturientin, Klasse 12 B2)

Ausführungen wie diese finden sich verschiedentlich in den Lebensläufen derer, die in den Prüfungsunterlagen des Jahrgangs 1957 als ‚Funktionäre' und ‚Aktivisten' erkennbar werden. Zum Zeitpunkt der Reifeprüfung haben sie bereits langjährige Karrieren in der Jugendorganisation hinter sich, die bei den Pionieren beginnen, dort rasch zur Übernahme von Funktionen und – als Auszeichnung – zur Teilnahme an nationalen und internationalen Jugendtreffen führen und in der FDJ ihre nahtlose Fortsetzung finden. Die Aufzählung der Stationen mag dabei steril wirken, die Beschreibung des eigenen Erlebens so floskelhaft wie der Dank an die Regierung, und die Betonung, man sei „gute Schülerin und Pionier" gewesen, streberhaft und beflissen. In all dem sind diese Ausführungen aber doch Zeichen einer im Sinne des Systems gelungenen politischen Sozialisation: Man weiß nicht nur, was und wie man zu schreiben hat; die offizielle Diktion, so hat man den Eindruck, bleibt dem Selbstverständnis nicht äußerlich. In manchen Lebensläufen wird dann auch noch des positiven Wirkens von Schule und Lehrern gedacht, ganz selten allerdings so hymnisch und den offiziellen Verlautbarungen so nahe wie in der folgenden Passage:

> „Die Erziehungsarbeit, die die Lehrer gerade jetzt vor dem Austritt aus der Oberschule an uns verrichten, ist wirklich wertvoll, und ich bin ihnen dafür dankbar. (...)
> Die Lehrer haben versucht, aus uns Menschen zu machen, die sich selbständig denkend in der Welt bewegen und die sich von jeder Angelegenheit eine eigene, gesunde Meinung bilden können. Sie haben versucht, uns die Fehler der Vergangenheit zu zeigen, und uns gelehrt, wie man an eine Sache herangehen muß, um sie richtig zu beurteilen. Sie haben uns ihre Meinung nicht aufgedrängt, sondern waren stets bedacht, auftretende Fragen ehrlich und offen zu klären." (Abiturient, Klasse 12 B1)

Welche Rolle Schule und Lehrer bei der politischen Sozialisation der ‚Aktivisten' tatsächlich gespielt haben, ist solchen Aussagen, wie den Lebensläufen insgesamt, angesichts ihres Verwertungszusammenhangs natürlich nicht zuverlässig zu entnehmen. Wesentlich aufschlussreicher sind sie dagegen, was die Rolle des Elternhauses in dieser Hinsicht betrifft:

> „In der Residenzstadt Potsdam wurde ich am 30. Juni 1939 geboren. Mein Vater (...) ist von Beruf Feinmechaniker, der sich durch Studium und fachliche Weiterbildung zum Betriebsingenieur entwickelte und heute beim Rat des Bezirkes Potsdam als Hauptreferent tätig ist. Meine Mutter (...) war früher Stenotypistin, nach 1945 Neulehrerin und ist jetzt Direktor einer Grundschule in Potsdam. (...)
> Ich beschäftigte mich schon früh mit politischen Fragen und Problemen. Das kam durch die Gespräche zustande, die meine Eltern abends führten. Sie sind beide Mitglieder der SED, und so lässt sich das schon denken. Doch alles verstand ich noch nicht. So kam es, daß ich ab und zu nach Westberlin fuhr und mir einige Kleinigkeiten kaufte. Die ‚Comics' aber rührte ich nicht an. Ich habe nur einige zur Probe gelesen. Jetzt weiß ich, daß ich durch jeden Kauf in Westberlin die Rüstung unterstütze, ob in Westdeutschland oder in Amerika.
> Ich wurde Mitglied der Pionierorganisation ‚Ernst Thälmann' im März 1949. Ich hätte damals nicht sagen können, aus welchem Grunde ich ihr beigetreten bin. Es war ein Gefühl, das mir sagte, diesen Schritt machst du auch im Interesse deiner Eltern. Weil es eben bloß ein Gefühl war, kamen diese Fahrten nach Westberlin noch als Pionier vor. Dieses Gefühl wuchs aber mit den Jahren zum Bewußtsein, das mir das Interesse an der Pionier- und FDJ-Arbeit schuf. Meine Arbeit innerhalb der Pionierorganisation wurde dadurch belohnt, daß ich in der siebenten Klasse als einer der besten Pioniere des Stadtkreises Potsdam ausgezeichnet wurde. In der achten Klasse wurde ich dann Mitglied des Freundschaftsrates. In der Humboldtschule trat ich im April 1954 in die FDJ ein und bekleidete in unserer Klasse die Funktion des Sekretärs. Seit der zehnten Klasse bin ich Mitglied der ZSGL [Zentralen Schulgruppenleitung, G.K./R.L.]. Außerdem bin ich noch in der DSF [Gesellschaft für deutschsowjetische Freundschaft, G.K./R.L.] und in der GST [Gesellschaft für Sport und Technik, G.K./R.L.] organisiert." (Abiturient, Klasse 12 B1)

Neben dem Ausmaß werden hier auch die vielfältigen Formen erkennbar, in denen das Elternhaus die politische Sozialisation der Heranwachsenden beeinflusst. Mutter wie Vater greifen in diesem Fall nach Ende des Krieges entschlossen das Angebot des neuen Staates auf, sich durch fachliche Qualifizierung und politisches Engagement emporzuarbeiten. Binnen kurzer Zeit erlangen beide mittlere Führungspositionen. Der Sohn ist sich der Leistung der Eltern wohl bewusst: Mit ihr beginnt er die ‚Darstellung seiner Entwicklung'. Als Mithörer der abendlichen elterlichen Gespräche erhält er ‚nebenher' Zugang zu politischen Fragen, er übernimmt, zunächst gefühlsmäßig und ohne begründen zu können, deshalb im Handeln auch noch inkonsequent, ihre Position. Durch die – noch ganz mit Rücksicht auf die Eltern begonnene – Mitarbeit in der Kinder- und Jugendorganisation erwirbt er dann die Einsicht in die Bedeutung gesellschaftlicher Phänomene (wie der Comics) und damit zugleich die moralischen Maßstäbe, die zu klassenbewusstem Handeln (wie dem Verzicht auf Westreisen) befähigen. Der Beitritt zu weiteren Organisationen, die Anbahnung einer Karriere als ‚Multifunktionär', vor allem aber die Berufswahl liegen ganz in der Konsequenz dieser Entwicklung: Der junge Mann will technischer Offizier bei der Luftwaffe der gerade geschaffenen Nationalen Volksarmee werden und hat, als er den Lebenslauf verfasst, die Zusage schon in der Tasche.

Das Muster, das in dieser Darstellung sichtbar wird, prägt auch eine ganze Reihe weiterer Lebensläufe von ‚Arbeiter- und Bauernkindern'. Im Zentrum steht jeweils die Verbindung von fachlichem und politischem Engagement, jene – schon aus dem vorhergehenden politischen System des Nationalsozialismus bekannte – Kombination von um Effizienz bemühtem ‚Fachmenschentum' und politisch-weltanschaulicher Glaubens- und Folgebereitschaft. Sie öffnet Menschen aus einfachen Verhältnissen in bis dato ungekanntem Maße Karrierewege und entfaltet Vorbildwirkung für die nachwachsende Generation. So berichtet die Tochter eines ungelernten Schlossers, der im Krieg ein Bein verloren hat: „Mein Vater hörte nie auf, sich weiterzubilden, und war eigentlich immer mein Vorbild. Er begann eine neue Tätigkeit als Referent beim Ministerium für Schwermaschinenbau in Berlin und dann als Hauptabteilungsleiter." (Abiturientin, Klasse 12 B2) 1947 der SED beigetreten, überredet der Vater die zunächst widerstrebende Tochter wenig später zum Eintritt in die Pionierorganisation. Zunehmend findet sie dann auch Gefallen an der Arbeit bei den Pionieren, übernimmt Funktionen und wird auf der Oberschule gar Mitglied der ZSGL. Dabei bleibt sie, wie offiziell gewünscht, selbstkritisch – oder zeigt sich zumindest so: „Habe ich etwas schlecht gemacht, so braucht mich kein anderer auszuschimpfen. Ich mache mir alleine Vorwürfe, die stärker wirken als die von anderen, und die nehme ich mir dann auch zu Herzen." Entsprechend wird ihr in der Beurteilung Willensstärke, Zielstrebigkeit und eine vorbildliche gesellschaftliche Haltung attestiert und ihr Wunsch, Medizin zu studieren, „ohne Vorbehalt gutgeheißen".

Bei einem beträchtlichen Teil der politisch Aktiven geht der Berufswunsch allerdings – ebenso bemerkenswert wie nahe liegend – in eine andere Richtung: Sie wollen Lehrerin oder Lehrer werden. Nahe liegend erscheint dieser Wunsch, weil der Lehrerberuf für soziale Aufsteiger seit jeher ein begehrtes Ziel darstellt: als Eingangspforte in die akademische Welt, die Welt des gebildeten Bürgertums. Bemerkenswert ist der Wunsch wiederum, weil er zeigt, dass dem System aus der genannten Mischung von Aufstiegswillen, Bildungsstreben und politischer Dienstfertigkeit an einer wichtigen Stelle, im pädagogischen Feld, starke Unterstützung zuwächst. Bemerkenswert ist er auch, weil hier der Einfluss des Elternhauses – mit Ausnahme weniger Fälle, in denen die Eltern selbst schon den (Neu-)Lehrerberuf ergriffen haben – nurmehr indirekt wirksam zu sein scheint. Als ausschlaggebend für den Berufswunsch der Lehrerin werden von vielen die positiven Erfahrungen in der Kinder- und Jugendorganisation – als Funktionärin und als Leiterin von Lernzirkeln oder Arbeitsgemeinschaften – genannt. Die Tätigkeit bei den Jungen Pionieren und in der FDJ bietet die Gelegenheit zu erster Erprobung auf dem pädagogischen Feld, das eben zugleich ein politisches ist. Im Zusammenwirken von Familie und Jugendorganisation formt sich hier ein neues sozialistisches Milieu, das dem bürgerlichen an Bindekraft nicht nachsteht: Hier wie da werden grundlegende (vor-)politische Einstellungen und Haltungen gleichsam ‚naturwüchsig‘ an die Heranwachsenden weitergegeben.

5 Fazit

Für die beiden Extremgruppen des Abiturjahrgangs 1957 der Potsdamer Humboldt-Oberschule, so lässt sich zusammenfassend festhalten, ist ein deutlicher familiärer Einfluss auf die politische Sozialisation – im Sinne der Einstellung gegenüber dem Staat und seinen Institutionen sowie der Bereitschaft, sich politisch zu engagieren – nachweisbar. Es liegt somit nahe, der Familie ‚Erfolg‘, der Politik von Staat und Partei, die auf eine Zurückdrängung aller nichtstaatlichen Instanzen abzielte, ‚Scheitern‘ zu bescheinigen. Bei näherer Betrachtung erweisen sich die Dinge jedoch als komplizierter.

Zunächst ist festzuhalten, dass Staat und Partei am Erhalt des familiären Einflusses nicht unbeteiligt sind, dass er vielmehr zu einem gewissen Teil auf ihre Politik zurückgeht. Die sozialpolitischen Konzepte der Regierenden, insbesondere die Idee eines notwendigen Elitewechsels, führen dazu, dass die familiäre Herkunft zur Basis öffentlicher Klassifizierung und Intervention wird. Gratifikationen und Sanktionen werden nach diesem Kriterium verteilt, die Heranwachsenden also entsprechend der Klassenzugehörigkeit und der politischen Haltung der Eltern behandelt. Sie finden sich somit permanent auf die eigene

Familie verwiesen, was deren – ohnehin starke – Bedeutung in ihrem Erleben zwangsläufig noch steigern muss. Die Politik von Staat und Partei hat so, wenn auch gegen die erklärte Absicht, einen ambivalenteren Charakter, als es auf den ersten Blick aussieht.[7]

Zweitens ist es sowohl bei den Distanzierten wie bei den Aktivisten nicht die Familie allein, die für den Erwerb der jeweiligen politischen Einstellung verantwortlich erscheint. Vielmehr bedarf sie der Unterstützung durch andere Sozialisationsinstanzen: vor allem der – kirchlichen bzw. staatlichen – Jugendorganisationen, daneben auch der in den Schulklassen sich zusammenfindenden Gruppen ähnlich Gesinnter. Die Familie erscheint so jeweils eingelassen in ein sie umgebendes Milieu; nur wo ein solches (noch) existiert oder wo es sich neu herstellt, kann sich die Wirkung der familiären Sozialisation bruchlos in die Zeit hinein fortsetzen, in der die eigene politisch-weltanschauliche Verortung in wachsendem Maße bewusster Entscheidung unterliegt.[8]

Drittens entfaltet die Familie ihre sozialisatorische Wirkung eben nicht nur gegen Partei und Staat, sondern im Falle der Aktivisten ja gerade in deren Sinne. Es gelingt dem Staat also auch in der DDR durchaus, die familiäre Sozialisationsleistung für sich selbst zu nutzen; er zahlt dafür allerdings den Preis nicht geringer Abhängigkeit, bleibt er doch hinsichtlich der ‚Zufuhr' staats- und parteitreuen einsatzbereiten Nachwuchses auf die ‚Vererbung' der entsprechenden Einstellungen und Haltungen innerhalb der Familien angewiesen. Voraussetzung dafür aber ist, wie bereits erwähnt, der Fortbestand ‚milieuhaft-naturwüchsiger' Verhältnisse, in denen die Bindung an vorgegebene Muster der Weltdeutung und Lebensführung unhinterfragt bleibt.

Viertens schließlich gibt es zwischen den Angehörigen der verschiedenen ‚Lager' – und somit auch zwischen bürgerlicher Familie und Staat – auch politisch-weltanschauliche Berührungspunkte und Schnittmengen. So stimmen die Angehörigen des 57er-Abiturjahrgangs jenseits aller sonstigen Differenzen offensichtlich in der Auffassung überein, dass ‚Gemeinschaft' einen hohen Wert darstellt und der Einzelne sich dieser unterzuordnen hat. Wohl muss man davon ausgehen, dass diese Auffassung in den Lebensläufen mit Rücksicht auf die Leser mit größerem Nachdruck vertreten worden ist als es der innersten Überzeugung der Schreibenden entsprochen haben mag. Andererseits wird man gerade den Distanzierten durchaus Glauben schenken können, wenn sie darauf verweisen, bei allen Enttrümmerungsarbeiten und Ernteeinsätzen eifrig mitgewirkt,

---

7 Zu diesem „Paradox sozialistischer Erziehungspolitik" vgl. auch Geißler 1996: 64f.
8 Dies stimmt mit den Befunden der empirischen politischen Sozialisationsforschung überein, die R. Geißler so zusammenfasst: „Die Prägekraft des politischen Familienmilieus hängt (...) davon ab, ob außerfamiliale Einflüsse auf Kinder gleichgerichtet oder gegenläufig sind" (Geißler 1996: 59).

bereitwillig Lernaktive geleitet und schwächere Schüler betreut, sich an der Erstellung von Wandzeitungen und der Vorbereitung von Schulfesten beteiligt und auch sonst in jeder Weise für das Wohl der Gemeinschaft sich eingesetzt zu haben. Dies gab wiederum den Klassenleitern die Möglichkeit, auch denen, die sich von der sozialistischen Jugendorganisation fern hielten, ein vorbildliches ‚Gemeinschaftsverhalten' zu bescheinigen.

‚Erfolg' und ‚Scheitern' (von Familie und Staat) stehen in sozialisatorischer Hinsicht somit in einer komplexen Beziehung. Für eine differenzierte Beschreibung dieser Beziehung – zumindest auf der Ebene politischer Einstellungen und Partizipationsformen – scheint das in der vorliegenden Untersuchung genutzte Material, so lässt sich abschließend festhalten, durchaus geeignet. Auch Veränderungen in dieser Beziehung – innerhalb desselben politischen Systems wie über Systembrüche hinweg – dürften mit seiner Hilfe recht genau zu erfassen sein – more research is needed!

Literatur

Anweiler, Oskar (1988): Schulpolitik und Schulsystem in der DDR. Opladen: Leske + Budrich

Autorenkollektiv (1986): Potsdam. Geschichte der Stadt in Wort und Bild. Berlin: Deutscher Verlag der Wissenschaften

Benner, Dietrich/Schriewer, Jürgen/Tenorth, Heinz-Elmar (Hrsg.) (1998): Erziehungsstaaten. Historisch-vergleichende Analyse ihrer Geschichte und nationalen Gestalten. Weinheim: Deutscher Studien Verlag

Berg, Christa/Ellger-Rüttgardt, Sieglind (Hrsg.) (1991): „Du bist nichts, Dein Volk ist alles". Forschungen zum Verhältnis von Pädagogik und Nationalsozialismus. Weinheim: Deutscher Studien Verlag

Bundesministerium für innerdeutsche Beziehungen (Hrsg.) (1990): Vergleich von Bildung und Erziehung in der Bundesrepublik Deutschland und in der Deutschen Demokratischen Republik. Köln: Verlag für Wissenschaft und Politik

Claußen, Bernhard/Geißler, Rainer (Hrsg.) (1996): Die Politisierung des Menschen. Instanzen der politischen Sozialisation. Ein Handbuch. Opladen: Leske + Budrich

Geißler, Gert (2000): Geschichte des Schulwesens in der Sowjetischen Besatzungszone und in der Deutschen Demokratischen Republik 1945 bis 1962. Frankfurt a.M./Berlin u. a.: Peter Lang

Geißler, Rainer (1990): Entwicklung von Sozialstruktur und Bildungswesen. In: Bundesministerium für innerdeutsche Beziehungen (1990): 83-111

Geißler, Rainer (1996): Politische Sozialisation in der Familie. In: Claußen/Geißler (1996): 51-70

Geulen, Dieter (1998): Politische Sozialisation in der DDR. Autobiographische Gruppengespräche mit Angehörigen der Intelligenz. Opladen: Leske + Budrich

Hopf, Christel/Hopf, Wulf (1997): Familie, Persönlichkeit, Politik. Eine Einführung in die politische Sozialisation. Weinheim/München: Juventa

Klafki, Wolfgang (1991): Typische Faktorenkonstellationen für Identitätsbildungsprozesse von Kindern und Jugendlichen im Nationalsozialismus im Spiegel autobiographischer Berichte. In: Berg/Ellger-Rüttgardt (1991): 159-172

Kluchert, Gerhard (1999): Erziehung durch Einheit zur Einheit. Das schulische Erziehungsfeld in der SBZ/DDR. In: Leschinsky u. a. (1999): 93-124

Kluchert, Gerhard (2006): Schule, Familie und soziale Ungleichheit in Zeiten der Bildungsexpansion: Das Beispiel der Weimarer Republik. In: Zeitschrift für Pädagogik 52. Heft 5. 642-653

Lemke, Christiane (1991): Die Ursachen des Umbruchs 1989. Politische Sozialisation in der ehemaligen DDR. Opladen: Westdeutscher Verlag

Leschinsky, Achim/Gruner, Petra/Kluchert, Gerhard (Hrsg.) (1999): Die Schule als moralische Anstalt. Erziehung in der Schule: Allgemeines und der >Fall DDR<. Weinheim: Deutscher Studien Verlag

Lietz, Wolfram/Overesch, Manfred (1997): Hitlers Kinder? Reifeprüfung 1939. Bad Heilbrunn/Obb.: Klinkhardt

Loeffelmeier, Rüdiger (2006): Die Bedeutung von Familie und Schule für die Bildungswege Potsdamer Abiturienten in der frühen DDR. In: Zeitschrift für Pädagogik 52. Heft 5. 659-670

Oyen, Stefan (2005): Zeitgeist und Bildung. Das Nachkriegsabitur an Gymnasien in Hildesheim, Weimar und Erfurt (1947-1950). Köln/Weimar/Wien: Böhlau

Rupprecht, Holger/Hentze, Reinhard (2001): Humboldt-Gymnasium 2000. Ein Schulbuch. Gegenwart und Geschichte des Potsdamer Humboldt-Gymnasiums. Wilhelmshorst: Märkischer Verlag

Tenorth, Heinz-Elmar (1998): ‚Erziehungsstaaten'. Pädagogik des Staates und Etatismus der Erziehung. In: Benner u. a. (1998): 13-53

Weber, Hermann (1985): Geschichte der DDR. München: Deutscher Taschenbuch Verlag

Öffentliche Kleinkinderziehung in Deutschland im Fokus des Politischen. Von den Kindergärten 1848 zu den Kinderläden in der 68er Bewegung

Meike Sophia Baader

1 Einleitung

Anders als die Schule, die sich historisch im Verlaufe der Moderne zunehmend durchgesetzt hat und in Deutschland etwa um 1900 flächendeckend eingeführt war, stand und steht bis heute die öffentliche Kleinkinderziehung in Deutschland wesentlich stärker im Fokus des Politischen. Zwar ist auch die Schule immer wieder Gegenstand bildungspolitischer Kontroversen, aber dabei geht es um curriculare Inhalte und Schulformen, nicht um ihre grundsätzliche Existenz. Diese ist in der westlichen und europäischen Moderne als zentrale Institution zur Weitergabe fundamentaler Kulturtechniken, zur Erlangung formaler Bildungsabschlüsse sowie für die Hervorbringung eines ‚modernen Selbst' weitgehend akzeptiert, von der Homeschool-Bewegung sowie sporadisch auftauchenden Diskussionen um ‚Entschulung' – so beispielsweise in der aktuellen Diskussionen um „Entschulung in der Adoleszenz" (Hentig 2006) – einmal abgesehen.

Der Grund dafür, dass öffentliche Einrichtungen des Vorschulbereiches in Deutschland immer wieder Gegenstand politischer Auseinandersetzungen waren und sind, hängt unmittelbar mit der Frage nach dem Selbstverständnis von Familie und von Kindheit und – aufs engste damit verbunden – mit dem Geschlechterverhältnis, das heißt mit der Rolle der Frauen und Mütter zusammen. Dieser Zusammenhang zwischen Familie, Frauenrolle, Kindheit, Öffentlichkeit und Privatheit soll im folgenden Beitrag anhand verschiedener historischer Etappen nachgezeichnet, insbesondere jedoch am Beispiel der Kinderladenbewegung in den Blick genommen werden.

2 Kindergärten im Kontext der Revolutionen von 1848/49

Das Fröbelsche Konzept zur Einrichtung so genannter Kindergärten ist wesentlich in den 1840er Jahren entstanden und hat vor allem im Umfeld der Revolutionen von 1848/49 breite Unterstützung bei Demokraten und Revolutionären gefunden. Diese haben in Deutschland der Idee sowie der Realisierung des Kindergartens zu ihrem eigentlichen Durchbruch verholfen – wenn auch zunächst nur von kurzer Dauer. Allein im Jahre 1848 wurden etwa 44 Kindergärten neu gegründet (vgl. Allen 1989: 28). Demokratische Lehrerorganisationen haben die Kindergärten als Einrichtungen „der öffentlichen Kleinkinderziehung" 1848 zur untersten Stufe eines nationalen Bildungssystems erklärt und versucht, dieses Konzept bei der Frankfurter Nationalversammlung durchzusetzen (vgl. Heiland 1982: 115; Baader 1998: 212f.).

Die Kindergärten waren zumeist vereinsförmig organisiert und wurden von bildungsbürgerlichen Kreisen unterstützt. Aus heutiger Sicht lassen sie sich als Selbsthilfeorganisationen beschreiben, die auf Initiativen bürgerlicher Eltern zurückgingen. Fröbel selbst allerdings hatte sie als Einrichtungen begründet, die insbesondere für die Kinder von Arbeiterinnen gedacht waren. Sie seien, so Fröbel, vor allem für die Kinder derjenigen Mütter gedacht, die „einem Beruf und Erwerb nachgehen müssten" (Fröbel 1982: 176). Anders als die bis dahin existierenden Bewahranstalten waren seine Einrichtungen konfessionsübergreifend, was zur Folge hatte, dass nicht wenige Kinder aus jüdischen Familien in die Kindergärten geschickt wurden (vgl. Baader 1998: 207, 220). Besonders unterstützt wurden sie zudem von den so genannten freien, das heißt konfessionell ungebundenen Gemeinden (vgl. Paletschek 1990), so dass die Zusammensetzung der Kindergartenvereine insbesondere aus Freireligiösen und Juden bestand (vgl. Baader 1998: 220). Mit diesem Umstand wurde dann das Verbot der Kindergärten in Preußen im Jahre 1851 unter anderem begründet (vgl. Baader 1998). Sowohl dieses konfessions- als auch das schichtenübergreifende Konzept der Kindergärten führte zu ihrer Unterstützung durch Revolutionäre und Demokraten im Umfeld von 1848.

Nach dem Scheitern der Revolutionen von 1848/49 richteten sich die Hoffnungen ehemaliger Aktivisten verstärkt auf die öffentliche Kleinkinderziehung in den Kindergärten. Diese sollte zu Freiheit und Selbstbestimmung führen und die Erziehung der kleinen Kinder nicht mehr ausschließlich den Familien überlassen. Durch die Kindergärten hoffte man den freien und ‚neuen Menschen' zu erziehen, der dann die ‚neue Gesellschaft' verkörpern oder hervorbringen würde, die auf dem Wege der Revolution nicht zustande gekommen war. Freiheit, so der ehemalige Revolutionär Ludwig Storch, sei auch eine Sache der Erziehung und müsse bei den kleinen Kindern anfangen. Die Kindergärten bezeichnete er als „ächte Pflanzschulen" einer demokratischen Zukunft (Storch 1850: 1; vgl. Baader 1998: 215f.). Theodor Hielscher, gleichfalls ein ehemaliger Revolutionär und Barrikadenkämpfer, der sich für die Kindergärten engagierte, betonte, dass es nach den „destructiven" Kämpfen wohltuend sei, nun etwas Konstruktives zu tun und keine eingebildete, sondern eine konkrete Utopie zu verfolgen (Hielscher

1850; vgl. Baader 1998: 216). Und ein weiterer ehemaliger Barrikadenkämpfer, Rudolf Benfey, formulierte:

> „Ich ziehe mich immer mehr von der Politik zurück und wende mich der Kinderwelt zu (...). Glaube aber nicht, dass ich mich von dem Wirken für den Fortschritt darum ausschließe. Im Gegenteil: ich wirke hier zwar im kleinen Kreis, aber nichts desto weniger fördernd für die Sache der Freiheit." (Benfey 1850: 14)

Benfey geht sogar so weit zu fragen, ob das Engagement für die Kindergärten nicht der effektivere Weg zur Freiheit sei (vgl. Benfey 1850: 14).

Häufig wurde die pädagogische Praxis in den Kindergärten von den Ehefrauen der Revolutionäre betrieben, während die Männer die Einrichtung nach außen hin vertraten (vgl. Baader 1998: 217f.). Damit ist die öffentliche Kleinkinderziehung selbst noch einmal entlang der Differenz von Öffentlichkeit und Haus strukturiert. Auch die Frauenbewegung um Louise Otto Peters unterstützte die Kindergärten. In der von ihr herausgegebenen Frauenzeitung wurde 1849 vertreten, dass die Kindererziehung der spezifisch weibliche Beitrag zur Revolution sei. Sie werde zudem „sicherer als Revolutionen zu einem besseren Zustand der Gesellschaft" verhelfen (Küstner 1979: 124). Bekanntlich war der Beruf der Kindergärtnerin einer der ersten Berufe für bürgerliche Frauen im sozialen Bereich, den sich bürgerliche Frauen und die Frauenbewegung unter Berufung auf die Idee der ‚sozialen Mütterlichkeit' erschlossen (vgl. Allen 2000). Bei der Begründung für das Verbot von Kindergärten 1851 in Preußen spielte die Tatsache, dass Kindergärten von Frauen geleitet wurden, durchaus eine Rolle (vgl. Baader 1998).

Im Fokus des Politischen standen die Kindergärten – gleichermaßen auf Seiten der Obrigkeit wie von Demokraten und Revolutionären – aufgrund ihres stände- und konfessionsübergreifenden Konzeptes sowie aufgrund der Beteiligung von Frauen. Die Unterstützer sahen in den Kindergärten einen Weg, zu Freiheit und Selbstbestimmung zu erziehen und damit Gesellschaftsreform über Erziehungsreform zu betreiben. Absetzen und unterscheiden wollte man sich dabei von den traditionellen, konfessionell ausgerichteten Kinderbewahranstalten. Der zeitweilige Mitstreiter von Marx und Engels, Arnold Ruge, veröffentlichte 1849 eine Schrift „Die Gründung der Demokratie in Deutschland", in der er die Demokratie wesentlich von einer demokratischen Familie, der Gleichstellung der Frau sowie der „Selbständigkeit der Kinder" (Ruge 1849: 48f.) abhängig machte. Auch in der Frauenzeitung von Louise Otto nimmt die ‚Reform der Familie' als spezifisch politisches Thema der Frauen, das die ‚Grundreform' für alle anderen Reformen, etwa die der Staatsverfassung, der Demokratie etc., darstelle, einen wichtigen Raum ein (vgl. Georgine 1849: 127ff.).

In dieser Perspektive wird eine demokratisch organisierte Familie, die auf der Gleichberechtigung der Geschlechter und der Anerkennung der Rechte von Kindern basiert, zur Basis für die Demokratie als politisches System.

3 Kontinuitäten der Skepsis gegenüber öffentlicher Kleinkindbetreuung in Deutschland

Das Verbot wurde in Deutschland 1861 aufgehoben, aber die Geschichte des öffentlichen Vorbehaltes gegenüber den Kindergärten dauerte an. Dies spiegelt sich insbesondere auch in deutschen ‚Geschichten der Pädagogik' des 19. und frühen 20. Jahrhunderts, die in der öffentlichen Kleinkinderziehung eine Bedrohung für die Grundlegung der Sitten im Staat sahen (vgl. Baader 2007a). Diese könne – unter Berufung auf Luther – nur durch ein geordnetes Familienregiment erfolgen, so etwa von Raumer 1857. Dazu sei es jedoch unabdingbar, dass die Mütter in den Familien für die kleinen Kinder verantwortlich seien, so wie Pestalozzi dies in „Lienhard und Gertrud" gezeigt habe (vgl. Raumer, v. 1857: 450ff.). Betont wird die Bedeutung der „heilige[n] Familienwohnstube" (Raumer, v. 1857: 11) als Ort für den ersten Elementarunterricht durch die Mütter. Auch in dieser Argumentation wird ein unmittelbarer Zusammenhang zwischen Familie und Staat hergestellt; allerdings liegt der Familie dabei eine andere Geschlechterordnung zugrunde als bei Arnold Ruges Überlegungen zum Zusammenhang von Familie und Demokratie. Der Zankapfel, über den hier gestritten wird, ist – bei genauerem Hinsehen – die Geschlechterordnung der bürgerlichen Familie sowie der Ort der Kleinkinderziehung. Um pädagogische Prinzipien im Umgang mit den kleinen Kindern geht es dabei kaum. Eine öffentliche Betreuung von kleinen Kindern wird lediglich als Einrichtung der Fürsorge für Kinder aus armen Familien akzeptiert, bei denen die Mütter ihre Funktionen nicht übernehmen könnten, nicht aber als Bildungseinrichtung für Kinder aus bürgerlichen Familien. Deren Mütter sollten zu Hause bleiben und sich dort um die Kinder kümmern, so der Mainstream deutscher ‚Geschichten der Pädagogik' im Zeitraum von 1857-1933 (vgl. Baader 2006; Baader 2007a/c). Die Reserviertheit gegenüber einer institutionalisierten Kleinkinderbetreuung gründete also vor allem in dem Bestreben, die Geschlechterordnung der bürgerlichen Familien aufrecht zu erhalten. Dem Argument der Kritiker, dass die Kindergärten die Verschulung der Frühen Kindheit betreibe, hatten die Befürworter der Fröbelschen Kindergärten im Umfeld von 1848 entgegnet, dass der Umstand, dass die Kindergärten in den Händen von Frauen seien, gerade der Verschulung entgegen wirke (vgl. Baader 1998: 216). Auch sie argumentierten also mit den so genannten Geschlechtscharakteren und der Ordnung der Geschlechter, indem sie die den Frauen zugeschriebenen Fähigkeiten in die öffentliche Sphäre übertrugen. Damit verfolgten sie eine Strategie, die charakteristisch für die bürgerliche Frauenbewegung in Deutschland war (vgl. Allen 2000).

In anderen Ländern hingegen waren die Kindergärten, deren Konzept unter anderem durch Emigranten und Emigrantinnen verbreitet wurde, die Deutschland nach dem Scheitern der Revolutionen verlassen hatten, wesentlich erfolgreicher. Dies gilt etwa für die USA, aber auch für die Schweiz und England. Die unterschiedliche Akzeptanz und Durchsetzung der Kindergärten in Deutschland und in den USA verweisen – so Ann T. Allen – auf fundamentale Differenzen in beiden Ländern insbesondere bezüglich des Verständnisses von Öffentlichkeit und Privatheit, des Geschlechterverhältnisses sowie der Rolle der Kirchen (vgl. Allen 1989; Allen 1995).

In den USA wurden die Kindergärten bereits im 19. Jahrhundert als Einrichtungen zur Integration von Einwandererkindern – als ‚way of Making Citizens' – entdeckt und in das Bildungssystem integriert. Dass dies in Deutschland nicht der Fall sei, wurde in US-amerikanischen ‚Geschichten der Pädagogik' mit Erstaunen registriert. Sie feierten Fröbel als Helden einer modernen Pädagogik (vgl. Baader 2004a/b; Baader 2007a), der gesehen habe, dass die Familie allein nicht ausreiche (vgl. Fröbel 1888: VIII). In deutschen ‚Geschichten der Pädagogik' hingegen hielt die Reserviertheit gegenüber Fröbels Konzept der Kindergärten bis zu Nohls „Die Pädagogik der deutschen Bewegung" aus dem Jahre 1933 an. Stattdessen feierte man in den deutschen Geschichten den Helden Pestalozzi und sein Konzept der Familienerziehung und die Elementarerziehung als ‚Home Education' durch die Mütter.

Bei der anhaltenden Skepsis gegenüber einer öffentlichen und staatlichen Kinderbetreuung im Rahmen des Bildungssystems spielen in Deutschland bis heute die Kirchen eine Rolle, die einen großen Anteil an den so genannten freien Trägern stellen. Im Kampf um den allmählichen Rückzug der Kirchen aus der Schulaufsicht, das heißt im Prozess der Säkularisierung von Schule, lautete der in der Weimarer Republik ausgehandelte Kompromiss: die Schule in die Hände des Staates, die Kleinkinderbetreuung in die Hände der Kirche. Damit bewahrten sich die Kirchen einen Zugriff auf die öffentliche Erziehung in der Frühen Kindheit. Diese Konstellation wurde auf der Reichsschulkonferenz von 1920 und dann im Reichsjugendwohlfahrtgesetz von 1922 festgeschrieben, wonach die Kindergärten zu Einrichtungen der Fürsorge erklärt wurden. In dem entsprechenden Ausschuss zum Kindergarten hatten die kirchlichen Vertreter die Mehrheit. Die sozialdemokratischen Vertreter lehnten den konfessionellen Kindergarten ab, argumentierten mit deren Säkularisierung und wollten den Kindergarten als unterste Stufe einer Einheitsschule etablieren (vgl. Aden-Grossmann 2002: 57), so wie es die demokratischen Lehrerorganisationen bereits 1848 gefordert hatten. Die Politik der SPD wie der KPD zielten in der Weimarer Republik auf den Ausbau einer staatlichen Kleinkinderbetreuung (vgl. Werder, v. 1977: 14), deren Hintergrund die Erwerbstätigkeit der Arbeiterinnen war.

4   Die 1950er und 1960er Jahre – Systemkonkurrenz zwischen BRD und DDR in der Frage der öffentlichen Kinderbetreuung

Nach 1949 ging die DDR in der Frage der öffentlichen Kleinkindbetreuung andere Wege als die Bundesrepublik. Hier herrschte das Leitbild der berufstätigen Frau vor, das dem Ziel folgte, das vorhandene Humankapital möglichst umfassend für den Arbeitsmarkt auszuschöpfen. Frauen wurden in der DDR früher und umfassender als in anderen Ländern in den Arbeitsmarkt integriert.

> „Die Entstehung zweier deutscher Staaten mit unterschiedlichen sozialökonomischen Verhältnissen, das Ziel, im Osten Deutschlands eine leistungsstarke Industrie aufzubauen und der permanente Mangel an Arbeitskräften gehören zu diesen Besonderheiten. Eine ihrer Folgen ist, dass das gesellschaftliche Netz zur Betreuung der Kinder in einem Umfang auf- und permanent ausgebaut und eine Sozialpolitik mit dem Ziel der Vereinbarkeit von Beruf und Mutterschaft entwickelt wurde, wie dies im internationalen Vergleich nur wenige Länder aufweisen können" (Dölling 1991: 160).

Die Arbeitsmarktpolitik, die dem Motto folgte „Die Frau von heute steht im Beruf ‚ihren Mann'" (Dölling 1991: 166), führte allerdings nicht dazu, dass die Ordnung der Zuständigkeit von Frauen für Haushalt und Familie infragegestellt wurde. Berufstätigkeit sowie die Verantwortung für Kinder und Haushalt führten zur entsprechenden Doppelbelastung der Frauen (vgl. Dölling 1991: 197).

Die Systemkonkurrenz der beiden deutschen Staaten – als ein besonderer Effekt des Kalten Krieges zwischen dem Westen und der Sowjetunion – wurde in der Bundesrepublik der 1950er und 1960er Jahre insbesondere anhand der Themen Familie, weibliche Erwerbstätigkeit und Kinderbetreuung ausgetragen. Dabei spielte auch der Verweis auf den Nationalsozialismus eine Rolle. Während die DDR ihre kollektive Kinderbetreuung ausbaute und den Kindergarten in das öffentliche Bildungssystem integrierte, knüpfte die Bundesrepublik – genau wie mit der dreigliedrigen Struktur ihres allgemein bildenden Schulsystems – an die Weimarer Republik an. Der Kindergartenbereich wurde in der BRD – in der Weimarer Tradition des Reichsjugendwohlfahrtgesetzes von 1922 – der Sozialfürsorge und nicht dem Bildungssystem zugeordnet. Erneut festgeschrieben wurde im Jugendwohlfahrtgesetz von 1961 auch die Rolle der Kirchen für die Kinderbetreuung. Die Kirchen legten in der Bundesrepublik der Nachkriegszeit einen besonderen Akzent auf Fragen der Familienpolitik. Ihr Einfluss auf die Sozialpolitik der Bundesrepublik in den 1950er und 1960er Jahren war evident. Auf die Hinwendung der Kirchen zu Themen, die sich um Ehe, Familie und Sexualmoral drehten, hat Dagmar Herzog hingewiesen (vgl. Herzog 2006). Sie sieht in dem Versuch, sich in den 1950er und 1960er Jahren insbesondere über das Thema Sexualmoral zu profilieren, das unmittelbar mit der Familie verknüpft ist, eine Strategie der Ablenkung von der Involviertheit der Kirchen in den Nationalsozialismus (vgl. Herzog 2005).

In den 1950er und 1960er Jahren ließen beide deutsche Staaten keine Gelegenheit aus, ihre fundamentalen Differenzen in der Frage der weiblichen Erwerbstätigkeit und der Kinderbetreuung zu betonen, wie Ute Frevert hervorhebt.

„Warfen westdeutsche Politiker und Kirchenvertreter der DDR vor, Frauen in die Berufssklaverei zu treiben und die Familie zu verstaatlichen, konterten DDR-Funktionäre mit dem Hinweis auf die Familiensklaverei westdeutscher Frauen" (Frevert 2000: 647).

Obwohl Ende der 1960er Jahre bereits 40 % aller Frauen erwerbstätig waren, zeichnete sich die Bundesrepublik durch eine sehr restriktive Kinderbetreuungspolitik aus (vgl. Frevert 2000: 650). Als im Wahlkampf 1969 die Parteien zu ihrer Frauenpolitik interviewt wurden und der ehemalige Kanzler Kurt Georg Kiesinger nach dem Ausbau von Kindergärten befragt wurde, wich er aus und verwies auf die Großeltern. In puncto Erwerbstätigkeit bemerkte er, dass die Frauen überlegen müssten, ob die Kinder dadurch nicht zu Schaden kämen. 70 % der bundesdeutschen Bevölkerung in den 1960er Jahren waren davon überzeugt, dass Frauen nicht erwerbstätig sein sollten (vgl. Frevert 2000: 646). Dass die Pflichten der Frau in der Ehe in erster Linie in der Führung des Haushaltes und in der Betreuung der Kinder bestanden und ihre Berufstätigkeit nicht mit diesen Pflichten kollidieren dürfe, wurde im Familienrecht des BGB bis 1977 festgeschrieben. Dort hieß es: „Die Frau führt den Haushalt in eigener Verantwortung. Sie ist berechtigt, erwerbstätig zu sein, soweit dies mit ihren Pflichten in Ehe und Familie vereinbar ist" (§1356 (1) BGB).

Dass die Konkurrenz der Systeme insbesondere in der Familienpolitik ausgetragen wurde, ging auch über die 60er und 70er Jahre hinaus. Schließlich ließ sich ein Rechtsanspruch auf einen Kindergartenplatz von Kindern über drei Jahren in der Bundesrepublik erst nach der Vereinigung im Jahre 1991 durchsetzen.

Die ideologische Konfrontation zwischen den Familienpolitiken der beiden deutschen Staaten versuchte unlängst der Augsburger katholische Bischof Mixa noch einmal aufleben zu lassen, als er im Rahmen der aktuellen Diskussion um einen Ausbau der öffentlichen Kinderbetreuung für Kinder unter drei Jahren erklärte, dieses Projekt folge der „Ideologie der staatlichen Fremdbetreuung in der DDR" (Frankfurter Allgemeine Zeitung 23.02.07: 1).

5 Motive für die Gründung von Kinderläden im Kontext der Bewegung von 68

Der geringe Ausbau der öffentlichen Kinderbetreuung in der Bundesrepublik ist ein Ausgangspunkt für die Gründung von Kinderläden. So gingen in den 1960er Jahren lediglich etwa 33 % aller Kinder zwischen drei und sechs Jahren in Kindergärten (vgl. Aden-Grossmann 2002: 129), die – in der Tradition der Sozialfürsorgeeinrichtung – eher für Kinder aus Arbeiterfamilien gedacht waren, nicht für Kinder aus bürgerlichen Familien. Vor diesem Hintergrund war es bereits ein Bruch, dass in der Kinderladenbewegung Frauen akademisch-bürgerlicher Herkunft eine öffentliche Kinderbetreuung beanspruchten. Die existierenden Kindergartenplätze waren ein knappes Gut, Plätze gab es nicht oder kaum (vgl. Rang 2007: 86). Im Jahre 1966 standen in Berlin etwa 30.000 vorhandenen Kindergartenplätzen 20.000 Kinder auf Wartelisten gegenüber (vgl. Berliner Kinderläden 1970: 20). Die Überbelegung der existierenden Kindergärten – jedenfalls in Großstädten wie Berlin – wird in den Dokumenten der Kinderladenbewegung mehrfach betont (vgl. Berndt 1995; Bookhagen u. a. 1969). Tatsächlich bemerkte der Deutsche Bildungsrat 1970, dass auf eine Erzieherin 52 Kinder kämen (vgl. Bildungskommission 1970: 105). Außerdem waren die Kinderladengründer mit den in den herkömmlichen Kindergärten praktizierten Erziehungsprinzipien nicht einverstanden. In ihren Augen schienen sie eine Erziehung zu autoritärer Unterwürfigkeit zu befördern, die sie vor dem Hintergrund der Diskussionen um den ‚autoritären Charakter' und seine Faschismusanfälligkeit ablehnten. So betont etwa Helke Sander, eine der ersten Gründerinnen von Kinderläden in Berlin, dass Kinder in den Kindergärten festgebunden würden. Die Mitglieder der Kommune II, die für ihre beiden Kinder einen Kindergartenplatz suchten und dann in Berlin-Charlottenburg einen eigenen Kinderladen gründeten, beschrieben paramilitärische Praktiken sowie Schlaf- und Essenszwang (vgl. Berndt 1995; Bookhagen u. a. 1969). Das Personal der 1960er Jahre war fachlich nicht besonders qualifiziert, lediglich 45 % der Mitarbeiterinnen hatten eine abgeschlossene Ausbildung als Erzieherin. Schließlich galt der Kindergarten nicht als pädagogische Einrichtung mit Erziehungs- und Bildungsauftrag (vgl. Aden-Grossmann 2002: 129f.).

Auch der Umstand, dass sich viele der Kindergärten in der Hand der Kirche befanden, wurde von den Kinderladengründern kritisch betrachtet. Lutz von Werder, einer der führenden Akteure der Berliner Kinderladenbewegung, bemerkte 1977: „Heute befinden sich 70 % der Kindergärten in den Händen freier

Träger" (Werder, v. 1977: 14). 90 % der nichtstaatlichen Kindergärten würden von der evangelischen und der katholischen Kirche geleitet (vgl. ebd.).

Die Motive für die Gründung von Kinderläden sind vielfältig. Am Anfang standen praktische Herausforderungen durch die Existenz von Kindern – also etwa die Vereinbarkeitsproblematik sowie die Frage, wie die eigenen Kinder zu erziehen seien. Die Gründungen von Kinderläden und Alternativschulen, so Negt, folgten nicht einer abstrakten politischen Programmatik, sondern der „Sorge um die eigenen Kinder" (Negt 2001: 410).

Für die Frauen im Sozialistischen Deutschen Studentenbund, die sich im Januar 1968 zum „Aktionsrat zur Befreiung der Frauen" zusammengeschlossen hatten und bei der Gründung der frühen Berliner Kinderläden federführend waren, stand weniger die Vereinbarkeit zwischen Erwerbstätigkeit und Kindern als vielmehr die zwischen politischem Engagement und Kinderbetreuung im Vordergrund.

Ein Initialereignis der Berliner Kinderladenbewegung war eine Initiative des aus sieben Frauen bestehenden „Aktionsrates zur Befreiung der Frauen" auf dem Vietnamkongress in Berlin im Februar 1968. Während des Kongresses spielten etwa vierzig Kinder vor den Hörsälen der TU und wurden dort kollektiv betreut, da die Frauen es „müde" gewesen seien,

> „(…) Zaungäste zu bleiben. Sie organisierten während des Kongresses und der Demonstration einen Kindergarten, in dem Eltern und freiwillige Helfer abwechselnd die Aufsicht übernahmen, so dass alle, die sonst wegen der Kinder zu Hause bleiben mussten, am Kongress teilnehmen konnten. (…). Zum ersten Mal machten die Eltern und besonders die Mütter die Erfahrung, dass ihre Familienprobleme nicht privat bleiben mussten." (Berliner Kinderläden 1970: 34f.)

Das Politikum an dieser Selbsthilfeinitiative war sowohl die Präsenz von spielenden Kindern bei politischen Aktionen als auch in den ‚heiligen Hallen' der Wissenschaft. Von dieser ersten öffentlichen Aktion unter Beteiligung von Kindern im Februar 1968, die in der zeitgenössischen Literatur als „Geburtsstunde der Kinderläden" (Berliner Kinderläden 1970: 34f.) bezeichnet wurde, gingen dann weitere Gründungen von Berliner Kinderläden aus. Im August 1968 wurde schließlich der „Zentralrat der Kinderläden" ins Leben gerufen. Nach Ansicht der Autoren des 1971 erschienenen Buches „Kinderläden. Revolution der Erziehung oder Erziehung zur Revolution?" erhielt die Kinderladenbewegung erst mit der Gründung des „Zentralrates der Kinderläden" im August 1968 ein gemeinsames Dach. Erst da sei sie Teil der sozialistischen Bewegung geworden und habe damit zu ihrer politischen Aufgabe gefunden. Der Zentralrat habe da angefangen, wo der Aktionsrat zur Befreiung der Frauen gescheitert sei (vgl. Breiteneicher u. a. 1971: 36). Politisch ist die Kinderladenbewegung in dieser Perspektive also erst geworden, indem sie sozialistisch wurde. Erst dies habe eine Einheit der Bewegung garantiert.

In diesem Kommentar spiegeln sich einerseits Kontroversen um die Anfangsnarrationen der Kinderläden, die sich auch in anderen Quellen finden, insbesondere aber Konflikte um die Frage, was denn politisch sei.

6   Das Private ist politisch: Die Verknüpfung von Frauenbewegung und Kindererziehung

Vor dem Hintergrund der Feststellung, dass die Kinderläden erst in dem Moment den Status des Politischen erreicht hätten, als sie sozialistisch geworden seien, erhält die berühmte Formel, „das Private ist politisch", die Helke Sander in ihrer Rede des „Aktionsrates zur Befreiung der Frauen" auf der 23. Delegiertenkonferenz des SDS im September 1968 in Frankfurt prägte, noch einmal eine andere Bedeutung (vgl. Sander 2004). Die Rede wird in der Geschichtsschreibung gerne als Anfangsdokument der Zweiten Frauenbewegung gelesen. Unerwähnt aber bleibt, dass es dabei wesentlich um die Kindererziehung und die Kinderläden ging, und dass mit der Formel „das Private ist politisch" der politische Charakter von Erziehungsarbeit betont wurde. Dieser – und das ist die Pointe des Textes – wird darin gesehen, dass bisher private Angelegenheiten wie die Kindererziehung und das private Verhältnis von Männern und Frauen öffentlich wird. Die Rede verweist darauf, dass es zwischen den Akteuren und Akteurinnen der Kinderladen- und Studentenbewegung eine Kontroverse – im Sinne von Rede und Gegenrede – um die Frage, was denn politisch sei, gab. Aus diesem Grund soll sie hier einer Re-Lektüre unterzogen werden.

Der Text unterstreicht die politische und öffentliche Dimension von Familienfragen, das heißt des Zusammenlebens von Frauen, Männern und Kindern. Damit rückt der Alltag des Geschlechter- und Generationenverhältnisses in den Fokus des Politischen. Die Trennung zwischen Privatleben und Politik, die Abtrennung und Tabuisierung eines bestimmten gesellschaftlichen Bereiches als ‚Privatleben', das dazu beitrage, dass die spezifische Lage der Frauen nicht in den Blick gerate, attackiert die Rednerin auf das Schärfste (vgl. Sander 2004: 372). In Frage gestellt wird damit das Modell der bürgerlichen Familie. Frauen, die immer noch für das Privatleben und die Familie erzogen würden, könnten ihre Identität und Emanzipation nur erlangen, „wenn die ins Privatleben verdrängten gesellschaftlichen Konflikte artikuliert werden" (Sander 2004: 373). Thematisiert wird das Problem der studierenden Frauen; sie werden als Privilegierte bezeichnet, die Kinder bekommen. „Wenn diese Privilegierten unter den Frauen nun Kinder bekommen, werden sie auf Verhaltensmuster zurückgeworfen, die sie meinten, dank ihrer Emanzipation schon überwunden zu haben" (Sander 2004: 373f.).

Sander beschreibt in ihrem Text die Unvereinbarkeit von Berufstätigkeit einerseits mit einem Leben mit Kindern und der Rolle der ‚Frau fürs Haus' und für den Konsum andererseits, die zugleich mit der geschlechtsspezifischen Rollen- und Arbeitsteilung zwischen Mann und Frau verbunden sei. Diese werde schließlich beiden Geschlechtern durch die Gesellschaft auferlegt. Sie kritisiert in ihrer Rede auch den revolutionären, aggressiven Habitus der männlichen Genossen in ihrem Umgang untereinander. Den Männern wirft sie vor, dass sie jene Trennung von Politik und Privatleben gerade nicht in Frage stellen würden.

Als Sprecherin der Frauen im SDS geht Sander davon aus, dass „Frauen mit Kindern am schlechtesten dran" (Sander 2004: 373f.) seien, deshalb konzentriere man sich in der Arbeit auf diese. Frauen mit Kindern könnten erst wieder über sich nachdenken, wenn die Qualität der Kindererziehung für sie befriedigend geregelt sei. Der Ausgangspunkt für die Suche nach neuen Erziehungspraxen wird mit den Problemen von Frauen mit Kindern begründet. Da die politischen Frauen ein Interesse daran hätten, ihre Kinder nicht nach dem vorherrschenden Leistungsprinzip zu erziehen, würden die Frauen des Aktionsrates „den Anspruch der Gesellschaft, dass die Frau die Kinder zu erziehen hat, zum ersten Mal ernst nehmen" (Sander 2004: 373f.). Deshalb würden sie sich weigern, – und hier verwendet Sander die Terminologie von Herbert Marcuse – die Kinder nach den „Prinzipien des Konkurrenzkampfes und Leistungsprinzips" (Sander 2004: 374f.) zu erziehen. Die Konzentration auf die Erziehung der Kinder sei kein Alibi für die verdrängte eigene Emanzipation, sondern die Voraussetzung dafür, die eigenen Konflikte lösen zu können.

Sander verweist auf fünf existierende Kinderläden, darüber hinaus auf vier, die gerade im Prozess der Entstehung seien, und auf einige, die sich im organisatorischen Vorstadium befänden. Außerdem arbeite man am Modell für den FU-Kindergarten und organisiere Kindergärtnerinnen bzw. helfe diesen, sich selber zu organisieren. Der Zustrom sei so groß, dass er kaum zu verkraften sei. Es gehe darum, Methoden einer kollektiven Erziehung zu finden, die nicht nur den sowieso schon Privilegierten zugute kommt. Diese Methoden würden aber noch nicht existieren,

> „(...) darum können wir unsere Arbeit nicht dadurch gefährden, dass wir halbe Aktionen in Arbeitervierteln machen. Es sind besonders die Männer, die sich nach und nach bei uns eingefunden haben, die für eine schnellere Vermittlung nach außen in die Arbeiterschaft eintreten. Hier gibt es wieder zwei Probleme. Zum einen haben verschiedene Männer gesehen, dass plötzlich etwas gemacht wird, was eine Perspektive hat. Aufgrund ihrer gewandteren Formulierungen übernehmen sie (...) die Führung (...). Sie tun so, als sei der Gedanke der Kinderläden ihre eigene Erfindung und

sehen die politische Relevanz und sagen den Frauen, sie würden ihre Probleme verdrängen, wenn sie sich jetzt mit Erziehung beschäftigen. Der Versuch, möglichst
schnell andere Bevölkerungsschichten mit unseren Kinderläden zu erfreuen, mag
darauf zurückzuführen sein, dass die Männer sich nach wie vor weigern, ihre eigenen Konflikte zu artikulieren. Im Augenblick haben wir der Arbeiterschaft nichts zu
bieten. Wir können nicht Arbeiterkinder in unsere Kinderläden nehmen, wo sie ein
Verhalten lernen, für das sie zu Hause bestraft werden. Die Voraussetzungen dazu
müssen für die Arbeiter erst geschaffen werden" (Sander 2004: 376f.).

Damit votiert Sander klar gegen eine politische Instrumentalisierung der Kinderläden und unterstreicht, dass diese im Gange ist. In ihrem Text steckt ein ganzes
Erziehungsprogramm, bei dem Fragen der Erziehung unmittelbar mit Geschlech-
terfragen verknüpft werden, was jedoch in der Historiographie der Kinderläden
nicht erwähnt wird (vgl. Werder, v. 1977). Hervorgehoben wird auch der enorme
Zuspruch, den die Kinderläden erfahren, es werde „plötzlich etwas gemacht, was
eine Perspektive hat" (Sander 2004: 376 f.). Es scheint, als ob die Kinderladenbewegung zu einem Zeitpunkt, als die Bewegung schwächer wurde, eine Mobili-
sierungsfunktion übernommen hat.

Die breite Unterstützung – insbesondere aus einem bildungsbürgerlichen
Milieu – wird in anderen Quellen ebenfalls erwähnt (vgl. Dermitzel 1969). Die
Gegenmodelle einer öffentlichen Kinderbetreuung, so Sander, würden von einem
akademischen Publikum getragen. In diesem Zusammenhang kritisiert sie die
männlichen Genossen, die die Kinderläden zur politischen Agitationsarbeit im
Arbeitermilieu missbrauchen würden. Die Wut auf die Männer des SDS, die in
der Rezeptionsgeschichte des Textes immer wieder hervorgehoben wird, richtet
sich sowohl dagegen, dass Fragen der Kindererziehung nicht ernst genommen
werden als auch gegen die politische Instrumentalisierung. Die Zuständigkeit der
Frauen für die Kindererziehung wird von der Rednerin *nicht* grundsätzlich infragegestellt, attackiert wird hingegen das Modell der ‚Home Education', der privaten, häuslichen Zuständigkeit.

Im Verlaufe des Textes formuliert Sander ein umfassendes Erziehungs- und
Bildungsprogramm, das in fünf Punkte gefasst ist, und von denen der erste lautet,
dass die Arbeit des Aktionsrates sich vorerst auf Erziehungsfragen beschränke.
Das Programm bezieht sich nicht nur auf den Vorschulbereich. Die Kinder, die
in die Kinderläden gegangen seien, würden sich nicht mehr in die normalen
Schulen fügen, die Eltern dieser Kinder würden die bestehenden Schulen nicht
mehr hinnehmen. Die Kinderläden werden damit zu einem Ort der Utopie, zu
einem Gegenmodell für eine neue Gesellschaft – im Rahmen der existierenden –,
in der zum ‚neuen Menschen' erzogen werden soll.

Angesprochen wird auch das Problem der Professionalisierung des Vorschulbereiches. Das expandierende Berufsfeld der Erzieher und Erzieherinnen

könne zu einem zukünftigen Berufsfeld für Arbeiterinnen werden. Durch gute Ausbildungen könne so mit dem Problem der ungelernten Arbeiterinnen, das 90 % aller Arbeiterinnen betreffe, Schluss gemacht werden: „(…) wir wissen, wir werden einen ungeheuren Bedarf an Erzieherinnen und Erziehern, an Kindergärtnerinnen und Kindergärtnern haben" (Sander 2004: 377). Vermutlich steht hinter diesen Vorschlägen ein Tagesmuttermodell, das Sander in Finnland bzw. in Skandinavien kennen gelernt hatte.

Der Ausgangspunkt für die Suche nach Alternativen in der Kindererziehung war für die Frauen im antiautoritären Lager des SDS ein sehr konkreter, nämlich wie die eigenen Kinder zu erziehen seien. Dies wird auch in anderen Quellen bestätigt, etwa bei Monika Seifert, die 1967 in Frankfurt die erste Kinderschule gegründet hat. Monika Seifert, Tochter von Melitta und Alexander Mitscherlich und Mitarbeiterin im Frankfurter Institut für Sozialforschung, hatte mit ihrer kleinen Tochter in England gelebt und dort die Tradition der englischen ‚Infant Schools' sowie Summerhill kennen gelernt. Nach Deutschland zurückgekehrt, habe sie sich nicht vorstellen können, ihre Kinder in einen normalen Kindergarten zu geben. In diesem Zusammenhang argumentiert auch sie mit den autoritären Charakterstrukturen, über die sie im Institut für Sozialforschung gearbeitet habe (vgl. Seifert 1970; Berndt 1995; Negt 2001: 299). Auch Helke Sander, die an der Gründung von Kinderläden maßgeblich beteiligt war, hat übrigens vorher mit ihrem Kind im Ausland gelebt, und zwar in Finnland (vgl. Berndt 1995).

Der zitierten Bemerkung, die Kinderläden seien erst dann politisch geworden, nachdem sie Teil einer sozialistischen Bewegung geworden seien (vgl. Breiteneicher u. a. 1971: 36), ist also einer Kontroverse in der frühen Phase der Kinderläden vorausgegangen, die vor einer politischen Instrumentalisierung warnte.

In der sehr marginalen erziehungswissenschaftlichen Forschung zur Kinderladenbewegung wird diese in drei Phasen eingeteilt: eine Abgrenzungs- und Gründungsphase 1967/1968, an die sich eine Phase der proletarischen Erziehung anschloss, in der vor allem Männer die Führung übernommen hätten und schließlich eine Phase des Auslaufens Mitte der 70er Jahre (vgl. Jansa 2000: 28f.). Auf das Ende der Kinderladenbewegung verweist dann exemplarisch der Titel der Schrift „Was kommt nach den Kinderläden" (Werder, v. 1977). Die Re-Lektüre des Textes von Sander gibt uns einen Einblick darin, wie wir uns den Übergang von jener praktisch-experimentellen Phase zu der so genannten sozialistischen oder proletarischen Phase vorzustellen haben, und durch welche Kontroversen sie begleitet waren. Diese entpuppten sich in der historischen Rekonstruktion auch als Auseinandersetzung zwischen Frauen und Männern. Verhandelt werden dabei außerdem Fragen nach Erziehungszielen: Geht es, wie Sander mit Marcuse formuliert, um die Weigerung zu „Konkurrenzkampf und Leistungsprinzip" (Sander 2004: 374f.) zu erziehen oder um „die Erziehung zur Revolution?"

(Breiteneicher u. a. 1971). Eng damit verbunden ist die grundsätzliche Frage nach den Möglichkeiten von Gesellschaftsreform durch Erziehungsreform, die bereits die Revolutionäre im Umfeld von 1848, insbesondere nach dem Scheitern der Revolution, diskutierten. Die meisten Beteiligten aus dem breiten bürgerlichen Unterstützungsumfeld der Kinderläden waren vermutlich an der politischen Erziehung im engeren Sinne nicht besonders interessiert und hielten es eher mit A. S. Neills „Theorie und Praxis der antiautoritären Erziehung" (vgl. Rutschky 2003), ein Buch, von dem von Dezember 1969 bis Mai 1970 275.000 Exemplare verkauft wurden und in dem explizit das Unpolitische dieses reformpädagogischen Ansatzes von Neill unterstrichen wurde.

7   Zwischen Pluralisierung von Familienformen, theoretischer Familienkritik und Engagement in Elterninitiativen

Fragen wir nach dem Verhältnis von Kinderladenbewegung und Familie, so ist auch dieses komplex und widersprüchlich, zumal die Kinderladenbewegung – wie dargestellt – keinesfalls einheitlich ist. Sie bewegt sich im Spannungsverhältnis zwischen ersten Anzeichen der Pluralisierung von Familienformen der späten 1960er Jahre, der theoretischen Kritik an der Kleinfamilie sowie einem starken Engagement von Eltern in den Kinderläden.

Werfen wir zunächst einen Blick auf die Familien- und Geschlechterverhältnisse in den 1960er Jahren. Wie bereits erwähnt, waren bereits etwa 40 % aller Frauen erwerbstätig. Ende der 1950er und Anfang der 1960er Jahre stieg die Geburtenrate in der Bundesrepublik enorm an, bei gleichzeitigem Sinken des Heiratsalters. Einen Einbruch erhielt die Geburtenrate dann erst mit dem ‚Pillenknick' im Jahre 1965 (vgl. Frevert 2000: 651ff.). Auf einer Versammlung im Januar 1968, die die Gründung von Kinderläden sowie die Kinderbetreuung auf dem Vietnamkongress vorbereitete, hatten etwa 50 % aller anwesenden Akademikerinnen Kinder (vgl. Berndt 1995). Dies verweist auf die hohe Geburtenrate bei niedrigem Heiratsalter. Zudem stieg ab Mitte der 1960er Jahre die Scheidungsrate in der Bundesrepublik (vgl. Frevert 2000: 651f.). Auch dies spiegelt sich in den Kinderläden. In der Frankfurter Kinderschule von Monika Seifert hatten von vierzehn Kindern, die alle aus dem akademischen Mittelstand kamen, fünf oder sechs nur ein Elternteil. Seifert schreibt:

> „(…) das Problem der unvollständigen Familien wird gemeinsam zu lösen versucht, indem diese Kinder und der allein stehende Elternteil mit anderen Familien intensiven Kontakt haben, auch innerhalb von schon bestehenden oder geplanten Wohngemeinschaften" (Seifert 1970).

Die Kinderläden sind zugleich Ausdruck von sowie Versuche der Reaktion auf die Pluralisierung von Familienformen und „erster Risse" (Frevert 2000: 652) im traditionellen Geschlechterverhältnis – wie Ute Frevert sie für die 1960er Jahre festgestellt hat. Die Kinderladenbewegung verweist auch darauf, dass das ‚goldene Zeitalter der Normalfamilie' seinen Zenit überschritten hatte: Die Aktivistinnen des SDS waren nicht mehr gewillt, dem traditionellen Modell zu folgen, zu Hause allein für die Erziehung der Kinder im Vorschulalter zuständig zu sein, und mit den Wohngemeinschaften wurde eine Lebensform entwickelt, in der die Verantwortung für die Kinder auf mehrere Personen verteilt werden konnte. Sie bot sich insbesondere auch für Alleinerziehende an.

Die Kinderläden hängen eng mit der Gründung von Kommunen und Wohngemeinschaften zusammen. Mit den Wohngemeinschaften und Kommunen war man auf der Suche nach Lebens- und Erziehungsformen, die sich als Alternative zur bürgerlichen Kleinfamilie verstanden, manchmal aber auch einfach aus der Not geboren waren, wie Helke Sander in ihrem Film „Der subjektive Faktor" (1981) über die Gründung einer der ersten Wohngemeinschaften in Berlin berichtet. Ausgangspunkt der Gründung war eine alleinerziehende berufstätige Frau mit Kind, die keine Wohnung bekam.

Theoretisch standen bei der Suche nach alternativen Lebens- und Erziehungsformen die Diskussionen um den Nationalsozialismus und Faschismus und dessen Fundierung im so genannten ‚autoritären Charakter' Pate. Diese Diskussion geht auf die Rezeption der Kritischen Theorie sowie der „Studies in Prejudice" aus den Jahren 1949/50 des Frankfurter Institutes für Sozialforschung und insbesondere auf die „Studien zum autoritären Charakter" (Adorno 1973) zurück. Diese Untersuchung befasste sich mit dem „potentiell faschistischen Individuum" (Adorno 1973: 1). Es war Rudi Dutschke, der die Diskussion um Autorität und Antiautorität in die deutsche Diskussion einbrachte (vgl. Gilcher-Holtey 1998: 174, 181). Er stellte – vor dem Hintergrund der Rezeption der Kritischen Theorie – einen unmittelbaren Zusammenhang zwischen Faschismus, autoritärer Persönlichkeit und Erziehung her (vgl. Dutschke 1968: 68). Die Auseinandersetzung um Autorität und Antiautorität war ein wesentliches Moment der deutschen Diskussion und unterschied sie von den Themen der 68er-Bewegungen in anderen Ländern.

Die Selbstbeschreibung der diversen frühen Berliner Kinderladeninitiativen aus den Jahren 1968/69 erfolgte bald nach den ersten Gründungen unter dem Stichwort der ‚antiautoritären Erziehung'. Diese definierte sich zunächst in der Abgrenzung zur „üblichen autoritären Erziehung" (Berliner Kinderläden 1970: 15). Man berief sich dabei auf die Entdeckung der Bedeutung der frühkindlichen Phase in der Sozialisation, auf die Psychoanalyse, auf kulturvergleichende Untersuchungen zu Großfamilien im Vergleich zur bürgerlichen Kernfamilie – etwa

in Vietnam oder China – und auf die Studien zum autoritären Charakter. Der
Fokus der Kritik richtete sich auf die bürgerliche Kleinfamilie, die unmittelbar
mit dem ‚autoritären Charakter' in Verbindung gebracht wurde.

> „Vor allem aber bildet die Erziehung in der Kleinfamilie eine autoritäre Charakter-
> struktur heran und ist deshalb für den bei uns vorherrschenden Typ des im Grunde
> demokratiefeindlichen Untertanen verantwortlich. Wie sehr autoritäre Charakter-
> strukturen faschistische Entwicklungen begünstigen, hat Adorno u. a. in den Unter-
> suchungen über die autoritäre Persönlichkeit nachgewiesen" (Berliner Kinderläden
> 1970: 15).

Auch Erich Fromms „Studien über Autorität und Familie" wurden mit dem Satz
zitiert, die Familie sei die „psychologische Agentur" der Gesellschaft, die die
individuellen Neurosen produziere (Berndt 1969: 136).

Vor dem Hintergrund der Annahme, dass autoritäre Charakterstrukturen zur
Unterstützung von Faschismus und Demokratiefeindlichkeit beitragen, stand die
Sozialisation in der Kernfamilie im Fokus der Kritik. Familienformen in anderen
Kulturen sowie die Sozialisation im Kollektiv als alternativer Familienverband
erfuhren besondere Aufmerksamkeit und wurden etwa im Kursbuch Frau-
Familie-Gesellschaft von 1969 intensiv diskutiert (vgl. Enzensberger 1969).
Nehmen wir das Kursbuch 17 als exemplarisch für die Debatte um die Familie
im Umfeld der Studentenbewegung, der Kinderladenbewegung und der Neuen
Linken, dann präsentiert sich folgendes Bild:

Einerseits finden wir in einem Beitrag eine differenzierte Bezugnahme auf
die zeitgenössische Sozialisationsforschung, etwa auf Basil Bernsteins Forschungen zu Sprachbarrieren oder auch auf zeitgenössische psychoanalytische
Literatur (vgl. Berndt 1969). Andererseits setzten sich die Autoren mit Familienstrukturen in anderen Gesellschaften auseinander, etwa in China (vgl. Masi
1969), mit dem Tenor, dass die Familie grundsätzlich konservative Elemente in
sich berge und ihre Abschaffung eine ferne kommunistische Utopie sei. Drittens
findet sich eine auffällige Idealisierung der Familie in anderen historischen Zeiten (vgl. Bookhagen u. a. 1969). Viertens lässt sich eine starke Anknüpfung an
Wilhelm Reichs Familienkritik nachzeichnen. Fragen wir nämlich danach, warum die kollektive Erziehung als alternative Sozialisationsform zur Kleinfamilie
in der Sicht ihrer Vertreter die Chance bot, *keine* autoritären Strukturen zu gene-
rieren, werden wir auf Wilhelm Reich verwiesen, der in den Quellen sehr präsent
ist. Bei Wilhelm Reich nämlich findet sich – anders als bei Freud – die Begründung, warum eine kollektive Erziehung eine Alternative zur Kleinfamilie darstellt. Die Argumentation Reichs bietet tatsächlich einen Ausweg aus dem kleinfamilialen Drama. Die inzestuöse Hassbindung zwischen Eltern und Kindern
müsse ausgeschaltet werden. Dies könne nur passieren, wenn die Kinder unge-

fähr von dem vierten Lebensjahr an „in kollektive Erziehung kommen, ehe sie die seelisch vernichtenden Bindungen an die Eltern auszubilden in der Lage sind" (Reich 1966: 316), lesen wir unter Berufung auf Reich in dem Text über Kindererziehung in der Kommune (vgl. Bookhagen u. a. 1969: 149). In der Familie könne die ödipale Liebe-Hass-Konstellation nicht wirklich ausgelebt werden. „Da das Kollektiv einer Kindergemeinschaft fehle, in der sich die sexuellen Triebe auf Gleichaltrige richten könnten, müssen diese Strebungen weitgehend verdrängt werden" (Dermitzel 1969: 186), wird in den „Thesen zur antiautoritären Erziehung" gleichfalls unter Zitation von Reich erklärt. Diese Sicht – unter Berufung auf Reichs Schrift „Die sexuelle Revolution" – berührt das vierte auffällige Moment im genannten Kursbuch sowie in zahlreichen anderen Quellen, nämlich eine Politisierung von Sexualität, die diese gleichermaßen zum Schlüssel individueller psychischer Gesundheit wie zum Schlüssel für das Funktionieren von Gesellschaften und ihren politischen Systemen verklärt. Die Suche nach der Wahrheit in der Sexualität, die Michel Foucault zum Charakteristikum der Moderne erklärt hat (vgl. Foucault 1983/1995), hat im Umfeld von 1968 einen ihrer Höhepunkte erfahren, indem die Sexualität zur entscheidenden Ausdrucksform des politischen Bewusstseins erhoben wird.

In der starken Bezugnahme auf Literatur aus der Weimarer Republik, für die Wilhelm Reich exemplarisch steht, scheint ein Dilemma der bundesrepublikanischen Nachkriegszeit zu liegen. Hatte sich die Struktur des Bildungssystems stark an die Weimarer Republik angeknüpft, so haben sich seine Kritiker im Umfeld der 68er Bewegung gleichfalls stark an pädagogischen Texten aus der Weimarer Zeit und der sozialistischen Tradition orientiert.

Neben jener theoretischen Diskussion um die Sozialisationsinstanz der bürgerlichen Kleinfamilie, um ihre Alternativen und um die Vorteile der Erziehung in der Kommune wie im Kollektiv zeichneten sich die Kinderläden durch engagierte Eltern aus, die viel Zeit in die Kinderladenarbeit investierten. Als Selbsthilfeorganisationen unter starker Beteiligung der Eltern bewegten sie sich in einem intermediären Bereich zwischen Familie und öffentlicher Einrichtung. Diese Intermediarität hat eine Reihe pädagogischer Probleme mit sich gebracht, etwa die Frage, was die Präsenz der Eltern in den Kinderläden jeweils für die eigenen Kinder bedeutet. Außerdem ist die intensive Elternbeteiligung auch ein Grund für das Auslaufen der Kinderladenbewegung Mitte der 1970er Jahre.

Die Debatte um die Familie, so lässt sich noch einmal resümieren, bewegte sich im Spannungsfeld von neuen Familien- und Lebensformen, Thematisierung des familialen Alltags, vehementer Kritik an der bürgerlichen Kleinfamilie und elterlichem Engagement. In der kleinfamilialen Sozialisation wurde ein entscheidender Schlüssel für die Erklärung des Faschismus gesehen. Sie könne nicht zu „Selbstbewusstsein, Kritikfähigkeit, Kreativität und solidarischem Verhalten"

(Bott 1969) erziehen. Als Alternative wurden die Großfamilie, das Kollektiv oder die Kommune mit weit reichenden Hoffnungen versehen, die auch starke Sehnsüchte nach vormodernen Lebensformen offenbaren.

8   Fazit

Der Beitrag hat nach der öffentlichen Kinderbetreuung im Fokus des Politischen von der Kindergartenbewegung im Kontext von 1848 bis zur Kinderladenbewegung von 1968 gefragt. Parallelen und Kontinuitäten zwischen 1848 und 1968 gibt es mehrfache. Eine Gemeinsamkeit bildet zunächst die Kritik an der vorherrschenden Kinderbetreuung, dazu gehört insbesondere auch die Kritik an den Kirchen. In beiden Fällen handelt es sich um Selbsthilfeinitiativen von bürgerlichen Eltern unter hoher Beteiligung von Frauen. Eine Parallele stellen auch die mit den Kindergärten und Kinderläden verbundenen Anfragen an das Konzept der bürgerlichen Familie einschließlich der dazugehörigen Verteilung der Geschlechterrollen auf die Sphären von Öffentlichkeit und Privatheit dar. Die erste Frauenbewegung hat eine ihrer Wurzeln im Umfeld der Kindergärten und der Fröbelvereine, die zweite hat ihre Wurzeln unter anderem in der Kinderladenbewegung. Und schließlich gibt es Kontinuitäten in den Debatten um Gesellschaftsreform durch Erziehungsreform und um die Erziehung des ‚neuen Menschen‘. Dabei ist eine weitere erstaunliche Gemeinsamkeit, dass Fragen der Kinderbetreuung für Männer in dem Moment interessant werden, indem pädagogische Fragen mit politischen verbunden waren. Die Barrikadenkämpfer von 1848 engagierten sich in den Kindergärten und die Männer in der Studentenbewegung versuchten die Kinderladenbewegung zu politisieren. In den Kinderläden gab es einen erstaunlich hohen Männeranteil von 17 %. Und schließlich geht in der vorherrschenden Historiographie beider Bewegungen – sowohl in der Geschichtsschreibung der Revolutionen von 1848 als auch in der Historiographie von 1968 – dieser Zusammenhang von politischer Bewegung und Pädagogik verloren. Eine stark an der Politikgeschichte orientierte Forschung zu 1968 hat die Kinderläden und die pädagogischen Dimensionen der Bewegung in Deutschland lange übersehen. Dies hat vermutlich auch damit zu tun, dass die Hoffnungen, die mit einer Gesellschaftsreform durch Erziehungsreform verbunden waren, aus der historischen Distanz oft nicht mehr nachvollziehbar sind.

Zu den aufgezeigten Parallelen und Kontinuitäten gehört auch die Reserviertheit gegenüber einer institutionalisierten Kleinkinderbetreuung in Deutschland. Diese war vor allem Ausdruck des Bestrebens, die Geschlechterordnung der bürgerlichen Familien aufrecht zu erhalten. Die Konstruktion der bürgerlichen Familie mit ihrer polaren Geschlechterordnung und der Aufteilung auf die Sphären von Privatheit und Öffentlichkeit mit unterschiedlich verteilten Rechten hat Jürgen Kocka als „konstitutiven Ungleichheitssockel der bürgerlichen Gesellschaft" (Kocka 1988: 9) bezeichnet. Dieser wird offensichtlich durch die politische Reserviertheit gegenüber einer öffentlichen Kleinkinderbetreuung für bürgerliche Familien verteidigt. Die spezifische Sicht auf einen Schonraum Kindheit und die Skepsis gegenüber einer öffentlich verantworteten Kleinkinderbetreuung in Deutschland und in der alten Bundesrepublik erweisen sich damit nicht ausschließlich als Ergebnis einer romantischen Sicht auf das Kind (vgl. Baader 1996; 2004a/b; 2007a/b), auch nicht als alleiniges Resultat reformpädagogischer Intentionen, wie Franz Emmanuel Weinert vermutete (vgl. Elschenbroich 2002), sondern wesentlich als Effekt von Geschlechterpolitik und als Bestreben, insbesondere die bürgerliche Frau auf die Familienrolle festzulegen und sie vom Arbeitsmarkt fernzuhalten. Das bürgerliche, stark romantisch geprägte Kindheitsbild war funktional für die Geschlechterpolitik – was auch seine Beharrungskraft erklärt – und eng mit dieser Politik verknüpft. Diese spezifische Konstellation funktionierte relativ unhinterfragt noch in der Bundesrepublik der 1950er Jahre des 20. Jahrhunderts. Bürgerliche Frauen – so der Mainstream – gaben ihre Kinder nicht in eine Einrichtung der öffentlichen Kinderbetreuung. Argumentativ wurde dabei auch der Verweis auf den staatlichen Zugriff auf Kindheit im Nationalsozialismus bemüht.

Die 1960er Jahre hingegen brachten eine Zunahme weiblicher Erwerbstätigkeit und – ab Mitte der 1960er Jahre – auch verstärkte Scheidungsraten mit sich. Damit erhielt das traditionelle Modell geschlechtsspezifischer Arbeitsteilung der bürgerlichen Familie „erste Risse" (vgl. Frevert 2000: 652). Die Frauen des Aktionsrates und andere, die 1968 die Kinderladenbewegung initiierten, verbanden die öffentliche und kollektive Betreuung in den Kinderläden mit der Hoffnung auf ihre eigene Emanzipation und – jedenfalls im Falle der Rede von Helke Sander – auch mit einer Hoffnung auf Veränderung der männlichen Geschlechterstereotypen und Rollen. Die Formulierung „das Private ist politisch" umfasst mehrere Dimensionen: Sie wollte die traditionelle geschlechtsspezifische Arbeitsteilung in der Familie aufbrechen, insbesondere die alleinige Zuständigkeit von Frauen für die Erziehung der Vorschulkinder, sie sah aber auch in veränderten Erziehungskonzepten, in einer Erziehung zu Kritikfähigkeit und Widerstandskraft, eine Dimension des Politischen. Hierin liegt eine verblüffende Nähe zu den Hoffungen der Demokraten und Revolutionäre von 1848. Ähnlich wie bei der Entdeckung der Erziehungsfrage im Kontext von 1848 ist damit zugleich das Problem aufgeworfen, was zum Politischen gehört. Die sozialistischen Genossen, die Sander in ihrer Rede angriff, wiesen ihre Definition, dass auch das vermeintlich Private eine politische Dimension habe, zurück und erklärten dies zum ‚Nebenwiderspruch'. Für sie war erst die ‚Erziehung zum Sozialismus' politisch.

Einen Nachhall der kritischen Perspektive auf die öffentliche Kinderbetreuung und damit einhergehende Veränderungen in der Rolle der Mütter gab es
auch noch in der Kritik des Bischofs Mixa im Jahr 2007 an der Einführung einer
Betreuung für Kinder unter drei.

Im Vordergrund der öffentlichen Debatten über Kinderbetreuung stehen selten pädagogische Argumente, sondern Auseinandersetzungen zwischen Staat und
Kirche sowie solche um Einwanderungspolitik, Arbeitsmarktpolitik und Geschlechterpolitik, die häufig unter dem Schlagwort ‚Familie' verhandelt werden.

Literatur

Adorno, Theodor W. (1973): Studien zum autoritären Charakter. Frankfurt a.M.: Suhr-
    kamp
Aden-Grossmann, Wilma (2002): Kindergarten. Eine Einführung in seine Entwicklung
    und Pädagogik. Weinheim: Beltz
Allen, Ann Taylor (1989): Kommt, laßt uns unsern Kindern leben. Kindergartenbewe-
    gung in Deutschland und in den Vereinigten Staaten, 1840-1914. In: Zeitschrift für
    Pädagogik 35. Heft 1. 65-84
Allen, Ann Taylor (1995) American and German Women in the kindergarten movement,
    1850-1914. In: Geitz u. a. (1995): 85-102
Allen, Ann Taylor (2000): Feminismus und Mütterlichkeit in Deutschland. Weinheim:
    Beltz
Andresen, Sabine/Pinhard, Inga/Weyers, Stefan (Hrsg.) (2007): Erziehung – Ethik –
    Erinnerung. Weinheim: Beltz
Baader, Meike Sophia (1996): Die romantische Idee des Kindes und der Kindheit. Auf der
    Suche nach der verlorenen Unschuld. Neuwied/Berlin: Luchterhand
Baader, Meike Sophia (1998): „Alle wahren Demokraten tun es." Die Fröbelschen Kin-
    dergärten und der Zusammenhang von Erziehung, Revolution und Religion. In: Jan-
    sen/Mergel (1998): 206-225
Baader, Meike Sophia (2004a): Der romantische Kindheitsmythos und seine Kontinuitä-
    ten in der Pädagogik und in der Kindheitsforschung. In: Zeitschrift für Erziehungs-
    wissenschaft 7. Heft 3. 416-431
Baader, Meike Sophia (2004b): Fröbel and the Rise of Educational Theory in the United
    States. In: Studies in Philosophy and Education. 23. No. 5-6. 427-444
Baader, Meike Sophia (2007a): Home Education versus Making Citizens. In: Dollinger u.
    a. (2007): 229-243
Baader, Meike Sophia (2007b): Erziehung „gegen Konkurrenzkampf und Leistungsprin-
    zip" als gesellschaftsverändernde Praxis. 68 und die Pädagogik in kultur-, moderni-
    täts-, und professionsgeschichtlicher Perspektive 1965-1975. In: Zeitschrift für pä-
    dagogische Historiographie 13. Heft 2. 23-29
Baader, Meike Sophia (2007c): Von der romantischen Anthropologie des Kindes zu einer
    modernen pädagogischen Anthropologie und einer zeitgemäßen Sicht des Kindes.
    In: Andresen u. a. (2007): 79-89

Baader, Meike Sophia (2008): 68 und die Pädagogik. In: Schaffrik/Wienges (2008): (im Druck)

Benfey, Rudolf (1850): Rudolf Benfey an den Buchhändler Stargardt, 23.11. 1850. Geheimes Staatsarchiv Berlin HA Rep. 77 Tit. 421, Nr. 28: 14

Bergmann, Uwe/Dutschke, Rudi/Lefèbre, Wolfgang/Rabehl, Bernd (Hrsg.) (1968): Die Rebellion der Studenten oder die Neue Opposition. Reinbek: Rowohlt

Berliner Kinderläden (1970). Antiautoritäre Kinderläden und sozialistischer Kampf. Köln: Kiepenheuer und Witsch

Berndt, Heide (1969): Kommune und Familie. In: Enzensberger (1969): 129-146

Berndt, Heide (1995): Zu den politischen Motiven bei der Gründung erster antiautoritärer Kinderläden. In: Jahrbuch für Pädagogik 1995: 231-250

Bildungskommission des Deutschen Bildungsrates (1970): Strukturplan für das Bildungswesen. Stuttgart: Klett

Bookhagen, Christel/Hemmer, Eike/Raspe, Jan/Schultz, Eberhard (1969): Kindererziehung in der Kommune. In: Enzensberger (1969): 147-178

Bott, Gerhard (1969): Erziehung zum Ungehorsam. Bericht über antiautoritäre Kindergärten. Norddeutscher Rundfunk. 1. Dezember 1969

Breiteneicher, Hille Jan/Mauff, Ralf/Triebe, Manfred (Hrsg.) (1971): Kinderläden. Revolution der Erziehung oder Erziehung zur Revolution. Reinbek: Rowohlt

Bude, Heinz (2001): Achtundsechzig. In: Francois/Schulze (2001): 122-136

Claßen, Johannes (1971): Bibliographie zur antiautoritären Erziehung. Heidelberg: Quelle & Meyer

Dermitzel, Regine (1969): Thesen zur antiautoritären Erziehung. In: Enzensberger (1969): 179-187

Dollinger, Bernd/Müller, Wolfgang/Schröer, Carsten (Hrsg.) (2007): Die sozialpädagogische Erziehung des Bürgers. Entwürfe zur Konstitution der modernen Gesellschaft. Wiesbaden: VS Verlag für Sozialwissenschaften

Dölling, Irene (1991): Der Mensch und sein Weib. Berlin: Dietz

Dutschke, Rudi (1968): Vom Antisemitismus zum Antikommunismus. In: Bergmann u. a. (1968): 58-84

Elschenbroich, Donata (2002): Weltwissen der Siebenjährigen. Wie Kinder die Welt entdecken können. München: Goldmann

Enzensberger, Hans Magnus (Hrsg.) (1969): Kursbuch 17/1969: Frau – Familie – Gesellschaft. Frankfurt a.M.: Suhrkamp

Enzensberger, Ulrich (2004): Die Jahre der Kommune I. Berlin 1967-1969. Köln: Kiepenheuer & Witsch

Foucault, Michel (1995): Der Wille zum Wissen. Sexualität und Wahrheit 1 (1. Auflage 1983). 13. Auflage. Frankfurt a.M: Suhrkamp

Francois, Etienne/Schulze, Hagen (Hrsg.) (2001): Deutsche Erinnerungsorte II. München: C.H. Beck

Fröbel, Friedrich (1888): The Education of Man. Translated and annotated by W. N. Hailmann. New York: D. Appleton and Company

Fröbel, Friedrich (1982): Die Menschenerziehung. Ausgewählte Schriften Bd. II. Hrsg. von Erika Hoffmann. Stuttgart: Klett-Cotta

Frevert, Ute (Hrsg.) (1988): Bürgerinnen und Bürger. Göttingen: Vandenhoeck & Ruprecht

Frevert, Ute (2000): Umbruch der Geschlechterverhältnisse? In: Schildt u. a. (2000): 642-660

Geitz, Henry/Heideking, Jürgen/Herbst, Jürgen (Hrsg.) (1995): German influences on education in the United States to 1917. Washington DC and Cambridge: University Press

Georgine, o. N. (1979): Reform der Familie. Frauen-Zeitung vom 4. und 18. August 1849. In: Gerhard u. a. (1979): 127-133

Gerhard, Ute/Hannover-Drück, Elisabeth/Schmitter, Romina (Hrsg.) (1979): „Dem Reich der Freiheit werb' ich Bürgerinnen". Die Frauen-Zeitung von Louise Otto. Frankfurt a.M.: Syndikat

Gilcher-Holtey, Ingrid (1998): 1968. Vom Ereignis zum Gegenstand der Geschichtswissenschaft. Göttingen: Vandenhoeck & Ruprecht

Gilcher-Holtey, Ingrid (2001): Die 68er Bewegung. München: C.H. Beck

Heiland, Helmut (1982): Fröbel. Reinbek: Rowohlt

Hentig, Hartmut von (2006): Bewährung: von der nützlichen Erfahrung, nützlich zu sein. München: Hanser

Herzog, Dagmar (2005): Die Politisierung der Lust. Sexualität in der deutschen Geschichte des 20. Jahrhunderts. München: Siedler

Herzog, Dagmar (2006): „Sexy Sixties". Die sexuelle Liberalisierung der Bundesrepublik zwischen Säkularisierung und Vergangenheitsbewältigung. In: Siegfried/Hodenberg, v. (2006): 79-112

Hielscher, Theodor (1850): Theodor Hielscher an den Lehrer Dregger, 8.6.1850 und 23.11.1850. Geheimes Staatsarchiv Berlin HA Rep. 77 Titel 421, Nr. 28: 17ff.

Horn, Klaus-Peter/Ritzi, Christian (Hrsg.) (2003): Klassiker und Außenseiter. Pädagogische Veröffentlichungen des 20. Jahrhunderts. Baltmannsweiler: Schneider Verlag Hohengehren

Jansa, Axel (2000): Die Pädagogik der Studentenbewegung in ihrer Auswirkung auf das Generationenverhältnis und den gesellschaftlichen Umgang mit Kindern. In: Das Jahrhundert des Kindes? Jahrbuch für Pädagogik 1999/2000. Frankfurt a.M.: Lang. 223-246

Jansen, Christian/Mergel, Thomas (Hrsg.) (1998): Die Revolutionen von 1848/49. Göttingen: Vandenhoeck & Ruprecht

Kocka, Jürgen (1988): Vorwort. In: Frevert (1988): 7-9

Koenen, Gerd (2001): Das rote Jahrzehnt. Unsere kleine deutsche Kulturrevolution 1967-1977. Köln: Kiepenheuer & Witsch

Küst(n)er, Johanna (1979): Kindergärten in ihrer sozialen Bedeutung. Frauen-Zeitung vom 4. und 11. August 1849. In: Gerhard u. a. (1979): 123-127 (die Autorin wird sowohl als J. Küstner als auch als J. Küster bezeichnet)

Kraushaar, Wolfgang (2000): 1968 als Mythos, Chiffre und Zäsur. Hamburg: Hamburger Ed.

Masi, Eduarda (1969): Die Familie im alten und im neuen China. In: Enzensberger (1969): 98-128

Negt, Oskar (2001): Achtundsechzig. Politische Intellektuelle und die Macht. Göttingen: Steidl

Neill, Alexander S. (1969): Theorie und Praxis der anti-autoritären Erziehung. Das Beispiel Summerhill. Reinbek: Rowohlt

Paletschek, Sylvia (1990): Frauen und Dissens. Frauen im Deutschkatholizismus und in den freien Gemeinden 1841-1852. Göttingen: Vandenhoeck & Ruprecht

Passerini, Luisa (2004): Autobiography of a generation. Italy 1968. Middletown: Wesleyan University Press

Rang, Britta (2007): „1968" – weder eine pädagogische Zäsur noch ein pädagogischer Mythos. Ein Kommentar zu Meike Sophia Baaders „Erziehung gegen Konkurrenzkampf und Leistungsprinzip". In: Zeitschrift für pädagogische Historiographie 13. Heft 2. 30-33

Raumer, Karl von (1857): Geschichte der Pädagogik vom Wiederaufblühen klassischer Studien bis auf unsere Zeit. 2. Bd. Dritte erweiterte Auflage. Stuttgart: Samuel Liesching

Reich, Wilhelm (1966): Die sexuelle Revolution. Zur charakterlichen Selbststeuerung des Menschen. Frankfurt a.M.: Europäische Verlagsanstalt

Ruge, Arnold (1849): Die Gründung der Demokratie in Deutschland oder der Volksstaat und der social-democratische Freistaat. Leipzig (Mikrofiche München 1994: Saur)

Rutschky, Katharina (2003): Alexander S. Neill: Theorie und Praxis der antiautoritären Erziehung – Das Beispiel Summerhill. In: Horn/Ritzi (2003): 171-184

Sander, Helke (1981): Der subjektive Faktor. Ein Film von H. Sander. Berlin: Basis Film Verleih GmbH

Sander, Helke (2004): Rede des „Aktionsrates zur Befreiung der Frau" bei der 23. Delegiertenkonferenz des „Sozialistischen Deutschen Studentenbundes" (SDS) im September 1968 in Frankfurt. In: Sievers (2004): 372-378

Schaffrik, Tobias/Wienges, Sebastian (Hrsg.) (2008): 68er-Spätlese – Was bleibt von 1968? Münster: Lit-Verlag (im Druck)

Schildt, Axel/Siegfried, Detlef/Lammers, Karl Christian (Hrsg.) (2000): Dynamische Zeiten – die 60er Jahre in den beiden deutschen Gesellschaften. Hamburg: Christians

Seifert, Monika (1970): Kinderschule Frankfurt, Eschersheimer Landstraße. In: Vorgänge. Eine kulturpolitische Korrespondenz. Heft 5. 158-162

Siegfried, Detlef (2006): Time is on my side. Konsum und Politik in der westdeutschen Jugendkultur der 60er Jahre. Göttingen: Wallstein

Siegfried, Detlef/Hodenberg, Christina von (Hrsg.) (2006): Wo „1968" liegt. Reform und Revolte in der Geschichte der Bundesrepublik. Göttingen: Vandenhoeck & Ruprecht

Sievers, Rudolf (2004): 1968: Eine Enzyklopädie. Frankfurt a.M.: Suhrkamp

Storch, Ludwig (1850): Brief vom 18.5.1850 aus Gotha. Brandenburgisches Landeshauptarchiv Potsdam Rep.30, Berlin C 9817. 1

Tenorth, Heinz-Elmar (1994): Reformpädagogik. Erneuter Versuch, ein erstaunliches Phänomen zu verstehen. In: Zeitschrift für Pädagogik 40. Heft 4. 585-606

Werder, Lutz von (1977): Was kommt nach den Kinderläden. Berlin: Wagenbach

Gesellschaftsbilder und Konzepte sozialer Steuerung über öffentliche Erziehung in der Familienpolitik und familienwissenschaftlichen Politikberatung Westdeutschlands, ca. 1950-1980

Mark Jakob

1 Einleitung

Die 1960er und 1970er Jahre werden in der Sozialgeschichtsschreibung der Bundesrepublik als hochdynamische Phasen geschildert, während derer die westdeutsche Gesellschaftsstruktur einen tiefgreifenden Wandel erfuhr (vgl. beispielsweise Schildt 2007; Rödder 2004). Damit wurde auch das überkommene Selbstbild der Gesellschaft obsolet. Noch in den 1950er Jahren griff die Politik auf eine Vorstellung von Gesellschaft als einer Gestalt zurück, die vollständig beschrieben werden konnte und damit dem umfassenden steuernden Einfluss der Politik zugänglich war. Diese Vorstellung hielt dem Strukturwandel der Gesellschaft seit den 1960er Jahren nicht stand, und an ihre Stelle trat eine Sicht, die Gesellschaft als eigendynamisches und plurales Gebilde beschrieb, das von der Politik über das Setzen von Verhaltensanreizen nur noch marginal beeinflusst werden könnte. Während der Bedarf an wissenschaftlicher Expertise zur Reaktion auf den sozioökonomischen Wandel wuchs, schwand gleichzeitig der Anspruch, gesamtgesellschaftliche Phänomene wissenschaftlich deuten und normativ verbindlich steuern zu können. Die damit verbundene Veränderung politischer Konzepte ist auf das rekursive Verhältnis von Wissenskultur und sozialem Wandel zurückzuführen: Die im Laufe der 1960er und 1970er Jahre modifizierten Vorstellungen von der Reichweite politischen Handelns gehen letztlich auf einen veränderten Gesellschaftsbegriff zurück, der insbesondere über die Institutionen wissenschaftlicher Politikberatung und ihre spezifische Form der Thematisierung sozialen Wandels seit den späten 1950er Jahren verstärkt in die Politik eindrang. Diesen Zusammenhang haben wir als ‚Abschied von der Gesellschaft' bezeichnet.[1]

---

1 Vorliegender Beitrag entstammt dem wirtschafts- und sozialhistorischen Teilprojekt F5 innerhalb des Sonderforschungsbereichs/Forschungskollegs 435 an der Universität Frankfurt am Main. Für eine Projektbeschreibung vgl. Lechner/Jakob 2006.

Innerhalb dieses Kontextes wandelten sich auch die Gesellschaftsbilder, die der Erzeugung und dem Transfer von Wissen in familienpolitischen und familienwissenschaftlichen Institutionen zu Grunde lagen. Das Verhältnis von Familie und Gesellschaft und die dabei der öffentlichen Erziehung zugedachte Rolle erfuhren in diesen Institutionen mehrfach Umdeutungen, ohne dass sich eine einheitliche Auffassung dauerhaft etablieren konnte. Im vorliegenden Beitrag soll nun jedoch nicht versucht werden, den gesellschaftlichen Wandel an sich zu erfassen und ihn mit der zeitgenössischen Rede zu kontrastieren. Vielmehr begreifen wir die Semantik gesellschaftlicher Zusammenhänge selbst als Faktor sozialen Wandels und untersuchen die Begrifflichkeiten und Denkfiguren auf den Ebenen der wissenschaftlichen und politischen Kommunikation. Entsprechend sind die Aussagen dieses Beitrags über ‚Familie' und ‚öffentliche Erziehung' zu verstehen: nicht in Bezug auf die real existierenden Familien und Erziehungseinrichtungen des Untersuchungszeitraums, sondern in Bezug auf die Vorstellungen, die wissenschaftliche Expertise und politisches Handeln leiteten. Das zu Grunde liegende Konzept der gesellschaftlichen Selbstbeschreibung stützt sich auf die Gesellschaftstheorie Niklas Luhmanns (vgl. Luhmann 1990: 879ff.). Es soll jedoch nicht der Versuch unternommen werden, im geschichtlichen Verlauf eine Bestätigung der systemtheoretischen Annahmen Luhmanns zu finden. Das Konzept autopoetischer gesellschaftlicher Teilsysteme und Luhmanns Semantikbegriff erscheinen vielmehr als geeignete heuristische Mittel, sozialen Wandel zu plausibilisieren.

Im Mittelpunkt der Betrachtung stehen dabei das Bundesministerium für Familienfragen und dessen Nachfolger[2] sowie seine wesentlichen Instrumente der Politikberatung: zum einen der 1954 begründete Beirat für Familienfragen, der 1959 in ein vorrangig wissenschaftlich besetztes Gremium umgebildet und 1970 mit ausschließlich wissenschaftlicher Besetzung neu konstituiert wurde (vgl. Kuller 2004: 97ff.), zum anderen die Familienberichte der Bundesregierung sowie weitere gutachterliche Äußerungen im Auftrage des Bundesressorts. Da Selbstbeschreibungen familienpolitischen Handelns eine bestimmte, verbindliche Vorstellung von Familie und ihrem Verhältnis zur Gesamtgesellschaft bzw. gesellschaftlichen Teilbereichen voraussetzen, erfolgten zumindest auf der normativen Ebene Aussagen über das Verhältnis von Familie und öffentlicher Erziehung, obwohl die Bundesebene hier nur sehr begrenzte reale Steuerungsmöglichkeiten besaß.

---

2   1953-1957 Bundesministerium für Familienfragen (BMFa); 1957-1963 Bundesministerium für
     Familien- und Jugendfragen; 1963-1969 Bundesministerium für Familie und Jugend (BMFJ);
     1969-1986 Bundesministerium für Jugend, Familie und Gesundheit (BMJFG); 1986-1991
     Bundesministerium für Jugend, Familie, Frauen und Gesundheit (BMJFFG).

2 Die Fassung des Verhältnisses von Familie und öffentlicher Erziehung in der Frühphase bundesdeutscher Familienpolitik 1953-1962

Die Begründung der Notwendigkeit von Familienpolitik gründet sich in allen ihren Spielarten auf die Annahme eines grundlegenden Missverhältnisses der Lebensform Familie und der modernen Industriegesellschaft, das ergänzende oder korrigierende Maßnahmen zur Unterstützung der Familie erforderlich macht. Dass somit neben der Familie weitere Instanzen maßgeblich auf Kinder und Jugendliche einwirkten, war in der Anfangsphase bundesdeutscher Familienpolitik zwar unbestritten und akzeptiert. Es herrschte prinzipieller Konsens darüber, dass die Komplexität der modernen Industriegesellschaft sich allein durch in der Familie erfahrene Anleitungen nicht bewältigen ließe. Doch die für die Familienpolitik der 1950er und frühen 1960er Jahre prägenden Vorstellungen von Familie und Gesellschaft führten zu einer kritischen Bewertung der außerfamilialen Sozialisation, wenn diese nicht in Einklang mit dem normativ stark aufgeladenen Familienleitbild stand. Für den ersten, streng katholischen, Bundesfamilienminister Franz-Josef Wuermeling (1953-1962 im Amt) sollte öffentliche Erziehung zunächst nur indirekt durch die Stärkung der Erziehungskraft der Familie durch beratende und unterstützende Maßnahmen erfolgen, und nur in Notfällen waren direkte Eingriffe vertretbar. Das Verständnis einer auf die Ehe gegründeten Familie, die eine religiös-naturrechtlich begründete Institution mit eigenem Wert darstellte, ließ es nicht zu, den Primat der familiären Sozialisation in Frage zu stellen. Familie bildete in dieser Sicht keinen Teil der Gesellschaft, sondern eine der Gesellschaft vorgelagerte autonome Einheit.[3]

In Verbindung mit dieser religiös-naturrechtlichen Begründung wurden bereits funktionale Begründungen für eine staatliche Familienförderung vorgebracht, so etwa die Sicherung des Nachwuchses an Arbeitskräften (vgl. Kuller 2004: 156). Funktionale Begründungen sind dabei aber zu unterscheiden von einem funktionalen Familienbild, das erst in den späten 1960er Jahren maßgeblich wurde und das vorsichtige Abgehen vom naturrechtlichen Familienbild markierte. Die ältere Sichtweise, die Familie als vorgesellschaftliche Institution begriff, betonte deren Status als unersetzliche Grundlage gesellschaftlicher Kontinuität und Stabilität: Die Familie und nur die Familie konnte diejenige Instanz sein, die zwischen Individuum und Gesellschaft vermittelte (vgl. Wurzbacher 1951: 248). Familie leistete die Eingliederung des Einzelnen in die Gesellschaft und schuf dabei gleichzeitig mit der Heranbildung der Einzelpersönlichkeit die notwendige Distanz und Kritikfähigkeit gegenüber gesellschaftlichen Einrichtungen. Die Bewahrung von Kultur und gesellschaftlicher Ordnung hing von ihrer Weitergabe

---

3 „Denn unsere Familien sind nicht Funktionäre eines Kollektivs, sondern ein dem Menschen nach Gottes Ordnungsplan geschenkter Freiheitsraum" (Wuermeling 1961a: 37).

in der Familie ab (vgl. Wuermeling 1954: 15-23). Die Übernahme der primären Sozialisation und Persönlichkeitsbildung durch gesellschaftliche Erziehungseinrichtungen verbot sich: Denn dies enthielte die Gefahr der totalitären Überwältigung des Individuums und der Vermassung (vgl. Wuermeling 1954). Diese in den 1950er Jahren geschaffene Auffassung[4] verstand sich als Gegenentwurf zur Vereinnahmung der Familie im Kommunismus und Nationalsozialismus.

Andererseits lag dem familienpolitischen Gesellschaftsbild der frühen Bundesrepublik die Diagnose zugrunde, dass sozialstruktureller Wandel die Familie bedrohte (vgl. Wuermeling 1960). Das Argument bezog sich in seiner historischen Dimension auf den Prozess der Industrialisierung, der die Familienstrukturen grundlegend veränderte und zu einem Funktionsverlust oder abgeschwächt Funktionswandel der Familie führte (vgl. König 1946; Wurzbacher 1951; Schelsky 1955). An die Stelle des sogenannten ‚Ganzen Hauses‘, in dem die Familie eine Produktionsgemeinschaft gebildet hätte, sei die moderne, von einem einzigen Lohnempfänger abhängige Kernfamilie getreten (vgl. Oeter 1954: 19ff.; Neundörfer 1957: 19ff.; Hessische Staatskanzlei 2003: 52f.). Da der gemeinsam produzierende Familienverband weitgehend vom Alleinernährerhaushalt abgelöst worden sei, seien die Kinder von Mithelfern und Garanten der Altersversorgung zu reinen Kostenfaktoren geworden. Dies sei der Hauptgrund für die Beschränkung der Familiengröße seit der Jahrhundertwende.[5] Die langfristig unerwünschten demographischen Folgen begründeten die Aufgabe des Staates, durch materielle Transfers die tendenziell ‚familienfeindlichen‘ Strukturen der industriellen Gesellschaft und ihres Prinzips des familienunabhängigen Leistungslohns auszugleichen.[6] Die Ausdifferenzierung von Familienhaushalt und Erwerbswirtschaft zu unverbundenen oder nur locker zusammenhängenden gesellschaftlichen Teilbereichen führte dazu, dass die Familie nicht mehr imstande war, allein die Vermittlung der notwendigen Kenntnisse und Fähigkeiten zu leisten. Die Unersetzlichkeit der Familie stand nicht zur Debatte, wohl aber die Formen, in denen gesellschaftliche Institutionen in die Erziehung eingreifen sollten. Die christlich-konservative Familienpolitik befürchtete, dass durch die Gestalt der modernen Welt die Familie entwertet würde. Familie wurde damit als Gegenpol entworfen zu den negativen Erscheinungen der Moderne – zur über-

---

4   In Anlehnung an Herzog (2005) kann das Familienleitbild der 1950er Jahre durchaus als aktive Neuschöpfung in bewusster Abgrenzung zur Familienideologie der Nationalsozialisten verstanden werden, und nicht nur als Wiederbelebung eines älteren Leitbilds der bürgerlichen Kernfamilie.

5   Vgl. Tätigkeitsbericht des Bundesministeriums für Familienfragen 1956, Bundesarchiv Koblenz (BAK) B 153/405. Die archivalischen Quellen werden im Beitrag ausschließlich in den Fußnoten nachgewiesen.

6   Vgl. ebd.

triebenen Rationalisierung, Technisierung, Mechanisierung, Kommerzialisierung, Vermassung und Individualisierung des Lebens. Ihren Ausdruck findet diese Sicht in den zahlreichen Reden und Veröffentlichungen Wuermelings. 1961 führte er in einem Vortrag aus, dass „der Mensch von heute (...) nicht mehr ohne weiteres bereit und fähig" sei, „das Weltenganze als göttliche Schöpfung und Ordnung (...) ehrfürchtig anzuerkennen" (Wuermeling 1961b: 24). Die einseitige Orientierung am Einzelmenschen und seinem Verstand, fuhr der Minister fort, beraube die moderne Gesellschaft ihres Zusammenhaltes, der nur durch überpersönliche Werte wie Hilfsbereitschaft, Unterordnung, Vertrauen, Liebe usw. erreicht werden könne. Die sich in der Wirtschaftswunderzeit entwickelnde Massenkonsumgesellschaft betrachtete Wuermeling äußerst kritisch, da sie den Menschen von seinem eigentlichen Lebensziel entfremde. Der übermäßige Wohlstand führe auch dazu, dass die Gründung einer Familie oft als lästig empfunden und nicht realisiert würde. Die sittliche Erziehung der jungen Menschen in der Familie sei das einzige Mittel, um den negativen Begleiterscheinungen der modernen Welt zu entgehen. Aber gerade der gesellschaftliche Wandel, der diese Erziehungsbedürftigkeit schuf, wirkte sich auch schädlich auf die Erziehungsinstanz Familie selbst aus. Wuermeling kommunizierte zwar ein großes Vertrauen in die Erziehungsfähigkeit der Familien, er verlangte aber deren Unterstützung vor allem durch die Schule. Schule und Eltern sollten, so Wuermelings Forderung, kooperativ und im gleichen Sinne erziehen. Während der Schule die Aufgabe zufiel, den Familiensinn ihrer Schüler zu wecken und das Bild der Familie als gottgegebene Institution zu vermitteln, sollte die Familie die Schule darin unterstützen, kulturelle Werte, und nicht nur verwertbares Wissen für den späteren Beruf, weiterzugeben.

> „Schule und Elternhaus sollten zusammenwachsen zu einer [echten Erziehungsgemeinschaft; M.J.], in der ein jeder sich verpflichtet weiß, in gegenseitigem Vertrauen, in Selbstlosigkeit und Geduld ausschließlich das Wohl des Kindes zu fördern und die Jugend miteinander auf ihre eigentliche Lebensaufgabe und auf alle die Aufgaben vorzubereiten, deren Bewältigung die Kulturgemeinschaft der westlichen Welt von der kommenden Generation erwartet." (Wuermeling 1961b: 37)

Wuermelings Forderung, Sittlichkeit in Familie und Schule zur gegenseitigen Stützung der jeweils anderen Institution einzusetzen, nimmt sich angesichts der von ihm selbst konstatierten sittlichen Gefährdung beider durch den gesellschaftlichen Wandel allerdings nicht unbedingt überzeugend aus. Geradezu paradox erscheint aber die Forderung nach Nichteinmischung in die Belange der Familie, wenn sie durch den Vertreter der genau damit betrauten staatlichen Institution vorgetragen wurde. Dies kritisierte schon Schelsky kurz nach der Gründung des BMFa (vgl. Schelsky 1955: 379).

Wuermeling und die von ihm vertretene Richtung zielten mit ihrer Politik der Verbesserung der materiellen Situation der Familie vor allem auf die, wie der Minister sie nannte, „kulturtragenden Mittelstandsklassen" (Wuermeling 1961a: 37). Dieses Gesellschaftsbild ging nicht nur von der realen Existenz, sondern von der normativ gewollten hierarchischen Gliederung der Gesellschaft aus, wobei soziale Mobilität nicht gefördert werden sollte und Gleichheitsvorstellungen, etwa in der Herstellung gleicher Startchancen, abgelehnt wurden. Die gesellschaftliche Selbstbeschreibung der 1950er Jahre bewegte sich jedoch im Zuge des Wiederaufbaus von der Wiederanknüpfung an ältere Klassen- und Schichtenmodelle zu Schelskys Modell der ‚nivellierten Mittelstandsgesellschaft', das Mitte/Ende der 1950er Jahre zwar keine Beschreibung der realen Verhältnisse darstellte, aber im Zuge wachsenden Wohlstandes als positiv bewertetes Gesellschaftsmodell mit Aussicht der Verwirklichung in der Zukunft erschien. Dem mittelstandsorientierten Familienmodell Wuermelings kam dies durchaus entgegen. In den an der bürgerlichen Kultur orientierten Familien sah er den Ursprung gesellschaftlicher Stabilität und der Weitergabe von Bildungswerten, weshalb sich erzieherische Eingriffe von außen erübrigen würden.

Wuermelings Vorstellungen sind nicht allein aus der Sicht der katholischen Soziallehre heraus zu verstehen.[7] Die gesellschaftliche Selbstbeschreibung der 1950er Jahre rekurrierte auf ein Verständnis von Staat und Gesellschaft, das den Staat als eine transzendente, den gesellschaftlichen Interessengegensätzen übergeordnete Institution begriff, die eben nicht die Interessen gesellschaftlicher Gruppen in sich aufnahm, sondern das Gesamtwohl zu sichern hatte. Insofern verband Wuermeling ein gemeinsames Staatsverständnis mit den Bundeskanzlern Adenauer und Erhard, auch wenn er mit beiden über Fragen der Familienpolitik in Konflikte geriet. Dieses auf Hegel zurückgehende Staatsverständnis erhielt im Verlauf der 60er Jahre Konkurrenz in Form von Pluralismusvorstellungen, die aus dem angelsächsischen Raum rezipiert wurden (vgl. Schanetzky 2007: 21-35; Kaufmann 2003; Luhmann 1987: 67-73). Das Bild der Familie als der Gesellschaft vorgelagerter Freiheitsraum wurde allmählich durch ein plurales und funktionales Familienbild ersetzt, in dem eine verbindliche Familienform nicht mehr ohne weiteres idealisiert werden konnte, sondern das Familienstrukturen anhand der Erfüllung ihrer gesellschaftlichen und erzieherischen Aufgaben bewertbar machte.

Während Wuermeling und die von ihm vertretene Richtung wertegeleitete Aussagen darüber treffen konnten, was die Familie in ihrem innersten Wesenskern denn eigentlich war, mussten sich wissenschaftliche Aussagen auf eine von der jeweiligen Fragestellung abhängige Familiendefinition beziehen. Nur über

---

7   Zum normativen Einfluss der katholischen Soziallehre auf die Sozialpolitik vgl. Kaufmann 2003: 135ff.

die gesellschaftlichen Aufgaben der Familie und Kriterien ihrer Erfüllung ließen sich belastbare wissenschaftliche Aussagen treffen. In den 1950er und frühen 1960er Jahren konnte das Familienbild der Wissenschaftler im ‚Beirat für Familienfragen' beim Bundesfamilienministerium mit dem wertegeleiteten Familienideal des Ministers durchaus koexistieren.[8] Der Familienbegriff eines vom Beirat erstellten Gutachtens zur wirtschaftlichen Situation der Familien in der Bundesrepublik (vgl. Schmucker u. a. 1961) war mit dem institutionellen Verständnis von Familie als der Gesellschaft vorgelagerter Gemeinschaft durchaus zu vereinbaren: Zwar wird in dem Gutachten eine religiöse Fundierung der Familie nicht formuliert, aber ihre Struktur wird nicht funktional begründet. Vielmehr ergaben sich für die Autoren aus ihrer besonderen, biologisch und sozial konstituierten Struktur ihre historisch wandelbaren Funktionen, zu denen auch das Erlebnis der Transzendenz der einzelnen Existenz gehöre (vgl. Schmucker u. a. 1961: 3). Wenn der gesellschaftliche Wandel im Zuge der Herausbildung der modernen Industriegesellschaft die Erfüllung der Familienfunktionen bedrohe, so käme dem (dann über Familie und Gesellschaft stehenden) Staat die Aufgabe zu, das Spannungsverhältnis zwischen den jeweiligen Interessen durch Ordnungspolitik mit dem Ziel der Freiheit des einzelnen auszugleichen. Dazu benötigte die Familienpolitik von der Wissenschaft objektive Information, an denen es allerdings derzeit aufgrund der unzureichenden statistischen Erhebung und Auswertung familienbezogener Daten mangele (vgl. Schmucker u. a. 1961: 6).

Die Rollenverteilung zwischen Wissenschaft und Politik war hier klar abgegrenzt: Durch die Bereitstellung von objektiven Daten sollte Wissenschaft die Wirklichkeit getreu abbilden und so die Politik in die Lage versetzen, angemessen zu handeln. Die Politik verstand die wissenschaftliche Expertise als eine Stimme unter vielen und behielt sich die letztlich wertgebundene Entscheidung vor. Dieses Modell der Politikberatung scheint auch von den Wissenschaftlern geteilt worden zu sein. Ganz im Sinne der Werturteilsfreiheit Max Webers formulierte der Beirat die Notwendigkeit einer Reflexion der Wertsetzungen seiner eigenen wissenschaftlichen Arbeit, was aber nicht bedeutete, dass auch die normativen Setzungen der Politik Gegenstand der wissenschaftlichen Reflexion zu sein hätten.[9] Der Rückgriff auf objektive Daten sollte außerdem ein Politikfeld, das wie kaum ein anderes ideologisch aufgeladen war, gleichzeitig rational untermauern und, wie besonders Wuermelings Nachfolger Bruno Heck betonte, versachlichen. Wissenschaftler und Politiker gingen in den 1950er und 1960er

---

8   Nicht zuletzt deshalb, weil der Beirat anfänglich vom Minister selbst berufen wurde und auch ab 1959 zunächst vor allem solche Wissenschaftler darin saßen, die dieser normativen Sicht nahe standen bzw. diese teilten, so etwa Joseph Höffner, Gustav Gundlach oder der langjährige Vorsitzende Ludwig Neundörfer.

9   Vgl. Ergebnisprotokoll über die Sitzung des Wissenschaftlichen Beirats für Familienfragen am 08./09.02.1963 in Bonn, BAK B 153/682.

Jahren somit von der Möglichkeit aus, in gesellschaftliche Vorgänge steuernd einzugreifen, sofern der Politikberatung die Ermittlung wertneutraler Daten gelang, die als Entscheidungsgrundlage und Hilfestellung in schwierigen technischen Fragen der Umsetzung politischer Ziele dienten. Die Klage über unzureichende Datengrundlagen und über die mangelhaft ausgestattete Familienforschung sollte bis in die Gegenwart ein ständiger Bestandteil wissenschaftlicher Expertise bleiben.

Das Bundesfamilienministerium und sein Beirat befassten sich bis Ende der 1960er Jahre auch deshalb wenig mit konkreten Fragen der Familienerziehung, weil die Bundesebene gegenüber den Trägern der Familienberatung (Kommunen und freie Träger) wenig Einflussmöglichkeiten besaß und den Schwerpunkt ihrer Tätigkeit auf die Umverteilungspolitik legte. Vereinzelt kamen Themen der Erziehung im Beirat zur Sprache, etwa die Notwendigkeit einer besseren Sexualaufklärung in den Schulen.[10] 1961 richtete der Beirat eine Kommission unter Leitung des Hamburger Sozialhygienikers Hans Harmsen ein, die sich speziell mit dem Thema der ‚unvollständigen Familie‘ befasste. Auch in dieser Kommission lag der Schwerpunkt der Arbeit auf den wirtschaftlichen Hilfen. Diese sollten besonders darauf abzielen, die Erwerbstätigkeit der alleinstehenden Mütter einzudämmen. Horte, Kindergärten und andere Einrichtungen, in denen diese Mütter ihre Kinder unterbrachten, wurden in der Kommission kritisch beurteilt – besonders die Säuglingskrippen, in denen die Kinder einer erhöhten Infektionsgefahr ausgesetzt seien.[11] Der Hauptgrund für die Ablehnung einer Unterbringung in solchen Tageseinrichtungen war jedoch der, dass für die Kinder hier die Gefahr von Entwicklungsstörungen bestünde. Die Ergebnisse der Hospitalismusforschung an Heimkindern wurden auf die Kinder erwerbstätiger alleinstehender Mütter übertragen und bildeten die Grundlage für die Forderung, durch besondere sozialpolitische Maßnahmen die Erwerbstätigkeit dieser Mütter zu reduzieren. Harmsen etwa forderte ein Mütterpflegeausgleichsgeld.[12] Der auf dem Deutschen Ärztetag 1961 vorgebrachte Vorschlag eines völligen Verbots der Berufsarbeit für Mütter mit Kindern bis zum Alter von 15 Jahren fand im Beirat keine Unterstützung, wogegen Regelungen zur Einschränkung der Müttererwerbstätigkeit bis zum sechsten Lebensjahr des Kindes gerechtfertigt erschienen.[13] Empfohlen wurde,

---

10   Vgl. Protokoll über die Sitzung des Wissenschaftlichen Beirats für Familienfragen vom 27./28.04.1961, BAK B 153/681.
11   Vgl. Niederschrift der ersten Sitzung des Arbeitsausschusses „Kinder aus unvollständigen Familien" am 21.07.1961, BAK B 153/681.
12   Vgl. Niederschrift über die Ergebnisse der Sitzung des Wissenschaftlichen Beirats für Familienfragen am 03.05.1962, BAK B 153/681.
13   Vgl. Niederschrift der ersten Sitzung des Arbeitsausschusses „Kinder aus unvollständigen Familien" am 21.07.1961, BAK B 153/681.

bereits in den Schulen für eine bessere Aufklärung über die Bedeutung der ersten Lebensphase des Kindes für seine Entwicklung zu sorgen.

Im Beirat gab es zudem eine kleinere Fraktion, die das ausgeprägt hierarchische Gesellschaftsbild des Familienministers teilte. So wurde ein Vorschlag zur Neugestaltung der Ausbildungsbeihilfen mit folgendem Argument kritisiert:

> „Gegen die überwiegend vertretene Meinung, allgemeine Berufsausbildungsbeihilfen gesetzlich vorzusehen, wurde eingewendet, daß sich damit eine revolutionäre Umwälzung vollziehen würde, die die gewachsene Ordnung einer bestimmt geschichteten Gesellschaft verneine. Die Industrialisierung habe einen bestimmten Ausleseprozeß mit sich gebracht, der sich weiter fortsetze. Das Wort von der ‚Startgleichheit‘ sei schillernd; man könne nicht für jeden den Start gleich machen, der durch die besonderen Lebensbedingungen jeder einzelnen Familie weitgehend festgelegt sei."[14]

Dieser Ansicht wurde in der Sitzung der stark gestiegene Bedarf an hochqualifizierten Kräften entgegengehalten: Mit Voranschreiten des Rationalisierungsprozesses gestalte sich der berufliche Aufstieg des Einzelnen schwieriger. Auch der Wettbewerb mit den kommunistischen Staaten zwinge zur restlosen Ausnutzung aller Begabungsreserven. Die Notwendigkeit beruflicher Förderung könnte durchaus bejaht werden, ohne damit die bestehende gesellschaftliche Ordnung zu revolutionieren.

Der Beirat für Familienfragen befasste sich Anfang der 1960er Jahre vor allem mit aktuell anstehenden Fragen der finanziellen Familienpolitik, die auch in der Arbeit des Ministeriums im Mittelpunkt standen. Die Notwendigkeit, auch erzieherische Hilfen zu leisten, wurde in den Verlautbarungen des Beirats anerkannt, aber eher am Rande mitbehandelt. Das bereits erwähnte Beiratsgutachten zur ökonomischen Lage der Familie von 1961 ging von einer Vielzahl möglicher Beeinträchtigungen aus, die eine Erfüllung der gesellschaftlichen Familienfunktion erschweren oder verhindern konnten. Diese Funktionsbeeinträchtigungen zeigten die moderne Familie in besonders enger Verschränkung und Abhängigkeit zur Gesellschaft und damit die Notwendigkeit, neben materiellen auch erzieherische Hilfen zur Erfüllung der Familienfunktionen bereitzustellen. Der Großteil dieser Beeinträchtigungen war gesellschaftlich verursacht (steigende Ausbildungszeiten, Leistungslohnprinzip, Auftrennung von Wohnung und Arbeitsstätte). Aber mit der Gefahr einer zu großen Intimisierung der Kleinfamilie, einem zu starken Rückzug ins Private, nannte das Gutachten bereits einen möglichen Störfaktor für eine optimale Sozialisation, der in der Familie selbst begrün-

---

14 Ergebnisprotokoll über die Sitzung des Wissenschaftlichen Beirats für Familienfragen am 13.01.1961 in Bonn, BAK B 153/681.

det lag.[15] Die Frage der Erziehungsfähigkeit der Familie, und damit die Frage nach der Notwendigkeit familienergänzender Maßnahmen, begann somit, ausgelöst durch die Bildungsdebatte (zum Hintergrund vgl. Jessen 2004), Einfluss auf die Konzeptionen der Familienpolitik zu nehmen. Das geschlossene institutionelle Familienbild und die an das 19. Jahrhundert angelehnte Gesellschaftsbeschreibung verloren an Deutungskraft, insofern sie gesellschaftspolitischen Erfordernissen nicht mehr gerecht wurden. Die Strukturkritik der Kleinfamilie erfolgte hier noch am Rande, aber sie sollte in den 1970er Jahren erheblich ausgeweitet und schärfer gefasst werden.

3   Neufassung des politischen Handlungsziels bis zum Ende der Großen Koalition

In der Amtszeit von Wuermelings Nachfolger Bruno Heck (1962-1968) begann die Familienpolitik, verstärkt wissenschaftliche Positionen zu rezipieren, die tendenziell die „isolationistische" Sicht der Familie auflösten und ihre Einbettung in einen komplexen gesellschaftlichen Zusammenhang betonten (Kuller 2004: 116). Individualistische Aspekte, die eher die einzelnen Familienmitglieder berücksichtigten, gewannen an relativer Bedeutung, bevor die sozialliberale Bundesregierung diese Ansätze weiterentwickelte und zum Programm erhob. In diese Phase um die Mitte der 1960er Jahre fällt auch der institutionelle Ausbau wissenschaftlicher Beratung. Der Wissenschaftliche Beirat für Familienfragen veröffentlichte Anfang 1963 eine Stellungnahme, in der er die Errichtung eines zentralen Instituts für Familienforschung forderte mit der Begründung, dass „angesichts einer sich wandelnden Welt (...) die erzieherische Leistung der Familie wie auch die Gründe ihrer Beeinträchtigung viel gründlicher zu erforschen" seien.[16] Während der 1963 bis 1968 unternommene Versuch zur Gründung dieses Forschungsinstituts scheiterte,[17] legte das Bundesministerium mit dem ersten Familienbericht der Bundesregierung 1968 den Versuch einer umfassenden Beschreibung und Analyse familialer Strukturen und Wandlungsprozesse vor (vgl. BMFJ 1968).[18]

Der erste Familienbericht thematisierte den Einfluss der Familie auf die schulische Laufbahn und damit die Lebens- und Verdienstchancen der jungen

---

15   Der entsprechende Abschnitt des Gutachtens wurde von Gerhard Wurzbacher verfasst, der bereits 1951 in Ansätzen diese Sicht vertreten hatte (vgl. Wurzbacher 1951: 242ff.).

16   Vgl. Entschließung des Wissenschaftlichen Beirats vom 09.02.1963, BAK B 153/692.

17   Für den Vorgang vgl. BAK B 153/692, 693, 694; Kuller 2004: 102ff.

18   Vgl. zur Auftragsgrundlage den Beschluss des Deutschen Bundestages vom 23.06.1965, Drucksache IV/3474.

Generation. Die Autoren des Familienberichts entdeckten – neben äußeren Faktoren – eine Reihe von Ursachen für die Behinderung einer weiterführenden Ausbildung, die in der Familie selbst lagen: Sie nannten z. B. die Ablehnung der Ausbildung von Mädchen aufgrund eines „unzeitgemäßen weiblichen Rollenbildes" (BMFJ 1968: 76) und die stark berufsbezogenen Erwartungen an eine weiterführende Ausbildung von Eltern aus der Unter- und Mittelschicht, die mit den auf dem Gymnasium vermittelten Bildungswerten nicht übereinstimmten und den Schüler in Konflikte führen könnten; er benötige daher außerfamiliale Sozialisationshilfen, um in dieser neuen Umgebung zu bestehen (vgl. BMFJ 1968: 78, unter Verweis auf Lemberg/Klaus-Roeder 1968). Die Familie leistete also in dieser Beschreibung ihre Funktion der Vermittlung zwischen Individuum und Gesellschaft mitunter nur unzureichend – und das nicht, weil ein gesellschaftliches Missverhältnis sie daran hinderte, sondern jetzt, weil sie ein retardierendes Moment in der Persönlichkeitsentwicklung der Jugendlichen darstellen konnte, und damit ein Hindernis für die staatlicherseits gewünschte Mobilisierung breiterer gesellschaftlicher Schichten für eine qualifizierte Ausbildung. Der erste Familienbericht vermittelte aber insgesamt noch eine recht strukturkonservative Sicht auf die Familie und ihre Stellung zur Gesellschaft. Das äußerte sich etwa in der eingangs getroffenen Familiendefinition, die auf der lebenslangen Ehe aufbaute und von einer insgesamt großen Wertschätzung der traditionellen bürgerlichen Kernfamilie geprägt war.

Die auf Heck folgende Bundesministerin Aenne Brauksiepe (1968-1969) stellte die hohe Bedeutung wissenschaftlicher Berichte für die Erkenntnis der Wirklichkeit und die Überprüfung der familienpolitischen Instrumente heraus. 1969 veröffentlichte sie einen grundlegenden Aufsatz, in dem sie die Grundzüge einer Umgestaltung der Familienpolitik auf Grundlage der Ergebnisse des ersten Familienberichts darlegte (vgl. Brauksiepe 1969). Auch wenn sich Brauksiepe eingangs der Zurückweisung individualistischer und kollektivistischer Gesellschaftskonzepte anschloss, bilanzierte sie eine Veränderung in Familie und Gesellschaft, auf die sich die Familienpolitik einstellen müsse, wolle sie nicht in eine „Sackgasse" geraten. Familienpolitik müsse nun endgültig in die Form einer bewusst gestaltenden Gesellschaftspolitik gebracht werden, die die verschiedenen Wertforderungen der Gesellschaft ausgleiche. ‚Familie' stellte nur einen dieser Werte dar, der neben Werten wie der Emanzipation der Frau oder gleichen Bildungs- und Berufschancen stehe. Ein zentraler Punkt war für Brauksiepe die Überwindung der Weitergabe gesellschaftlicher Ungleichheit durch die geschichtete Gesellschaftsstruktur und das gegliederte Schulsystem. Kindern aus Familien der Unterschicht würde durch die Vermittlung einer „einfacheren Interessen- und Sprachstruktur" in ihren Familien die Aussicht auf bessere Ausbildungsmöglichkeiten erschwert, auch wenn sie begabt seien (BMFJ 1968: 73).

Außerfamiliale Erziehungseinrichtungen sollten diesen Kindern eine vielfältigere und anregendere Umwelt vermitteln und so zu ihrer Entfaltung beitragen. Brauk-siepes Entwurf einer kindbezogenen Familienpolitik verstand sich als Überwin-dung eines monolithischen Familienbildes, das unter den veränderten Bedingun-gen der modernen Industriegesellschaft zur bloßen Ideologie zu geraten drohte. Dem älteren, hierarchisch geschichteten Gesellschaftsbild setzte sie die Pro-grammatik einer „offenen Leistungsgesellschaft" entgegen, in der gleiche Bil-dungschancen den sozialen Aufstieg durch persönliche Leistung ermöglichen sollten. Die Grundlage dieser Politik bildete die „nüchterne Einsicht in die Wirk-lichkeit von Gesellschaft und Familie" auf wissenschaftlicher Grundlage. Brauk-siepes Argumentation steht somit der Familienpolitik der sozialliberalen Koaliti-on sehr viel näher als der Wuermelings. Sie verdeutlicht die Kontinuität und Wirksamkeit einer Semantik ‚rationaler'[19] Familienpolitik, die sich jenseits von Parteigrenzen und politischen Zäsuren stabilisierte und in dieser Phase noch die planvolle Gestaltbarkeit der in Bewegung geratenen Gesellschaft auf der Grund-lage wissenschaftlicher Erkenntnis beinhaltete.

4   Familie und gesellschaftliche Erziehungsinstanzen in der wissenschaftlichen Politikberatung der 1970er Jahre

Mit dem Ende der Großen Koalition und dem Antritt der sozialliberalen Regie-rung wurde das Bundesministerium für Familie und Jugend mit dem Gesundheits-ressort zum Bundesministerium für Jugend, Familie und Gesundheit zusammen-gelegt. Wenn in der Umbenennung die Familie auf die zweite, die Jugend aber auf die erste Stelle der Ressortbezeichnung rückte, so konnte dies durchaus als Zei-chen einer neuen programmatischen Ausrichtung des Ressorts verstanden werden, stellte nun doch erstmalig die SPD die für die Familie zuständige Bundesministe-rin (Käthe Strobel, 1969-1972). Die Sozialdemokraten traten mit dem Anspruch auf, die „ideologische" Familienpolitik der Christdemokraten (traditionelle Rol-lenverteilung der Geschlechter, Betonung der elterlichen Verfügungsgewalt, Aus-richtung auf die Institution Familie, einseitige Förderung von Kinderreichtum) zu beenden und eine „rationale", wissenschaftsgestützte, auf das Individuum und seine Entfaltung zielende Politik zu betreiben (Vorstand der SPD 1975). Orien-tierte sich die ältere Politik an der Institution Familie, rückten jetzt die einzelnen Familienmitglieder, besonders Frauen und Kinder, in den Mittelpunkt der famili-enpolitischen Programmatik. An die Stelle der Diskriminierung abweichender Familienformen sollte die Herstellung von Chancengleichheit, Gleichberechti-

---

19   Zum Begriff der Rationalität im politischen Diskurs der 1960er Jahre vgl. Metzler 2004.

gung und Emanzipation treten. 1970 schrieb der Referent für Familienfragen beim Berliner Senat Armin Tschoepe:

> „Die Familienpolitik der Nachkriegszeit scheint am Ende zu sein. Ihre weitgehend an der Institution ‚Familie' orientierte Staatspolitik wird zunehmend von einer kritischen, kindbezogenen Gesellschaftspolitik abgelöst. Es gibt vermehrte Anzeichen dafür, daß es den Vertretern einer rationalen Familienpolitik gelingen kann, Familien-Ideologien als Grundlagen der Politik abzubauen. (...) Sie gehen davon aus, daß unsere Gesellschaft in der Ehe eine der möglichen Formen partnerschaftlichen Zusammenlebens sieht. Und sie betonen, daß die Familie für das Kind eine Erziehungseinrichtung auf Zeit ist, in der es seine grundlegende Prägung erfährt." (Tschoepe 1970: 14)

Die Bezeichnung der Familie als „Erziehungseinrichtung auf Zeit" war hier darauf angelegt, der Erziehungsinstitution ‚Familie' den selbstverständlichen Vorrang vor anderen Erziehungseinrichtungen abzusprechen. Im folgenden leitete Tschoepe aus der Kritik, denen öffentliche Erziehungseinrichtungen (Kindergarten und Grundschule) unterzogen waren, die Möglichkeit ab, „auch die Erziehungsinstitution Familie einer kritischen Prüfung zu unterziehen" (Tschoepe 1970: 15) und ordnete die Familie mit den Einrichtungen der institutionellen Erziehung in eine gemeinsame Kategorie der Sozialisationsinstanzen ein. Unter Berufung auf (ungenannte) Ergebnisse der Sozial- und Entwicklungspsychologie wandte er sich gegen die finanzielle Förderung der sehr engen Mutter-Kind-Bindung, die dem traditionellen bürgerlichen Familienmodell zu Grunde lag und seines Erachtens die Gefahr in sich trug, die Entwicklung des Kindes durch zu großen Ausschluss anderer Bezugspersonen zu hemmen.

Im selben Jahr veröffentlichte Käthe Strobel einen Beitrag im „Vorwärts", der Aufbruchstimmung und Wissenschaftsoptimismus der Zeit der frühen sozialliberalen Koalition zum Ausdruck brachte und die angestrebte Bedeutung der wissenschaftlichen Beratung über die Bereitstellung von Daten und Hypothesen hinaus erweiterte:

> „Wissenschaft hat (...) die Aufgabe, die für die Politik notwendigen Grundtatsachen zu ermitteln und darüber hinaus gesellschaftspolitische Wertentscheidungen und Handlungshypothesen zu überprüfen. Es ist erfreulich, daß besonders in den letzten Jahren sowohl die empirischen als auch die ideologiekritischen Arbeiten uns mehr Wissen und mehr Erkenntnisse über die Familie, ihre Bedingungen und ihre Erwartungen gebracht haben als jemals zuvor." (Strobel 1970: 3)

Die Modellierung der wissenschaftlichen Politikberatung in diesem Text geht über die ältere, eindimensionale Fassung hinaus, die weiter oben am Beispiel des Gutachtens zur ökonomischen Situation der Familie dargestellt wurde. Wenn von der Wissenschaft erwartet wurde, Ideologiekritik zu leisten und Wertent-

scheidungen zu überprüfen, dann galt dies für jegliche normative Setzung – eben
nicht nur die der abgelösten Regierungspartei. Die Entwicklung eines weiterge-
henden Modells der Politikberatung, die sich nun vollkommen eigenlogisch
verhalten sollte und der dabei gleichzeitig eine weit stärkere Legitimationsfunk-
tion für politisches Handeln zugesprochen wurde als im Modell der vorrangig
wertegeleiteten Politik, bedeutete eben, dass nicht nur ‚ideologische‘ Positionen
des politischen Gegners widerlegt, sondern auch die eigene Position als ‚Ideologie‘ behandelt und der Kritik unterzogen würde.

Die Auseinanderentwicklung der politischen und der wissenschaftlichen
Semantik lässt sich anhand der Diskussion um die Erziehungs- und Sozialisationsleistung der Familie in den 1970er Jahren beispielhaft aufzeigen. Unterstellte
die ältere Sicht, dass, stabile Rahmenbedingungen vorausgesetzt, richtige Sozialisation eigentlich nur in der vollständigen Ehegattenfamilie erfolgen konnte,
thematisierten mehrere Untersuchungen aus dem Kontext der Politikberatung des
Bundes die Mängel der Kleinfamilie. Die spätere Ministerin Ursula Lehr schrieb
in einem 1970 für das BMJFG erstellten Gutachten über „Die Bedeutung der
Familie im Sozialisationsprozeß" (Lehr 1973), dass in der psychologischen Literatur ein feststehender Zusammenhang zwischen Familienform und kindlichem
Verhalten nicht mehr angenommen würde. Die Setzung generalisierter Thesen
oder Gesetze, wie sie die ältere Psychologie betrieben hatte, sei von der Tendenz
zu stärker differenzierenden und individualisierten Aussagen abgelöst worden.
Die Familie könne die besten Voraussetzungen für eine gesunde Persönlichkeitsentwicklung bieten, aber sie als Institution pauschal als optimale Form zu begreifen, wäre verfehlt.

> „Da sich (...) kein Katalog aufstellen läßt über generell günstiges Erziehungsverhal-
> ten in dieser oder jener familiären Situation, bedarf es immer wieder individueller
> Diagnose und Beratung, die dem Zusammenwirken spezifischer Variablen in dieser
> Situation gerecht zu werden versucht." (Lehr 1973: 87)

Die Soziologen Gerhard Wurzbacher und Gudrun Cyprian verfassten (wie Lehr
im Rahmen eines nicht mehr realisierten Zwischenberichts zur Lage der Familie)
1970 ein Gutachten über „Sozialisationsmängel der Kleinfamilie" in der BRD
(Wurzbacher/Cyprian 1973). Sie stellten familiale Mängel und Schwächen in der
Vorbereitung auf die Geschlechterrollen, Familienrollen, Berufsrollen und die
politischen Rollen fest. Die Kleinheit der modernen Familie könne zu Überab-
hängigkeit der Familienmitglieder voneinander und vor allem des Kindes von
den Eltern führen, die hohen Erwartungen an die moderne Ehe destabilisierend
wirken. Die Tendenz zur vereinfachenden und konfliktfreien Darstellung der
sozialen Umwelt in der Familie könne bei älteren Kindern dazu führen, dass sie
zu wenig kognitive Anregung und ein unzureichendes Verständnis ihrer Umwelt

entwickelten. Diese negativ konnotierte Schilderung der Familie als von der Umwelt abgekapselter Lebensform mit Tendenzen zur übermäßigen Vereinnahmung ihrer Mitglieder führte zu einer Reihe von Empfehlungen, die darauf abzielten, mit erzieherischen, sozialpolitischen und beratenden Maßnahmen die Kernfamilie zur Gesellschaft hin zu öffnen, ihre Binnenstrukturen wo nötig zu korrigieren und die strukturellen Sozialisationsmängel der Kleinfamilien auszugleichen. Konkret forderten die Verfasser den Ausbau von vorschulischen Einrichtungen und Ganztagsschulen sowie die Etablierung von Schulsozialarbeit zur Erkennung von ‚Problemkindern'. Ähnliche Aussagen und Forderungen finden sich dann im Zweiten Familienbericht der Bundesregierung aus dem Jahre 1975 (vgl. BMJFG 1975). Allerdings führten hier Formulierungen wie die, Erziehung sei eine gesamtgesellschaftliche Aufgabe, die von Familien und pädagogischen Einrichtungen wahrgenommen werde, zu Protesten v. a. von Seiten der Opposition und der Kirchen, aber auch Teilen der Sozialwissenschaft. U. a. wurde der Vorwurf erhoben, dass die Kindererziehung vergesellschaftet werden sollte. Die Bundesregierung selbst betonte in ihrer Stellungnahme zum zweiten Familienbericht, dass der Bericht die Meinung der Sachverständigenkommission wiedergebe und nicht die ihre (vgl. BMJFG 1975, Stellungnahme der Bundesregierung: VI).

Mitte der siebziger Jahre hatten sich Teile der wissenschaftlichen Politikberatung also recht weit von der gemeinsamen normativen Position der 1950er und 1960er Jahre entfernt. Einerseits hatte der gesellschaftliche Wandel die Grundlagen dieses Gesellschaftsbildes zu relativieren begonnen. Andererseits begannen Wissenschaft und Politik, sich stärker auszudifferenzieren. Die Codes, auf die sich Politik und Wissenschaft in den ersten beiden Jahrzehnten der BRD noch gemeinsam beziehen konnten, genügten zunehmend weniger dem Anspruch, Gesellschaft adäquat zu beschreiben. Gleichzeitig wurden die an sie anschließenden Codes zunehmend unabhängig voneinander entwickelt. Wissenschaft und Politik bezogen sich primär auf ihre eigenen Leitunterscheidungen. In der Form der Familienberichte fand diese Entwicklung ihre Entsprechung und Verstärkung.

War im ersten Familienbericht die Rollendifferenz zwischen Berater und Beratenem noch nicht eindeutig festgeschrieben – denn das Ministerium, weitere Bundesressorts und Wissenschaftler aus dem Beirat erstellten in enger Zusammenarbeit einen Situationsbericht – so war diese Rollendifferenz seit dem zweiten Familienbericht in der Form selbst angelegt. Seit dem zweiten Familienbericht bestehen diese, wie auch die Jugendberichte der Bundesregierung, aus dem Bericht einer unabhängigen Sachverständigenkommission und einer Stellungnahme der Bundesregierung dazu. Das Auseinandertreten von Expertenwissen und politischer Beurteilung im zweiten Familienbericht scheint entgegen der verfolgten Absicht eher als Schritt fort von einem wissenschaftsgestützten oder

‚verwissenschaftlichten' Politikmodell gewirkt zu haben. Weil die Sozialwissenschaftler politische Probleme in wissenschaftliche Probleme übersetzten und ihre
Antworten auch nur wissenschaftlich ausfallen konnten, wurden die Aussagen
des zweiten Familienberichts für die Politik nur in sehr unterschiedlichem Maße
anschlussfähig.[20] Das macht schon die Stellungnahme der Bundesregierung deutlich, die zwar im Großen und Ganzen differenziert auf konkrete Empfehlungen
der Kommission antwortete, auf einzelne Empfehlungen und Aussagen jedoch
überhaupt nicht einging (vgl. Kaufmann 1976). Die auch im Politiksystem selbst
thematisierte jeweils eigene Herangehensweise und Problemorientierung von
Wissenschaft und Politik[21] führte tendenziell zu einer schärferen Wahrnehmung
der Kritik der Wissenschaftler durch die Politik und damit kurzfristig geringeren
Transferchancen. Das Ziel der Experten war es im zweiten Bericht gerade nicht
gewesen, mehr oder minder beliebig interpretierbare Datenmengen als „Verdop-
pelung der Wirklichkeit" zu produzieren (Kaufmann/Herlth/Strohmeier 1980:
19), sondern eine theoriegestützte kritische Überprüfung der sozialen Realität
und des familienpolitischen Handelns auf empirischer Grundlage vorzunehmen.
Damit gerieten auch die normativen Grundannahmen der Politik selbst zum Objekt wissenschaftlicher Kritik. Die Wissenschaftler nahmen jetzt für sich eine
Rolle in Anspruch, die sich von der des Datenlieferanten weit entfernt hatte. Im
Vorwort des Berichts übte gar der Vorsitzende der Sachverständigenkommission, Friedhelm Neidhardt, deutliche Kritik an der Zusammensetzung des Exper-
tengremiums, die eine politische Entscheidung gewesen sei. Die Bundesministe-
rin für Familie, Jugend und Gesundheit, Katharina Focke (1972-1976), zog aus
der heftigen Kritik am zweiten Familienbericht die Konsequenz, in die vierköp-
fige Sachverständigenkommission zur Abfassung des dritten Familienberichts

---

20   Vgl. dazu Vermerk des Staatssekretärs im BMJFG Hans-Georg Wolters vom 27.08.1974, BAK
     B 189/15741, der in Bezug auf einen Entwurf der Stellungnahme der Bundesregierung zum
     zweiten Familienbericht kritisch anmerkte: „Im übrigen ist die ganze Stellungnahme von einer
     unkritischen Wissenschaftsgläubigkeit hinsichtlich des politischen Entscheidungsprozesses ge-
     kennzeichnet. Dies schlägt sich auch im Stil nieder, durch den ganze Passagen für den Laien
     unlesbar werden", sowie für die entgegen gesetzte Perspektive Kaufmann 1976, der schreibt, es
     dürfe angenommen werden, dass Politiker und Verwaltungsleute „nicht mehr gewöhnt sind, im
     Rahmen ihrer beruflichen Tätigkeit Schriftsätze größeren Umfangs, die nicht unmittelbar tätig-
     keitsrelevant sind, gedanklich zu verarbeiten, ja nicht einmal zu lesen. Dies ist selbstverständ-
     lich nicht durch mangelnde Intelligenz, sondern durch den habitualisierten Arbeitsstil (...) und
     die scheinbare Dynamik des politischen Alltags zu erklären" (Kaufmann 1976: 302).
21   Vgl. den Schluss des Redebeitrags von Katharina Focke während der Bundestagsdebatte zum
     zweiten Familienbericht in der 173. Sitzung vom 22.05.1975: Die Wissenschaft, so die Minis-
     terin, müsse sich Fragen nach der Umsetzbarkeit ihrer Empfehlungen gefallen lassen. Sie stell-
     te dann explizit die Frage: „Wie gehen wir in diesem Haus mit einem wissenschaftlichen Er-
     gebnis einer durch uns eingesetzten Kommission um?", ohne eine Antwort zu geben. Vielmehr
     verwies sie auf die Beratungen im Bundestagsausschuss für Jugend, Familie und Gesundheit,
     die sicher noch eine Menge zu diesem Thema zutage fördern würden.

vor allem bewährte Mitglieder des Wissenschaftlichen Beirats für Familienfragen zu berufen, die ihr berechenbarer erschienen sein müssen.

Die Familiendefinition des dritten Familienberichts aus dem Jahre 1979 nimmt sich dann auch gegenüber der sehr offenen des zweiten recht traditionell aus. Allerdings kommt die Kommission im Zusammenhang mit den immer häufigeren Abweichungen vom Normalmodell der Familie zu einer aufschlussreichen Aussage: Sie beschreibt die in der gesellschaftlichen Realität immer häufiger zu beobachtende Durchbrechung der Normalform der Familie interessanterweise als einen Suchprozess. Die veränderten Wertvorstellungen über Sexualität und Unauflöslichkeit der Ehe erleichterten es den Menschen, so die Kommission weiter, im Falle persönlicher Krisen im herkömmlichen Familiensystem nach neuen Organisationsformen zu suchen und sie als Auswege aus dem Konflikt zu begreifen. Die Handlungsfreiheit des Einzelnen wurde also erweitert, gleichzeitig aber verlor er damit feste Orientierungen. Das führte aber der Kommission zufolge gerade nicht zu einer Krise im Sinne der Auflösung von Familie. Der Suchprozess könne vielmehr in variierten Formen münden, die dann höhere Stabilität aufwiesen. Experimente solle der Staat daher durchaus zulassen (vgl. BMJFG 1979a: 13ff.).

Die Aussagen des dritten Familienberichts zum Verhältnis von Schule und Familie legen nahe, dass Ende der siebziger Jahre das Vertrauen in eine umfassende rationale Steuerbarkeit der gesellschaftlichen und familialen Strukturen weitgehend verflogen zu sein scheint. „Nach einer Phase euphorischer Erwartungen in die Leistungen des Bildungswesens", so heißt es, „werden die kompensatorischen Möglichkeiten der Schule gegenwärtig als durchaus begrenzt eingeschätzt. Beim Ausbau des Bildungswesens zeigte sich, daß der familiale Einfluß durch außerfamiliale Institutionen nur unzureichend ersetzt werden kann" (BMJFG 1979a: 69). Weiter heißt es, dass es zu einer entscheidenden Einstellungsveränderung gegenüber den Eltern gekommen sei: „Trotz der Verlagerung der Bildungsaufgaben auf außerfamiliale Sozialisationsinstanzen wie Kindergarten, Schule und Berufsbildungsinstitutionen ist die Rolle der Familie von zentraler Bedeutung." (BMJFG 1979a: 69). Der dritte Familienbericht beschreibt somit ein Verhältnis von öffentlichen Erziehungsinstitutionen und Familie, das der Familie wieder den Primat gegenüber den öffentlichen Einrichtungen zugesteht.

Nach einer kurzen Phase des gesellschaftlichen Steuerungsoptimismus scheint also Ende der 1970er Jahre die Vorstellung von Familie als einem zwar innerhalb der und durch die Gesellschaft geformten Lebenszusammenhang, der aber allenfalls indirekt irritiert werden konnte, an Boden gewonnen zu haben. Das Instrument der öffentlichen Erziehung hatte hiernach die Erwartung nicht erfüllt, die für unzureichend erachtete Sozialisationsleistung der Familie zu korrigieren. Zudem war eine Effizienzmessung öffentlicher Einrichtungen, wie der Jugendhilfe, nicht möglich, da kaum gesicherte Kenntnisse über die tatsächlichen

Größenordnungen und die Qualität der Leistungen vorhanden waren und darüber hinaus auch keine abgesicherten Bewertungsmaßstäbe für Betreuungsrelationen vorlagen (vgl. BMJFG 1979b: 88).

Der dritte Familienbericht weist als einen der Gründe für die pessimistische-re Einschätzung staatlicher Sozialisationshilfen und -einrichtungen den Stand der wissenschaftlichen Erforschung der Familie selbst aus: Die Weiterentwicklung der Platzierungsforschung hatte gerade nicht zu eindeutigerem Wissen und damit klareren Entscheidungsgrundlagen geführt, sondern nur die Vielfältigkeit der Variablen deutlich gemacht, die in der Sozialisation und Platzierung eine Rolle spielten. Der Forschungsbereich Familie und Bildung sei zudem unterentwickelt und müsse dringend ausgebaut werden (vgl. BMJFG 1979a: 179). Die Empfeh-lungen der Kommission zielten vor allem auf eine bessere Information der Eltern über die Bildungsmöglichkeiten ihrer Kinder und verwiesen damit das Problem in die Familien zurück.

5   Schlussbemerkung

In diesem Beitrag wurde versucht, die Beschreibung von Familie und Gesell-schaft in Familienpolitik und Familienwissenschaft unter besonderer Berücksich-tigung der öffentlichen Erziehung an einigen Beispielen darzustellen. Abschlie-ßend sollen die Veränderungen in diesen Beschreibungen im Sinne dreier unterschiedlicher Betrachtungsweisen gesellschaftlichen Wandels zusammenge-fasst und zu deuten versucht werden. Die älteste Position (1950er und frühe 1960er Jahre) ging von einem Bild von Gesellschaft als hierarchischer Schicht-struktur aus, wobei Familie nicht als Teil der Gesellschaft, sondern als Freiraum eigener Art gedacht wurde. Familie bildete eine ideale Norm, die transzendent und im Kern unhistorisch begründet war, indem man einen unveränderlichen Wesenskern der Familie annahm. Gesellschaftlicher Wandel resultierte in Ab-weichungen von und einer Bedrohung der idealen Norm, und es bedurfte der korrigierenden Eingriffe des über Familie und Gesellschaft stehenden Staates zu ihrer Bewahrung. Familie und öffentliche Erziehung wurden vor allem über das Konzept der Sittlichkeit und der harmonischen Einfügung in das gesellschaftli-che Ganze verkoppelt.

Auch die zweite Position ging von einer als ideal gedachten Norm aus, ver-lagerte sie aber weitgehend in die Zukunft. Sie musste durch gezielte Steuerung der Gesellschaft erst in der Gesellschaft hervorgebracht werden. Familie wurde nunmehr nicht nur vorrangig aus dem Blickwinkel ihrer gesellschaftlichen Funk-tionen und der gesellschaftlichen Bedingtheit ihrer Struktur beobachtet, sondern auch als Ensemble von Partikularinteressen ihrer Mitglieder, und erschien damit offener für steuernde gesellschaftspolitische Eingriffe. Durch rationale, wissenschaftlich fundierte politische Maßnahmen sollten die durch den gesellschaftlichen Wandel veränderten Familienstrukturen gezielt korrigierend beeinflusst werden. Der Staat wurde hier bereits nicht mehr als von der Gesellschaft losgelöste Institution gedacht, sondern eher als Ausdruck gesellschaftlicher Interessen bzw. Wertsetzungen (z. B. die Emanzipation der Frau), die auch innerhalb der Familie wirksam waren. Den Bezugspunkt für die Verkoppelung von Familie und öffentlicher Erziehung bildete v. a. das Konzept des Rechts des Kindes auf Erziehung und Bildung, das von einer strukturell defizitären Kleinfamilie nicht eingelöst werden konnte, und damit die Durchsetzung eines individuellen Interesses gegenüber gesamtgesellschaftlich bedingten Strukturen.

Die dritte Position schließlich begreift die ideale Norm selbst als historisch wandelbar und gesellschaftlichen Wandel als im Grunde eigendynamischen Ablauf, der mit politischen Mitteln kaum zielgerichtet zu beeinflussen wäre und dem die wissenschaftliche Deutung stets hinterherhinkt. Eine explizite Formulierung dieser Position fand sich zwar nicht in den Quellen. Doch deuten z. B. die zitierten Aussagen des dritten Familienberichts darauf hin, dass der Steuerungsanspruch des Staates über das Medium der öffentlichen Erziehung nicht einzulösen gewesen war und man der Eigendynamik der Familie nicht beikommen konnte. Explizit findet sich die Feststellung, dass das Paradox des zunehmenden Nichtwissens durch ein größeres Maß an Forschung eingetreten war. Weder aber konnte die staatliche Ebene einfach zu den älteren Familienmodellen zurückkehren, noch zeichnete sich im Grunde ein anderer Ausweg ab als der, in ergebnisoffene gesellschaftliche Aushandlungsprozesse einzutreten. Hatte sich das dem 19. Jahrhundert entnommene Gesellschaftsbild der 1950er Jahre im Strukturwandel aufgelöst, so musste sich die kybernetische Auffassung der späten 1960er und frühen 1970er Jahre mit der Einsicht in die Begrenztheit gesellschaftlicher Steuerung abfinden und reagierte auf wachsende Komplexität mit Pragmatismus. Die Familienpolitik seit den 1970er Jahren lässt sich so als das probeweise Setzen immer neuer Anreize interpretieren, deren Wirkung auf eine mit den verfügbaren Mitteln unkontrollierbare Eigendynamik der Familie allenfalls rhetorisch behauptet werden kann, über deren tatsächliche Wirksamkeit allerdings niemand etwas mit Sicherheit zu sagen vermag.[22] Der Unterschied zur älteren Familienpolitik besteht vor allem im Bewusstsein unzureichenden Wissens über Wirkungszusammenhänge, die im älteren Modell noch einfach unterstellt werden konnten,

---

22 „(...) so einfach ist die Wirklichkeit nicht, als daß sie den Politikern den Gefallen täte, sich ihren allzu direkten Gestaltungsabsichten zu fügen. Die Wirksamkeit politischer Maßnahmen ist (...) von einer Vielzahl sozialstruktureller, interaktiver und persönlicher Bedingungen und Voraussetzungen abhängig, über die im Zuge einzelner politischer Maßnahmen nicht verfügt werden kann. Die Wirkungen gesetzlich beschlossener Maßnahmen werden daher nicht überall dieselben sein." (Kaufmann/Herlth/Strohmeier 1980: 415f)

sich freilich als zumindest teilweise fiktiv erwiesen. Die Abkehr vom Planungs-
denken lag auch an einer höchst heterogenen Wahrnehmung gesellschaftlicher
Wandlungsphänomene in Politik und Wissenschaft begründet, insofern stellen-
weise nicht einmal eine Einigung darüber möglich war, ob bestimmte Erscheinungen (etwa nichteheliche Lebensgemeinschaften) als problematisch zu bewer-
ten seien. Mit dem Ablegen gesellschaftlicher Einheitsvorstellungen und ihrer
allmählichen Ersetzung durch ein pluralistisches Bild sozialer Organisation wan-
delte sich das Bild der Familie von einer der Gesellschaft vorgelagerten und
fixierten Institution zu einem fließenden Lebenszusammenhang,[23] der sich in
einer interdependenten Beziehung zu den Teilsystemen der Gesellschaft befand
und insbesondere durch seine Kopplungen an das Wirtschafts- und das Erziehungssystem irritiert wurde. Insofern erscheint die eingangs skizzierte These des
‚Abschieds von der Gesellschaft‘ plausibel; insofern sollte auch deutlich geworden sein, dass die Kommunikation über das Bedeutungsfeld von Familie und
öffentlicher Erziehung durch den gleichzeitigen Wandel der Gesellschaftsbilder
irritiert worden ist.

Literatur

BMFJ (1968): Bericht der Bundesregierung über die Lage der Familien in der Bundesre-
    publik Deutschland. Bundestags-Drucksache V/2532 vom 25. Januar 1968
BMJFG (1975): Zweiter Familienbericht – Familie und Sozialisation. Leistungen und
    Leistungsgrenzen der Familie hinsichtlich des Erziehungs- und Bildungsprozesses
    der jungen Generation. Bundestags-Drucksache 7/3502 vom 15. April 1975
BMJFG (1979a): Die Lage der Familien in der Bundesrepublik Deutschland. Dritter
    Familienbericht. Bericht der Sachverständigenkommission. Bundestags-Drucksache
    8/3121 vom 20. August 1979
BMJFG (1979b): Leistungen für die nachwachsende Generation in der Bundesrepublik
    Deutschland. Gutachten des Wissenschaftlichen Beirats für Familienfragen beim
    Bundesministerium für Jugend, Familie und Gesundheit. (Schriftenreihe des Bun-
    desministers für Jugend, Familie und Gesundheit Bd. 73) Stuttgart u. a.: Kohlham-
    mer
BMJFFG (1986): Vierter Familienbericht. Die Situation der älteren Menschen in der
    Familie. Bundestags-Drucksache 10/6145 vom 13. Oktober 1986

---

23 Vgl. die Stellungnahme der Bundesregierung zum vierten Familienbericht:„[Die Bundesregie-
    rung, M.J.] begreift Familie als eine dynamische Form menschlichen Zusammenlebens, die
    Veränderungen unterliegt und von den kulturellen Vorstellungen und Werthaltungen ebenso
    geprägt ist wie von den sozialen und wirtschaftlichen Gegebenheiten einer Gesellschaft.“
    (BMJFFG 1986: III)

Brauksiepe, Aenne (1969): Grundsatzfragen künftiger Familienpolitik. Neue Akzente der Familienförderung in einer offenen Leistungsgesellschaft. In: Bulletin des Presse- und Informationsamtes der Bundesregierung Nr. 41 vom 29. März 1969. 345-350

Bundesminister für Jugend, Familie und Gesundheit (Hrsg.) (1973): Probleme der Familie und der Familienpolitik in der BRD. Teil I. (Schriftenreihe des Bundesministers für Jugend, Familie und Gesundheit Bd. 7). Stuttgart u. a.: Kohlhammer

Calließ, Jörg (Hrsg.) (2006): Die Geschichte des Erfolgsmodells BRD im internationalen Vergleich (Loccumer Protokolle 24/05). Rehburg-Loccum: Evangelische Akademie Loccum

Haupt, Heinz-Gerhard/Requate, Jörg (Hrsg.) (2004): Aufbruch in die Zukunft. Die 1960er Jahre zwischen Planungseuphorie und kulturellem Wandel. DDR, CSSR und Bundesrepublik im Vergleich. Weilerswist: Velbrück

Herzog, Dagmar (2005): Sex After Fascism. Memory and Morality in Twentieth-Century Germany. Princeton: Princeton University Press

Hessische Staatskanzlei (Hrsg.) (2003): Die Familienpolitik muß neue Wege gehen! Wiesbaden: Westdeutscher Verlag

Jessen, Ralph (2004): Zwischen Bildungsökonomie und zivilgesellschaftlicher Mobilisierung. Die doppelte deutsche Bildungsdebatte der sechziger Jahre. In: Haupt/Requate (2004): 209-231

Kaufmann, Franz-Xaver (1976): Zum Verhältnis von Soziologie und Politik. Das Beispiel ‚Zweiter Familienbericht'. In: Zeitschrift für Soziologie 5. Heft 3. 301-306

Kaufmann, Franz-Xaver/Herlth, Alois/Strohmeier, Klaus Peter (1980): Sozialpolitik und familiale Sozialisation. Zur Wirkungsweise öffentlicher Sozialleistungen. (Schriftenreihe des BMJFG Bd. 76). Stuttgart u. a.: Kohlhammer

Kaufmann, Franz-Xaver (2003): Sozialpolitisches Denken. Die deutsche Tradition. Frankfurt a.M.: Suhrkamp

König, René (1946): Materialien zur Familie der Gegenwart. Bern: Francke

Kuller, Christiane (2004): Familienpolitik im föderativen Sozialstaat. Die Formierung eines Politikfeldes in der Bundesrepublik 1949-1975. München: Oldenbourg

Lechner, Stefanie/Jakob, Mark (2006): Der Abschied von der Gesellschaft? Wissen, Wissensformen und Wissenstransfer im sozioökonomischen Strukturwandel der Bundesrepublik Deutschland. In: Calließ (2006): 179-192

Lehr, Ursula (1973): Die Bedeutung der Familie im Sozialisationsprozeß unter besonderer Berücksichtigung psychologischer Aspekte familiärer Grenzsituationen. Ein Gutachten erstattet im Juli 1970 von Prof. Dr. U. Lehr, Universität Köln. (Schriftenreihe des Bundesministers für Jugend, Familie und Gesundheit Bd. 5). Stuttgart u. a.: Kohlhammer

Lemberg, Eugen/Klaus-Roeder, Rosemarie (1968): Familie – Schule –Sozialisation. In: Wurzbacher (1968): 133-174

Luhmann, Niklas (1987): Die Unterscheidung von Staat und Gesellschaft. In: Luhmann (1987): 67-73

Luhmann, Niklas (1987): Soziologische Aufklärung. Bd. 4: Beiträge zur funktionalen Differenzierung der Gesellschaft. Opladen: Westdeutscher Verlag

Luhmann, Niklas (1990): Die Gesellschaft der Gesellschaft. 2 Bde. Frankfurt a.M.: Suhrkamp

Metzler, Gabriele (2004): Demokratisierung durch Experten? Aspekte politischer Planung
   in der Bundesrepublik. In: Haupt/Requate (2004): 267-287
Neundörfer, Ludwig (1957): Die Sozialreform. Gelöste und ungelöste Probleme. Freiburg
   i. Br.: Herder
Oeter, Ferdinand (1954): Familienpolitk. Stuttgart: Vorwerk
Rödder, Andreas (2004): Die Bundesrepublik Deutschland 1969-1990. München: Olden-
   bourg
Schanetzky, Tim (2007): Die große Ernüchterung. Wirtschaftspolitik, Staat und Expertise
   in der Bundesrepublik 1966 bis 1982. Berlin: Akademie
Schelsky, Helmut (1955): Wandlungen der deutschen Familie in der Gegenwart. 3., erw.
   Auflage. Stuttgart: Enke
Schildt, Axel (2007): Die Sozialgeschichte der Bundesrepublik Deutschland bis 1989/90.
   München: Oldenbourg
Schmucker, Helga u. a. (1961): Die ökonomische Lage der Familie in der Bundesrepublik
   Deutschland. Tatbestände und Zusammenhänge. Stuttgart: Enke
Strobel, Käthe (1970): „Abschied von der Familienideologie". Zitiert nach: SPD Presse-
   mitteilungen und Informationen Nr. 333 vom 25. August 1970. 2-5
Tschoepe, Armin (1970): Erziehungsgeld für Kleinstkinder. In: Senator für Familie, Ju-
   gend und Sport Berlin: Neuer Rundbrief (1970). Nr. 4. 14-18
Vorstand der SPD (Hrsg.) (1975): Familienpolitik der SPD. Zweiter Entwurf vorgelegt
   vom Familienpolitischen Ausschuß der SPD. Bonn
Wuermeling, Franz-Josef (1954): Die Aufgabe der Familie. In: Wuermeling (1963b): 11-14
Wuermeling, Franz-Josef (1960): Familie in Gefahr? In: Wuermeling (1963b): 92-107
Wuermeling, Franz-Josef (1961a): Die wirtschaftliche Sicherung der Familie in der moder-
   nen Gesellschaft. Vortrag im Institut für Sozialpolitik und Arbeitsrecht am 16. De-
   zember 1960 in München. München: Institut für Sozialpolitik und Arbeitsrecht e. V.
Wuermeling, Franz-Josef (1961b): Die Familie von heute und ihre Erziehungskraft
   (1961). In: Wuermeling (1963a): 24-37
Wuermeling, Franz-Josef (1963a): Außerschulische Erziehung in einer Freien Welt. Köln:
   Luthe
Wuermeling, Franz-Josef (1963b):Familie – Gabe und Aufgabe. Köln: Luthe
Wurzbacher, Gerhard (1951): Leitbilder gegenwärtigen deutschen Familienlebens. Dort-
   mund: Ardey
Wurzbacher, Gerhard (Hrsg.) (1968): Die Familie als Sozialisationsfaktor. (Der Mensch
   als soziales und personales Wesen Bd. III). Stuttgart: Enke
Wurzbacher, Gerhard/Cyprian, Gudrun (1973): Sozialisationsmängel der Kleinfamilie
   unter besonderer Berücksichtigung der Bundesrepublik Deutschland. In: Bundesmi-
   nister für Jugend, Familie und Gesundheit (1973): 9-64

Die Autorinnen und Autoren

Andresen, Sabine, 1966, Dr. phil., Professorin für Allgemeine Erziehungswissenschaft an der Fakultät für Erziehungswissenschaft der Universität Bielefeld. *Arbeitsschwerpunkte*: Kindheits- und Jugendforschung, Familienforschung, Historische Bildungsforschung, Internationale Reformpädagogik, Geschlechterforschung.

Baader, Meike Sophia, 1959, Dr. phil., Professorin für Allgemeine Erziehungswissenschaft an der Universität Hildesheim. *Arbeitsschwerpunkte*: Kindheits- und Familienforschung, Übergänge im Kindheits- und Jugendalter, Genderforschung, Historische Bildungsforschung, Kindheit, Jugend und Familie in der Moderne, internationale Reformpädagogik, 1968 und die Pädagogik, Diversity, Religion und Erziehung; Erziehung, Demokratie und Moral.

Ecarius, Jutta, 1959, Dr. phil., Professorin für Erziehungswissenschaft mit dem Schwerpunkt Pädagogik des Jugendalters, Justus-Liebig-Universität Gießen. *Arbeitsschwerpunkte*: Kindheitsforschung (aktuell, historisch und interkulturell), Jugendforschung (aktuell und historisch), Familien- und Generationsforschung (aktuell und historisch), Hochschulsozialisationsforschung.

Fritzsche, Bettina, 1968, Dr. phil., z. Zt. Gastprofessorin für Allgemeine und historische Erziehungswissenschaft am Institut für Erziehungswissenschaft der Technischen Universität Berlin. *Arbeitsschwerpunkte*: Rekonstruktive Sozialforschung, Geschlechterforschung, Poststrukturalismus, Evaluationsforschung.

Gebhardt, Miriam, 1962, Dr. phil., Privatdozentin am Fachbereich Geschichte und Soziologie, Universität Konstanz. *Arbeitsschwerpunkte*: Historische Familienforschung, Deutsch-jüdische Geschichte, Gendergeschichte.

Gippert, Wolfgang, 1966, Dr. paed., wissenschaftlicher Mitarbeiter an der Universität zu Köln, *Arbeitsschwerpunkte*: Historische Bildungsforschung, Biografieforschung, Gender History.

Groppe, Carola, 1964, Dr. phil., Professorin für Erziehungswissenschaft, insbesondere Historische Bildungsforschung an der Helmut-Schmidt-Universität (UniBw Hamburg). *Arbeitsschwerpunkte*: Historische Sozialisationsforschung, Geschichte von Familie, Kindheit und Jugend, Geschichte des Bildungssystems, Theoriegeschichte von Bildung und Erziehung.

Herrmann, Ulrich G., 1950, Dr. phil. habil., Privatdozent, wissenschaftlicher Mitarbeiter am Institut für Pädagogik der Fakultät für Philosophie, Pädagogik und Publizistik der Ruhr-Universität Bochum. *Arbeitsschwerpunkte*: Historische Bildungsforschung, insbes. Bildungssystemforschung und Geschichte von Familie, Kindheit und Jugend.

Jakob, Mark, 1974, M.A., Doktorand/Projektmitarbeiter SFB/FK 435 „Wissenskultur und gesellschaftlicher Wandel" an der Johann Wolfgang Goethe-Universität Frankfurt am Main. *Arbeitsschwerpunkte*: Geschichte der Jugend- und Familienpolitik, regionale Wirtschafts- und Sozialgeschichte, Bürgertumsgeschichte.

Kluchert, Gerhard, 1949, Dr. phil. habil., Privatdozent, Helmut-Schmidt-Universität (UniBw Hamburg). *Arbeitsschwerpunkte*: Historische Bildungs- und Sozialisationsforschung.

Loeffelmeier, Rüdiger, 1965, Dr. phil., Technische Universität Braunschweig. *Arbeitsschwerpunkte*: Historische Bildungs- und Sozialisationsforschung.

Malmede, Hans, 1953, Dr. paed., wissenschaftlicher Angestellter am Institut für Kultur und Medien der Heinrich-Heine Universität Düsseldorf. *Arbeitsschwerpunkte*: Ideen- und Sozialgeschichte der Erziehung, Kindheitsgeschichte, Historische Jugendforschung, Geschichte der Jugendkriminalität, traditionelle und moderne Jugendkulturen, Jugenddiskurse im 20. Jahrhundert.

Nawrotzki, Kristen D., 1973, Ph. D., U.S. National Academy of Education, Spencer Postdoctoral Fellow, Roehampton University/London. *Arbeitsschwerpunkte*: Frühkindliche Erziehung in England und den USA 1800-2000, transnationale Bildungs- und Sozialbewegungen.

Rabenstein, Kerstin, 1967, Dr., wissenschaftliche Assistentin am Institut für Erziehungswissenschaft der TU Berlin. *Arbeitsschwerpunkte*: Schul- und Unterrichtsentwicklungsforschung, Methodologie qualitativer Sozialforschung.

Reh, Sabine, 1958, Dr. phil., Professorin für Allgemeine und Historische Erziehungswissenschaft an der TU Berlin. *Arbeitsschwerpunkte*: Schulentwicklungs- und Professionsforschung, (Sozial-)Geschichte pädagogischer Institutionen und Berufe, Methodologie rekonstruktiver Sozialforschung.

Scholl, Daniel, 1978, M.A., wissenschaftlicher Mitarbeiter am Institut für Allgemeine Didaktik und Schulforschung der Universität zu Köln. *Arbeitsschwerpunkte*: Lehrplantheorie, Allgemeine Didaktik, Schul- und Unterrichtstheorie.

Wahl, Katrin, 1969, Diplom-Soziologin, wissenschaftliche Mitarbeiterin am Institut für Erziehungswissenschaft der Justus-Liebig-Universität Gießen. *Arbeitsschwerpunkte*: Familie, Bildung, soziale Ungleichheit.

Handbücher
Erziehungswissenschaft

Jutta Ecarius (Hrsg.)
Handbuch Familie
2007. 701 S. Br. EUR 59,90
ISBN 978-3-8100-3984-2

Mit dem Handbuch wird erstmals eine der zentralen Erziehungs- und Sozialisationsinstanzen aus einer dezidiert erziehungswissenschaftlichen Perspektive ausgeleuchtet. Dabei wird ein umfassendes Bild von Familie als einer pädagogischen Institution gezeichnet, in das die aktuellen wissenschaftlichen Erkenntnisse und Forschungsergebnisse einfließen.

Uwe Sander / Friederike von Gross /
Kai-Uwe Hugger (Hrsg.)
Handbuch Medienpädagogik
2008. ca. 600 S. Br. ca. EUR 49,90
ISBN 978-3-531-15016-1

Das neue Handbuch Medienpädagogik greift die gesamte und aktuelle Breite des pädagogischen Handlungsfeldes auf und gibt einen exzellenten Überblick zu Geschichte, Theorie und Forschung. Gleichzeitig weist es die gegenwärtigen Diskussionsfelder aus und stellt umfassend die Praxisbezüge pädagogischen Handelns in der Arbeit mit Medien her.

Rolf Arnold / Antonius Lipsmeier (Hrsg.)
Handbuch der Berufsbildung
2., überarb. und akt. Aufl. 2006. 643 S.
Br. EUR 59,90
ISBN 978-3-531-15162-5

Das aktualisierte Handbuch der Berufsbildung umfasst die gesamte Breite des pädagogischen Handlungsfeldes und gibt einen Überblick zu Didaktik, AdressatInnen, Vermittlungs- und Aneignungsprozessen und Rahmenbedingungen der Berufsbildung. Alle Beiträge des Handbuchs sind von ausgewiesenen FachexpertInnen geschrieben.

Heinz-Herrmann Krüger /
Winfried Marotzki (Hrsg.)
Handbuch erziehungswissenschaftliche Biographieforschung
2., überarb. und akt. Aufl. 2006. 529 S.
Br. EUR 49,90
ISBN 978-3-531-14839-7

Werner Helsper / Jeanette Böhme (Hrsg.)
Handbuch der Schulforschung
2., überarb. u. erw. Aufl. 2008. 1.037 S.
Geb. EUR 79,90
ISBN 978-3-531-15254-7

Erhältlich im Buchhandel oder beim Verlag.
Änderungen vorbehalten. Stand: Juli 2008.

www.vs-verlag.de

VS VERLAG FÜR SOZIALWISSENSCHAFTEN

Abraham-Lincoln-Straße 46
65189 Wiesbaden
Tel. 0611.7878 - 722
Fax 0611.7878 - 400